# Verrous et contrôles constitutionnels en Afrique

**Collection « Études africaines »**
*dirigée par Denis Pryen et son équipe*

Forte de plus de mille titres publiés à ce jour, la collection « Études africaines » fait peau neuve. Elle présentera toujours les essais généraux qui ont fait son succès, mais se déclinera désormais également par séries thématiques : droit, économie, politique, sociologie, etc.

**Dernières parutions**

Marie Romuald POUKA POUKA, *Politiques publiques et PME au Cameroun. Les impacts de la Bourse de sous-traitance et de partenariat sur la performance des PME dans le secteur industriel*, 2018.
Issofou NJIFEN, *Allocation des ressources humaines et stratégies des acteurs sur le marché du travail, Concept de surqualification et évidence empirique au Cameroun*, 2018.
Marie Désirée, SOL AMOUGOU, *Minoration linguistique, Causes, conséquences et thérapie*, 2018.
Michel MOUKOUYOU KIMBOUALA, *Le rôle des classes nominales dans le fonctionnement des langues bantoues. Le cas du kibeembe, une variante du kikongo*, 2018.
Saikou Oumar BALDE, *Élections et démocratie locale en Guinée*, 2018.
Caroline PACHECUS, *Médias, mondialisation et diversité culturelle. Le cas de l'Afrique subsaharienne*, 2018.
Anicet Cyrille NGOULOUBI et Jules LUBOYA KATABA, *Management des salaires. Théories et applications*, 2018.
Sylvain Sorel KUATE TAMEGHE, *La justice, ses métiers, ses procédures, OHADA, 2e édition*, 2018.
Paul JOBIN, *L'archéologie en Côte d'Ivoire. Histoire et fonctionnement de la recherche*, 2018.
Yves-Junior MANZANZA et Justin MONSENEPWO MWAKWAYE (Dir.), *Droit, bonne gouvernance et développement durable, Mélanges en l'honneur du professeur Jean-Michel Kumbu Ki Ngimbi*, 2018.
Patrick WAFEU TOKO, *Le hasard et la nécessité en droit constitutionnel*, 2018.
Ardo M. DIA, *La sécurité et la politique des Etats-Unis d'Afrique*, 2018.
Demindoyee N. Denise KAKO, *Le rôle professionnel des journalistes dans la crise post-électorale de 2010 en Côte d'Ivoire. Les journalistes de la RTI, instigateurs de la crise ou victimes d'un système ?*, 2018.
Pierre LOUEYI, *Système comptable OHADA par l'application, Ouvrage de cours et d'applications pratiques conforme au nouveau programme, Tome 2*, 2018.
Pierre LOUEYI, *Système comptable OHADA par l'application, Ouvrage de cours et d'applications pratiques conforme au nouveau programme, Tome 1*, 2018.

Claude KAYEMBE-MBAYI

# Verrous et contrôles constitutionnels en Afrique

*Pour des mécanismes efficients*

Préface d'Étienne Tshisekedi Wa Mulumba

L'Harmattan

**5-7, rue de l'École-Polytechnique, 75005 Paris**
http://www.editions-harmattan.fr
ISBN : 978-2-343-11187-2
EAN : 9782343111872

À mes parents à qui je dois tout ;
À toi qui partages ma vie depuis tant d'années ;
À nos rejetons tant aimés ;
À mes beaux-parents bien-aimés ;
À mes sœurs et frères ;
À Sabrina Fazal et Moti Elebe d'heureuses mémoires ;
À Étienne Tshisekedi Wa Mulumba, pour son combat, sa constance et sa discipline qui sont pour nous un héritage précieux que nous conserverons jalousement afin de le léguer à la postérité ;

Je dédie ce livre.

# REMERCIEMENTS

Je tiens avant tout à remercier, très particulièrement, les personnes suivantes sans lesquelles cet ouvrage n'aurait jamais vu le jour. Elles ont été présentes dès les balbutiements, alors même que j'hésitais et tergiversais encore : Gustave Katumba N. (Mitch), Urbain Kalembu, Me Annie Kabuya, Yannick Mbotto, Jeanny Mulenda, Jean-Luc Mvita et Joyce Bondobaye.

Mes remerciements vont également à Mignat Bulaya, Prof. Armand Akoto, Abbé JP Mbelu, Prof. Jean-Jacques Kabongo, Loïc Kabongo, Antoine Kabala et Adam Tshioni qui ont accepté de relire mon projet, me formulant des remarques plus que pertinentes, tout en me donnant des idées pour le moins originales. Je leur suis très reconnaissant !

Spécial remerciement à Me Jean-Pierre Kilenda, qui a sérieusement éprouvé mon raisonnement juridique.

Mention spéciale à mes infographistes Jean-Luc Mvita, Haig Kuanzambi et Wendy Mbock pour leur grand professionnalisme.

Je tiens également à exprimer ma gratitude envers Patrick Lusangu Kapeta, Jacques Tshisekedi et Kamo Daniela Lusangu pour avoir facilité le contact avec le préfacier du présent ouvrage.

Enfin, mes remerciements vont à tous ceux qui, d'une manière ou d'une autre, ont contribué à la réalisation de cet ouvrage, qui par une idée originale, une réflexion, qui en me prêtant un ouvrage ou en m'orientant vers un article intéressant. Je pense notamment à : Me Dieudonné (Ali) Tshibuabua, Me H.P. Roger Mukendi, Me Poli Kayimba, Me Guylain Mafuta, Me Cédric Kabongo, Me Ghislain Kikangala, Me Arnaud Tshibangu, Me Nicolas Kanyonga, Me Didier Bompate, Me Papy Tshimpangila, Me Louis Dor Kapitene, Cheik Fita, Baby Balukuna, Davida Randriabanona, Armand G., Sarah Sabiti, David Bondo, Pasteur Joseph B., Dr Patrick B., Shanya M., Olga Zanou, Laisseluivine et Ilse De Roover.

## ACRONYMES, SIGLES ET ABRÉVIATIONS

AFDL : Alliance des forces démocratiques pour la libération du Congo

Al. : Alinéa

AMP : Alliance pour la majorité présidentielle

Art. : Article

C. civ. : Code civil

C. jud. : Code judiciaire

CACEA : Cour d'arbitrage et constitutionnelle des États africains

CEDH : Convention européenne des droits de l'homme

Chap. : Chapitre

Const. : Constitution

CENI : Commission électorale nationale indépendante

CEPAS : Centre d'études pour l'action sociale

COPEC : Collectif pour les élections au Congo

CSJ : Cour Suprême de Justice

DUDH : Déclaration Universelle des Droits de l'Homme

FPC : Force Politique du Conclave

GVT : Gouvernement

HCR : Haut Conseil de la République

HCR-PT : Haut Conseil de la République-Parlement de transition

JORDC : Journal Officiel de la République démocratique du Congo

JORZ : Journal Officiel de la République du Zaïre

M.B. : Moniteur Belge

MPR : Mouvement Populaire de la Révolution

Par. : Paragraphe

PPRD : Parti du peuple pour la reconstruction et la démocratie

RDC : République Démocratique du Congo

S. : Suivant

UDPS : Union pour la Démocratie et le Progrès Social

USOR : Union Sacrée de l'Opposition Radicale

URSS : Union des Républiques Socialistes Soviétiques

Voy. : Voyez

*La Constitution est un document qui protège le peuple du gouvernement.*
(Ronald Reagan)

*On ne doit toucher aux lois qu'avec des mains tremblantes*

(Montesquieu)

*La Constitution est une vieille dame qu'il convient de ne pas brusquer*

(Herman DE CROO)

*Une action peut être dans la ligne de la légalité la plus pure et se révéler parfaitement illégitime. La légitimité, c'est la conformité à la conscience du moment*
(Robert Dossou)

# PRÉFACE

Le présent ouvrage nous plonge dans la réalité peu reluisante des révisions constitutionnelles intempestives en Afrique, dont il est de notoriété publique qu'elles sont, pour la plupart, mues par une volonté de conservation du pouvoir.

Plus qu'un constat, l'auteur engage une réflexion intéressante avec pour objectif, de battre en brèche ces pratiques cyniques, dans le chef des tenants du pouvoir africain. Ce cynisme atteint son paroxysme au travers d'une nouvelle pratique, depuis peu en vogue, beaucoup plus subtile et plus déstabilisante : celle des changements de constitutions ayant pour effet pervers, la remise des compteurs à zéro. Les auteurs de ces pratiques se trouvent être juges et parties, pour des décisions pourtant capitales et inhérentes à la stabilité des États en Afrique. Le comble du paradoxe repose dans le fait que ces changements de constitutions ne sont en rien la résultante de bouleversements profonds sur le plan institutionnel, politique ou sociétal.

Cette nouvelle pratique point à l'horizon, à la grande satisfaction des tenants du pouvoir africain, dont l'éthique laisse souvent à désirer et de leurs parrains. Hélas, guerres civiles, conflits armés, rébellions, soulèvements, crises de légitimité semblent encore promis à de beaux jours sur le continent, au grand dam de sa population déjà meurtrie.

Ayant plus d'un tour dans leur sac, au-delà des révisions et changements des lois fondamentales, les acteurs politiques africains n'hésitent pas à contourner la difficulté, dès qu'ils se sentent acculés, en tripatouillant plutôt les lois électorales à la veille des scrutins, afin, bien sûr, de changer les règles du jeu dans le seul et unique but de s'éterniser au pouvoir.

À l'instar de l'auteur, l'on peut légitimement se demander, comment plus de cinquante ans après les indépendances, avec toute l'expertise acquise, les constituants africains n'en sont encore qu'à la rédaction des lois fondamentales qui, avec une certaine récurrence, regorgent de dispositions anachroniques ou entachées d'inepties ? Pareille attitude ne détourne-t-elle pas, in fine, ces textes majeurs de leur objectif premier, à savoir la stabilisation de l'État, à l'image du socle ou de la fondation d'une structure ?

Mon expérience m'a enseigné qu'être constituant est une des tâches les plus nobles qui soit dans une carrière tant scientifique que politique. Jeunes juristes, à peine sortis de l'université, dépourvus d'expérience en la matière, mes collègues et moi, fûmes confrontés à cet exercice. La tâche fut loin d'être aisée, au regard de la situation de crise de la période postindépendance qui parut insurmontable. Néanmoins, il fallut pour ce faire, nous surpasser pour remplir à bien cette mission. En effet, les enjeux majeurs de l'époque rendirent cette mission complexe dans la mesure où il nous fallait trouver les bonnes formules, notamment en termes de régime politique et forme de l'État. Cela requit une grande maturité ainsi qu'une grande prise de conscience de l'ampleur de la tâche, tant il fallut faire preuve de prosélytisme.

Cinq décennies après les indépendances, la donne a sensiblement changé. Il est sorti de nos universités dix mille fois plus de diplômés.

En sus, eu égard au nombre de textes fondamentaux déjà rédigés et des révisions effectuées, à bon ou à mauvais escient, l'Afrique a, de toute évidence, accru son expérience en la matière.

Et pourtant, in facto, la réalité est un parfait démenti. Les constitutions africaines sont de plus en plus galvaudées et, parallèlement, très contestées ; en témoigne le nombre de révisions intempestives et aujourd'hui d'abrogations annoncées, avec comme corollaire une instabilité politique chronique.

Nonobstant le fait que l'Afrique affiche un parcours politico-juridique non négligeable, les constituants africains en sont toujours à l'élaboration de textes, sujets à caution. Un réel paradoxe !

À titre d'illustration, la révision constitutionnelle congolaise à la hussarde de janvier 2011 dont le peuple congolais et moi-même avions été victimes, laquelle a par ailleurs mis à nu, non seulement la grande fragilité du texte originel, mais également le niveau d'immaturité des acteurs politiques par rapport aux textes légaux. Dans le chef de ceux-ci, ces textes ne sont visiblement rien d'autre que des banals parchemins.

Certes, l'œuvre humaine demeure imparfaite et donc perfectible. Ainsi, les révisions constitutionnelles font partie de la règle même du jeu. Néanmoins, comme le rappelle l'auteur à temps et à contretemps, des constituants dérivés ou institués responsables doivent s'abstenir de s'incruster dans les brèches en faisant main basse sur les textes fondamentaux, comme ce fut le cas lors de ladite révision de janvier 2011. Laquelle a eu, ni plus ni moins, comme effet évident de porter un coup de frein à la marche vers l'État de droit, cheval de bataille du combat auquel j'ai consacré une majeure partie de mon existence.

Par-delà les frontières du Congo-Zaïre, ce combat est également celui de l'Afrique en général. Si bien que dans leur ensemble, les peuples du continent africain, comme tous les peuples du monde, aspirent ardemment à l'instauration d'États de droit pour un avenir radieux.

Il est donc impérieux de redonner aux constitutions africaines leurs lettres de noblesse, en faisant œuvre utile. Ainsi, avec des verrous et contrôles efficients, elles pourront alors jouer valablement leur rôle et partant, hisser les États dans le concert des nations civilisées. Ce qui ne peut être concevable qu'avec des hommes politiques, conscients de leur mission, accomplis et matures.

De par son expérience d'homme de droit, l'auteur a fait le choix courageux d'écrire afin de mettre ses connaissances ainsi que son expérience acquise sur le vieux continent, notamment en matière de démocratie et d'État de droit, au profit de l'Afrique. Lequel continent possède suffisamment d'atouts et de potentialités pour assumer, dans un futur proche, le statut de puissance économique, à la condition sine qua non que l'instabilité politique y soit éradiquée.

L'auteur a, non seulement épinglé ce qui plombe le constitutionnalisme africain, mais il pousse également sa pensée au-delà de cet aspect des choses, en formulant des recommandations on ne peut plus pertinentes. Il lève ainsi des options radicales et courageuses en termes de pistes de solutions. Il prend le contre-pied des thèses généralement soutenues à dessein, par des hommes de sciences africains dépourvus de toute conscience.

Future classe dirigeante, la jeunesse africaine se trouve, aujourd'hui, être gangrenée par des thèses qui altèrent ses connaissances. Sa perception de la constitution et de son rôle éminemment noble pour la survie et le rayonnement d'un État s'en trouve hélas erronée.

En effet, dans le chef de celle-ci, elle est perçue comme un texte à la portée, mieux, au service des majorités parlementaires et non comme le fruit d'un consensus national qui transcende les différents courants politico-philosophiques.

D'où l'importance pour des hommes de droit, conscıencieux, de prendre la plume afin de préserver la postérité des contre-vérités.

Étienne Tshisekedi Wa Mulumba
Docteur en droit de l'Université de Lovanium/Kinshasa

# INTRODUCTION GÉNÉRALE

Afrique berceau de l'humanité, puissance économique du futur, scandale géologique, réserve naturelle inépuisable, continent de la biodiversité et j'en passe. Autant de qualificatifs élogieux qui peignent un profil idyllique de ce continent. Et pourtant, pour tout observateur, même le moins averti, l'Afrique ne cesse d'assumer depuis belle lurette le statut de berceau des conflits armés, des crises sociales, climatiques, politiques et économiques de toutes sortes ; et plus récemment, des tripatouillages électoraux et constitutionnels. Bref, de parent pauvre de la démocratie !

Après la première période sombre de la colonisation, le continent africain connut, fin des années cinquante début des années soixante, un second mouvement, celui des décolonisations. Par la suite, il y eut un autre mouvement, celui des indépendances qui a suscité de grands espoirs, avec l'émergence des personnalités très charismatiques à l'instar du Ghanéen Kwame Nkrumah, du Guinéen Ahmed Sekou Touré, de l'Ivoirien Houphouët Boigny, du Congolais Patrice Emery Lumumba et un peu plus tard Mobutu, du Sénégalais Léopold Sédar Senghor et peu après d'Abdou Diouf, du Marocain Hassan II, etc.

Puis s'ensuivit une autre période sombre, celle des régimes forts, car la plupart des pères des indépendances se sont révélés être de véritables tyrans. Pendant une vingtaine, une trentaine d'années voire plus, l'Afrique a plongé dans des dictatures et coups d'État militaires à n'en plus finir.

Au crépuscule des années 80, l'effondrement du bloc de l'Est, intervenu vers la fin des années 80 et soutenu de l'intérieur par Mikhaïl Gorbatchev, mit un terme à la guerre froide. Laquelle guerre joua par ailleurs un rôle non négligeable dans l'instauration et le renforcement des dictatures dans le monde.

Conséquence logique, des voix s'élevèrent pour réclamer la fin des régimes dictatoriaux soutenus et entretenus par les grandes puissances dans le cadre de cette fameuse guerre froide. Entre autres, celle de François Mitterrand, dans son célèbre discours de la Baule, fit souffler un vent de démocratisation de tous les espoirs. Sous cette mouvance, l'Afrique amorçait lentement mais sûrement sa marche vers la démocratie. Le point culminant en fut certainement l'organisation des assises, des concertations ayant généralement pris la forme de « conférence nationale » lesquelles ont permis aux uns et aux autres de s'expliquer, voire de se réconcilier et ainsi de partir sur de nouvelles bases. Corollaire, des gouvernements de transition virent le jour, de nouvelles constitutions furent élaborées, et dans certains pays, des élections furent tout de suite organisées permettant d'assister à l'émergence de nouvelles figures emblématiques comme Nelson Mandela en Afrique du sud, Abdoulaye Wade au Sénégal et peu après Macky Sall, Olusegun Obassadjo au Nigeria, Dieudonné Nicephore Soglo au Bénin et plus tard Yayi Boni, Pascal Lissouba en République du Congo et tant d'autres.

Très tôt, à quelques exceptions près, la plupart de ces nouvelles figures incarnant le mouvement démocratique se sont révélées être des dictateurs en puissance. C'est ainsi que pour se maintenir au pouvoir, l'on assista à de nouvelles pratiques qui font malheureusement ravage encore aujourd'hui. Ce fut une nouvelle ère, celle des révisions constitutionnelles et tripatouillages des processus électoraux dans le seul but de se maintenir au pouvoir en prenant malgré tout le soin de se donner une certaine légitimité et crédibilité, tant sur le plan national qu'international.

Au-delà des révisions intempestives en vogue, une autre pratique plus cynique et dangereuse pointe à l'horizon, celle de l'abrogation pure et simple des constitutions au motif qu'elles sont inadaptées. Cette pratique a été recensée à différentes époques dans la quasi-totalité des pays d'Afrique. Encore récemment, l'on a enregistré des révisions constitutionnelles qui ont fait couler beaucoup d'encre et même de sang. Au moment où nous couchons ces lignes (au courant de l'année 2014-2015), plusieurs pays se trouvent à la croisée des chemins, car des élections se profilent à l'horizon. Mais la particularité est que bon nombre de présidents sortants arrivent tous en fin de second mandat, le maximum autorisé par leurs constitutions respectives. Les états-majors des partis au pouvoir sont justement sur le pied de guerre, concoctant ainsi plusieurs stratégies pour s'y éterniser. Le magazine *Jeune Afrique*[1]

---

[1] Le magazine *Jeune Afrique* dans ses numéros 2758 du 17 au 23 novembre 2013 et 2763-2764 du 22 décembre 2013 au 4 janvier 2014.

portait d'ailleurs des titres on ne peut plus révélateurs : « Partira ? Partira pas ? », pour le premier, « De pères en fils ? », pour le second.

Le 31 octobre 2014, l'un des présidents confrontés à cette réalité en a déjà payé le prix. En effet, Blaise Compaoré a été victime de cette pratique qui lui a pourtant permis de se maintenir au pouvoir vingt-sept ans durant, après une énième tentative de révision avortée la veille, le 30 octobre 2014.

L'une des révisions les plus spectaculaires fut celle de la République démocratique du Congo du 20 janvier 2011, dont l'onde de choc se fait encore sentir aujourd'hui, laquelle fit changer les règles du jeu électoral quelques mois seulement avant le scrutin du 28 novembre de la même année. Ce ne fut pas la seule particularité. Ce qui caractérisa cette démarche fut très certainement sa célérité. En effet, initiée le 11 janvier 2011, la révision de la Constitution du 18 février 2006 fut promulguée par la loi n° 11/002 du 20 janvier 2011. Soit 9 jours seulement après son déclenchement. Certes, la publication dans le journal officiel de la RDC n'a été faite que le 1er février de la même année. Cependant, en moins de 10 jours le mal était fait.

Ce fut le début d'une crise sans précédent en RDC qui déboucha sur les élections probablement les plus contestées de l'histoire du pays, au point où l'on assista à une double prestation de serment courant du mois de décembre 2011 : l'une, dans un camp militaire, par le président sortant, Joseph Kabila, qui fut proclamé vainqueur avec 48,95 % des voix et l'autre, dans sa résidence, par le légendaire et farouche opposant aux différentes dictatures, Étienne Tshisekedi, arbitrairement crédité de 32 %. Cinq ans après ces élections chahutées, l'on parle encore aujourd'hui de crise de légitimité, expression qui fait désormais partie du vocabulaire du congolais. Laquelle crise a d'ailleurs atteint son paroxysme au courant de l'année électorale 2 016.

Hormis les cas précités, en avril 2014, le président algérien, Abdel Aziz Bouteflika, se faisait réélire avec 81,53 %. Cependant, le taux d'abstention fut élevé, alors que de leur côté, les opposants crièrent au vol.

L'Afrique semble définitivement vouée à ce genre de scénario. En effet, comme l'avait très justement prédit le magazine Jeune Afrique, les rendez-vous électoraux se sont avérés tumultueux.

Qu'est-ce qui ne va décidément pas en Afrique ? Ce continent est-il à jamais condamné à jouer le rôle de parent pauvre de la démocratie ? Ce système de gestion des États lui convient-il ? La pratique électorale lui est-elle adaptée ? Existe-t-il une démocratie propre à l'Afrique ? Tant de questions que nous nous sommes posées à l'instar d'autres analystes, notamment l'abbé Jean-Pierre Mbelu dans un ouvrage que je recommande[2].

L'élément déclencheur de notre décision d'écrire cet ouvrage fut, comme on peut le deviner, la révision constitutionnelle congolaise record de janvier 2011. En tant que juriste, nous venions, plus que jamais, de réaliser la fragilité des verrous constitutionnels de la RDC - en particulier des mécanismes de révision -, mais également de la grande majorité des pays africains. Et cela est d'autant plus vrai que pendant notre cursus universitaire, nos professeurs de droit constitutionnel n'avaient de cesse de marteler en substance que le « mécanisme de révision » était et resterait la pierre angulaire d'une constitution.

C'est d'ailleurs l'une des citations du professeur Francis Delpérée à ce propos qui sera la clé de lecture de notre troisième partie. Ce fut donc cette triste réalité juridique qui nous a guidés dans le choix de notre sujet. D'où le titre de l'ouvrage !

Cependant, avant d'entrer dans le vif du sujet, nous avons estimé qu'il était de notre devoir de juriste de rappeler aux lecteurs, dans **une première partie**, les notions de base de ce qui compose l'architecture ou la pyramide des normes juridiques. Puis, nous nous efforcerons d'en tirer des enseignements.

Dans une **seconde partie**, nous tenterons de dresser un Curriculum Vitae constitutionnel de la RDC depuis 1885 à nos jours. Puis, nous nous pencherons particulièrement sur le texte constitutionnel congolais du 18 février 2006, notamment son bel exposé des motifs ainsi que son

---

2 JP Mbelu, *A quand le Congo ? Réflexions et propositions pour une renaissance panafricaine*, éd. Congo lobi lelo, Paris 2016.

préambule mais également et surtout ses verrous qui sont censés, ni plus ni moins, être le gage d'une constitution stable et efficace. Nous clorons également par des enseignements.

La **troisième partie** sera, quant à elle, justement consacrée aux mécanismes de révision d'une constitution. Nous baserons notre réflexion sur une citation forte à propos du professeur Delpérée qui affirme en substance, parlant de l'article 195 de la Constitution belge, que *le mécanisme de révision est le cœur même du système constitutionnel*[3].

Puis, nous nous efforcerons de faire une étude comparée des différents mécanismes de révision de plusieurs constitutions triées sur le volet. D'une part, celles des grandes démocraties occidentales, d'autre part, celles des démocraties africaines. Puis, nous dégagerons une tendance en guise d'enseignement.

Enfin, dans **une quatrième** et dernière partie, tel un médecin au chevet du continent africain, nous proposerons des pistes de solutions sous forme de recommandations.

Notre conclusion sera, quant à elle, une synthèse des différents enseignements tirés des quatre parties de l'ouvrage.

[3] F. Delpérée, *La Constitution de 1830 à nos jours*, éd. Racines 2006, pp.30-31

# Première partie QUELQUES FONDAMENTAUX

# *INTRODUCTION*

Déjà en 1789, la Déclaration des droits de l'homme et du citoyen du 26 août posa, en son article 16, un postulat pour le moins révélateur de ce qu'est intrinsèquement une « constitution » mais surtout du rôle qu'elle est appelée à jouer, en stipulant sans ambages que *Toute société dans laquelle la séparation des pouvoirs n'est pas assurée, ni la garantie des droits préservée, n'a point de Constitution.*

Le ton fut donc donné, le décor planté et la « Constitution » reçut ainsi ses lettres de noblesse. En d'autres termes, cette disposition consacra le rôle premier d'une constitution, à savoir l'organisation, mais également et surtout les limites matérielles des différents pouvoirs qui composent un État d'une part, et la consécration des droits et libertés fondamentales du citoyen qui doivent coûte que coûte être garanties, d'autre part. Ce double rôle paraît donc être inhérent à la nature même d'une constitution. L'on perçoit d'emblée la position importante et le rôle prépondérant qu'assure une telle norme, non seulement dans la naissance d'un État, mais également lors de son cheminement dans la société internationale.

C'est pour cette raison que la Constitution en tant que norme fait l'objet d'un examen approfondi dans le cadre des études de droit. Qu'est-ce que le Droit ? C'est l'*ensemble des règles de conduite qui visent à ce que notre comportement soit conforme à certains modèles pour que la vie en société soit possible*[4].

Par ailleurs, l'une des branches importantes du droit est le « droit constitutionnel » qui se limite aux règles de *base* du droit public, celles qui régissent les organes *supérieurs* de l'État et de ses composantes et déterminent les droits *fondamentaux* des individus et des groupes. Ces règles de base sont, en Belgique, en RDC comme dans la plupart des autres États, censées inscrites dans un ensemble normatif bien particulier : la *Constitution.*[5]

---

[4] M. Van Overstraeten : *Sources, principes et méthodes de droit*, notes de cours, Université Catholique de Louvain-la-Neuve, faculté de droit et de criminologie, 2010/2011, p.2.

[5]H. Dumont, *Droit constitutionnel I*, Université St-Louis, année 2014-2015, p.9.

C'est très opportunément que F. Délaierez affirma que le « droit constitutionnel » peut servir à clarifier le débat politique, à l'engager sur des rails sûrs, à éviter les dérapages, à circonscrire le champ de la décision publique[6].

Pour rappel, les inventeurs de la notion moderne de « Constitution » sont les révolutionnaires américains (ils dotèrent les colonies américaines devenues indépendantes des Constitutions dès 1776) et français (ils adoptèrent la Déclaration des droits de l'homme et du citoyen le 26 août 1789 et la placèrent ensuite en tête de la Constitution de 1791). Pour ces pères fondateurs du libéralisme politique, une constitution est un instrument de « limitation de la puissance des pouvoirs publics[7] ».

Étymologiquement, le mot Constitution vient du latin « constitutio » ; dans la cité romaine, la « constitution impériale » avait une acception très large (...) l'expression « constitution de l'État » réapparaît à la Renaissance : elle désigne, chez Machiavel, le régime établi dans l'État. Au XVIIIe siècle, le sens du mot « constitution » se rétrécit ; le terme ne revêt plus qu'une signification politique[8].

Ainsi, la Constitution est l'acte par lequel les citoyens définissent les conditions d'exercice du pouvoir politique. Les gouvernants ne sont pas libres d'acquérir le pouvoir, d'y rester et de l'utiliser comme ils le veulent ; ils sont soumis au respect des règles édictées par la Nation[9].

Ce postulat nous permet de fixer le cadre et par conséquent les bases de cette première partie, qui s'articulera comme suit : le **premier chapitre** sera consacré non seulement à différentes définitions que l'on attribue à une constitution, mais aussi, autant que faire se peut, aux autres normes qui gravitent et s'organisent autour d'elle, sachant qu'elles sont nombreuses et diversifiées selon les systèmes juridiques, portant ainsi des dénominations différentes. Pour éviter de naviguer en tous sens, au risque de passer à côté du but poursuivi, le présent ouvrage définit

---

[6] F. Delpérée, *La Constitution de 1830 à nos jours*, éd. Racine 2006, p.141.

[7] O. BEAUD, in Hugues Dumont, *Droit constitutionnel I*, Université Saint-Louis, année 2014-2015, p.72.

[8] J. VELU, *Droit public*, t. 1, Bruylant-Bruxelles, 1986, p.146.

[9]D. Rousseau, v° Constitution, in Dictionnaire constitutionnel – dir. O. Duhamel et Y. Meny-, Paris, P.U.F., 1992.

essentiellement les normes des systèmes juridiques belges, congolais et américain, en se permettant quelques petits détours vers d'autres systèmes juridiques au cas où cela s'avérerait nécessaire.

Dans le même chapitre, après avoir ainsi défini la Constitution et les différentes autres normes qui en composent l'architecture, nous nous attellerons à déterminer la position de la Constitution par le biais de l'infographie, pour une optimalisation du message.

Puis, toujours dans le même chapitre, nous tenterons de comprendre pourquoi il existe une juridiction spécifique assurant le rôle de gardien de la Constitution. Cela lui confère-t-il une position prépondérante ?

Après avoir tenté de définir et de déterminer la position de la Constitution dans l'architecture des normes, dans un **second chapitre**, une question cruciale se posera dans le cadre de cet ouvrage : La Constitution en tant que norme créatrice et organisatrice d'un État est-elle modifiable ou révisable ou encore abrogeable ? Si oui, à quelle condition et à quelle fréquence ?

Ensuite, toujours dans le même ordre d'idées, un **troisième chapitre** passera au peigne fin les différentes révisions constitutionnelles de trois grandes démocraties que sont la Belgique, les États-Unis et la France. Ceci, afin d'appréhender la manière dont les constituants dérivés s'y sont comportés : quelles en étaient la *ratio legis*, le *modus operandi* ainsi que les fréquences ? L'État de droit ainsi que la démocratie dans ces trois nations en ont-ils, pour autant, pris un coup ? Telles sont les questions qui seront abordées.

Enfin, en guise de conclusion à la présente partie, les enseignements qui s'imposent seront tirés.

## Chapitre I. NOTIONS ET PLACE DE LA CONSTITUTION DANS L'ARCHITECTURE DES NORMES

**1.** D'emblée, et d'aucuns ne l'ignorent, on peut affirmer que la Constitution est une règle singulière et atypique à maints égards. On trouve dans les ouvrages y afférents de multiples définitions. Cependant, comme on le verra infra, elles ont toutes un ou plusieurs dénominateurs communs quel que soit l'angle sous lequel cette notion est abordée.

Le présent ouvrage s'efforce de reprendre les définitions les plus évocatrices de la réalité que représente cette norme ; pour ensuite relever les dénominateurs communs qui en constituent par la même occasion des caractéristiques propres.

Cependant, afin de prendre la mesure de la singularité et de l'importance de cette norme, il est judicieux d'en faire un aperçu historique. Cela permet assurément de comprendre comment elle s'est logiquement, voire naturellement imposée comme la norme fondamentale.

### Section I. Bref aperçu historique

**2.** La Constitution est en effet une norme qui a, sous la forme écrite ou non, traverser les époques en s'imposant presque naturellement comme l'instrument indispensable permettant aux différents peuples de s'organiser, de se structurer. Au fil des siècles, sa position dans la société humaine est allée crescendo, confirmant son rôle prépondérant.

En effet, si la première Constitution remonte au monde antique et s'est maintenue tout au long du Moyen-Âge, la seconde date seulement de la fin du XVIII^e^ siècle[10].

**3.** C'est une notion que l'on trouve déjà chez Aristote, Polype, Cicéron, etc. chez qui l'on trouve très nettement exprimée l'idée d'une « Politie » comme ordre de diverses magistratures de la Cité. La notion de

[10] A. Auer, G. Malinverni et M. Hottelier, *Droit constitutionnel Suisse*, vol.1, L'Etat, éd. Staempfi 2000, p. 457.

constitution comme norme fondamentale parcourt le Moyen-Âge (Saint Thomas, Althusius, ...), la Renaissance (Bodin, Calvin, Pufendorf, ...), pour finalement s'imposer effectivement au Siècle des lumières chez des penseurs comme Hobbes, Montesquieu, Emer de Vattel, Locke, Rousseau, Sieyes, etc.[11]

Jusque-là, il y eut certes, des documents et chartes tels que la *Magna Charta* de 1215, les *Fundamental Orders of Connecticut* de 1639, l'*Instrument of Government* de 1653. Cependant, ces documents étaient pour le moins éphémères et n'avaient qu'un impact limité.

Il faut savoir que les premières constitutions écrites de l'époque moderne furent rédigées, non plus de manière fortuite et accidentelle, mais avec une réelle volonté d'organiser l'État de manière stable et durable. C'est ainsi que l'on assista à l'élaboration de la Constitution de Virginie de 1776, de Massachusetts de 1780, mais aussi et surtout de la Constitution américaine de 1787[12].

**4.** L'on peut déjà à ce moment parler d'un véritable « mouvement constitutionnaliste » qui finit par toucher le continent européen par le truchement de la Révolution française de 1789. Tel est ainsi le cas de la Déclaration des droits de l'homme et du citoyen du 26 mars 1789 qui servit de préambule à la Constitution royale du 3 septembre 1791[13], et de bien d'autres encore.

Ce mouvement finit par atteindre tout le continent européen, jusqu'à se répandre outre les frontières européennes. Aujourd'hui, il est adopté dans la quasi-majorité des États dans le monde.

C'est un mouvement qui s'est renforcé au fil du temps, traversant toutes les époques, s'imposant dans différents régimes. C'est ainsi que les périodes de la renaissance (1815-1830) et de la Régénération (1830-1848) connurent l'élaboration d'un nombre non négligeable de constitutions.

---

[11] *Ibid.* p.457.
[12] *Ibid.* p.458.
[13] *Ibid.* p.458.

**5.** A la période post Régénération (mi XIXe siècle) jusqu'au début du XXe siècle, l'Europe connut toute une série de constitutions dites *démocratiques* grâce à l'instauration du *suffrage universel* et du système de *gouvernement parlementaire*[14].

Avec la Première Guerre mondiale, de grands chamboulements conduisirent à l'adoption de nouvelles constitutions. Notamment, la Révolution russe d'octobre 1917 conduisit à l'adoption des constitutions de type socialiste dont la première fut la Constitution de la République Socialiste Fédérale Soviétique de Russie du 10 juillet 1918 dont le titre Ier fut formé par la « Déclaration des Peuples travailleurs et exploités ». Elle fut rédigée par Lénine. Vinrent ensuite la première Constitution de l'URSS du 31 janvier 1924, et la Constitution dite stalinienne du 5 décembre 1936[15].

**6.** La période 1917-1918 connut un mouvement de démembrement des grands Empires d'Allemagne, d'Autriche et de Turquie. Corollaire, de nouveaux États virent le jour, tout en se dotant très logiquement de nouvelles constitutions, parmi lesquels la Finlande en 1919, la Tchécoslovaquie en 1920, la Pologne en 1921, l'Allemagne (Constitution de Weimar de 1919), l'Autriche (la Constitution Kelsénienne de 1920), la Turquie (Constitution républicaine d'Ataturk de 1924), la Grèce en 1927, l'Irlande en 1931 ; et même des États neutres comme l'Espagne en 1931[16].

Cette période de l'entre-deux-guerres connut également l'adoption de certaines constitutions de type fasciste : la Constitution portugaise de 1933, les lois fondamentales espagnoles du général Franco (Charte du travail de 1938, loi sur les Cortes de 1942, Charte des Espagnols de 1945, etc.). En France, le « gouvernement de Vichy » se basa sur une loi du 10 juillet 1940 qui comportait un article unique donnant au maréchal Pétain l'autorisation de promulguer une nouvelle constitution[17]. Ce qu'il ne fit bien évidemment pas. Des lois fondamentales fascistes virent également le jour en Italie, en Allemagne, en Croatie, en Norvège, etc.

---

14 *Ibid.* p.459.

15 *Ibid.* p.460.

16 *Ibid.* p.460.

17 *Ibid.* p.460.

**7.** Au terme de la Seconde Guerre mondiale (1940-1945), l'Europe connut logiquement des changements significatifs et profonds, avec d'une part des États vainqueurs et d'autre part des vaincus, ce qui a bien sûr vu des régimes politiques, et non des moindres, s'effondrer. Tout cela impliquait bien évidemment une réorganisation. Or, une réorganisation sur le plan Étatique sans changement ou modification des constitutions est difficilement concevable. À nouveau, on assista à l'élaboration de nouvelles lois fondamentales, parmi lesquelles la Constitution du 27 octobre 1946 en France, qui fondait la IVe République ; la Constitution du 27 décembre 1947 qui abolissait, en Italie, le Statut albertin de 1848 ; la Grundgesetz du 23 mai 1949, en Allemagne occidentale, etc. Par contre, dans ce qui était devenu désormais le « bloc socialiste », des constitutions de type stalinien virent le jour, notamment, les constitutions, bulgare de 1947, tchécoslovaque de 1948, hongroise de 1949, Est-allemande de 1949, polonaise et roumaine de 1952, chinoise de 1954[18], etc.

**8.** Quelques années plus tard, l'on assista, dans le monde politique, à un mouvement de décolonisation. Si bien que de grands Empires coloniaux se disloquèrent. Corollaires, de nombreux États africains, asiatiques et orientaux accédèrent, de manière tantôt pacifique ou tantôt violente, à l'indépendance. Ce qui conduisit très logiquement à l'adoption de nouvelles constitutions, toutes aussi nombreuses que variées, tant sur le fond que sur la forme. Certaines, savamment rédigées par des professeurs occidentaux, dictées par les émissaires d'un grand « parti-frère » ou imposées par la force d'un dictateur, sont restées lettre morte. D'autres, en revanche, sont consciencieusement appliquées[19].

**9.** En France, il est incontestable que c'est la crise algérienne qui a causé la chute de la IVe République et l'avènement de la Ve République, avec comme point d'orgue l'adoption de l'actuelle Constitution du 4 octobre 1958. Le mouvement de décolonisation algérien a donc eu un double impact, tant sur le plan interne que sur le plan externe.

Plus tard, dans les années 1970, trois pays européens connurent des changements radicaux. Ce fut donc la fin des régimes de Salazar au Portugal, de Franco en Espagne et des généraux en Grèce. Ce qui

[18]*Ibid.* p.461.
[19]*Ibid.* p.461.

entraîna la disparition des dernières constitutions de type fasciste en Europe. Corollaire, de nouvelles constitutions furent adoptées au Portugal le 2 août 1976, en Espagne le 27 décembre 1978 et en Grèce en 1975[20].

Un peu plus tard, à la fin des années 80, le monde assista à l'implosion du bloc des pays socialistes. Ce fut un évènement politique, économique et social d'une grande importance, au regard de son impact dans le monde. Ainsi, les pays de l'Europe de l'Est adoptèrent de nouvelles constitutions qui s'apparentent à celles de l'Europe de l'Ouest ce qui finira par réduire le fossé entre les deux blocs. C'est le cas notamment des constitutions, hongroise de 1989, roumaine, croate, slovène et bulgare de 1991, slovaque, polonaise et macédonienne de 1992, russe et tchèque de 1993, ukrainienne de 1996[21], etc.

Ce mouvement eut également un impact dans le continent africain, avec la fin des régimes dictatoriaux de légende, à l'instar de celui du maréchal Mobutu au Zaïre, du colonel Denis Sassou-Nguesso en République populaire du Congo et de tant d'autres. Cela conduisit la grande majorité des Etats africains touchés par ce vent de la Perestroïka à organiser des grands-messes généralement dites « Conférences nationales », avec à la clé, l'adoption de nouvelles constitutions qui marquaient une rupture avec les constitutions postcoloniales.

**10.** C'est donc en substance, au travers de ces grandes étapes que l'on peut appréhender le mouvement constitutionnaliste moderne, qui semble toujours avoir de beaux jours devant lui. Si bien que l'écrasante majorité des quelque 180 États qui existent aujourd'hui dans le monde possède une constitution écrite[22].

Ce bref panorama souligne le particularisme notoire de cette norme qui a conservé toute son importance dans l'histoire des États. De sorte que l'organisation de la quasi-majorité des États passe nécessairement par la confection d'une telle norme fondamentale.

---

[20] *Ibid.* p. 462.
[21] *Ibid.* p.462.
[22] *Ibid.* p.462.

Section II. Définitions, « matérielle » et « Formelle »

L'une des particularités est que l'on pourrait utiliser deux points de vue pour définir la Constitution.

§1. Du point de vue de son contenu

**11.** La Constitution est un ensemble de règles qui ont un « *contenu fondamental* », ou encore comme l'a défini F. Delpérée, elle est « la règle juridique qu'une société politique qui s'organise en État se donne pour permettre la réalisation efficace du bien public. À cette fin, elle établit, en premier, les droits et devoirs qui reviennent aux membres de la société politique. Elle détermine également les règles d'aménagement des pouvoirs publics[23] ».

Le lexique juridique donne également une définition assez proche. *Au sens matériel,* la Constitution, d'après cet ouvrage de référence, est *l'ensemble des règles écrites ou coutumières qui déterminent la forme de l'État (unitaire ou fédéral), la dévolution et l'exercice du pouvoir*[24].

Une définition très intéressante est celle qui soutient que « La Constitution est l'acte par lequel les citoyens définissent les conditions d'exercice du pouvoir politique. Les gouvernants ne sont pas libres d'acquérir le pouvoir, d'y rester et de l'utiliser comme ils veulent ; ils sont soumis au respect des règles édictées par la Nation »[25].

Une autre définition est celle qui définit la Constitution par son degré d'importance : le degré supérieur du droit d'un État est la Constitution, entendue au sens matériel du mot, dont la fonction essentielle est de désigner les organes chargés de la création des normes générales et de fixer la procédure qu'ils doivent suivre. Ces normes générales forment ce qu'on appelle la législation. Une constitution peut aussi déterminer le

---

[23]F. Delpérée : *Le Droit constitutionnel de la Belgique*, Bruylant Bruxelles, L.G.D.J Paris, 2000, p. 11.

[24]*Lexique des termes juridiques*, 16e éd. Dalloz 2007, p.172.

[25] D. Rousseau, V° Constitution, in Dictionnaire constitutionnel – dir. O. Duhamel et Y. MENY -, Paris, PUF, 1992.

contenu de certaines lois futures en prescrivant ou en interdisant tel ou tel contenu[26].

**12.** Il en ressort que, sur le plan matériel, l'on peut aisément identifier quatre grandes "matières" qu'il revient à la Constitution de régler : premièrement, l'organisation, le fonctionnement et les compétences des organes supérieurs de l'État ; deuxièmement, le système normatif de celui-ci, c'est-à-dire le système des sources en vigueur dans l'ordre juridique qu'il forme ; troisièmement, les droits fondamentaux des individus et des groupes et quatrièmement, les buts assignés à l'activité des pouvoirs publics compétents[27].

§2. Du point de vue de la procédure

**13**. Sur le plan procédural, la Constitution se distingue habituellement des autres règles de droit par la manière dont elle est adoptée et par la manière dont elle est révisée ou modifiée. Le lexique des termes juridiques définit au *sens formel*, la Constitution comme un document relatif aux institutions politiques, dont l'élaboration et la modification obéissent à une procédure différente de la procédure législative ordinaire (ex : assemblée constituante[28], majorité qualifiée[29]). Ce formalisme que traduit l'expression de constitution rigide confère aux règles qui en bénéficient une force juridique qui les situe à la première place dans la hiérarchie des règles de droit[30].

Les règles constitutionnelles sont, de toute évidence, adoptées par des organes, avec des règles et selon un processus spécifique.

Ainsi, l'on peut se hasarder à soutenir que la Constitution est assurément une norme éminemment fondamentale, tant son rôle s'apparente à un

---

26 H. Kelsen, *Théorie pure du droit*, 2e éd. Baconnière-Neuchâtel (Suisse), 1953 et 1988, p.132

27 V. Champel-Deslpats, in Hugues Dumont, *Droit constitutionnel I*, Université St-Louis, année 2014-2015, p.73.

28 Assemblée spécialement élue pour élaborer ou réviser une constitution (Lexique des termes juridiques, 16e 2d. Dalloz, 2007, p.55)

29 Majorité exigeant des conditions plus difficiles à réunir que la majorité absolue (ex. : majorité des 2/3) *Ibid.* p.410.

30 *Ibid.*, p.172.

socle, aux racines d'un arbre ou encore à la fondation d'un édifice. À ce titre, la Constitution en tant que norme fondamentale assume justement un rôle prépondérant. Elle est tout aussi discrète que les racines d'un arbre ou la fondation d'un immeuble. Et pourtant, elle joue un rôle primordial, voire vital. Telles les racines et la fondation, la Constitution est le point de départ, l'acte marquant la concrétisation de la volonté d'une nation de construire durablement un projet commun. C'est bien elle qui donne le « la » !

**14.** Il va sans dire que toutes les parties visibles et appréciables d'un arbre ou d'un immeuble ne doivent leur stabilité et leur splendeur qu'aux racines ou à la fondation. De la sorte, les lois et autres normes d'une organisation étatique ne trouvent leur efficacité, voire leur effectivité, que pour autant qu'elles se reposent sur la Loi fondamentale.

C'est dire que si celle-ci se révèle être instable ou défaillante parce que fréquemment enfreinte, les autres normes n'auront indubitablement aucune chance de faire leur preuve, chacune dans leur domaine. À ce titre, la Constitution est et demeure la norme-repère, la norme-référence, la norme-rempart contre toute tentative de déstabilisation de l'organisation d'une société constitutionnellement créée et structurée.

§3. Constitution. Norme scripturale !

**15.** La Constitution est une norme généralement écrite de telle sorte que cela la distingue tant de la coutume *pré constitutionnelle* – celle qui précède la Constitution tout en ayant force constituante et qui disparaît de plein droit dès la promulgation de ladite constitution ; que de la coutume *paraconstitutionnelle* – celle qui a pour rôle de préciser la Constitution et qui a tendance à s'installer dès qu'il y a un vide -. Elle n'a pas force constituante et ne prévaut pas sur la Constitution. Mais elle se distingue également des *principes généraux du droit* ainsi que des *usages*[31].

**16.** En tant que règle écrite, la Constitution, en dépit de quelques ressemblances avec d'autres normes écrites, non seulement sur le plan de l'objet (dans la mesure où l'une fixe les principes directeurs et les autres

[31] F. Delpérée : *Le Droit constitutionnel de la Belgique*, Bruylant Bruxelles, L.G.D.J Paris, 2000, pp.50 – 53.

peuvent compléter) ; mais également sur le plan organique (le pouvoir législatif qui porte une double casquette de rédacteur des constitutions et des lois). La Constitution, par son caractère solennel, se distingue néanmoins des règles comportant le même caractère écrit à l'instar de la loi ordinaire, des décrets et autres normes de même valeur ou non. Cette solennité se révèle par le pouvoir habilité à confectionner une constitution que l'on nomme *pouvoir constituant originaire*, qui s'avère, en amont, être le seul pouvoir compétent pour s'adonner à une telle tâche. Ce particularisme se prolonge en aval, car seul le pouvoir législatif, avec sa casquette de pouvoir *constituant dérivé,* peut procéder à une éventuelle modification de cette norme. Nonobstant le fait que les personnes qui composent ledit pouvoir sont les mêmes que celles qui composent le pouvoir législatif, la tâche éminemment lourde et importante que celle de faire œuvre constituante ne peut être comparée à son intervention en tant qu'assemblée législative. L'objet de l'intervention est bien sûr très différent. Et cela est d'autant plus vrai que dans certaines constitutions comme la Belge ou la Danoise, la modification de la Constitution passe nécessairement par une dissolution des assemblées pré constituantes (Voy. Troisième partie). En d'autres termes, l'œuvre constituante s'étale sur deux législatures au point de se trouver devant une composition différente de la même institution.

Pour plus de précision, la loi ainsi que les autres normes de même valeur sont l'œuvre d'un pouvoir constitué. La Constitution est, quant à elle, l'œuvre d'un pouvoir constituant, lequel on l'a dit, à temps et à contretemps, fait œuvre fondatrice ou réformatrice d'un État. D'où la grande solennité qui entoure son intervention menant même à la dissolution des assemblées constituantes, le cas échéant.

## §4. Exceptions

**17.** Il existe cependant des exceptions à ces règles. L'une des exceptions les plus notoires est celle de l'Angleterre.

Ainsi, dans la perspective anglaise issue des deux révolutions du XVIIe siècle, la Constitution au sens matériel n'est pas du tout conçue comme le produit d'une fabrication délibérée par un "pouvoir constituant", mais comme le fruit d'une histoire qui a conduit à un certain équilibre entre des forces sociopolitiques antagonistes, en l'occurrence, le Roi, la noblesse et le peuple. La Constitution ainsi comprise peut évoluer un peu comme un organisme biologique. On est donc aux antipodes du constructivisme - aussi bien critiqué par les contre-révolutionnaires comme J. De Maistre à la fin du XVIIIe siècle que par les néolibéraux comme F. Hayek dans la seconde moitié du XXe siècle – propre aux constitutionnalismes américain et français[32].

**18.** À cela s'ajoutent les cas de l'État d'Israël et de la République Néo-Zélandaise, pays qui ne disposent d'aucune constitution au sens formel. En effet, l'État d'Israël ne dispose pas d'une constitution écrite au sens d'un texte central ou d'un ensemble de textes articulés autour d'un texte central, mais il répond au critère de rigidité depuis que la Cour suprême a décidé en 1995 que seule une loi intitulée "loi fondamentale" peut modifier une autre « loi fondamentale »[33]. L'Angleterre a pourtant été un précurseur en termes d'organisation politique et la plupart des régimes modernes se sont inspirés de son système de monarchie constitutionnelle.

En effet, le principe de pacte social qui consacre le pouvoir du peuple et organise la délégation du pouvoir à des représentants élus à travers une série de règles déterminées dans un texte a donné naissance au concept moderne de Constitution.

**19.** Il est de notoriété publique qu'en Angleterre, le Roi règne mais ne gouverne pas. C'est ce qu'on appelle une « *monarchie constitutionnelle* ». Par conséquent, c'est le peuple qui gouverne à travers ses élus au sein des Chambres mais également son chef du gouvernement. Cependant, l'Angleterre ne possède pas, à proprement parler, une constitution formelle ou écrite. Néanmoins, elle dispose d'un nombre non négligeable d'actes écrits à l'instar de la *Magna Carta de 1215*, le *Bill of Rights de 1689*, *l'Acte d'établissement de 1701*, *l'Acte du Parlement* de 1911, modifié en 1949, mais également de lois ayant une valeur constitutionnelle au regard de leur contenu et dont le processus d'abrogation et de révision est similaire aux autres lois.

---

[32] H. Dumont, *droit constitutionnel I*, Université Saint-Louis, année académique 2014-2015, p.75, note infrapaginale 252.

[33]L. Heuschling, in Hugues Dumont, *op. cit.*, p.75, note infrapaginale 235.

Ces normes sont cependant considérées comme supérieures aux autres et ce pays a acquis suffisamment de maturité politique depuis le XIIIe siècle pour que les modifications n'aient été que minimes. En effet, il est communément admis que ces normes sont d'une importance particulière pour la Nation et, de ce fait, ne sauraient être modifiées par le même processus que les autres.

La position qu'occupent ces règles dans la hiérarchie des normes est elle aussi particulière. Les règles constitutionnelles sont supérieures aux autres normes de droit interne.

**20.** Retenons donc que la *Constitution est le fondement de l'État.* Elle est source du pouvoir étatique et c'est sur elle que s'appuient toutes ses institutions, elle en règle le fonctionnement. Elle sert aussi à consacrer les droits et libertés fondamentales.

Il s'agit là, non seulement des définitions les plus répandues et les plus classiques, mais également de définitions empreintes de juridisme qui peuvent paraître trop techniques pour un quidam.

§5. Autres définitions

**21.** Cependant, d'autres auteurs se sont également attelés à vouloir définir la Constitution avec moins de juridisme, en recourant parfois à des formules métaphoriques, voire des euphémismes, sinon à des formules pour le moins ingénieuses, tout en révélant que cette norme a assurément déchaîné les passions à plusieurs périodes de l'histoire.

**22.** En guise de rappel, étymologiquement *le mot Constitution tire sa racine de deux mots latins :* « cum » préfixe qui signifie « ensemble » et « statuere » suffixe qui signifie " *le fait d'établir* ". Littéralement, la Constitution est donc *le fait de fixer ou d'établir ensemble.* Elle a assurément pour but premier le maintien de la cohésion de la Nation.[34]

Napoléon disait : « je ne peux pas mieux comparer une constitution qu'à un vaisseau. Si vous abandonnez votre vaisseau au vent avec toutes ses voiles, vous ne savez où vous allez ; vous changez au gré du vent qui

[34] www.toupie.org/Dictionnaire/Constitution.htm

vous pousse ; mais au contraire si vous vous servez de votre gouvernail, vous allez à la Martinique malgré le vent qui vous mène à Saint-Domingue »[35].

D'après Jacques Baguenard[36], la Constitution est « Un code A.D.N. spécifique à chaque peuple ».

Elle est, d'après Olivier Duhamel[37], également vue comme « l'organisation d'une communauté politique, d'une unité politique enracinée dans un ensemble culturel ».

Toujours selon cet auteur, « La constitution dévoile la centralité souterraine d'un État, de là découle son articulation en forme et en régime. En effet, s'il y a un trait commun à toutes les sociétés, c'est bien que chacun construise son propre univers mental, pensé et impensé, qui traduit sa vision du monde, du vivre ensemble ».

Robert Dossou pour sa part, décrivant la Constitution, a opté pour la formule suivante : *C'est à la fois le concentré de l'histoire d'un peuple et la plate-forme de ses espérances.*[38]

Eboussi Boulaga[39] quant à lui, a opté pour une formule particulièrement courte mais ô combien pertinente : « La constitution, c'est le peuple et vice-versa ».

Une autre définition représente la Constitution *comme un sémaphore : la description de ses pièces et de ses mouvements n'apporte pas grand-chose quand on ignore la signification des signaux transmis (*Michel Alliot).[40]

---

[35]Driault, Pensées de Napoléon, in P. Wigny, *op.cit.*, p.171

[36] 1945-2014, juriste et politologue français.

[37] Juriste (spécialiste en droit constitutionnel) et politologue français, né le 02/05/1950

[38] R. Dossou, in Thierry Perret, *Les constitutions en Afrique : réviser, pourquoi, comment ?* Article MFI Hebdo du 28 juin 2004.

[39] Né en 1934, docteur en philosophie puis en lettres, il estprofesseur de l'Institutcatholique de Yaoundé

[40]Cité par Maurice Eleglé Ahanzo., *Le renouveau constitutionnel du Bénin : une énigme ? in « Un passeur entre les mondes » textes réunis par E. et J. Leroy,* publications de la Sorbonne, 2000, pp.324-331, p.330.

**23.** L'histoire nous enseigne que lorsque les Grecs demandèrent à Solon[41] : « Quelle était la meilleure Constitution du Monde, il répondit : "Dites-moi d'abord pour quel peuple et quelle époque ? ».

Selon le grec Isocrate, une constitution est *l'âme de la cité* ; elle est une « *représentation de soi d'un peuple comme sujet agissant* ».

Dominique Rousseau[42] révéla, quant à lui qu' "*Autant de constitutions, autant des récits qui racontent l'histoire des hommes, donnent un sens à leur vie individuelle et collective*". Il ne manqua pas de souligner qu'*un texte constitutionnel voile un projet de "communauté politique liée à un imaginaire historique partagé*".

Une constitution, disait Charles de Gaule[43], *est un esprit, des institutions, une pratique*[44].

La Constitution est, selon Ronald Reagan[45], *un document qui protège le peuple du gouvernement.*

**24.** Napoléon fit, quant à lui, une comparaison éloquente en soutenant qu'« *une constitution doit être faite uniquement pour la nation à laquelle on veut l'adapter. Elle doit être comme un vêtement qui, pour être bien fait, ne doit aller qu'à un seul homme* ».[46]

Pour sa part, Carl Schmitt, faisant une corrélation entre l'« État » et la « Constitution », a estimé que cette dernière est son « âme », sa vie concrète et son existence individuelle. Il renchérit par une comparaison, en opinant que l'unité et l'ordre résident dans le chant ou dans la

---

41 640-558 avant J.C., homme d'Etat, poète et législateur athénien.

42 Né le 30/11/1949, français, professeur de droit constitutionnel à l'Université de Paris1 Panthéon-Sorbonne, ancien membre du Conseil supérieur de la magistrature

43 1890-1970, écrivain et homme d'Etat français. Il fut le premier Président de la Ve République.

44 Conférence de presse du 31 janvier 1964, dans Discours et messages, Charles de Gaulle, éd. Plon, 1970, t.5 Pour l'effort (août 1962- décembre 1965), p.163.

45 1911-2004, acteur et homme d'Etat américain. Il fut le 40e Président des Etats-Unis.

46 http://www.letudiant.fr/bac/conseils-methodo/toutes-les-citations-sur-l-histoire-18636/les-citations-sur-la-constitution-14550.html

partition, comme l'unité et l'ordre de l'État résident dans la constitution[47].

Enfin, John H. Crabb[48] affirma une vérité non négligeable selon laquelle « La constitution nous permet de saisir l'arrière-fond de la constitution ».

§6. Observations liminaires

**25.** De ce qui précède, il ressort, de manière non équivoque tant des définitions juridico-juridiques que de celles moins empreintes de juridisme, qu'une constitution est une règle fondamentale car elle détermine la structure de l'État. Elle contient les principes d'organisation et de fonctionnement des différentes composantes de l'État, les principes de partage des compétences entre les différentes composantes au sein de l'État, ainsi que certaines règles qui régissent la position de l'individu au sein de l'État. Elle est l'objet même du droit constitutionnel. Elle offre en plus à l'État son assise, son fondement. Elle est une règle générale. Elle s'exprime donc au moyen de concepts généraux et parfois archaïques car elle doit pouvoir traverser les différentes évolutions de la société.

**26.** La Constitution a donné naissance à la notion de *constitutionnalisme*. Celui-ci est une conception des hommes de la Révolution de 1789, mais aussi des fondateurs du droit constitutionnel au XIXe siècle, qui lie la notion de constitution à celle de régime libéral[49]. C'est un courant politique réclamant l'établissement d'une constitution écrite en vue de garantir les libertés individuelles[50]. Ce concept trouve également un écho dans l'article 16 de la Déclaration des droits de l'homme et du citoyen de 1789 qui fixe un principe clair et non équivoque à savoir que « *Toute société dans laquelle la garantie des droits n'est pas assurée, ni la séparation des pouvoirs déterminée, n'a point de Constitution* ».

---

47 C. Scmitt, *Théorie de la Constitution*, éd. Léviathan PUF, 1993, p. 132.

48 Professeur et auteur américain né à Wilkes (Caroline du Nord, États – Unis) le 5 juillet 1889 et décédé le 19 juillet 1954.

49 *Lexique des termes juridiques, Dalloz, 16e édition 2007, p.173*

50 J. Velu, *op. cit.*, p.146

**27.** Ainsi, le constitutionnalisme est un mouvement philosophico-juridique qui n'envisage l'action des pouvoirs publics mais également la protection des libertés individuelles que dans un cadre prédéfini par des règles claires, établies une fois pour toutes et reprises dans un texte spécifique communément appelé « Constitution », lequel texte est rédigé dans des circonstances particulières, par un organe spécialement établi à cette fin. Il va de soi que lesdites règles consignées dans la Constitution ont une valeur juridique supérieure à toutes les autres normes, actuelles et à venir. Ce mouvement est mû par la volonté de tempérer les dérives des pouvoirs publics. C'est ce qui justifie la rédaction avec une certaine précision des règles portant sur les rapports des différentes composantes des pouvoirs publics entre eux, mais également des pouvoirs publics avec les citoyens.

Il en ressort que la notion de *constitutionnalisme* a un contour très clair, à savoir la protection absolue des droits de l'homme contre toute forme de violation, la séparation ainsi que la limitation des pouvoirs.

**27.** Or, cela ne peut donc être possible que par les règles de droit et non le bon vouloir des tenants du pouvoir. S'il est vrai qu'au commencement, à la base même des règles de droit se trouve la Constitution, force est donc de constater que la norme constitutionnelle est, et demeure le pilier même de cette conception qu'est le constitutionnalisme. Il en ressort que « constitutionnalisme » et « État de droit » sont deux notions interdépendantes. En effet, séparation et limitation des pouvoirs d'une part, et protection des droits humains d'autre part, ne peuvent se réaliser que dans un État de droit.

Pour ce faire, un État doit se doter d'instruments utiles à cette fin, à savoir des organes étatiques compétents (mandatés par l'État) agissant exclusivement dans les limites de leurs compétences et soumis à des autorités juridictionnelles.

C'est seulement après la Seconde Guerre mondiale, avec la prise de conscience en Europe de la faillibilité des trois pouvoirs (Législatif, Exécutif et Judiciaire) que la notion d'État de droit constitutionnel prit ainsi ses racines.

## Section II. Circonstances d'adoption d'une constitution

**28.** La Constitution est également une norme atypique de par les circonstances qui conduisent à son adoption. Tel qu'il ressort des différentes définitions, cette norme est inexorablement un moment historique dans la mesure où son adoption traduit toujours une rupture par rapport à un ordre juridique qui a fait son temps, un système politique suranné et dépassé, laquelle rupture peut ainsi prendre une tournure violente ou pacifique.

**29.** Quelle que soit la circonstance qui conduit à l'adoption d'une constitution, celle-ci constituera en effet le socle sur lequel reposera la nouvelle structure politique choisie. Ainsi, telle la fondation d'un immeuble, telles les racines d'un arbre, tel un acte de naissance chez l'être humain ou encore un certificat de conformité pour un véhicule, la Constitution marque le point de départ d'un nouvel ordre étatique, lui donnant une personnalité et une identité juridique, un fondement sur lequel s'organisera cet État. Tant et si bien que "tous les rites qu'entend symboliser la procédure constitutionnelle cherchent à souligner l'importance d'un évènement historique. C'est le rite de purification qui indique le moment où une société politique élémentaire, voire un gouvernement de fait, oublie ses attaches révolutionnaires et se mue en État et en pouvoir de droit. C'est le rite de purification qui indique le moment où les forces politiques désordonnées et dispersées consentent à discipliner leur action et à la développer sur la base des finalités arrêtées de commun accord. C'est encore le rite d'investiture qui implique le moment où les autorités publiques sont légitimement habilitées à exercer les attributions qui leur sont confiées. La signification historique de la Constitution ne saurait être sous-estimée"[51].

Il est donc évident que le contexte historique a son importance. Ce sont des circonstances toutes aussi variées que spécifiques qui amènent à adopter des constitutions.

---

[51]F. Delpérée, *Le droit constitutionnel de la Belgique,* Bruylant Bxl-Lgdj Paris, 2000, p.30.

§1. Situations sous-jacentes à l'adoption d'une constitution

**30.** Tantôt, elles ont marqué un nouveau départ à la suite **d'une révolution**[52] brutale ou pacifique. Ce fut le cas des États-Unis, dont la Constitution fut adoptée en 1787 mais entrée en vigueur en 1789. Pour ce faire, condition essentielle, neuf États sur treize devaient se prononcer en sa faveur. Révoltés contre l'Angleterre, les délégués des colonies mirent sur pied le *Congrès continental* qui siégea à Philadelphie et proclama solennellement l'indépendance des États-Unis d'Amérique, le 4 juillet 1776. C'est une commission qui prit le soin de rédiger le statut constitutionnel de cette Confédération. Elle délibéra de la manière la plus secrète. *En effet, le document rédigé à Philadelphie par les Pères Fondateurs constitue un évènement dans l'histoire des Constitutions (...) C'est leur réalisme en matière juridique qui a permis aux rédacteurs de la Constitution d'utiliser les meilleurs éléments des Constitutions des différents États pour les combiner avec des apports originaux*[53].

**31.** Ce fut également le *cas de la Belgique en 1830*. Suite à l'expulsion des autorités hollandaises, une *commission administrative* composée de trois personnes et de deux secrétaires prit le pouvoir le 24 septembre 1830. Elle se mua en un *gouvernement provisoire,* - composé de sept membres et deux secrétaires, qui chargea le 6 octobre 1830, une commission de quatorze juristes, relativement très jeunes, de proposer un *projet de Constitution dont la rédaction prit seulement cinq jours.* C'est un *congrès national* établi par décret qui assuma le rôle d'assemblée constituante. En cette qualité, le 7 février 1831, il adopta la Constitution belge qui fut promulguée le 11 février de la même année.[54]

C'est donc à juste titre que P. Bastide affirma sous forme de question « ...Mais quel régime, même de souche révolutionnaire, ne cherche à se

---

52 F. Delpérée, F. Verdusen et K. Biver, *Recueil des Constitutions européennes*, Bruylant-Bruxelles, 1994, p.296.

53 B. Schwartz, *le droit aux Etats-Unis, une création permanente*, éd. economia 1979, pp.29-30.

54 M. Uyttendaele, *trente leçons de droit constitutionnel*, Bruylant-Anthemis éd. 2014, p. 87-88.

prémunir des crises qui pourraient affecter son existence en se mettant à l'abri d'une Constitution ? »[55].

**32.** Tantôt, les constitutions ont servi à légitimer le nouveau régime mis en place à la suite **d'un coup d'État[56]**. Tel a été le cas de la RDC et de tant de pays africains qui, au sortir des indépendances, ont assisté à une vague de dictatures. À ces occasions, des constitutions furent élaborées afin de légitimer ces nouveaux régimes. En effet, même des régimes de source dictatoriale ont pensé élaborer des constitutions pour se donner une certaine légitimité. Ainsi par exemple, le 24 juin 1967, après son coup d'État de 1965, le nouvel homme fort du Congo, Joseph Désiré Mobutu fit rédiger une Constitution dite *Constitution révolutionnaire*, qui marqua le début de la deuxième République. Le Congo passa d'un Etat fédéral à un Etat unitaire. Le parlement devint monocaméral et non plus bicaméral. Le nombre de partis politiques fut ainsi réduit. Ce fut donc le véritable départ de la seconde République.

La Constitution de la République portugaise du 2 avril 1976 est le produit d'une procédure révolutionnaire déclenchée par le coup d'État militaire du 25 avril 1974, qui a fait tomber le régime politique né de la révolution du 28 mai 1926 et consacré dans la Constitution de 1933[57].

**33.** Tantôt, la Constitution a encore servi à restructurer le système de gouvernement suite à **l'effondrement de l'ordre établi ou à une défaite militaire.[58]** C'est par exemple le cas de l'Afrique du Sud qui s'est donné une nouvelle constitution le 8 mai 1996 mettant fin au régime de l'apartheid qui y était en vigueur. Auparavant, en septembre 1991, une convention pour une Afrique du Sud démocratique, en sigle CODESA (Convention for a Democratic South Africa) décida de transformer le régime d'apartheid en une démocratie pluriethnique. Une année plus tard, un référendum fut organisé sur le sujet et deux tiers des électeurs blancs dirent oui aux réformes du gouvernement De Klerk. Deux ans plus tard, soit en 1994, des élections multiraciales furent organisées, elles

---

55P. Bastid, « *Introduction générale » auCorpus constitutionnel*, in Francis Delpérée, *Op. Cit.*, 2000, p.34.

56 F. Delpérée, *op. cit.*, Bruylant-Bruxelles, 1994, p.296

57 S. Gilcart, *Douze constitutions pour une Europe…*, Kluwer 1994, p.P-3

58 F. Delpérée, *op. cit.*, Bruylant-Bruxelles 1994, p.296.

conduisirent Nelson Mandela au pouvoir. Une Constitution provisoire fut adoptée par le parlement en septembre 1994.

**34**. En Allemagne, la Loi Fondamentale du 23 mai 1949 fut rédigée au sortir de la Seconde Guerre mondiale, qui fut pour elle une défaite militaire. En effet, après la capitulation du 8 mai 1945, il ne restait plus rien de l'ancienne Allemagne : ni les structures sociales, ni le cadre géographique, ni l'économie.[59] Promulguée le 23 mai 1949, la Loi fondamentale de la République fédérale d'Allemagne est entrée en vigueur le 24 mai 1949[60].

**35.** En Espagne, après la mort du dictateur Franco, les institutions de ce régime organisèrent elles-mêmes leur propre transformation en se muant en une monarchie constitutionnelle qui vit l'avènement du Roi Juan Carlos. Cette transformation passa par la rédaction et l'adoption de la Constitution du 27 décembre 1978.

**36.** En Grèce, la Constitution du 9 juin 1975 rétablit le régime parlementaire qu'opéra G. Caraman. Elle doit être appréhendée comme « fille » de la dictature militaire (1967-1974) et donc « petite fille » de la guerre civile (1945-1949)[61].

**37.** En Italie, la Constitution du 27 décembre 1947 est la résultante de la chute du fascisme, provoquée en juillet 1943 par la défaite militaire désormais certaine après le débarquement des troupes alliées en Sicile[62].

Tantôt, sous d'autres cieux, elles sont le produit de la **réforme pacifique d'une ancienne Constitution**[63] devenue anachronique, lorsque celle-ci ne rencontre plus les besoins du pays. C'est le cas de la Confédération Suisse en 1999, dont la Constitution fut acceptée par la majorité du peuple et des cantons le 18 avril 1999. Elle est entrée en vigueur le 1er janvier 2000, après d'âpres discussions au sein de la *Commission Wahlen.* À l'origine, des travaux entrepris en vue d'une révision totale de la Constitution fédérale de 1874, se trouvent la « motion Obrecht » et la

59 *Ibid.* p.859.

60 *Ibid.* p.861.

61 S. GILCART, *op. cit.*, p. G-3

62 S. GILCART, *op. cit.*, p. It-3

63 F. DELPEREE, *op. cit.*, Bruylant-Bruxelles 1994, p.296

« motion Dürrenmatt », déposées respectivement au Conseil d'État et au Conseil national en 1965 et acceptées à l'unanimité par les Chambres l'année suivante.[64]

**38.** En France, la Constitution du 4 octobre 1958 dite de la *Ve République* fut promulguée et adoptée, sans heurts, le 4 octobre de la même année. Ce fut à l'issue d'un référendum constitutionnel organisé par le général Charles de Gaule. Le 4 septembre 1958 (jour anniversaire de la proclamation de la République en 1 870), le Général de Gaule présenta la nouvelle Constitution au peuple français, dans un discours prononcé place de la République[65]. Elle reprenait, dans son préambule, des principes invoqués dans le préambule de la Constitution de 1946, mais également de la Déclaration des droits de l'homme et du citoyen de 1789.

**39.** La Constitution irlandaise du 1er juillet 1937 (the « 1 937 Constitution ») remplaçait l'ancienne Constitution de l'État Libre d'Irlande « *Saorstât Eireann* » en irlandais, mise en œuvre le 12 juin 1922 en vertu de l'« Irish Free State Act 1922 ». Cette Constitution, entrée en vigueur le 29 décembre 1937 différait considérablement de la Constitution précédente de l'État Libre d'Irlande et reflétait le changement des réalités politiques entre les époques[66].

**40.** Tantôt, les constitutions ont établi des systèmes de gouvernement dans les **nouveaux États indépendants**[67]. Ce fut le cas des anciennes colonies africaines à la fin des années 50, début des années 60, pour la plupart. La RDC est passée par une période de flottement juridique de 1960 à 1964. Elle fut régie par deux lois fondamentales votées par le Parlement belge à Bruxelles, sanctionnées et promulguées par le Roi des Belges, portant respectivement sur les structures du Congo et les libertés publiques. Cela avant de disposer de sa première Constitution postindépendance, la Constitution dite de Luluabourg du 1er août 1964.

Enfin, suite à une **sécession ou à une scission**, les constitutions ont servi de point de départ du nouvel État. Il en fut ainsi de la

---

[64] A. Auer, G. Malinverni et M. Hottelier, *Droit constitutionnel Suisse*. Vol.1. L'Etat, éd. Staempfli 2000, p.473.
[65] *Ibid.* p.241.
[66] A. Feeney, in S. Gilcart, *op. cit.*, p. Ir-3.
[67] F. Delpérée, *op. cit.*, Bruylant-Bruxelles 1994, p.296.

Tchécoslovaquie devenue Tchéquie et Slovaquie en janvier 1993, du Soudan en juillet 2011, scindé en Soudan du Nord et Soudan du Sud.

§2. Cas particulier de la Grande-Bretagne

**41.** Il existe cependant une exception notoire qui ne fait que confirmer la règle ; c'est le cas de la Grande Bretagne dont l'histoire renseigne qu'aucune des circonstances ci-avant décrites, à quelques exceptions près, n'était d'actualité, si bien qu'elle n'a jamais élaboré de constitution. Ainsi, d*epuis 1066, le pays n'a pas connu d'invasion militaire. Les conséquences des révolutions du XVIIe siècle furent limitées. La guerre civile de 1641-1648 a certes conduit à l'exécution du Roi et à l'instauration d'un Commonwealth doté d'une charte constitutionnelle, mais la Monarchie fut rapidement rétablie : la charte en question devint caduque et ne fut pas remplacée*[68].

**42.** Au demeurant, quoiqu'un nombre non négligeable de lois soient d'origine parlementaire (*statute law*), d'autres par contre, sont régies par la *Common Law* (droit coutumier défini par les cours et tribunaux) et par la *case Law* (interprétation du droit par le juge qui est obligatoire dans les affaires suivantes)[69]. Ces décisions font autorité, c'est ce que l'on appelle, le principe du *précédent judiciaire.*

Il ressort de cette réalité que la hiérarchie des normes, telle qu'on la connaît dans la plupart des États, n'existe pas en Grande-Bretagne. C'est donc le Parlement qui joue un rôle prépondérant en droit britannique. Il peut ainsi adopter toutes sortes de législations et les modifier, en vertu de ce pouvoir qui découle de la nature même de cette institution. C'est ce que l'on appelle le *principe de la souveraineté parlementaire*[70].

Corollaire, il n'existe pas de juridiction constitutionnelle à l'image de ce que l'on retrouve dans la plupart des États de droit à qui on peut soumettre le contrôle de la constitutionnalité des lois.

**43.** Cela étant, il existe quand même un droit constitutionnel britannique ayant plusieurs sources dont la plus importante est ce que l'on appelle S*tatute Law* autrement dit *les Acts of Parliament.* Historiquement, l'on peut

[68] F. Delpérée, *op. cit.*, Bruylant-Bruxelles, 1994, p.297.
[69] *Ibid.*, p.301.
[70] *Ibid.*, pp.304-305.

citer ce que l'on appelle le *Bill of Rights* de 1689 ainsi que *l'Act of Settelment* de 1701. Il y eut également *l'Habeas Corpus* de 1679 et tant d'autres qui ont légiféré dans des matières qui relèvent dans d'autres pays de la Constitution comme les droits du citoyen, l'équilibre des pouvoirs, la composition de la Chambre des Communes, etc.[71]

**44.** L'Angleterre a donc une Constitution dite coutumière. Sous la pression des nécessités sociales, l'action politique quotidienne a accumulé une série de précédents qui ont fini par se durcir dans une coutume sans jamais cependant se figer en une règle définitive. Ces coutumes sont plastiques, elles restent traversées par un élan vital qui les transforme[72].

À titre de rappel, l'histoire enseigne que jusqu'à la fin du XVIII^e^ siècle, il n'y avait pas de constitution écrite. Le droit constitutionnel était coutumier. C'est à la fin du XVIII^e^ siècle, avec la Constitution américaine en 1787 et la Révolution française en 1789 qui a conduit à la rédaction de la Déclaration des droits de l'homme et du citoyen, que le droit constitutionnel devint un droit écrit. Aujourd'hui, la quasi-majorité des constitutions sont écrites. Pour la petite histoire, il convient de noter que la Constitution norvégienne fut adoptée le 17 mai 1814. À ce titre, elle est la plus ancienne des constitutions encore en vigueur en Europe.

Tel qu'il a été relevé précédemment, la Grande Bretagne n'est pas la seule à ne pas disposer d'une constitution au sens formel. C'est également le cas d'Israël et de la Nouvelle-Zélande.

## Section III. Quid des autres normes et de leur position par rapport à la Constitution ?

§1. Y a-t-il une hiérarchie dans l'ordonnancement juridique ?

**45.** Une telle question revêt toute son importance dans la mesure où, comme l'a si bien constaté Hans Kelsen[73], un ordre juridique n'est pas un

---

[71] *Ibid.* pp.310-311.

[72] P. Wigny, *Droit constitutionnel. Principes et droits positif*, Bruylant-Bruxelles 1952, t.1, p.168

[73] Juriste austro-américain (1881-1973), il est l'un des rédacteurs de la Constitution autrichienne du 1er octobre 1920. C'est le père de la théorie de la

système de normes juxtaposées et coordonnées ; il a une structure hiérarchique et ses normes sont réparties en diverses couches superposées. L'unité de l'ordre réside dans le fait que la création, et par conséquent la validité d'une de ses normes, est déterminée par une autre norme, dont à son tour la création a été déterminée par une troisième norme, et ainsi de suite jusqu'à ce qu'on arrive à la norme fondamentale de l'ordre juridique, dont ces diverses normes font partie[74].

**46.** La Constitution seule, sans l'existence et la présence d'autres normes dans l'architecture normative, n'est pas d'une grande utilité. Il en va de même, non seulement de la fondation d'un immeuble qui, sans la partie supérieure, n'est d'aucune utilité, mais également des racines d'un arbre qui ne servent à rien sans le tronc ni les branches. Fondations et racines n'ont donc d'importance que par rapport au reste. Leurs rôles primordiaux s'apprécient seulement par rapport à la partie supérieure de la structure. Ainsi en est-il de la constitution dont le caractère fondamental et supérieur ne peut s'apprécier qu'au regard d'autres normes.

**47.** Il n'existe en effet aucun État ayant la Constitution comme seule norme. La complexité de la vie en société a conduit tous les États, quelles que soient leurs formes, à légiférer dans d'innombrables domaines, même les plus inimaginables. Pour éviter l'anarchie, cette multitude de normes impose leur ordonnancement.

Ce qui est en jeu ici, c'est la cohérence juridique. Les autorités qui excèdent leur compétence ou qui violent une règle hiérarchiquement supérieure, commettent une illégalité, au sens large du terme.

Dans tous les systèmes juridiques au monde, il existe des mécanismes pour lutter contre l'incohérence juridique.

**48.** Après avoir ainsi identifié chaque norme, essentiellement en droit belge, congolais et américain, en tentant de les définir de la manière la plus juste possible, une question se pose cependant : Où se situent-elles

---

hiérarchie des normes et du contrôle de constitutionnalité des lois par rapport à la Constitution.

74 H. Kelseen, *op.cit.*, pp.131-132.

dans la hiérarchie des normes ? Quelle est exactement la position de la Constitution dans cette hiérarchie ?

En son article 188, la Constitution belge posa d'emblée une prescription de taille en ces termes : *à compter du jour où la Constitution sera exécutoire, toutes les lois, décrets, arrêtés, règlements et autres actes qui y sont contraires sont abrogés*[75].

**49**. La Constitution congolaise, quant à elle, n'établit pas la hiérarchie de manière aussi explicite. Elle ressort de deux dispositions, à savoir les articles 215[76] et 216[77]. Le premier article se limite à établir, très clairement, la suprématie des traités et accords internationaux sur les lois. Tandis que le second s'attelle plutôt à régler le clivage Constitution-Traités internationaux, stipulant que ceux-ci se doivent, cependant d'être conformes à la Constitution. Dans le cas contraire, c'est la Constitution qui doit, au préalable, être modifiée afin que le traité international ressorte ses effets dans l'ordre juridique congolais.

**50.** Il va sans dire que l'article 215 établit une règle claire et absolue en disposant que les traités internationaux sont supérieurs aux lois, sans aucune autre formalité. Tandis que l'article 216 établit une règle relative, selon laquelle la Constitution a une valeur supérieure aux Traités internationaux pour autant que ceux-ci ne contiennent pas de dispositions antinomiques. Si tel est le cas, ce n'est pas le Traité qui s'exposera à un refus d'application ; plutôt la Constitution qui devra être adaptée.

---

[75] Cette prescription a été reprise in extenso dans l'article 117 de la Constitution luxembourgeoise.

[76] *Les traités et accords internationaux régulièrement conclus ont, dès leur publication, une autorité supérieure à celle des lois, sous réserve pour chaque traité ou accord, de son application par l'autre partie.*

[77] *Si la Cour constitutionnelle consultée par le Président de la République, par le "Premier ministre, le Président de l'Assemblée nationale ou le Président du Sénat, par un dixième des députés ou un dixième des sénateurs, déclare qu'un traité ou accord international comporte une clause contraire à la Constitution, la ratification ou l'approbation ne peut intervenir qu'après la révision de la Constitution.*

**51.** Pour répondre à ces questions, un passage par l'infographie a paru très judicieux. Le choix opéré dans le présent ouvrage est celui de représenter la hiérarchie des normes par trois immeubles bien connus dans les paysages belge, congolais et américain, à savoir l'Atomium de Bruxelles, l'échangeur de Limete à Kinshasa et la statue de la Liberté aux USA. Il s'agit là de trois œuvres architecturales chargées d'histoire qui vont permettre d'optimaliser le message.

**52.** Dans la plupart des ouvrages juridiques, la hiérarchie des normes est généralement représentée par une pyramide qui place ainsi la Constitution au sommet pour démontrer son caractère de norme supérieure. Cette représentation est pertinente dans la mesure où l'on veut présenter la Constitution comme une voûte au-dessus d'un édifice pour souligner son caractère éminemment supérieur.

**53.** Dans le présent ouvrage, une tout autre option a été choisie, celle de représenter la hiérarchie des normes par des immeubles bien connus tout en prenant le soin de préciser que la Constitution peut également jouer un rôle éminemment important, similaire à la fondation d'un immeuble. C'est ainsi que les lignes qui suivent s'atteleront plutôt à représenter la Constitution comme socle et soubassement de tout ce qui suivra comme construction.

Un peu plus loin au chapitre II, dans la même optique, la Constitution sera d'ailleurs comparée et ainsi représentée par les racines d'un arbre sur laquelle repose tout un système.

§2. Hiérarchie des normes en droit belge

**54.** En droit belge, le mot « loi » désigne un acte juridique à la portée générale et abstraite, pris par les Chambres parlementaires, suite à une proposition d'un de ses membres ou un projet du gouvernement Sensu stricto, la ***loi ordinaire*** est la règle de droit édictée par le pouvoir législatif fédéral, visé par l'article 36 de la Constitution, et à laquelle s'applique le quorum de l'article 53 de la même Constitution[78]. *Elle est très large et a un double chef de compétences. Elle peut régler les matières que la*

---

[78] Isabelle Hachez, Antoine Bailleux, Sébastien Van Drooghenbroeck, *Sources et principes du droit*, Université Saint Louis, année 2014-2015, p.114

*Constitution lui indique explicitement, mais aussi les matières que la Constitution ne règle pas et qu'elle ne confie à aucun organe particulier*[79].

**55.** Il existe, au niveau fédéral, quatre catégories de lois :

**Lois *monocamérales***, lois qui sont faites par le Roi et par la Chambre des représentants (Art. 74 début).

**Lois *bicamérales véritables***, celles qui sont faites par le Roi, par la Chambre des représentants et le Sénat, étant entendu que le Sénat est sur un pied d'égalité que la Chambre. (Art. 77 2e à 10e).

**Lois *bicamérales virtuelles*** ou ***bicamérales optionnelles*** ou encore ***bicamérales imparfaites*** celles qui sont faites par le Roi, la Chambre des représentants et le Sénat, étant entendu que le Sénat n'est pas sur un pied d'égalité que la Chambre (toutes les matières fédérales qui ne sont pas visées par les articles 74 et 77, 2° à 10°)[80].

**56.** Il existe aussi, dans certaines matières jugées plus sensibles, des ***lois spéciales*** qui sont des actes émanant du pouvoir législatif fédéral (art. 36 de la Constitution) mais dont la particularité est de requérir pour leur adoption, et dans les cas prévus par la Constitution [Loi spéciale en raison de son objet], des quorums spéciaux (art. 4), distincts de ceux applicables aux lois ordinaires (art. 53 de la Constitution), et, en l'occurrence, surrenforcés par rapport à ceux-ci [loi spéciale en raison de sa procédure][81].

Quoiqu'elles fussent organiquement l'œuvre du pouvoir législatif fédéral, la Constitution n'en a pas moins reconnu que les lois spéciales primaient,

---

79 M. Van Overstraeten : *Sources, principes et méthodes de droit*, notes de cours, Université Catholique de Louvain-la-Neuve, faculté de droit et de criminologie, 2010-2011, p.38.

80 *Ibid.* pp.32 et 33.

81 Isabelle Hachez, Antoine Bailleux, Sébastien Van Drooghenbroeck, *Sources et principes du droit*, Université Saint Louis, année 2014-2015, p.146.

par leur contenu, les lois ordinaires, ainsi que de manière générale, toute norme de rang législatif adoptée dans la Belgique fédérale[82].

**57.** Puis, il existe ***Les arrêtés royaux de pouvoirs spéciaux*** (ARPS). Ce sont les mesures réglementaires prises par le Roi en vertu d'une loi particulière qui accorde *temporairement* le pouvoir de régler, par des arrêtés délibérés en Conseil des ministres, un certain nombre de matières déterminées, jusqu'alors réglées normalement par le législateur lui-même[83]. Ces dispositions peuvent modifier un texte ayant force de loi. Mais dans cette situation, par le biais des pouvoirs spéciaux, le roi n'est pas habilité à faire la loi. Il a le pouvoir de faire œuvre de lois[84]. Ce sont des normes qui, tout en ayant valeur de loi fédérale ordinaire, ne sont cependant pas l'œuvre des trois branches du pouvoir législatif[85]. Si et aussi longtemps qu'il n'a pas été confirmé par une loi, l'arrêté de pouvoirs spéciaux est une norme émanant du pouvoir exécutif. À ce titre, il est soumis au contrôle de sa compatibilité avec les normes (législatives ou constitutionnelles) qui lui sont supérieures.[86]

**58.** Ensuite, il y a ***Les arrêtés royaux d'exécution*** *(article 37 de la Constitution)*. Ce sont des actes réglementaires que le Roi est tenu de prendre pour assurer la mise en œuvre de la volonté exprimée par un autre texte. Exécuter signifie « mettre en œuvre », réaliser, ce qui a été voulu par autrui pour prendre toutes les mesures de sorte que des règles générales et abstraites puissent être appliquées dans la réalité[87]. Les arrêtés royaux d'exécution doivent être en accord avec la règle à exécuter et lui sont donc subordonnés.

Ensuite, viennent ***Les arrêtés ministériels*** qui sont des mesures réglementaires prises soit par un ministre fédéral ou un secrétaire d'État

---

82 H. Dumont, *Droit constitutionnel I*, Université Saint-Louis, année académique 2014-2015, p.75.

83 *Ibid.* p. 48.

84 *Ibid.* p. 50.

85 Isabelle Hachez, Antoine Bailleux, Sébastien Van Drooghenbroeck, *Op. cit.*, p.130

86 *Ibid.* p.153.

87 *Ibid.*, p. 52.

fédéral avec l'accord du ministre fédéral auquel il est adjoint, et ce, en vertu d'une habilitation particulière de la loi ou du Roi. Les arrêtés ministériels se situent en dessous des Arrêtés Royaux d'Exécution.

Puis viennent ***Les décrets***. Ce sont des règles de conduite générales et abstraites de nature législative au moyen desquelles les trois communautés ou les autorités déléguées par l'une d'elles, ainsi que deux des trois régions ou les autorités déléguées par l'une d'elles exercent les attributions qui leur sont confiées par la Constitution et les lois de réforme institutionnelles. Ils ont la même valeur juridique que la loi fédérale, ils peuvent être communautaires ou régionaux.

Les autorités peuvent être déléguées. Il y a des décrets communautaires adoptés par la communauté mais aussi par les autorités déléguées par la communauté française.

L'on dénombre également ***Les ordonnances*** qui sont en substance des normes juridiques générales et impersonnelles adoptées par le parlement bruxellois ou par l'assemblée unie de la commission communautaire commune. Elles ont force de loi.

Existent également ***Les Arrêtés de gouvernement*** qui jouent le rôle du Roi au niveau fédéral. Ils peuvent prendre des arrêtés d'exécution, au même niveau que les arrêtés royaux.

Puis viennent ***Les arrêtés ministériels*** qui permettent à un ministre communautaire ou régional de prendre un arrêté pris par le gouvernement communautaire ou régional auquel il appartient. Il se voit accorder une habilitation gouvernementale. Il convient de noter qu'un gouvernement peut confier à l'un de ses membres seulement une mission subalterne destinée à prendre des mesures secondaires, de détail.

Ensuite viennent ***Les règlements*** qui sont également des normes générales et abstraites prises cette fois par les communes et les provinces.

Viennent également ***Les circulaires*** qui sont des ordres et des recommandations adressées aux fonctionnaires pour les aiguiller quant à l'interprétation des lois. Elles ne lient ni l'État, ni les tribunaux.

Enfin, viennent ***les décisions de justice*** qui n'ont qu'une valeur d'avis car pouvant préciser l'application des lois. En effet, il n'est pas concevable de confier un tel pouvoir à des personnes non élues, à savoir les juges. Seuls les représentants du peuple peuvent édicter des normes.

### §3. Aperçu schématique

**59.** Schématiquement on peut représenter la hiérarchie des normes en droit belge de la manière suivante :

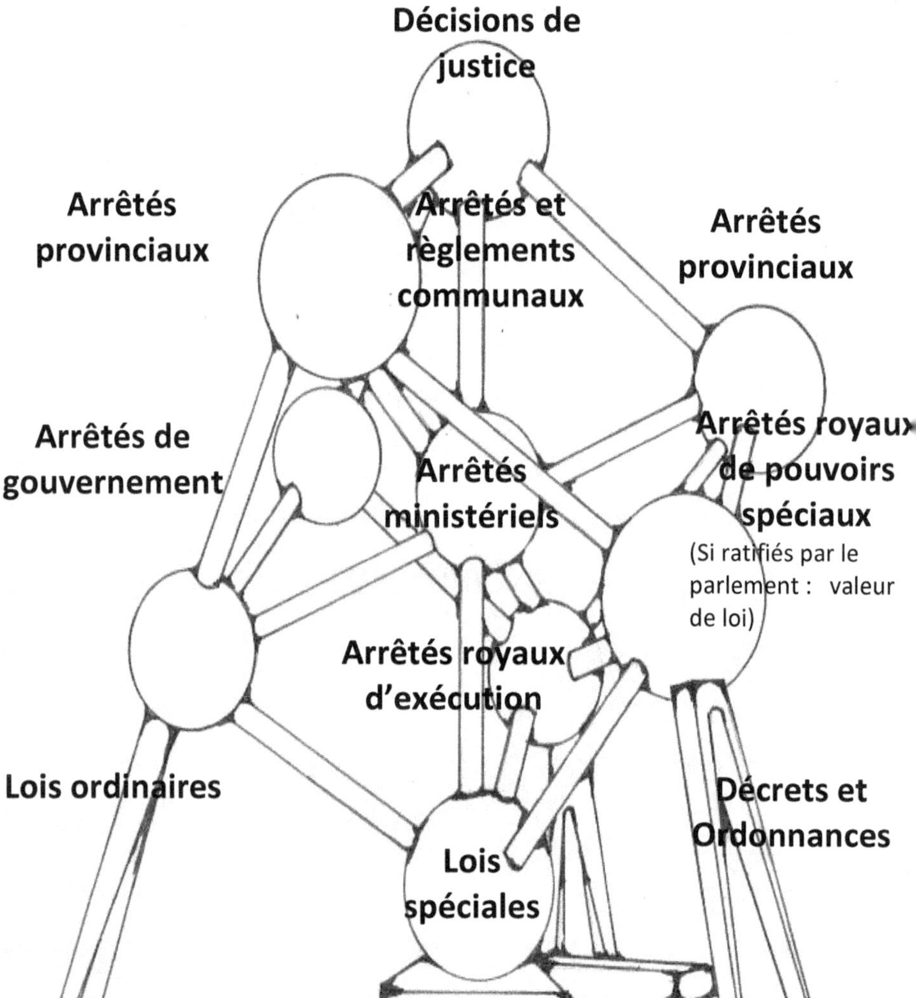
Décisions de justice
Arrêtés provinciaux
Arrêtés et règlements communaux
Arrêtés provinciaux
Arrêtés de gouvernement
Arrêtés ministériels
Arrêtés royaux de pouvoirs spéciaux
(Si ratifiés par le parlement : valeur de loi)
Arrêtés royaux d'exécution
Lois ordinaires
Décrets et Ordonnances
Lois spéciales
CONSTITUTION

**60.** Cet édifice est une très belle illustration dans le cadre de cet ouvrage. En guise de rappel pour certains ou d'information pour d'autres, l'architecture ci-avant fut érigée sur le plateau du Heysel au courant de l'année 1958, à l'occasion de " L'*Exposition universelle et Internationale de Bruxelles*" qui s'est tenue du 17 avril au 19 octobre 1958. Elle représente les neuf atomes de cristal de fer. Ce fut la première Exposition universelle de l'après Seconde Guerre mondiale. Cet édifice fut érigé pour durer six mois, le temps du déroulement de l'exposition universelle de 1958. Au regard de sa popularité, sa démolition fut régulièrement postposée et finalement abandonnée.

L'Atomium qui culmine à 102 m de haut est devenu par la suite l'une des attractions touristiques incontournables de Bruxelles. Sa construction a nécessité, à proprement parler, 2 400 tonnes d'acier. Il comprend neuf sphères de 18 mètres de diamètre pesant plus ou moins 250 tonnes chacune. Elles sont recouvertes d'aluminium et reliées entre elles.

**61.** Il fallut attendre une trentaine d'années, soit dans le courant des années 1990, pour entendre parler d'une profonde rénovation ; l'idée de démolition refit très vite surface au regard du coût d'une éventuelle rénovation. Il y eut, contre toute attente, de très vives réactions à telle enseigne que l'option de son maintien et sa réhabilitation furent décidées. C'est seulement en 2004 que le projet de rénovation fut entamé pour s'achever en février 2006[88].

Le rôle de la fondation de cette architecture, renforcé par trois piliers, comme on peut le voir sur la photo, a été d'une importance capitale dans la résistance de cet édifice contre l'usure du temps. C'est ainsi que, ce qui était au départ une architecture destinée à ne durer que six mois, se retrouve élevé au rang de monument de référence en Belgique.

**62.** Il est important de revenir sur la volonté des constructeurs de l'Atomium qui, quoique sachant que l'œuvre qu'ils réalisaient n'avait qu'une durée de vie limitée, n'ont pas lésiné sur la qualité et la solidité de sa fondation avec des piliers qui devaient soutenir l'ensemble de la construction.

---

[88] http://atomium.be/history.aspx?lang=fr

Ce n'est certes pas le fruit du hasard si cette construction de 1958, destinée à ne durer qu'un semestre, est aujourd'hui une référence mondiale en matière d'architecture, et continue à dominer le paysage de Bruxelles en défiant le temps par sa robustesse.

**63.** Force est de constater et d'apprécier le sérieux avec lequel les constructeurs de cet ouvrage ont érigé ce monument. Et inversement, lorsqu'on est par contre négligent, le travail réalisé est exposé à toutes sortes d'intempéries au risque même d'être emporté par le premier orage.

Outre la beauté de l'Atomium, c'est sans conteste sa rigidité qui a conduit les autorités belges à continuer à l'exploiter plus d'un demi-siècle après. En effet, si cette architecture avait été construite de manière à ne durer que six mois, elle aurait vite été démontée pour cause d'insécurité. Cependant, grâce au sérieux mis dans la construction de cette œuvre en amont, cette bâtisse reste debout après autant d'années, bien entendu, même si des travaux de rénovation ont été nécessaires.

**64.** Toutes proportions gardées, il en va de même pour une constitution. Dès lors que des mécanismes de renforcement adéquats sont prévus, il y a toutes les chances qu'elle produise des effets au-delà des espérances et du but politique recherché lors de son élaboration.

D'où la nécessité d'instaurer des mécanismes de révision solides et rigides, - à l'image de la fondation de cette bâtisse -, qui garantissent indubitablement à une constitution la capacité de traverser l'épreuve du temps politique.

### §4. Hiérarchie des normes en droit congolais

**65.** À l'instar de la Belgique, il existe en RDC, une ***Constitution*** qui est la norme suprême. Ensuite viennent ***les Traités et accords internationaux***; ces derniers doivent en principe être conformes à la Constitution. Cependant, en cas de désaccord avec elle, la solution choisie est pour le moins paradoxale, dans la mesure où il faudra plutôt la réviser[89]. Autrement dit, les traités et accords internationaux pour être ratifiés ou approuvés doivent faire l'objet d'un contrôle de conformité par rapport à la Constitution. Sous cet angle, ils peuvent être considérés, dans la hiérarchie des normes, comme étant inférieurs à la Constitution. Néanmoins, s'il s'avère malgré tout qu'une clause d'un tel acte est contraire à ladite Constitution, celle-ci devra subir une nécessaire modification afin de se conformer à son tour à l'acte international, qui pourra enfin être inséré dans l'ordre juridique national congolais[90]. Sous cet angle, l'on pourrait valablement soutenir que la Constitution est une norme inférieure au traité international.

**66.** Puis, suivent logiquement ***les Lois*** qui sont des normes ayant un caractère général et impersonnel ; elles sont bicamérales car émises par le parlement, après un examen successif entre la chambre basse et la chambre haute[91]. Celles-ci doivent être conformes à la fois aux traités internationaux et à la Constitution[92].

L'on peut également noter ***les Ordonnances-Lois*** qui sont régies par l'article 129, voire également l'article 126 de la Constitution congolaise. Celles-ci permettent en effet au gouvernement de légiférer, dans un délai et pour des matières déterminées, sur des matières qui sont normalement du domaine de la loi[93].

Viennent ensuite ***les Mesures réglementaires ou Actes administratifs réglementaires*** pris par l'exécutif ou l'administration, qui ont un caractère unilatéral tout en créant des règles juridiques générales et impersonnelles[94]. S'ensuivent ***La jurisprudence*** ainsi que ***les Coutumes juridiques***. Puis, viennent ***les Directives publiques*** émises par les différentes autorités publiques.

---

89Article 215.

90Article 216.

91Article 135.

92Les lois sont régies par les articles, 79, 100, 112, 113, 122-125, 130, 135-137, 139 et 140

93Articles 129 et 126.

94Articles 79, 90,91 92, 93, 94.

Enfin, viennent ***les Conventions privées* ou *Conventions-Lois.*** Celles-ci régissent les rapports entre particuliers. L'article 33 du Code civil congolais dispose que : « les conventions légalement formées tiennent lieu de loi à ceux qui les ont faites ». Disposition qui est par ailleurs une copie littérale de l'article 1134 du Code civil belge[95].

§5. Aperçu schématique

**67.** Schématiquement on peut représenter la hiérarchie des normes en droit congolais de la manière suivante :

[95] 1134 § 1c. civ. Belge : « Les conventions légalement formées tiennent lieu de loi à ceux qui les ont faites ».

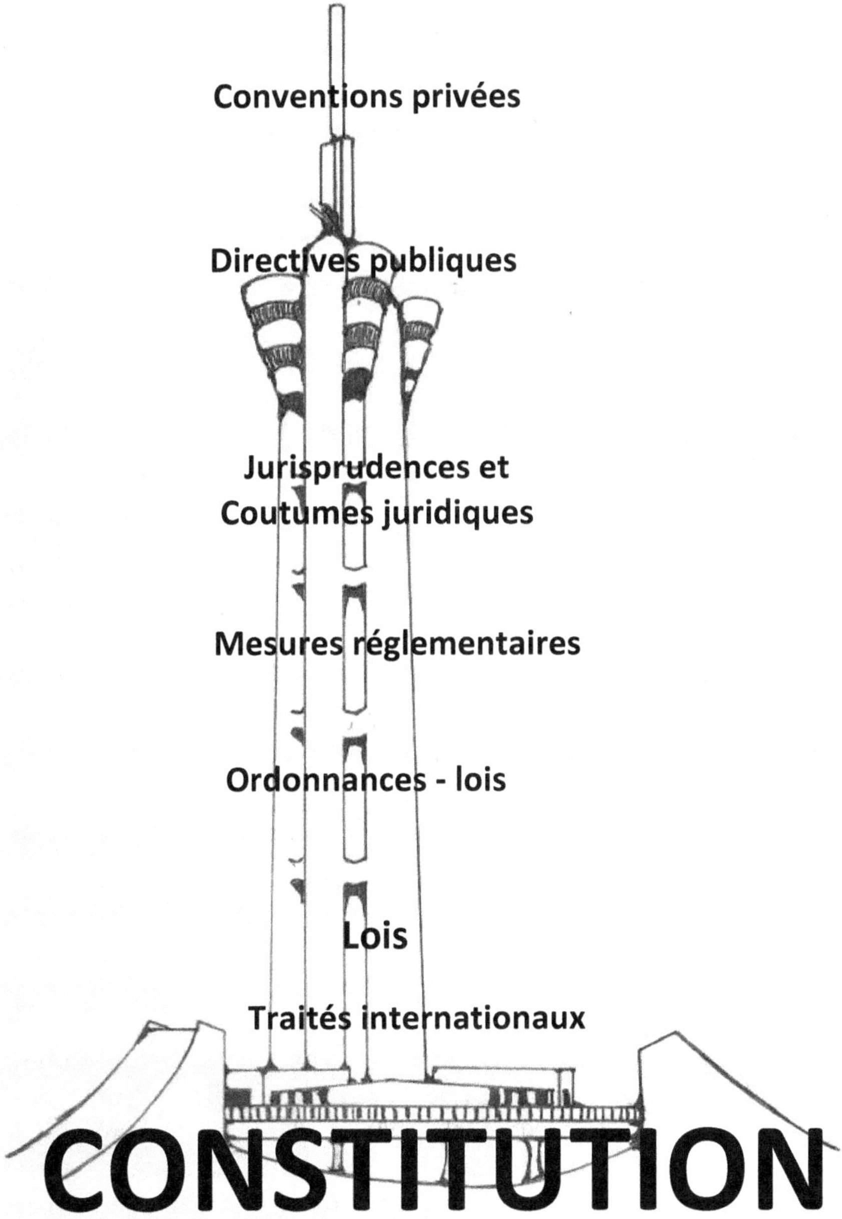
Conventions privées
Directives publiques
Jurisprudences et
Coutumes juridiques
Mesures réglementaires
Ordonnances - lois
Lois
Traités internationaux
CONSTITUTION

Si chaque ville du monde est identifiable par un édifice particulier, il n'est pas faux de dire que Kinshasa, capitale de la RDC, est aisément reconnaissable, entre autres, par son célèbre échangeur de Limete.

**68.** En rapport avec le présent ouvrage, cet édifice est intéressant non pas pour sa taille ni sa beauté mais pour sa solidité qui a assuré sa longévité.

En parlant de longévité, l'accent est mis en particulier sur la résistance de l'œuvre à l'usure du temps, et ce, en dépit du manque d'entretien et de son abandon pendant plusieurs décennies.

Malgré cet abandon, l'échangeur de Limete est resté bien droit en défiant, année après année, les orages tropicaux et le soleil d'Afrique, sans aucune menace d'écroulement.

**69.** En dépit de sa vétusté, sa résistance, qui n'est plus à démontrer, lui a permis de tenir contre toute attente, grâce à la solidité des fondations lors de sa construction.

Si aujourd'hui, des travaux de rénovation sont en cours sur le site de l'échangeur de Limete, ils portent plutôt sur l'aspect décoratif et non sur la structure même de l'édifice, encore moins sur ses fondations.

Ceci est révélateur du soin pris par les bâtisseurs de cet édifice de poser des fondations solides et profondes avant d'élever cette tour visible des kilomètres à la ronde. C'est ainsi que les travaux actuels viennent se greffer sur les fondations originelles. L'importance de la solidité et de la rigidité d'une fondation dans la construction d'un édifice n'est plus à démontrer.

**70.** Il en va de même pour la hiérarchie des normes. **Dès lors qu'une norme fondamentale est solide et rigide, elle permet non seulement sa propre stabilité en tant que norme fondamentale, avec comme corollaire la stabilité de toute l'architecture des normes, mais également celle de l'État de droit même, tributaire de cette architecture.** Si bien qu'une architecture des normes solide dépend inéluctablement d'une constitution rigide. Ce qui permet sans nul doute de rendre l'État de droit viable.

Ainsi, quand bien même une loi s'avérerait inconstitutionnelle et les acteurs politiques animés d'intentions malveillantes, la Constitution en tant que fondation solide et rigide, ferait, à coup sûr, échec à tout effondrement du système démocratique dont elle est le socle. De la même manière, la solidité des fondations de l'échangeur de Limete à Kinshasa a permis à cet édifice de rester en place malgré des décennies d'abandon de travaux.

**71.** En résumé, toute œuvre humaine dépend du sérieux placé à la base. Ainsi, s'agissant d'une œuvre constitutionnelle, tout dépend de la rigidité de ses mécanismes de révision qui demeurent les verrous par excellence d'une constitution sur laquelle elle repose, susceptible d'absorber toutes les ondes de choc politiques, tel qu'on le verra dans la troisième partie.

§6. Hiérarchie des normes en droit américain : Aperçu général

**72.** Aux États-Unis, il existe deux niveaux de normes, ce qui est d'ailleurs le cas dans les autres États fédéraux. Néanmoins, le système américain reste atypique, car par exemple, hormis la Constitution de l'État fédéral, chaque État fédéré dispose également de sa propre Constitution.

**73.** La base constitutionnelle de la hiérarchie des normes en droit américain repose sur l'article VI, § 2 de la Constitution qui dispose clairement que « This Constitution, and the Laws of the United States which shall be made in Pursuance thereof ; and all Treaties made, or which shall be made, under the Authority of the United States, shall be the supreme Law of the Land ; and the Judges in every State shall be bound thereby, anything in the Constitution or Laws of any State to the Contrary notwithstanding ».

Littéralement, cela veut dire que *Cette Constitution, et les Lois des États-Unis qui seront prises en exécution de celle-ci ; Et tous les Traités qui sont faits ou qui seront faits sous l'Autorité des États-Unis, seront la Loi suprême du Pays ; Et les Juges de chaque État sont liés par ce fait, rien de ce qui est contraire, dans la Constitution ou dans les Lois d'un État, ne saurait subsister.*

**74.** Le droit fédéral américain naît de sources diverses : il faut évidemment indiquer en premier lieu ***la Constitution***[96]des États-Unis qui est donc la « loi suprême du pays ». Elle fournit la base pour le gouvernement américain et garantit la liberté et les droits de tous les citoyens des États-Unis. Aucune autorité gouvernementale des États-Unis ne peut prévaloir sur la Constitution, en cas de conflit. Les tribunaux fédéraux ont le pouvoir exclusif d'interpréter la Constitution et d'évaluer la constitutionnalité des lois fédérales ou de l'État.

***La Loi fédérale*** vient ensuite, c'est-à-dire le texte voté par le Congrès – ou, dans un autre sens, l'ensemble des textes votés par le Congrès[97] -. Elle peut être contestée devant un tribunal fédéral.

**75.** À côté de la loi, figurent ***les traités***, du moins lorsqu'ils n'ont pas besoin d'une loi spéciale pour s'incorporer au droit. Ils sont exactement sur le même plan que la loi, puisque, en cas de contradiction avec elle, le dernier en date l'emporte[98].

**76.** À côté de la loi figurent encore, dans le domaine de la procédure, ***les Rules of civil Procedure*, les *Rules of Criminal Procedure* et les *Rules of Admiralty*** prises par la Cour Suprême, puisque le Congrès leur a donné force de loi. A. Tunc et S. Tunc précisent en note infrapaginale que l'équivalence à la loi n'est accordée à ces *Rules* que dans le domaine de la procédure. Elles ne peuvent en rien modifier au fond les droits des parties[99].

**77.** Au-dessous viennent ***les proclamations*** et ***executive orders*** du président, puis les règles prises par l'Administration et ***les regulatory commissions*** dans l'exercice de leurs pouvoirs[100].

Ensuite viennent ***les décisions des Cours fédérales***. Il s'agit des décisions judiciaires qui interprètent les différentes sources de droit[101].

---

96 A. Tunc et S. Tunc, *le Droit des Etats-Unis d'Amérique. Sources et techniques*, Dalloz 1955, p.13.
97 *Ibid.*, p.15.
98 *Ibid.*, P.15.
99 *Ibid.*, P.15.
100 *Ibid.*, P.15.
101 *Ibid.*, p.15-16.

Enfin, vient la « ***common law fédérale*** », que l'on peut définir en substance comme des principes que les cours fédérales adoptent ou créent lorsqu'elles ont à trancher un litige[102].

**78.** Puis, l'on passe au second niveau des normes, celles émises par les entités fédérées. Mutatis mutandis, les sources du droit de chaque État sont, dans une large mesure, une transposition des sources du droit fédéral. D'emblée, il convient de rappeler la suprématie absolue du droit fédéral sur les droits des États. Si bien qu'une règle prise par une commission administrative fédérale prévaut au besoin sur une disposition de la Constitution d'un État[103].

L'on trouve d'abord, très logiquement, ***les Constitutions*** des 50 États, c'est ce qui rend par ailleurs atypique le système américain.

Viennent ensuite, en substance, ***les lois des États***, puis ***les ordonnances des Gouverneurs***, puis, ***les règles émises par l'Administration et les commissions administratives*** de l'État. Ensuite, les décisions judiciaires des Cours étatiques qui interprètent les différentes sources. Enfin, ***les Chartes municipales***, sortes de petites constitutions ainsi que ***les ordonnances municipales***[104]. Ces dernières sont en effet, des actes émanant d'autorités secondaires.

§7. Aperçu schématique

**79.** Schématiquement, l'on peut représenter la hiérarchie des normes en droit américain de la manière suivante :

[102] *Ibid.* p.17.
[103] *Ibid.* p.19.
[104] *Ibid.* pp.19-20.

Actes des Autorités secondaires
Décisions judiciaires des cours étatiques
Réglementations des agences et commissions administratives des Etats
Ordonnances des gouverneurs
Lois des Etats et règles des Cours
Constitutions des 50 Etats
Common law federale
Décisions des cours fédérales
Réglementations des agences administratives fédérales
Lois fédérales et traités
CONSTITUTION

§8. Observations liminaires

**80.** Les systèmes juridiques sont tout aussi nombreux que singuliers. Il est en effet rare, voire impossible, que des États disposent de normes identiques. Chaque système juridique reflète la société qu'il régit. Il y a donc autant de systèmes juridiques qu'il existe d'États, de droit ou non.

Dans certains, il y a pléthore de normes et, dans d'autres, il y a carence. Les normes ont des appellations différentes en fonction des États, quand bien même elles ont, toutes proportions gardées, souvent la même fonction et régissent les mêmes matières.

**81.** Néanmoins, dans tous ces différents systèmes juridiques, il y a un dénominateur commun : l'existence d'une norme fondamentale généralement appelée « Constitution ». Cette norme assume dans tous ces systèmes la même fonction, celle de norme rempart, norme de référence, de fondation, de socle, d'assise. En tant qu'assise, socle ou fondation du système juridique, la Constitution joue, à s'y méprendre, un rôle semblable à celui que joue la fondation d'un immeuble dans le domaine de la construction.

**82.** Cette réalité est tout aussi valable que l'on soit dans un système *dualiste* ou *moniste*. En effet, la Constitution est une norme spécifique à un État déterminé. Cependant, cet État porte une double casquette : d'une part, il est maître de l'ordre interne, d'autre part, il est sujet de l'ordre international. Mondialisation oblige, ces deux ordres sont appelés à se croiser, fortuitement ou volontairement. C'est ainsi que sont nés ces deux courants de pensée : « Le dualisme, dont Anzilotti fut au tournant du siècle, le représentant le plus remarquable, tient le droit international et le droit national pour l'expression de deux ordres juridiques séparés et simultanément valides, qui régissent des sujets et des situations distincts sur la base de sources qui ne sont pas, fut-ce partiellement, identiques. Le monisme récuse par principe cette césure radicale. Il considère que l'un et l'autre participent d'un seul et même - ordre - juridique, étant entendu qu'il y a lieu d'en coordonner les rapports pour prévenir les contradictions qui le détruiraient. L'exigence est particulièrement évidente lorsque la règle interne et la règle internationale ont respectivement un contenu incompatible. Le monisme avec primauté du droit interne donne en pareille hypothèse la préférence à la règle nationale, ce qui laisse croire que la validité du droit international dépend en dernière analyse de la libre volonté de chacun des États. Le monisme avec primauté du droit international adopte une solution et un présupposé exactement inverse. H. Kelsen en fut notamment l'un des représentants les plus célèbres... »[105].

**83.** La question se pose avec acuité notamment lorsque les deux ordres contiennent des normes incompatibles, de sorte qu'il faille coordonner cette coexistence. Quoi qu'il en soit, tout devra passer par la Constitution qui reste la norme charnière entre les deux ordres. Pour ce faire, c'est en effet elle qui devrait éventuellement être modifiée. En témoignent les différentes modifications des constitutions européennes depuis les années70, dont le but était justement de se conformer au droit communautaire.

Pour mieux appréhender son importance en tant que fondation, socle et par ailleurs, rempart d'un État de droit, mais également comme garant de la légitimité de ses institutions, une analogie avec le domaine de la construction n'est pas sans pertinence. Cette approche permettrait également de mieux comprendre la préférence dans cet ouvrage pour le terme *architecture* des normes plutôt que *pyramide*, laquelle présente la hiérarchie des normes d'une certaine manière, de haut vers le bas.

**84.** René Vittone définit ainsi la fondation sous son aspect matériel comme « l'élément qui repose sur un terrain ou sol d'assise et qui transmet à ce dernier toutes les sollicitations (charges, surcharges, efforts de renversement, etc.) auxquelles cette construction est soumise par l'intermédiaire de sa structure ». Du point de vue fonctionnel, il donne la définition suivante : « La fonction des fondations est de transmettre et de répartir le poids de l'ouvrage sur le sol. Dans certains cas, les fondations assument également un rôle d'ancrage afin de réduire les risques de glissement de la construction »[106].

**85.** En parcourant ces deux définitions - matérielle et fonctionnelle, l'on peut très clairement percevoir la préoccupation première des architectes qui est celle d'anticiper les aléas inhérents à la construction. Il se dégage donc très clairement, non seulement une prise de conscience de la

---

[105]J. Verhoeven, *Droit international public*, Larcier 2000. pp. 34 et 35.
[106]R. Vittone : *Bâtir, manuel de la construction*, 2e éd., Presses polytechniques et universitaires romandes 2010, p.337.

fragilité de l'œuvre humaine, mais également et surtout la nécessité d'anticiper les problèmes. Une telle prise de conscience transparaît de manière évidente dans la définition ci-dessus.

Force est donc de constater qu'il y a en permanence la conscience de la fragilité de l'œuvre humaine et surtout la conscience de ne surtout pas rester dans l'expectative, plutôt celle d'anticiper les difficultés, autant que faire se peut, au risque de voir tous les efforts anéantis par le premier évènement dramatique.

**86.** Il n'existe pas de propriétaire d'immeuble, d'architecte, de maître d'ouvrage et d'entrepreneur responsable qui n'intègre cette réalité et qui ne prenne aucune disposition afin d'éviter, dans la mesure du possible, à son ouvrage des sollicitations et risques inhérents à la construction. Et la meilleure attitude, c'est de doter au préalable son ouvrage d'une solide fondation.

Ce rôle est à s'y méprendre celui que joue et doit jouer la Constitution dans l'architecture des normes. Elle est appelée à être la norme rempart, la norme de référence qui prend sur elle tout le poids de l'architecture, ainsi que des aléas de la vie politique qui s'apparentent aux charges, surcharges et efforts de renversement dans le cas d'un immeuble.

C'est justement, comme on le verra dans la troisième partie, dans un tel état d'esprit que se sont trouvé la plupart des constituants originaires des grandes démocraties, notamment la Belgique, les États-Unis, le Danemark, ... Épris en permanence d'un souci de stabilité et de légitimité de leurs États, ils n'ont pas hésité à les doter de constitutions fortes et rigides, à l'image des fondations d'un immeuble, comme gage d'une telle stabilité et légitimité.

**87.** C'est également dans cet état d'esprit que le constituant originaire congolais aurait dû se trouver aussi bien lors de la confection de la constitution de février 2006, que lors de la révision de janvier 2011.

Était-ce le cas ? C'est ce que l'on ne manquera pas de découvrir plus loin aux parties II et III, en décortiquant notamment l'article 218 de la Constitution congolaise, ainsi que le procédé qui a conduit à la révision constitutionnelle de janvier 2011. À l'instar de la RDC, cette remarque est tout aussi valable pour les autres constituants africains, tel qu'on le verra dans la troisième partie.

**88.** De ce qui précède, il ressort qu'en tant que fondation, socle ou assise d'un État, la Constitution permet ainsi de renforcer la notion d'État de droit. Cela a donné naissance à la notion d'*État de droit constitutionnel.*

Ce concept a vu le jour après la Seconde Guerre mondiale avec la prise de conscience en Europe de la faillibilité des trois pouvoirs (Législatif, exécutif et judiciaire). Or, l'après Seconde Guerre mondiale a révélé au grand jour, qu'une constitution forte et rigide n'est pas le seul gage d'un État de droit viable. En découlent le début du contrôle de la conformité des lois à la constitution, et donc la création de Cours constitutionnelles. Aux côtés de cette norme fondamentale, l'on créa des juridictions spécialisées ayant pour compétence le contrôle de conformité des autres normes par rapport à la Constitution. Le but était donc ainsi de renforcer l'effectivité de cette norme étant donné son importance dans le paysage politico-juridique.

Concrètement, comment les évènements se sont-ils mis en musique pour en arriver là ? Tel est l'objectif que se fixe le point suivant.

## Section IV. Juridiction constitutionnelle : Quelle plus-value pour le constitutionnalisme ?

### §1. Circonstances qui ont sous-tendu la création des juridictions constitutionnelles

**89.** La Constitution est une norme atypique de par l'existence, dans la plupart des pays ayant opté pour cette norme, d'une juridiction constitutionnelle assurant le respect de ses prescrits. Aucune autre norme nationale de par le monde ne dispose à ses côtés d'une telle juridiction spécialisée qui en contrôle le respect. En effet, l'importance de la Constitution est telle que l'on s'est vite rendu compte qu'il fallait s'assurer que les normes édictées en fonction d'elle ne pouvaient pas lui être contraires.

Cela est d'autant plus vrai que la Constitution consacre le pacte social par lequel le peuple délègue le pouvoir à ses représentants, entendus les pouvoirs constitués ou institués, qui ne peuvent, dans l'exercice de leur pouvoir de délégation, déroger à l'acte les instituant.

**90.** Il sied de rappeler que l'idée d'une juridiction constitutionnelle n'est pas née soudainement à un certain moment de l'histoire.

Tel qu'on le verra infra, l'idée d'une justice constitutionnelle connaît un parcours non négligeable dont l'on s'accorde à dire qu'elle tire ses racines du droit américain, notamment à la fin du XVIIIe siècle et en début du XIXe siècle. Ce contrôle de constitutionnalité s'est donc installé progressivement avant de s'imposer comme une pratique incontournable dans le constitutionnalisme américain.

**91.** Ce mouvement fut ensuite très logiquement exporté en Amérique latine, notamment dans les États qui venaient d'accéder à l'indépendance comme, le Brésil en 1891, l'Argentine en 1860, la République dominicaine en 1844, le Mexique en 1847, le Venezuela en 1858, la Colombie en 1910, etc. Certes, des nuances plus ou moins importantes furent constatées ; néanmoins, l'idée de la justice constitutionnelle fut réellement adoptée !

**92.** C'est un peu plus tard, à la deuxième moitié du XIXe siècle, que le mouvement contamina le continent européen, avec bien entendu des retouches plus ou moins notables. L'on s'accorde à dire qu'en Europe, la justice constitutionnelle a fait ses premiers pas en Autriche, mais de manière assez timide. Cependant, c'est la Suisse qui, en 1874, instaura clairement un système de contrôle de constitutionnalité semblable à celui des États-Unis. Puis, ce fut le tour de nations comme La Norvège, la Grèce, le Portugal. Ensuite, il y eut une autre vague consécutive à la fin de la Première Guerre mondiale avec des nations comme l'Allemagne, l'Espagne, l'Irlande, la Tchécoslovaquie, la Roumanie, etc. Ce mouvement s'est malheureusement essoufflé avec la montée, dans l'entre-deux-guerres, du fascisme et du nazisme.

**93.** Néanmoins, avec la fin de la Seconde Guerre mondiale, ces deux mouvements disparurent. Cela n'a pas manqué de renforcer l'idée d'un contrôle de constitutionnalité afin justement de contrôler les dérives des pouvoirs publics et par là même, de préserver la souveraineté des peuples au travers de la Constitution qui en est l'émanation. C'est ainsi que des nations comme l'Italie en 1947, l'Allemagne en 1949, la France en 1958, l'Autriche en 1975, l'Espagne en 1978, la Belgique en 1980, ont opté pour la création d'une juridiction constitutionnelle.

**94.** Dans la foulée, à la fin des années 50, au début des années 60, on assista à un mouvement de décolonisation, principalement en Afrique. Les États décolonisés, en dépit de la liberté accordée, n'avaient manifestement pas d'autres modèles que ceux des anciennes métropoles. C'est ainsi que les modèles de justice constitutionnels sont, à quelques exceptions près, des copies conformes des nations colonisatrices. En Afrique francophone, c'est le modèle de justice constitutionnelle français qui est souvent repris.

Plus tard, lors de la chute du communisme, les nouveaux États nés à la suite de ce mouvement, s'inspirèrent - lors de l'élaboration des nouvelles lois fondamentales - du modèle américain repris par l'occident, avec bien sûr des nuances qui se sont avérées plus ou moins importantes. C'est donc après 1990 que la pratique des juridictions constitutionnelles s'est, soit développée là où cela existait déjà timidement, soit installée dans les pays où cette pratique n'existait pas encore, ce qui par ailleurs fut le cas de la grande majorité des pays communistes.

**95.** Quid alors des pays de la Common Law tels le Canada, l'Afrique du Sud, l'Inde, … ? Ceux-ci ne sont pas restés indifférents à ce mouvement de justice constitutionnelle. Ainsi, la plupart se sont démarqués de Londres où les actes du Parlement, voire certains actes de l'exécutif pris sur initiative du Parlement, échappaient à tout contrôle de constitutionnalité.

L'Inde et le Canada sont donc les deux premiers pays de la Common Law à opter pour l'adoption d'un texte constitutionnel formel. Ce choix alla de pair avec la création expresse d'une juridiction constitutionnelle ayant, entre autres, pour compétence le contrôle de constitutionnalité des normes infraconstitutionnelles. Puis, d'autres pays comme l'Australie, l'Afrique du Sud, voire Israël, dans une certaine mesure, leur emboîtèrent le pas.

**96.** Il n'est pas anodin de relever que toutes ces juridictions constitutionnelles, - hormis le fait d'avoir un dénominateur commun, le contrôle de constitutionnalité, et en dépit de certaines différences plus ou moins importantes, - portent des dénominations variées selon les États :

à côté des appellations répandues comme Cour suprême, Conseil constitutionnel, Cour constitutionnelle, il en existe d'autres moins habituelles comme Haute cour (Australie), Tribunal constitutionnel (Chili), Chambre constitutionnelle de la Cour suprême (Costa Rica), Cour de la constitutionnalité (Guatemala), Tribunal des garanties constitutionnelles (Équateur et Pérou).

**97.** L'histoire enseigne que plusieurs mécanismes ont donc été mis en place pour exercer un contrôle du respect de cette norme. Au départ, le respect dû à ce texte empêchait l'idée même de confier son interprétation à un organe non élu, en l'occurrence le pouvoir judiciaire. On craignait le risque d'un changement du sens même du texte. C'est ainsi que plusieurs nations rechignèrent à organiser le contrôle des lois par la Constitution. Cependant, au XVIIIe siècle, l'on évoquait déjà une telle idée, lorsque le 20 juillet 1795, Sieyes[107] proposa la constitution de ce que l'on appela « jury constitutionnaire ». L'idée progressa crescendo jusqu'à ce que les États-Unis furent l'une des premières nations à recourir au contrôle juridictionnel et à la notion même de « constitutionnalité des lois ».

**98.** Justement, pour ne prendre que le cas des États-Unis d'où cette pratique tire sa source, comment concrètement cela s'est-il orchestré ?

**99.** Tout d'abord au niveau fédéral en 1803, lorsque les juges de la Cour Suprême ont conclu, dans l'affaire *Madison contre Marbury,* qu'ils pouvaient apprécier la constitutionnalité par voie d'exception soulevée dans un procès en cours. En effet, leur système juridique, la *Common Law*, accorde au juge la capacité de créer le droit en ce que les décisions de justice antérieure peuvent être invoquées pour appuyer l'application du droit dans la même juridiction ou dans une juridiction inférieure. C'est ce qu'on appelle communément *le principe du précédent.* Ainsi, pour résoudre le conflit entre une loi et la constitution, John Marshall, Chief Justice, affirmait dans cet arrêt : « ...C'est une proposition trop évidente pour être contestée que de dire que la Constitution l'emporte sur tout acte législatif qui lui est contraire ; s'il en était autrement, la législature pourrait altérer la Constitution par une simple loi. Entre ces deux alternatives, il n'y a pas

---

[107]**Emmanuel Sieyes** fut un homme politique et essayiste français connu pour ses écrits et son action pendant la révolution française. Pour lui le discours sur le jury constitutionnaire est le premier projet d'un contrôle étendu de la constitutionnalité des actes des organes de l'Etat.

de moyen terme. Ou bien, la Constitution est une loi supérieure à tout, non changeable par des moyens ordinaires ; ou bien, elle est au même niveau que les actes législatifs ordinaires, et comme d'autres actes, elle peut être amendable lorsqu'il plaît à la législature de la modifier. Si la première partie de cette alternative est vraie, alors un acte législatif contraire à la constitution n'est pas une loi ; si la seconde partie est vraie, alors les Constitutions écrites sont d'absurdes tentatives, de la part du peuple, pour limiter un pouvoir qui, par sa nature, est non limitable. Certainement tous ceux qui ont élaboré des constitutions écrites les ont-ils conçues comme formant la loi fondamentale et supérieure du pays, et par conséquent, le principe de tout gouvernement semblable doit être qu'un acte de la législature, contraire à la constitution, est nul (...) Si un acte de la législature, contraire à la constitution, est nul, doit-il, indépendamment de sa non-validité, lier les tribunaux et les obliger à lui donner des effets ? Ou, en d'autres termes, bien qu'il ne soit pas une loi, constitue-t-il une règle aussi opérante qu'une loi ? Admettre cela reviendrait à renverser dans les faits ce qui a été établi en théorie, et pourrait paraître à première vue une absurdité trop énorme pour qu'il soit besoin d'insister.[108] »

**100.** Néanmoins, aux États-Unis, le contrôle de la constitutionnalité des amendements constitutionnels est plus ancien que le contrôle de la constitutionnalité des lois ordinaires : la Cour suprême a contrôlé la constitutionnalité d'un amendement constitutionnel pour la première fois, en 1798, dans l'affaire Hollingsworth V. Virginia, c'est-à-dire, cinq ans avant la fameuse décision Marbury V. Madison (1803) établissant le contrôle de la constitutionnalité des lois. Ainsi, dès 1798, dans les différentes affaires, la Cour a examiné la régularité du processus d'adoption des amendements constitutionnels. Cet examen consistait à vérifier si l'amendement constitutionnel en question avait bien été édicté conformément aux conditions de forme prévues dans l'article 5 de la Constitution. En d'autres termes, cet examen était un contrôle de la constitutionnalité quant à la forme des amendements constitutionnels[109].

---

[108]Affaire *Madison contre Marbury, in* Kermal Gözler, *le pouvoir de révision constitutionnelle,* villeneuve d'Ascq, Presses universitaires du Septentrion, 1997, pp.452 et 453.
[109]*Ibid.*, p.490.

**101.** De la même manière, toutes les juridictions américaines peuvent contrôler la constitutionnalité des lois et leur contrôle s'impose à elle-même et aux juridictions qui leur sont inférieures, si bien qu'il n'y a pas de centralisation du contrôle constitutionnel. Comme corollaire à ce principe, la question de la constitutionnalité des lois est un débat presque quotidien car chaque État fédéré dispose de sa Cour suprême ; le contrôle suprême étant celui de la Cour Suprême de l'État fédéral, à Washington. Il fallut attendre 1810 pour enfin voir consacrer le contrôle constitutionnel des lois des États fédérés.

**102.** Dans les pays de tradition civiliste, comme la France et plus tard la Belgique et la RDC, conformément au principe de séparation des pouvoirs, le pouvoir de créer le droit était réservé au pouvoir législatif.

La crainte était que son sens soit modifié suite à l'interprétation qui en aurait été faite. Le contrôle des lois ne permettait pas aux juges de les interpréter. Les lois interprétatives s'en chargeaient. Dans le cas de la Constitution, le constituant originaire n'existant plus après la rédaction de la constitution, il semblait difficile de confier ce rôle d'interprétation à un autre organe.

**103.** Le législateur devait donc, lors du processus de création des lois, vérifier leur adéquation avec la Constitution. Il était censé ne pas pouvoir commettre d'erreur, ce qui permettait de ne pas se poser la question d'interpréter la Constitution pour contrôler la loi. Le principe était de renforcer le respect strict de la hiérarchie des normes, un des éléments principaux de l'État de droit.

§2. Qu'en a-t-il été de la Belgique, de la France et de l'Allemagne ?

**104.** Lors de sa création en 1830, en **Belgique**, le contrôle de la constitutionnalité des lois était de la compétence du parlement qui opérait un contrôle en amont, lors de leur confection. Néanmoins, la Constitution reconnut au juge le droit de sanctionner l'illégalité des règlements du pouvoir exécutif en les examinant au regard des lois. Celles-ci étant, par essence, plus malléables et moins essentielles que la Constitution, un contrôle juridictionnel pouvait donc leur être imposé.

**105.** Cependant, l'on a longtemps considéré en Belgique que le pouvoir législatif était souverain dans son domaine, de sorte qu'il appréciait librement la constitutionnalité des lois, lors de leur confection. Par conséquent, le pouvoir judiciaire n'avait en aucun cas à s'immiscer dans une telle tâche. C'est d'ailleurs en ce sens que, déjà le 23 juillet 1849, la Cour de cassation belge arguait logiquement qu'il n'appartenait pas au pouvoir judiciaire de rechercher si telle disposition légale était ou non en harmonie avec la Constitution.[110]

**106.** En droit belge, le passage a été effectué par la Cour de cassation dans son arrêt *Le Ski* du 27 mai 1971 : rompant avec une équipollence traditionnelle, celle-ci a affirmé la primauté par rapport à la loi, des dispositions directement applicables de tout traité en vigueur dans l'ordre juridique international qui a été approuvé par les Chambres et publié au *Moniteur*[111]. Elle permit ainsi aux Cours et tribunaux de refuser d'appliquer des lois si celles-ci étaient contraires aux conventions internationales, mais jamais si elles étaient contraires à la Constitution. En 1974, la même juridiction rendit un arrêt dit « Arrêt Lecompte ». S'autorisant à vérifier la conformité d'un arrêt de pouvoirs spéciaux et celle de la loi de délégation à l'article 105 de la Constitution, la Cour admit implicitement le principe du contrôle par voie incidente de la constitutionnalité des lois[112]. Dans cet arrêt, elle laissait entendre qu'elle serait compétente pour contrôler à titre incident la constitutionnalité des lois. La Cour de cassation semblait faire ce qu'avait fait la Cour suprême aux USA. Cependant, la Cour de cassation n'a jamais suivi cette jurisprudence. Cette tentative est restée vaine.

**107.** L'article 159 de la Constitution belge permit, quant à lui, à un juge de refuser d'appliquer une règle – non législative — qui serait contraire à la Constitution.

Il fallut attendre plusieurs années, avant que l'on ne puisse contrôler les lois face à la Constitution.

Ce fut donc seulement en 1980, que le constituant belge adopta une tout autre voie : celle du modèle européen, conçu par l'autrichien Hans

---

110 F. Delpérée, *op. cit.*, Bruylant-Bruxelles/ LGDJ Paris, p. 97.

111 J. Verhoven, *Droit international public*, Bruxelles-Larcier, 2000, p.476.

112Cass. 3 mai 1974, in F. Delpérée, *Le droit constitutionnel de la Belgique*, Bruylant-Bruxelles/LGDJ-Paris, 2000, p.105.

Kelsen[113] communément appelé *modèle Kelsenien*, lequel prône le contrôle exclusif de la constitutionnalité par la seule juridiction créée à cet effet.[114]

**108.** La Cour d'arbitrage belge naît au moment où l'État belge se restructure. Elle reçoit pour mission originelle de préserver les équilibres entre l'État fédéral, les communautés et les régions. (...) Elle inscrit une

---

113 1881-1973, Juriste austro-américain, est l'un des rédacteurs de la Constitution autrichienne du 1er octobre 1920. C'est le père de la théorie de la hiérarchie des normes et du contrôle de constitutionnalité des lois par rapport à la constitution.

114 En Autriche, la justice constitutionnelle repose sur une tradition particulièrement longue. Ses origines remontent à la seconde moitié du 19e siècle. Le pas décisif pour la mise en place d'une juridiction constitutionnelle fut la Loi constitutionnelle fédérale (Bundes-Verfassungsgesetz) du 1er octobre 1920, laquelle constitue jusqu'à ce jour le texte constitutionnel central de la République d'Autriche. Les compétences et l'organisation de la Cour constitutionnelle correspondent pour l'essentiel toujours à celles prévues par cette Loi constitutionnelle fédérale lors de la création de la Cour.
Les dispositions de la Loi constitutionnelle fédérale relatives à la Cour constitutionnelle se sont inspirées pour l'essentiel des idées de l'école de Vienne de théorie du droit, dont Hans Kelsen et Adolf Julius Merkl furent les acteurs principaux. La particularité de ces dispositions résidait dans le fait qu'elles concentraient la compétence de contrôler la constitutionnalité des lois entre les mains d'une juridiction autonome par rapport aux autres institutions et spécialisée dans le jugement de questions de nature constitutionnelle, créant par là-même un monopole au profit de cette Cour. Ce type de justice constitutionnelle se distinguait ainsi nettement du « modèle américain », dans lequel tout juge est compétent pour apprécier la constitutionnalité d'une loi et, le cas échéant, écarter cette dernière dans le cas concret qu'il doit trancher.
À l'époque, en 1920, la mise en place par la Loi constitutionnelle fédérale d'une cour constitutionnelle autonome et compétente pour contrôler les lois fut une innovation juridique. Au moment de sa création, la Cour constitutionnelle autrichienne était globalement la seule juridiction constitutionnelle existante de ce type. Ce n'est que des décennies plus tard, dans la seconde moitié du 20e siècle, que ce modèle autrichien de justice constitutionnelle servit d'exemple à de nombreux États, en Europe et ailleurs. Tel fut par exemple le cas de l'Allemagne, de l'Italie, de la Turquie, de l'Espagne et - après les bouleversements en Europe centrale et orientale, ainsi que dans les Balkans - de pratiquement tous les États concernés par ces évolutions. (Gerhart Holzinger, La Cour constitutionnelle autrichienne, Nouveaux Cahiers du Conseil constitutionnel n° 36 - juin 2012)

part essentielle de son action dans une perspective précise : donner corps aux principes constitutionnels qui président au partage des pouvoirs et des moyens, assurer leur adaptation aux réalités politiques du moment, censurer les excès de pouvoirs constitutionnels[115]. Elle rendit son premier arrêt en 1985. L'article 142 de la Constitution a été modifié sur la question de la dénomination de la cour ; elle s'appelait Cour d'Arbitrage jusqu'au 7 mai 2007. Depuis, elle se nomme, comme un peu partout, Cour constitutionnelle. Mais le sujet reste encore tellement sensible en Belgique que, jusqu'à ce jour, bien que la Cour Constitutionnelle soit constituée de la fine fleur des juristes du pays, les attributions de la Cour constitutionnelle ne sont limitées qu'à certains articles de la Constitution.

En effet, la Constitution est une affaire sérieuse et le peuple belge ne saurait souffrir de la voir modifier de manière légère.

**109.** L'**Allemagne**, qui pourtant avait développé le concept strict de *Rechtsstaat* (État de droit), s'en était déjà inspirée pour créer en 1920 une juridiction indépendante du Parlement et du système judiciaire ordinaire, à savoir la *Haute Cour Constitutionnelle*, chargée d'exercer un contrôle de légalité des lois vis-à-vis de la Constitution. Cette haute juridiction allemande fut ainsi la toute première juridiction constitutionnelle en Europe.

**110.** Au courant de l'année 1958, une profonde réforme institutionnelle marqua l'avènement de la Ve République en **France**. Ce fut alors à son tour de créer une juridiction constitutionnelle, dénommée *Conseil constitutionnel* chargé de contrôler la constitutionnalité des lois et traités internationaux. Tandis que le Conseil d'État français, lui, contrôlait la constitutionnalité des actes du pouvoir exécutif. Avant cela, le Sénat, depuis la Révolution française de 1789, était compétent pour exercer le contrôle de constitutionnalité des lois irrégulières.

§3. Qu'en est-il alors du Congo-Zaïre ?

**111.** Pour en revenir au Congo, sous la colonisation, le texte fondateur du Congo belge était la Charte coloniale de 1908. Elle resta en vigueur

115 F. Delpérée, *op.cit.*, Bruylant-Bruxelles/LGDJ-Paris, p.107.

jusqu'à l'indépendance en 1960. De là, sept textes se sont succédé pendant une période à peu près égale à celle de la colonisation[116].

**112**. Un mois avant l'indépendance, la Belgique, - dans le souci de doter le Congo d'institutions modernes, alors que sa Constitution retardait l'avènement d'une Cour constitutionnelle sur son propre sol -, édicta la « Loi fondamentale du 19 mai 1960 » relative aux structures du Congo. Son article 226 institua une Cour Constitutionnelle congolaise, deux ans après la France mais deux décennies avant la Belgique. Cependant, cette Cour ne vit pas le jour. Si bien qu'en attendant son installation, un système hybride fut mis en place : conformément à l'article 253 de ladite Loi fondamentale, ce fut le Conseil d'État belge qui exerça le rôle de juridiction constitutionnelle, de 1960 à 1963[117]. Une Chambre spéciale pour les dossiers congolais fut créée au sein de cette institution belge[118]. Dans la métropole, il fallut attendre la loi du 3 juin 1971 pour voir disparaître du texte toute allusion au gouvernement du Congo belge et du Ruanda-Urundi, précédemment inclus dans la liste des autorités à l'égard desquelles le Conseil d'État était compétent[119].

Pendant la période coloniale, le Congo dépendait logiquement de la Belgique, de sorte que ce qui fit office de Constitution fut la Charte coloniale de 1908, laquelle reposait sur la Constitution belge.

**113**. La première Constitution du 1er août 1964 consacra, à nouveau, en son titre XI la création d'une Cour constitutionnelle qui, à son tour, n'a malheureusement jamais été mise en place. En attendant son installation, ce fut la Cour d'Appel de Kinshasa qui exerça ainsi ses prérogatives[120].

---

116 Voy. à ce sujet les chapitres 1er et 2 de la deuxième partie du présent ouvrage.

117 voy. Article 3 de la loi constitutionnelle du 18 juillet 1963 portant modification de la loi fondamentale du 19 mai 1960.

118 M. Yabili, *Etat de droit : les contrôles de constitutionnalité par la Cour Constitutionnelle, les Cours et les Tribunaux*, éd. Presses universitaires de Lubumbashi, 2012, p.48.

119P. Lawalle, *contentieux administratif*, Larcier 2e édition, Bruxelles 2002, p.417.

120L'article 253 du titre IV (dispositions transitoires) de la loi fondamentale du 17 juin 1960 relatives aux libertés publiques, stipulait : « jusqu'à ce que la Cour constitutionnelle soit légalement organisée conformément aux articles 229, 230, 232 et 236, le Conseil d'Etat de Belgique exerce, selon la procédure qu'il détermine les compétences de la Cour constitutionnelle telles qu'elles résultent

**114**. Ce fut également le cas de la Constitution du 24 juin 1967 qui instaura à nouveau une Cour constitutionnelle en son titre VII. En attendant son installation, ses attributions furent exercées par la Cour Suprême de Justice (CSJ). Mais comme cette dernière fut seulement créée l'année suivante, c'est la Cour d'Appel de Kinshasa qui en eut les attributions de 1967 à 1968[121].

En effet, la CSJ fut créée par l'ordonnance-loi n° 68/248 du 10 juillet 1968 portant code de l'organisation et de la compétence judiciaires. Il sied de noter que cette loi n'attribue pas de compétence en constitutionnalité à ladite Cour, qui du reste n'est qu'une juridiction provisoire, en attendant l'installation de la Cour Constitutionnelle[122].

**115.** Puis en 1974, Mobutu fit réviser en profondeur la Constitution. Ses articles 70 et suivants ainsi que l'article 101 furent consacrés aux nouvelles compétences de la *Cour Suprême de justice* qui reçut compétence pour les recours en *appréciation de la constitutionnalité* des lois et des actes ayant force de loi ainsi que pour *l'interprétation* de la Constitution[123]. Elle fut composée de chambres spécialisées pour les différentes matières (judiciaires, administratives et constitutionnelles). Elle fonctionna jusqu'en 2014, année de l'installation de la nouvelle juridiction, et ce, en dépit du fait que la Constitution de février 2006 avait prévu la création d'une Cour constitutionnelle.

La CSJ avait ainsi des compétences en matière constitutionnelle en plus du contentieux électoral, des fonctions du Conseil d'État et des fonctions de la Cour de cassation.

Actuellement, c'est l'article 157 de la Constitution du 18 février 2006 qui consacre cette juridiction, en disposant clairement qu'*il est institué une Cour constitutionnelle*[124].

---

des articles 229 à 236. Pour la petite histoire, une solution similaire fut adoptée pour les Cour de cassation et Cour des comptes congolaises, dont les compétences étaient provisoirement exercées par les Cour de cassation et Cour des comptes belges. Voir articles 189 et 254 de la même Loi fondamentale.

121 M. Yabili, *Etat de droit : les contrôles de constitutionnalité par la Cour constitutionnelle, les Cours et les Tribunaux*, éd. Presses universitaires de Lubumbashi, 2012, p.55.

122 *Ibid.* p.55, note infrapaginale1.

123 *Ibid.* p.57.

124 Pour les attributions et le fonctionnement, voy. Articles 158 à 169.

§4. Observations liminaires

**116.** De ce qui précède, il se dégage donc très clairement que la Constitution est une norme atypique à plus d'un titre. En effet, elle consacre un contrat social entre différentes tendances politico-philosophiques dans une nation. Les définitions retranscrites ci-avant sont suffisamment éloquentes. Au travers de l'infographie, l'on peut sommairement conclure que la Constitution reste et demeure l'assise d'un État, le socle, mieux, la fondation à l'instar de celle d'un immeuble. Elle est également comparable aux racines d'un arbre. Plus elles sont profondes, plus l'arbre est robuste. À ce propos, Gustave Thibon[125] disait : « N'oublions pas que ce n'est pas le nombre et la longueur de ses branches, mais la profondeur et la santé de ses **racines** qui font la vigueur d'un **arbre** ».

On l'a également vu, la Constitution est aussi une norme atypique de par les circonstances et les formalités qui conduisent à son élaboration.

**117.** Son caractère atypique se dégage également de sa position dans la hiérarchie des normes. C'est en effet elle qui, comme les racines d'un arbre, est la source du droit, la norme de référence qui crée le droit, toutes les autres normes doivent en effet s'en inspirer. C'est justement cette caractéristique particulière qui justifia la création des juridictions spécifiques dans la quasi-majorité des États qui disposent d'une telle norme supérieure.

**118.** Une question se pose néanmoins : Cette norme aussi atypique qu'importante peut-elle ou non être modifiée, suspendue ou carrément abrogée ? Si non, pourquoi ? Si oui, à quelles conditions et selon quelles formalités ? Tel est justement l'objectif que se fixe le chapitre suivant.

125 Philosophe français (1903-2001)

## Chapitre II. UNE CONSTITUTION EST-ELLE FINALEMENT RÉVISABLE ET ABROGEABLE ?

**119.** La Constitution, telle que décrite au chapitre précédent, est un texte qui, de toute évidence est censé être stable ; il s'agit d'un idéal que poursuivent tous les États. Plus un État a vocation à perdurer, plus il protégera ses règles constitutionnelles et veillera à ne pas les modifier de manière désinvolte.

**120.** Cependant, l'évolution d'une *Constitution coutumière* se fait sous le poids des précédents accumulés ; elle ne soulève pas de problèmes juridiques spéciaux si ce n'est l'appréciation de la valeur de ces pratiques et de leur transformation en règles obligatoires. La révision d'une *Constitution rigide* pose différents problèmes[126].

En effet, comme le relevait J. Lebeau à la tribune du Congrès national, « s'il n'y a pas moyen de faire des changements à la Constitution, dès que l'opinion se sera prononcée contre elle, elle sera ou enfreinte ou méprisée »[127]. Il est donc évident que « L'immobilisme constitutionnel est un danger »[128]. Pour être stable, la règle originelle doit faire l'objet de retouches, d'ajouts, de révisions[129].

*Une constitution*, disait Solon, *est bonne pour un peuple et pour un temps. Il ne faut pas la momifier.*

---

126 P. Wigny, *op. cit.*, p.181.

127 R. Chapus, in F. Delpérée, *le droit constitutionnel de la Belgique*, Bruylant-Bxl/Lgdj-Paris, p.64.

128 A. Mast, *« Propos sur l'esprit et la méthode d'une révision constitutionnelle »*, Ann. Dr. SC. Pol., 1953, p.263

129 F. Delpérée, *op. cit*, p.75.

## Section I. Des révisions constitutionnelles

**121**. Une illustration éloquente du caractère « sacré » d'une constitution au travers de l'histoire constitutionnelle est celle des États-Unis, dont la Constitution n'est modifiable que sous forme d'*amendements* que l'on appelle *Bill of Rights*. Or, très souvent, les amendements constitutionnels s'ajoutent au texte initial sans pour autant que soient retirées les dispositions devenues caduques[130].

Ces amendements sont des compléments à la Constitution originelle. C'est en effet, le même principe qui s'applique à la Cour Européenne des Droits de l'Homme que l'on complète avec des protocoles additionnels.

Depuis 1787, en l'espace de plus de deux cents ans, il n'y en a eu que 27, soit statistiquement une fois tous les huit ans et demi.

**122.** En Belgique, en RDC comme dans la plupart des États par contre, on modifie directement le texte même de la Constitution par des changements des dispositions appelées à être révisées. Sinon, l'on rajoute des sous-points (bis, ter, quater, ...).

**123.** Au fil des années, les États-Unis se sont dotés d'un ensemble disparate d'États confédérés, vivant d'agriculture et de commerce maritime en lieu et place d'un État unitaire de plus de 300 millions d'habitants, l'un des plus riches et plus puissants du monde, sans changer ni même réviser sa Constitution. Rien qu'à entendre les citoyens américains moyens, même ceux n'ayant pas eu accès à l'instruction, l'on comprend que dans ce pays la Constitution a quasiment un caractère sacré. Tout Américain digne de ce nom, quelle que soit sa position sociale, a développé ce réflexe de se référer à la Constitution américaine. C'est dire que sa position dans l'architecture des normes dans ce pays est mise en exergue.

**124.** Aux antipodes, un autre exemple éloquent est celui de la Grande Bretagne. En effet, comme l'affirme André Emond[131], La Constitution

---

[130] T. Gliozzo, *l'état fédéré américain*, Ant.N. Sakkoulas/Bruylant 2004, p.666.

[131] A. Emond ; *La Constitution du Royaume-Uni, Des origines à nos jours,* Wilson & Lafleur, 2009, p. 599.

du Royaume-Uni a commencé à prendre forme dans les temps les plus anciens. Ses origines remontent, selon certains à 1215, lors de la signature de la Grande Charte par Jean sans Terre. D'autres évoquent la conquête de l'Angleterre par Guillaume de Normandie en 1066. Mais l'on pourrait tout aussi bien prendre pour point de départ les années 449 à 584, lorsque des Angles, des Saxons et des Jutes venant de Germanie ont établi leurs premiers royaumes, selon les chroniqueurs de l'époque.

On distingue dans le droit constitutionnel anglais d'aujourd'hui trois sortes de règles : - les *usages* ou *conventions de la constitution* (simples pratiques ne dérivant ni d'actes législatifs ni de décisions juridictionnelles ; par exemple, la règle obligeant le Roi à nommer le Premier ministre parmi les membres des Communes) ; - la *Common law* (règles qui ont reçu la sanction de décisions juridictionnelles, encore qu'elles ne découlent pas nécessairement d'un texte ; par exemple, la règle selon laquelle « le Roi ne peut mal faire ») ; - le *Statute law* (lois ordinaires dont certaines sont très anciennes ; par exemple, la Grande Charte de 1215 ; le Bill of Rights de 1688)[132].

**125.** L'Angleterre, bien qu'étant une monarchie, est l'un des plus anciens systèmes démocratiques au sens moderne du terme. Elle a influencé la plupart des systèmes politiques de notre époque et a pu le faire car elle jouit d'une très grande stabilité constitutionnelle.

Cet idéal de stabilité ne signifie cependant pas qu'une constitution est intangible. L'Acte du Parlement anglais a été modifié en 1949 comme il a été relevé ci-avant, tandis que la Constitution américaine a subi 27 amendements.

Il est une évidence, c'est qu'une constitution est appelée à s'adapter à l'évolution *des tendances profondes, significatives et surtout durables de la société.* Car il est une autre évidence, si une constitution n'est plus adaptée aux réalités sociales *profondes* et non *superficielles*, elle risque de ne plus jouer son rôle de norme rempart, norme organisationnelle de référence et par conséquent ne plus être respectée. Donc stabilité, oui, mais stabilité ne signifie en aucun cas intangibilité.

---

132 J. Velu, *Op. Cit.*, t.1, Bruylant-Bruxelles, 1986, p.154.

**126.** Toutefois, là encore, la prudence s'impose afin de ne pas basculer dans l'autre extrême en procédant à des révisions constitutionnelles désinvoltes, à dessein, dans le seul but de s'octroyer des avantages politiques indus.

La révision d'une constitution est donc plus qu'une réalité dans le constitutionnalisme à l'échelle mondiale. Si bien que l'on trouve dans toutes les constitutions du monde une ou plusieurs dispositions consacrées ainsi à la manière dont elles consentent à être révisées ou à être amendées dans le cas particulier des États-Unis.

L'enjeu de toute constitution consiste bien sûr à trouver un équilibre entre les nécessités de stabilité et d'adaptabilité.

**127.** Il est donc une évidence en droit constitutionnel belge, c'est que *les constituants n'ont pas enraciné dans le terreau belge un arbre mort, mais un arbre vivant. Dans son tronc et ses branches, sa sève circule. C'est une condition essentielle pour que cet arbre ne soit pas arraché au premier orage politique. Au contraire, le vent jouant dans ses branches doit faciliter la floraison et le développement de nouveaux rameaux.*[133]

Cette réalité absolue est également valable en droit constitutionnel de n'importe quel autre État disposant d'une constitution, même ceux qui ne sont en rien des modèles de démocratie, comme malheureusement la plupart des pays africains.

**128.** Une vision de l'arbre et de son fonctionnement par le biais de l'infographie est de toute évidence judicieuse pour comprendre cette citation pertinente de cette sommité belge en matière constitutionnelle.

---

133 A. Emond, *La Constitution du Royaume-Uni, Des origines à nos jours*, Wilson & Lafleur, 2009, p. 599.

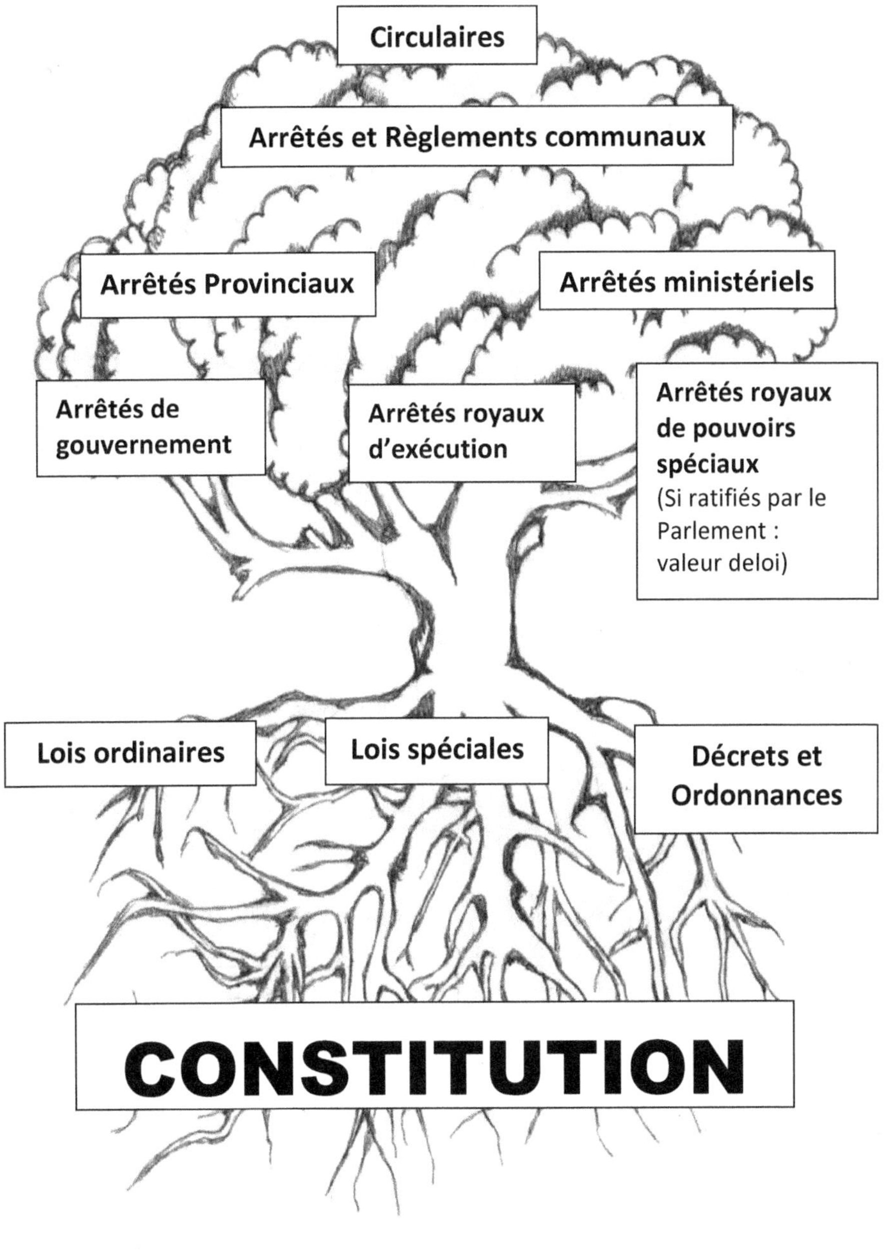
Circulaires
Arrêtés et Règlements communaux
Arrêtés Provinciaux
Arrêtés ministériels
Arrêtés de gouvernement
Arrêtés royaux d'exécution
Arrêtés royaux de pouvoirs spéciaux (Si ratifiés par le Parlement : valeur deloi)
Lois ordinaires
Lois spéciales
Décrets et Ordonnances
CONSTITUTION

**129**. Certes, il s'agit là d'une belle citation qui insinue la nécessité des révisions constitutionnelles, qui accrédite la thèse qu'une constitution est toujours révisable. Mieux encore, elle doit être révisée pour ne pas en fin de compte devenir surannée et dépassée.

En effet, même les grandes démocraties telles la Belgique, la France, l'Italie, le Portugal ont dû, dans leur histoire constitutionnelle, procéder à plusieurs révisions de leurs textes fondamentaux, afin d'être en phase avec certains impondérables de la vie sociétale et politique[134].

**130.** Tel un arbre, une constitution ne doit effectivement pas rester figée dans le temps, au risque de freiner le processus démocratique, d'encourager des parades de toutes sortes qui peuvent s'avérer néfastes pour la consolidation d'un État de droit. Cependant, pour paraphraser cette très belle citation, il est judicieux de rappeler le rôle vital et crucial que joue la sève dans la floraison des feuilles, la vigueur des branches et le tronc, ainsi que les racines d'un arbre.

**131.** En effet, le site internet Wikipédia[135] définit la sève comme « le milieu liquide qui circule grâce à des cellules spécialisées appelées – vaisseaux -, entre les différents organes des plantes pour transporter les éléments nutritifs nécessaires à leur croissance et redistribuer les substances organiques élaborées par la photosynthèse ».

Pour sa part, le dictionnaire Larousse[136] la définit comme un « Liquide nourricier circulant dans diverses parties des végétaux » ou encore comme « force, vigueur, énergie ».

Pour mieux appréhender le rôle d'une telle substance, l'on peut également faire un petit détour vers ses synonymes suivants : *force, vigueur, Énergie, vitalité*[137] ; ou encore : *énergie, force, puissance, robustesse, vigueur, vitalité*[138].

---

134Voy. Infra Chapitre 3.

135*http://fr.wikipedia.org/wiki/S%C3%A8ve.*

136Larousse Maxi poche 2009, Larousse, p. 1285.

137*Ibid.*

138 http://www.linternaute.com/dictionnaire/fr/definition/seve/.

**132.** Il ressort, tant de la définition de la sève que de ses synonymes, qu'elle joue un rôle éminemment important dans un arbre, celui de le nourrir et de le renforcer afin de le rendre résistant face aux aléas de la nature et d'ainsi lui permettre de traverser l'épreuve du temps.

C'est ainsi qu'il existe des arbres centenaires qui ont traversé le temps malgré les intempéries, la canicule, le froid, les tempêtes et les ouragans.

Force est donc de constater qu'en aucun cas, la sève ne dénature ni n'affaiblit un arbre. Que du contraire !

**133.** Toutes proportions gardées, les révisions constitutionnelles sont censées actualiser les textes originels lorsque se présentent des changements sociopolitiques profonds, significatifs et surtout durables. Il est donc impératif et primordial que, telle la sève, les révisions constitutionnelles préservent, sinon renforcent et revigorent les constitutions qu'elles modifient.

La révision constitutionnelle ne devrait donc en aucun cas se départir du contrat social signé à l'origine. Pour ce faire, elle doit être conforme à l'exposé des motifs ainsi qu'au préambule qui précède généralement le corps du texte constitutionnel même, lesquels expriment l'esprit de départ du constituant originaire. Aussi, toute personne qui souhaite comprendre les tenants et aboutissants d'une constitution n'a qu'une seule chose à faire : se référer à son préambule et/ou à son exposé des motifs.

**134.** Telle la sève qui circule à des endroits bien précis d'un arbre, une révision constitutionnelle ne peut en effet pas être opérée de n'importe quelle manière, pour n'importe quel but et à n'importe quel prix. On l'a dit ci-avant, la sève a un objectif clair, celui de revigorer, de renforcer et de donner de l'énergie à un arbre. Tel doit être le rôle d'une révision constitutionnelle. Par ailleurs, telle la sève, la révision doit toujours avoir pour objectif de renforcer le texte constitutionnel même, mais encore et surtout, de permettre à l'État - dont la Constitution est le socle, l'acte de naissance, la fondation, la racine - d'ainsi résister à toutes sortes d'aléas de la vie politique (tensions communautaires ou régionales, crises économiques, conflits armés, guerres civiles, dictatures, etc.).

**135.** C'est ainsi qu'un État, dès lors qu'il dispose d'une constitution solide, avec des mécanismes de révision conséquents, ne peut que rayonner à l'image de la floraison d'un arbre que le dictionnaire *Larousse*[139] définit comme « épanouissement, développement ».

Si la qualité de la sève conditionne la floraison d'un arbre ainsi que sa beauté avec un développement de nouveaux rameaux ou de nouvelles feuilles, une révision faite à bon escient, ne peut déboucher que sur l'épanouissement ou l'éclosion d'un État de droit, un État juste, un État garantissant les égalités.

**136.** Force est finalement de constater que tous ces phénomènes naturels n'ont en aucun cas pour but d'affaiblir, de dénaturer ou de déraciner un arbre, encore moins de le priver de ses attributs essentiels. Bien au contraire, ils favorisent son renouvellement, son renforcement, et ce malgré le temps qui passe.

**137**. Dans un État de droit et par ailleurs démocratique, le peuple est celui qui détient le pouvoir. Le pouvoir constituant originaire l'exerce pour lui, mais organise ensuite des procédures pour que le peuple puisse faire entendre sa voix, généralement par la voie des urnes. Lorsque le peuple vote pour des représentants au sein du Sénat ou du Parlement, il les élit pour le représenter dans ses fonctions de contrôle du gouvernement et d'élaboration des normes de vie sociale. Il ne fait pas le choix d'un corps constituant, chargé de modifier les fondements mêmes de la Nation.

En effet, ceci pourrait être comparé à une prise du pouvoir par le peuple. Celui-ci doit en effet avoir la possibilité de s'exprimer sur des changements radicaux. Ce qui n'est souvent pas le cas en Afrique, comme on le verra plus tard dans la troisième partie.

---

[139]Larousse Maxipoche 2009, Larousse, p. 580.

## Section II. Quid de l'abrogation de la Constitution

§1. Constitutionnellement, la pratique de l'abrogation est-elle admise ?

**138**. À titre de rappel, l'abrogation d'un texte, quel qu'il soit, peut se définir comme *la suppression d'une règle de droit pour l'avenir*[140].

Au-delà même de la révision, une constitution peut-elle être abrogée ? Si oui, à quelle condition et dans quelle circonstance ? Si non, pourquoi ?

**139.** La question mérite plus que jamais d'être posée, car en plus de la pratique en vogue des révisions intempestives des constitutions africaines, un nouveau phénomène beaucoup plus grave et déstabilisant des États de droit africain se profile à l'horizon, celui des changements de constitutions. C'est ainsi par exemple que, le 25 octobre 2015, le pouvoir en République du Congo, a organisé un référendum en vue de procéder à l'abrogation et donc au changement de la Constitution du 20 janvier 2002. Malheureusement, le but était manifeste, celui de remettre les compteurs à zéro afin de permettre à Sassou Nguesso de briguer à nouveau des mandats présidentiels subséquents.

**140.** En effet, en substance, la nouvelle Constitution congolaise est passée du septennat au quinquennat, renouvelable une fois. Le nouveau texte fait également sauter le verrou de l'âge qui devait empêcher Sassou de briguer un nouveau mandat.

Comme escompté, Sassou Nguesso a donc pu se présenter de nouveau pour un mandat de cinq ans renouvelable une fois. Fort de ce succès, il n'a pas hésité à avancer les élections pour le mois de mars 2016, prenant ainsi de court l'opposition. Sans surprise, il a été élu au premier tour avec 67 % des voix. Et pour ne pas déroger à la coutume en Afrique, la Cour constitutionnelle congolaise n'a pas joué son rôle de gardien du système constitutionnel puisque confirmant, par son arrêt du 4 avril 2016, les résultats pourtant très décriés. Cela a certes provoqué des manifestations plus ou moins violentes mais rien n'y fit, Sassou a pu encore une fois se maintenir au pouvoir.

---

[140] Lexique des termes juridiques, Dalloz 16e édition 2007, p.2.

Il sied de rappeler que le titre XVIII de la Constitution congolaise organise des modalités permettant de réviser la Constitution et non de la suspendre, encore moins de la changer. Le constituant dérivé congolais a donc reçu pour seul mandat de réviser la Constitution et pas autre chose.

**141.** Ces derniers temps, les régimes en place en Afrique, notamment dans les deux Congo, affectionnent cette pratique pour le moins déstabilisante. C'est donc à juste titre qu'un auteur Brazzavillois a formulé pour le Congo-Brazza un constat qui résume, au-delà de ce pays, une triste réalité africaine, en ces termes : « Or des Constitutions, le Congo en a usé, faisant ainsi de ce pays un champion de l'instabilité et le plus vaste cimetière institutionnel de l'ensemble des pays d'Afrique. En trente-six ans, six textes et sept Actes fondamentaux ont été adoptés de telle sorte que le régime provisoire apparaît comme étant la règle et la Constitution, l'exception. L'idée de Constitution corollaire de l'État de droit n'emballe pas une large partie de l'élite congolaise. L'histoire politique de ce pays, depuis l'indépendance, apparaît comme le désaveu d'une Constitution écrite[141] ».

§2. Le constituant dérivé a-t-il mandat pour abroger la Constitution ?

**142.** La réponse à cette question cruciale est négative et sans appel dans la mesure où le mandat que reçoit un constituant dérivé de la part d'un constituant originaire n'est clairement pas *un mandat général* de disposer de la Constitution à sa guise. Le mandat qu'il reçoit est plutôt un *mandat spécial* dont l'objet n'est certainement pas d'abroger et d'ainsi changer une constitution, mais uniquement de pouvoir la réviser et seulement dans les limites matérielles et procédurales fixées par la Constitution elle-même, en l'occurrence, pour la RDC, dans les limites des articles 218, 219 et 220 de la Constitution de février 2006[142].

**143.** Il est une évidence en droit constitutionnel ; les pouvoirs sont constitués par le constituant originaire. Cependant, une fois constitués, ces pouvoirs doivent aussi être exercés de la manière établie par la Constitution, dans le respect de cette norme. C'est ce que les constitutionnalises appellent dans leur jargon *le principe du*

---

141 F. Bakounda, article : *Congo-Brazzaville, Une septième Constitution pour quoi faire* ? magazine Politique africaine, n°81, mars 2001, p.163.

142Au sujet de ces dispositions, voir deuxième partie, chapitre 3.

*constitutionnalisme*. C'est l'idée selon laquelle un pouvoir est avant tout légitime de par son origine, en l'occurrence la Constitution, mais en plus, de par la manière dont il est exercé.

§3. Quelles sont les circonstances qui peuvent, en effet, déclencher l'abrogation d'une constitution ?

**144.** Point n'est besoin de rappeler que ce qui sous-tend une constitution, c'est sans aucun doute *le consensus social, les tendances profondes et significatives de la société*. Dès lors qu'un tel consensus disparaît, le corollaire c'est que l'État disparaît également, la Constitution disparaît par conséquent.

Dans ce cas, deux scénarios sont possibles : La **sécession** ou la **scission/partition**. La **sécession** est un **processus unilatéral** de dislocation de l'État. Si une collectivité décide de procéder de la sorte, elle va créer une nouvelle personnalité juridique. L'État initial conserve sa personnalité juridique, quoiqu' amputé et conserve sa constitution, même s'il faut inéluctablement la réviser. Il est donc évident que la sécession ne provoque pas, ipso facto, d'abrogation de la Constitution.

Sur un plan constitutionnel, un État peut-il se séparer ?

**145.** Il faut voir ce que prévoit la Constitution. Si elle prévoit que la sécession est possible, alors elle prévoit que la Constitution peut être abrogée. Si la Constitution ne prévoit rien, il paraît difficile de dire que la sécession est un processus régulier sur le plan constitutionnel.

**146.** Sur le plan du droit international public, il existe le « droit à l'autodétermination », le fait pour un peuple de choisir librement (par référendum) s'il entend ou non être souverain et constituer un État, déterminer son système politique et économique[143]. Ce droit est communément appelé *le droit des peuples à disposer d'eux-mêmes.*

Ce droit est soumis à des conditions qui sont relativement restrictives. En effet, le droit international requiert pour la jouissance d'un tel droit, que le peuple établisse qu'il est oppressé et que ses droits ne sont pas respectés.

---

[143]Lexique des termes juridiques, Dalloz 2007, 16ème éd., p. 68.

**147.** L'exemple du Québec est éloquent dans la mesure où la Cour suprême a, par son arrêt du 20 août 1998, examiné et ainsi estimé qu'au regard du droit international, le peuple québécois n'était, en substance, pas un peuple opprimé. Ladite Cour n'a pas manqué de rappeler que le droit à l'autodétermination externe (qui, dans le présent cas, pourrait prendre la forme de la revendication d'un droit de sécession unilatérale) ne naît que dans des cas extrêmes dont les circonstances sont par ailleurs soigneusement définies, à savoir « dans le cas des anciennes colonies, dans le cas des peuples opprimés, comme les peuples soumis à une occupation militaire étrangère ou encore dans le cas où un groupe défini se voit refuser un accès réel au gouvernement pour assurer son développement politique, économique, social et culturel »[144].

**148.** La ***scission* ou *partition*** quant à elle, s'apparente à s'y méprendre à un divorce par consentement mutuel, de telle sorte que les différentes collectivités fédérées conviennent de se séparer, car leurs intérêts sont profondément divergents. Nous ne sommes plus ici dans une logique unilatérale, mais, dans une logique concertée. Ce fut le cas de la Tchécoslovaquie, scindée en actuelles Tchéquie et Slovaquie, mais également du Soudan, devenu Soudan du Sud et Soudan du nord.

Qui est compétent pour décider d'une telle scission et par là même abroger la Constitution ? Cette question reste très débattue. Cependant, la logique veut que ce ne soit pas le Constituant dérivé car il n'a qu'un *mandat spécial* : celui de réviser la Constitution.

La thèse la plus plausible est celle de la « théorie de l'acte contraire ». En effet, il est logique que si la nation est compétente pour élaborer la Constitution, elle l'est également pour l'abroger. Et ce, par la voie d'un référendum, qualifié de « référendum d'abrogation ».

§4. Une Constitution peut-elle être révisée en totalité ?

**149.** La réponse est, à n'en pas douter « oui », à condition que le Constituant originaire l'ait prévu expressément. Toute constitution devra donc prévoir les conditions mêmes de sa révision totale. Pour illustrer ceci, l'on peut se référer aux exemples, suisse, espagnol et autrichien.

---

144 J. Verhoven, *Droit public international*, Larcier 2000, p.293.

**150.** En droit constitutionnel suisse, les articles 192 à 195 prévoient une procédure qui permet de réviser totalement la Constitution. Toutefois, le processus de révision constitutionnelle est compliqué, en ce sens qu'avant que la nouvelle Constitution soit soumise à la votation du peuple et des Cantons, il faut que le projet soit discuté, élaboré et rédigé par l'assemblée fédérale. En 1999, la Suisse s'est ainsi dotée d'une nouvelle Constitution entrée en vigueur le 1er janvier 2000[145].

**151.** Pour la petite histoire, et cela est non négligeable, il eut fallu pas moins de trente-cinq ans pour procéder à une telle révision intégrale de la Constitution fédérale de 1874. En effet, le processus s'est en substance déroulé comme suit : Au courant de l'année 1965, deux motions furent déposées tant au Conseil des États qu'au Conseil national. Elles furent acceptées à l'unanimité par les Chambres au courant de l'année 1966. En 1967, le Conseil fédéral désigna un groupe de travail présidé par l'ancien conseiller fédéral Wahlen, dont la commission publia le rapport final au courant de l'année 1973. C'est ainsi qu'en 1974 fut instituée une commission d'experts présidée par le conseiller fédéral Kurt Furgler, d'où le nom de « commission Furgler », qui élabora un projet de constitution publiée en 1977. Il fut soumis à une très large procédure de consultation (1978-1979) au cours de laquelle le principe d'une révision totale fut généralement admis. Puis, le Conseil fédéral fit un rapport le 6 novembre 1985. C'est seulement à l'issue de ces interventions que l'Assemblée fédérale, par arrêté du 3 juin, décida d'une révision totale au sens de l'article 120 al 1 de la Constitution Suisse en confiant, en 1987, cette charge au Conseil fédéral. Afin de lui faciliter la tâche, les Chambres ont tenu à limiter matériellement ce mandat. Il ne s'agissait plus, comme dix ans auparavant, de proposer une refonte fondamentale des institutions de l'État mais de « mettre à jour le droit constitutionnel actuel, écrit et non écrit, de le rendre compréhensible, de l'ordonner systématiquement et d'en unifier la langue, ainsi que la densité normative ». En 1995, le Conseil fédéral présenta son projet de nouvelle constitution et le soumit à une consultation élargie. Outre la mise à jour, le projet proposait une réforme des droits populaires et une réforme de la justice fédérale. Ce projet fut examiné par deux commissions à partir de mars 1997, avant d'être traité par les Chambres dès la fin de l'année

---

145Cette norme est le quatrième texte fondamental de la Confédération Suisse, après celui de 1815 appelée Le Pacte fédéral, suivi des Constitutions de 1848 et de 1874. Elle a requis la double majorité des cantons et du peuple suisse.

1997. Le 18 décembre 1998, l'Assemblée fédérale adopta l'arrêté fédéral relatif à la mise à jour de la Constitution fédérale. Celle-ci a été acceptée par la majorité du peuple et des cantons le 18 avril 1999. Elle est entrée en vigueur le 1er janvier 2000[146].

**152.** Force est de constater que la consultation populaire ainsi que le travail en commissions, sont omniprésents dans le processus suisse permettant la révision totale. Alors même qu'il ne s'agissait que d'une simple mise à jour du texte constitutionnel afin de le rendre compréhensible, et non plus, d'une profonde refonte des institutions de l'État. Il fallut donc, au bas mot, trente-cinq années de débats et de discussions. Si bien que le gouvernement qui a initié la discussion en 1965 n'était certainement pas celui qui a effectivement procédé à ladite révision intégrale en 1999-2000. Ce ne sont donc pas ceux ont amorcé le processus qui en ont bénéficié pour se maintenir au pouvoir ou pour s'arroger un quelconque avantage.

**153.** Il sied de rappeler que, sur base des articles 192 à 195,[147] la Constitution suisse peut être intégralement modifiée ou révisée. L'initiative peut ainsi venir, non seulement du peuple mais également du Conseil fédéral ou de l'Assemblée. Dans ce dernier cas, le peuple ainsi que les Cantons doivent accepter en votations populaires. On notera également que, cette révision intégrale est intervenue car après une centaine de révisions des deux précédentes constitutions, une réorganisation du texte était indispensable. Ce fut en fait la réelle motivation de cette révision intégrale.

À titre de rappel, et cela est loin d'être anodin, en l'espèce, dans le cadre d'une révision intégrale de la Constitution, les deux Chambres doivent également être renouvelées ; des élections anticipées doivent donc être organisées.

**154.** Pour la petite histoire, depuis 1874, la Constitution helvétique a connu plus de cent cinquante révisions, dont deux révisions totales (en 1874 et en 1999). Le 18 avril 1999, le peuple (969 310 contre 669 158) et les cantons (treize contre dix) ont adopté la nouvelle Constitution de la Confédération suisse dont le texte avait été voté par l'Assemblée fédérale

---

146 Andreas Auer, Giorgio Malinverni et Michel Hottelier, *op. cit.*, pp.472-473.
147 Voy. Troisième partie, chapitre 1er.

le 18 décembre 1998[148]. Le compte peut en effet être vite fait, cent vingt années ont été nécessaires pour opérer la révision totale de 1999. En sus, cela a requis une dissolution des assemblées, de sorte que les initiateurs n'avaient certainement pas la double casquette de juges et de parties.

**155.** Un autre exemple est celui de l'Espagne dont l'article 168[149] de la Constitution de décembre 1977 prévoit également la possibilité de procéder à une révision totale. Néanmoins, une telle démarche ne peut être possible qu'à la condition que les deux tiers des membres de chaque Chambre l'approuvent et que s'ensuive une dissolution de plein droit desdites Chambres pré constituantes. Ensuite, les deux Chambres nouvellement élues doivent, à leur tour, ratifier la décision aux deux tiers. Puis, ce qu'on appelle les *Cortes générales* doit à leur tour marquer leur approbation. Enfin, le souverain primaire devra finalement donner son avis définitif par un référendum obligatoire.

Force est donc de constater qu'en Espagne, la révision totale de la Constitution est expressément prescrite par l'article 168. Pour ce faire, le constituant institué reçoit donc un mandat exprès du constituant originaire au travers de la loi fondamentale elle-même.

En dépit de ce mandat exprès, il ne peut malgré tout pas procéder de n'importe quelle manière : le peuple se prononce par deux fois, en amont lors des élections pour renouveler le Parlement, puis en aval par un référendum de ratification. Donc la voie électorale est doublée de la voie référendaire, sans compter les quorums de présence et de vote non négligeables.

**156.** Le constituant originaire autrichien a opté pour la possibilité pour le constituant dérivé de modifier la Constitution autrichienne, dans sa totalité. Cela ressort explicitement de son article 44, lequel subordonne cette démarche, à l'organisation d'un référendum[150].

---

148Cette norme est le quatrième texte fondamental de la Confédération Suisse, après celui de 1815 appelée Le Pacte fédéral, suivi des Constitutions de 1848 et de 1874. Elle a requis la double majorité des cantons et du peuple suisse.

149 Voy. à ce sujet la troisième partie au chapitre 1er.

150Article 44.2. Toute modification d'ensemble de la Constitution fédérale doit, la procédure de l'article 42 une fois terminée, toutefois avant sa promulgation par le président de la Confédération, être soumise au référendum de la nation tout entière. Il en est de même des modifications partielles, lorsque le tiers des

A contrario, pour sa part, l'article 195 de la Constitution belge précise, d'abord à raison de la généralité des termes qu'il emploie, que toute disposition constitutionnelle peut-être révisée. Il prohibe, ensuite, que toute la Constitution puisse, en un même moment, être révisée : il n'y a place, en droit belge, que pour des révisions partielles.[151]

§5. Selon le bon sens !

**157.** Il y a quelque chose de viscéral dans le chef des gouvernants africains, c'est l'organisation des réflexions à grande échelle sur la nécessité de réviser voire de changer les constitutions. Il ressort qu'elles s'avèrent finalement anachroniques et inadaptées pour leurs pays. A priori, cette démarche paraît noble dans la mesure où, on l'a vu, une constitution doit être adaptable et adaptée aux réalités sociopolitiques du moment. Cependant, là où le bât blesse, c'est que ces réflexions n'interviennent généralement, qu'à l'approche de la fin, non du premier, mais du second mandat.

Le comble, c'est que les initiateurs de telles réflexions se trouvent être les mêmes qui foulent aux pieds ces lois fondamentales. Pendant plusieurs années, ils ont en effet la possibilité d'appliquer la Constitution dans tous ses contours et prescrits. En vain ! Il est pourtant d'une logique élémentaire que pour qu'un système déterminé soit déclaré désuet, il faut au préalable l'exploiter à plein régime. Suivez mon regard !

**158.** À titre d'illustration de ce comportement paradoxal, en RDC, au courant de l'année 2014, il a été envisagé un débat sur le changement de la Constitution en vigueur depuis 2006, alors même que celle-ci n'a jamais été appliquée dans tous ses contours. Bien au contraire, elle a souvent été violée. C'est à peine en juillet 2014 que des juges de la Cour constitutionnelle ont été désignés pour ne prêter serment qu'en mars 2015. Ce qui signifie que cette juridiction n'a dès lors jamais fonctionné selon les prescrits de la Constitution de février 2006. Le Conseil d'État ainsi que la Cour de cassation n'ont toujours pas été mis sur pied, conformément à ladite Constitution. La décentralisation du pays telle que prescrite par la même Constitution n'a jamais été amorcée

---

membres du Conseil national ou du Conseil des Provinces et des professions en fait la demande.

151 F. Delpérée, *op. cit.*, Bruylant-BXL/LGDJ-Paris, p. 77.

en temps voulu. Ce n'est donc qu'en début d'année 2015 qu'elle fut lancée, soit neuf ans après l'adoption de la Constitution et un an avant les élections de 2016 qui correspondent à la fin du second mandat du régime en place. Or, il est évident qu'une telle démarche, n'a d'autre effet que de complexifier le processus électoral de 2016 et bien évidemment de favoriser des tricheries de toutes sortes.

Une telle initiative aurait donc dû se faire progressivement tant le sujet est sensible. D'ailleurs, à ce propos, sous la IIe République, les autorités de l'époque ont fait preuve de sagesse en postposant le découpage administratif devant faire passer le nombre de régions de 11 à 26. José Patrick Nimy rapporte que le souci à l'époque était bien de « redimensionner » les espaces régionaux du pays de façon à le rendre mieux gérable administrativement. Cependant, dit-il, les commissaires politiques de l'époque ne trouveront pas mieux que de politiser à outrance cette importante question par des revendications tribales contraires à l'esprit même dudit projet. À tel point que Mobutu, excédé, décidera de geler l'examen de l'ensemble du dossier. Il fallut donc attendre la CNS en 1992 pour voir rebondir la question du découpage territorial[152].

**159.** En outre, les élections municipales n'ont jamais été organisées. Et depuis 2007, les élections provinciales sont longtemps restées en souffrance. Faute d'avoir organisé des élections dans les délais constitutionnels, le Sénat, les Assemblées provinciales ainsi que les gouverneurs des provinces ont presté hors mandat pendant plusieurs années. C'est en effet, juste à la veille des échéances électorales de 2016, soit en mars que l'on a assisté aux élections des gouverneurs des provinces – non sans tâtonnements - ; et ce dans la foulée du découpage provincial. Cependant, les sénateurs demeurent en place au-delà des cinq ans initialement prescrits par la Constitution. Les quarante pourcents des recettes n'ont jamais été rétrocédés aux provinces conformément à l'article 175 de la Constitution[153]. Toutes sortes d'organismes d'accompagnement de la démocratie n'ont jamais été mis sur pied,

152 J. P. Nimy Maidika Ngimbil, *Je ne renie rien, je raconte…*, l'Harmattan 2006, pp.244-245. Pour la petite histoire, seule la grande région du Kivu fut découpée en trois : Nord-Kivu, Sud-Kivu et Maniema.

153Art. 175 § 2 Const. : « La part des recettes à caractère national allouées aux provinces est établie à 40%. Elle est retenue à la source ».

comme, le Comité des droits de l'homme… Les exemples d'irrespect des prescrits constitutionnels sont légion !

**160.** Au Congo-Brazzaville, dans l'optique d'un énième changement de constitution, le pouvoir est passé du stade de la réflexion, au stade de la matérialisation en un temps relativement court pour ce genre de démarche. En effet, au mois de juillet 2015, Sassou Nguesso a lancé des concertations à grande échelle dans le but de procéder au changement de la Constitution du 20 janvier 2002. L'opposition dans sa grande majorité les a boycottés. Néanmoins, ces concertations ont abouti à un référendum, organisé le 25 octobre de la même année, à l'issue duquel le peuple approuva la démarche. La stratégie des pouvoirs africains fut donc respectée : la remise en cause, la veille des élections, du bien-fondé d'une constitution dont on s'est pourtant servi pour accéder et demeurer au pouvoir, afin bien sûr de remettre les compteurs à zéro et de s'éterniser au pouvoir.

**161.** En substance, ce changement permit au Congo de passer du septennat au quinquennat. Mais également de supprimer la limite d'âge que Sassou avait atteint. Cela a donc pour conséquence de remettre les compteurs à zéro et de permettre à ce dernier d'être toujours dans la course au pouvoir, ce qui advint. Tout compte fait, la Constitution congolaise de janvier 2002 n'aura vécu que 13 années, sans réellement avoir été utilisée dans tous ses contours et fait ses preuves. Corollaire, des élections ont été organisées à la hussarde en mars 2016, avec comme vainqueur le Président sortant bien sûr ! Ce qui maintient le statu quo, et tout cela à la faveur d'un changement de constitution en seulement 4 mois, sans pour autant qu'il y ait des changements sociopolitiques significatifs. La démocratie au Congo en sort bien évidemment affaiblie.

Au courant de l'année 2016, en Côte d'Ivoire, Alassane Ouattara a également, - sans qu'un changement significatif et profond dans la société ivoirienne ne le commande -, pris l'initiative, non pas de faire réviser mais de faire changer la Constitution ivoirienne du 23 juillet 2000. Le projet a été soumis au peuple par référendum en octobre de la même année, le « Oui » l'a bien évidemment emporté à 93, 42 % avec un taux de participation de 42,42 %.

Ce qui est effarant, c'est que de telles initiatives soient prises par des majorités parlementaires numériques. Mais également, cela se déroule sur une seule et même législature sans la possibilité pour les députés de l'opposition de faire blocage, en amont, par le truchement d'un mécanisme adéquat. En sus, et cela est non négligeable, c'est la célérité avec laquelle, en Afrique, des changements de constitutions peuvent s'opérer. Enfin, les raisons qui conduisent à ces changements sont souvent à ce point de moindres importances qu'en réalité, elles ne devraient nécessiter que de simples révisions. Hélas !

Comment ceux-là mêmes (entendez, les tenants du pouvoir) qui ont failli dans le respect des prescrits de la Constitution, de manière délibérée, peuvent-ils soudainement se poser en pourfendeurs de la même Constitution ? Comprenne qui pourra !

**162.** Référons-nous à ce qui a été développé dans les pages précédentes au sujet de la notion de *Constitution.* En tant que fondation ou racines, le changement de constitution conduit inéluctablement à faire table rase du passé. En effet, par quel tour de magie peut-on extirper les racines d'un arbre tout en le conservant ? De même, par quel tour de passe-passe peut-on supprimer la fondation d'un immeuble tout en tentant de le maintenir debout ? Il s'agit là très clairement d'une attitude antinomique qui frise la démence. Comment, en effet, peut-on vouloir une chose et son contraire ? Cette double démarche paraît donc a priori impossible. Une telle démarche consiste, comme le dit si bien un adage connu, *à scier la branche sur laquelle l'on est assis.* Car, il a été dit à temps et à contretemps, de manière différente, que la Constitution est l'assise même de l'État. En effet, sauf à considérer un État comme la manne qui tomba du ciel dans le désert, un État n'est jamais donné mais toujours créé. Ce n'est certes pas un don du ciel ; plutôt une construction faite de mains d'hommes au fil du temps. L'État n'est pas le produit d'une histoire, sans vouloir minimiser le fait qu'un groupe social donné puisse vivre d'expériences qui peuvent générer une certaine cohésion entre ses individus. Cependant, pour passer à la forme Étatique, un groupe social donné se doit de prendre la décision de créer son État à l'aide d'instruments juridiques. Et cela se matérialise quasiment toujours par la rédaction de l'instrument juridique par excellence qu'est la Constitution. Cette prérogative qu'est la création d'un État ainsi que son organisation ne relève ni d'une loi, même la plus spéciale, ni d'un décret ayant force de loi, encore moins d'une ordonnance, ni même d'une quelconque norme supranationale. Il s'agit d'une prérogative exclusive de la Loi fondamentale qu'est la Constitution.

C'est donc la seule norme créatrice ou réformatrice d'un État. D'ailleurs, certaines constitutions, à l'instar de celle de la Belgique, en son article 187, prohibent très clairement la suspension partielle ou totale de cette norme.

Ce qui est étonnant, c'est que la plupart des constituants originaires africains ont pris la peine de se faire assister par de nombreux experts occidentaux, question de garantir la crédibilité, la sécurité et l'efficacité de leur intervention.

**163.** À titre de rappel, un expert est consulté dans le but de donner justement un avis éclairé lorsque le constituant se trouve face à une situation complexe qui nécessite une certaine technicité et spécialité.

Certes, l'intervention de l'expert ne consiste qu'à donner un avis ou à aiguiller le constituant. Néanmoins, il ne s'agit pas d'un banal avis mais bien sûr d'une intervention non négligeable, qui théoriquement ne lie pas. Cependant, dans la pratique, on se sent lié car l'on a du mal à s'en départir, et ce d'autant plus qu'on l'a consulté volontairement. Il est en effet rare de voir un juge se départir de l'avis d'un expert qu'il a lui-même désigné d'autorité. Bien au contraire, la motivation de son jugement se base quasi toujours sur l'avis de l'expert. Sinon, à quoi bon en consulter, et cela est d'autant plus vrai que des sommes non négligeables sont allouées à l'expert à titre d'honoraires. Il en est ainsi de nombreux experts qui ont assisté et qui assistent encore aujourd'hui les pouvoirs constituants (originaires ou dérivés) africains. Des honoraires importants leur sont alloués alors que les choses ne s'améliorent toujours pas. Des vides juridiques importants sont en effet constatés tel qu'on le verra plus loin. Bref, les constitutions y sont excessivement souples au point de ne plus jouer leur rôle de fondation, susceptible de supporter les chocs comme pour un immeuble (cf. supra).

À ce propos, qu'il y ait vide juridique ou non, c'est incontestablement l'esprit même qui entoure cette norme qui doit guider les pouvoirs constituants, les différents juristes ainsi que les constitutionnalistes qui sont appelés à se prononcer sur le changement d'une Constitution.

**164.** Au regard de ce qui a été développé supra sur la notion de constitution, notamment sur les circonstances de son adoption, l'on voit mal comment sans un changement radical du système politique - comme ce fut le cas au terme des régimes dictatoriaux en Afrique, à la fin des années 80 début des années 90 -, sans une situation telle en Afrique du sud, au terme du régime de l'Apartheid, sans l'avènement d'un nouvel ordre politique après une révolution, une défaite militaire ou une indépendance, etc. ; une constitution peut être changée à tour de bras, sans autre forme de procès. L'on conçoit mal comment un régime politique en place, en l'absence d'un évènement particulier caractéristique, décide carrément de procéder à un changement d'une constitution en vigueur.

**165.** C'est d'ailleurs ce que Blaise Compaoré, alors président du Burkina Faso, fit au courant de l'année 1992. Ayant atteint la limite des deux mandats, il eut l'idée ingénieuse de faire procéder à un changement de constitution sans qu'un évènement sérieux justifie une telle démarche. C'est ce qui justifia sa présence pendant encore plusieurs années à la tête de l'État burkinabé, avant qu'une démarche, de loin moins périlleuse, à savoir la révision de l'article 37[154] de la Constitution burkinabaise finisse par l'éjecter du pouvoir en octobre 2014.

**166.** Avec de telles pratiques, des générations entières sont sacrifiées sur le plan intellectuel, car pour un juriste en herbe africain, un régime en place peut réviser la Charte fondamentale à sa guise. Pire encore, il peut carrément substituer à cette Charte une toute nouvelle sans aucune forme de procès tout en se maintenant au pouvoir.

Manifestement en Afrique, les constituants originaires et dérivés se plaisent à galvauder la rédaction des textes fondamentaux pour ensuite s'en prévaloir plus tard et justifier soit une révision, soit carrément un changement. Et ce, avec le regard complice de leurs nombreux experts occidentaux. Ils se comportent sans nul doute comme de véritables pompiers-pyromanes qui boutent le feu pour ensuite justifier leur intervention.

**167.** Cela fait également penser à un plombier véreux qui, appelé pour une intervention, procède bel et bien à la réparation sollicitée mais profitant de la distraction du maître des lieux, provoque une autre panne pour justifier une intervention ultérieure. Et le profit est bien sûr total !

---

[154] « Le Président du Faso est élu pour cinq ans au suffrage universel direct, égal et secret. Il est rééligible une fois. »

Comment ne pas penser aux fabricants d'appareils électroniques qui conçoivent des appareils avec une durée de vie déterminée mettant également un terme à la fabrication des pièces de rechange. Et ce, dans le but de pousser les gens à consommer davantage et faire ainsi un maximum de profit. C'est la technique de l'obsolescence programmée. Ainsi semblent se comporter les constituants africains !

**168.** Comme on le verra plus loin (à la troisième partie), des pays occidentaux, à l'aube de leur marche pour la démocratie, n'ont pas hésité à instaurer des mécanismes à tel points rigides qu'il faille procéder à la dissolution des assemblées prés constituantes, de sorte que la révision s'effectue sur deux législatures différentes, ceci afin d'éviter le détournement de la procédure à des fins personnelles et politiques. Ainsi, l'on empêche de manière efficace que les intervenants soient à la fois juges et parties.

À plus forte raison, un changement de constitution, s'il s'impose, doit s'effectuer par le truchement d'une procédure particulièrement rigide à laquelle l'on doit ajouter une consultation obligatoire et non facultative du souverain primaire par la voie référendaire. En somme, une telle démarche ne peut que requérir une double intervention du souverain primaire par la voie électorale, puis par la voie référendaire.

**169.** Le bon sens veut donc qu'un changement de constitution obéisse à certains impératifs de la vie politique. Et si changement de constitution il y a, que cela se réalise suivant une procédure rigide, impliquant toutes les tendances politiques, lesquelles doivent marquer leur adhésion au nouveau pacte social. Puis, après coup, le souverain primaire devrait se prononcer par voie référendaire. Cerise sur le gâteau, un étalement de la procédure sur deux législatures ne manquerait pas de contribuer à l'efficacité du mécanisme.

### §6. Quid de la suspension d'une constitution ?

**170.** Cette question n'est dans la grande majorité pas abordée dans les textes fondamentaux. Néanmoins, certaines constitutions telle celle de la Belgique qui dispose en son article 187 que « La Constitution ne peut pas être suspendue en tout ou en partie ». Si bien que face à toute situation d'exception susceptible de suspendre l'application de la Constitution *(épidémie, guerre, terrorisme…),* il n'est en réalité pas possible de suspendre en tout, ni même en partie la Constitution. Celle-ci reste en effet d'application en dépit des circonstances. Cela se comprend aisément dès lors qu'on a, à l'esprit, l'image de la fondation d'un immeuble ou des racines d'un arbre. Celles-ci demeurent présentes en dépit des évènements, sauf en cas de destruction totale.

**171.** Le Constituant luxembourgeois a également opté pour une prohibition pure et simple de la suspension de la Constitution. En effet, l'article 113 dispose de manière succincte qu'« Aucune disposition de la Constitution ne peut être suspendue ».

Il paraît donc évident qu'une telle mesure constitutionnelle, par ailleurs non négligeable, ne peut être possible que si le constituant originaire le prévoit expressément.

En passant en revue les textes d'un grand nombre de constitutions, il en ressort que cette mesure n'est pas très prisée.

§7. Observations liminaires

**172.** C'est à juste titre que Baudoin Amba partant d'une déclaration du président américain Barack Obama, en juillet 2009, lors de sa visite à Accra au Ghana selon laquelle « L'Afrique n'a pas besoin d'hommes forts, elle a besoin d'institutions fortes », fit le constat que certains « intellectuels » du continent noir goûtent très peu ces propos. Pour eux, l'Afrique aurait droit à une sorte d'« exception » en concevant une « démocratie à l'africaine ». Une démocratie où le pouvoir serait exercé sans limitation de mandat. L'important est que le pouvoir soit en phase avec les aspirations de la population. Là où le bât blesse c'est que cette thèse est défendue par des « lettrés » opportunistes[155].

**173.** Il est en effet symptomatique dans le chef des dirigeants africains, qu'à l'approche des échéances électorales, des procès soient systématiquement faits à la démocratie occidentale au motif qu'elle n'est en rien adaptée à l'Afrique. Corollaire, des révisions voire carrément des changements de constitutions interviennent. Le plus étonnant, c'est que pendant leurs mandats, les régimes en place ne s'attellent pas outre

155 B. Amba Wetshi, *Denis Sassou Nguesso et « Joseph Kabila » : même combat ?* 4 juillet 2014.

mesure à proposer un nouveau système politique adéquat. Les questions existentielles sur la démocratie n'interviennent donc qu'à la veille des élections. Comme par enchantement, l'on se souvient que la démocratie à l'occidentale est inappropriée.

**174.** Au cours de leur mandat, les dirigeants africains, sans exception aucune, se comportent pourtant comme à l'Occidental : services de sécurité et de protocole organisés comme à l'Occidental, véhicules, avions et résidence de fonction semblables aux chefs d'État occidentaux, tenues vestimentaires à l'Occidental, organisation des différents pouvoirs et administrations, organisation des armées jusqu'à leurs tenues d'apparats à l'occidentale etc. La plupart se targuent même de fréquenter les plus grandes loges mystiques et ésotériques occidentales pour démontrer une certaine puissance. Bref, dans l'organisation et le comportement, rien de bien différent que le modèle occidental. Par contre, lorsqu'il s'agit de céder le pouvoir à un éventuel successeur, l'on assiste à toutes sortes de remises en cause du système politique hérité de l'occident, notamment en alléguant une inadéquation des constitutions en vigueur, les trouvant subitement surannées et dépassées.

**175.** En outre, durant leurs mandats, aucun dirigeant africain n'a jamais pris la peine d'épingler puis de proposer un système approprié au continent africain. Aucun grand débat, aucune réflexion à grande échelle sur un éventuel système adapté à l'Afrique ! La seule préoccupation pour la très grande majorité est non seulement de se faire des amis en Occident, en se pressant dans les différents sommets organisés dans les grandes capitales occidentales, non seulement afin de bénéficier d'appuis extérieurs, mais également de placer des fonds obscurs dans des banques occidentales et d'investir dans l'immobilier toujours dans le même Occident. À cela s'ajoute le fait que tous ces présidents africains ont des banquiers, gestionnaires de fortunes, avocats, médecins, etc. qui sont essentiellement des Occidentaux.

**176.** Sur le plan intérieur, ils se préoccupent plus d'accroître le nombre de conquêtes féminines et par là même le nombre de rejetons. Toute l'énergie est également focalisée sur le culte de la personnalité et l'entretien des courtisans. Aucune réflexion sur l'inadéquation de la démocratie à l'occidentale, encore moins sur le *fameux* système approprié pour l'Afrique dont tout le monde parle mais que personne n'a encore proposé, et ce malgré le nombre impressionnant de professeurs d'universités dans tous les domaines imaginables (juridique, administratif, économique, sociologique, politique, etc.). Comprenne qui pourra !

Cela fait plusieurs décennies que l'Afrique attend ce système politique approprié que lui promettent ses nombreux dirigeants véreux et avides de pouvoir. Tant que ce système providentiel n'aura pas été proposé et adopté, les constitutions africaines en vigueur méritent d'être respectées en tant qu'assises de l'État, socle de la démocratie, pilier de l'État de droit, racines d'un arbre et fondation d'un immeuble ; bref, en tant que texte fondamental rempart.

Avec tous les moyens humains et financiers dont ils disposent, il est temps que les dirigeants africains proposent définitivement ce système tant attendu, lequel serait plus approprié au continent africain afin de clore une bonne fois pour toutes, ce débat qui, de manière récurrente, resurgit à la veille des échéances électorales.

**177.** Durant des décennies, voire des siècles, les constituants dérivés occidentaux ont eu également à faire face à des circonstances changeantes de la vie politique. Le contexte de la vie sociopolitique a toujours varié. Cela a-t-il suffi pour les conduire à effectuer des révisions et changements de constitutions de manière fréquente, voire intempestive ? Les constitutions occidentales ont-elles la réputation d'être contextuelles à outrance ? Le changement de contexte de la vie politique est-il l'apanage de la société africaine seule, au point de justifier de tels aménagements, voire remplacements des Chartes fondamentales ?

Toutes ces questions nous amènent au chapitre suivant qui sera justement consacré à la manière dont les constituants dérivés des États reconnus comme « démocratiques » se sont comportés envers leurs constitutions après leur élaboration.

## Chapitre III. VALSES CONSTITUTIONNELLES BELGE, AMÉRICAINE ET FRANÇAISE

**178.** Les constitutions belge et américaine sont citées parmi les constitutions les plus rigides. Et pourtant, cette rigidité n'a de toute évidence pas été un frein pour la démocratie, tant ces deux nations sont considérées encore aujourd'hui comme des modèles de démocratie (Élections libres et transparentes avec pour corollaire l'alternance du pouvoir, l'indépendance de la justice, le respect des droits fondamentaux, ...) ; bref, l'État de droit et ses attributs y sont respectés.

Il y a également lieu de relever que la rigidité des textes fondamentaux dans ces deux pays n'a pas pour autant empêché des révisions constitutionnelles depuis leur adoption jusqu'à ce jour. En effet, aussi bien l'histoire de la Belgique, de la France que celle des USA sont jalonnées de plusieurs révisions constitutionnelles et amendements, tel qu'on le verra infra.

**179.** Rigidité rime-t-elle finalement avec inanition des États de droits ? A priori non ! Tout dépend finalement de la motivation qui sous-tend les révisions opérées. Une constitution est traitée de rigide ou souple selon le cas : les partisans des révisions à outrance ont tendance à traiter les constitutions de rigides tandis que les partisans du maintien de l'esprit originel avec pour corollaire le recours moins fréquent aux révisions, ne voient aucun problème dans la rigidité d'une telle norme. Finalement tout dépend du camp dans lequel on se trouve ! Cette question sur la rigidité des textes fondamentaux paraît donc totalement relative ; Ainsi, en Afrique où l'on est friand des modifications constitutionnelles, les constitutions occidentales sont-elles considérées comme des textes rigides. On s'en inspire en prenant le soin de se départir de tout ce qui en fait la force : à savoir les mécanismes de révision ! Et cela est démontré plus loin, essentiellement dans la troisième partie.

**180.** Ce chapitre se fixe donc pour objectif de montrer comment les constituants dérivés belges, américains et français se sont comportés depuis l'adoption de leurs constitutions respectives. À quelles fréquences et pour quels motifs ont-ils malgré tout révisé lesdites constitutions ?

Dans la foulée, une autre question s'impose, celle de savoir si ces révisions ont rompu le consensus de départ au profit des tenants du pouvoir, au point de constituer un frein pour la démocratie et l'État de droit dans chacune de ces trois nations ?

Pour ce faire, nous avons pris l'option de reprendre de manière chronologique toutes les révisions belges, américaines et françaises en mettant en exergue les raisons sous-jacentes. Un tel exercice peut en effet paraître superfétatoire et redondant. Néanmoins, sans une telle démarche, il est quasi impossible de prendre la mesure du comportement des constituants dérivés occidentaux. Cela permettrait d'ailleurs une meilleure comparaison avec le comportement des constituants dérivés africains. Ces derniers ont la fâcheuse tendance de rappeler avec une certaine assurance, qu'en Occident, des révisions sont opérées. Ils ne comprennent donc pas pourquoi cela constituerait un problème en Afrique. Se basant généralement sur le fait que la Constitution française de 1791 postulait sans équivoque que *la nation a le droit imprescriptible de changer de Constitution.*

**181.** En d'autres termes, une analyse comparative du comportement des constituants dans les pays considérés comme des États de droit s'impose puisque que les pouvoirs en place en Afrique, conseillés par de multiples professeurs en droit et spécialistes, se prévalent des révisions qui ont jalonné l'histoire constitutionnelle des pays occidentaux,

Qu'est-ce que l'histoire constitutionnelle de ces nations, estampillées *États de droits,* nous enseigne-t-elle finalement, en termes de mobilité ?

## Section I. Révisions constitutionnelles belges : motifs et fréquences

**182.** Après son adoption en 1831, ***la première révision intervint en 1893-1894,*** soit 62 ans après, ce qui est quasiment un record. C'est justement le temps nécessaire pour une personne de naître, étudier, achever ses études, travailler, se marier, fonder une famille et enfin prendre sa retraite. Elle porta en substance sur plusieurs aspects éminemment importants ayant de toute évidence pour motifs premiers de renforcer et de faire évoluer l'État de droit.

Onze articles furent retouchés[156] :

a) Il s'est agi, à ce moment, de modifier le système électoral. D'abord, en supprimant le suffrage censitaire et en instaurant le suffrage universel, avec le tempérament du vote plural[157].

b) l'instauration d'un suffrage universel masculin avec vote obligatoire, de telle sorte que tous les hommes d'au moins 25 ans eurent le droit de vote. Si, par ailleurs, ils payaient un minimum d'impôt (le cens), ils pouvaient avoir une voix supplémentaire. Et si, en sus, ils exerçaient certaines fonctions, ils bénéficiaient d'une voix supplémentaire.

c) *l'abandon du système électoral majoritaire.* La Constitution requiert désormais de recourir aux techniques de la représentation proportionnelle "pure et simple", selon la technique de " la plus forte moyenne" et sans seuil d'éligibilité[158], ceci afin de favoriser également les formations politiques de faible envergure.

d) la *modification du système parlementaire.* Il fut corrigé au même moment. Les deux assemblées sont placées sur pied d'égalité. Ni priorité dans le temps, ni primauté politique de l'une sur l'autre ne sont aménagées. Toute spécialisation des tâches est également écartée. La légitimité du Sénat est également consolidée[159].

e) C'est aussi cette réforme qui a prévu la possibilité pour la Belgique de se doter d'une colonie et de territoires d'outre-mer[160].

**183.** ***La seconde révision intervint quant à elle en 1920-1921***, soit 27 ans après la première. Ce qui représente le temps nécessaire pour une personne d'achever ses études universitaires, de démarrer sa vie professionnelle et de se marier.

Les modifications apportées à la Constitution à la suite de la déclaration de révision de 1919 furent promulguées entre le 15 novembre 1920 et le 15 octobre 1921, au fur et à mesure de leur adoption. Ces modifications

---

156 J. Velu, *op. cit.*, Bruxelles-Bruylant 1986, t.I, p.177.

157 F. Delpérée, *recueil des Constitutions européennes*, Bruylant-Bruxelles, 1994, p.22.

158 *Ibid.*, p.22.

159 *Ibid.*, pp.22-23.

160 J. Velu, *op.cit.* p. 177.

portaient sur une quinzaine d'articles[161] et concernaient en substance les aspects suivants :

a) l'instauration d'un *suffrage universel masculin* : afin d'élargir la participation des citoyens à l'exercice du pouvoir, le nouvel article 47, promulgué le 7 février 1921, établit le suffrage universel pur et simple pour les hommes à 21 ans[162]. Soit un homme est égal à une voix. Ce fut une avancée considérable qui renforça la démocratie ;

b) la permission donnée au législateur d'accorder également le *droit de vote aux femmes*. Ce qui fut fait une trentaine d'années plus tard. En effet, une loi ordinaire du 9 mai 1919, avait anticipé le fleuron, à savoir l'instauration du suffrage universel pur et simple pour les hommes. En ce qui concerne les femmes, la même réforme a conditionné leur droit de vote à l'adoption d'une loi à la majorité des deux tiers (qui a été adopté, en l'occurrence en 1948). Notons que c'est la première fois que le constituant a recouru à cette majorité renforcée pour une loi[163].

c) la constitutionnalisation du système de la *représentation proportionnelle ;*

d) l'autorisation pour les communes de s'associer en intercommunales.

**184.** ***La troisième révision intervint en 1954 et 1958***. Elle visait essentiellement à adapter la Constitution à l'évolution de l'ordre juridique international. Elle portait sur les articles 25 et 68. L'idée était donc de consacrer la participation de la Belgique à l'organisation et au fonctionnement d'institutions supranationales. Mais également de permettre que des traités d'une importance particulière acquièrent force de loi en Belgique[164]. Enfin, elle portait également sur une redéfinition du statut des colonies[165].

**185.** Pour sa part, ***la quatrième révision fut opérée entre 1965 et 1968***, elle n'avait abouti que sur trois points[166] :

---

161 *Ibid.* p.178.
162 *Ibid.* p.178.
163 H. Dumont, *op. cit.*, p.21.
164 J.Velu, *op.cit.*, p.180.
165 A. Sohier, in J. Velu, *op. cit.*, p. 180.
166 J. Velu, *op. cit.*, p. 185.

a) la Constitution comportait un article 140 nouveau disposant que « le texte de la Constitution est établi en français et en néerlandais » (10 avril 1967) ;

b) le texte néerlandais de la Constitution avait été adopté

c) Le 15 janvier 1968, l'article 131 bis nouveau prohibait toute révision en temps de guerre ou en cas d'impossibilité pour les chambres de se réunir librement.

**186.** À partir de la **cinquième révision**, à cause notamment de la réforme de l'État, il est moins aisé de compter le nombre de révisions en Belgique. Ces révisions se sont en effet déroulées par vagues ou périodes.

**187. La première période** intervint, quant à elle, en 1968-1971. Ce fut la première réforme de l'État belge. En effet, la Belgique résolut de transformer un État unitaire en un État fédéral. C'est la première fois que le conflit communautaire trouva un écho dans la Constitution. Il est donc important de relever que la Belgique n'a pas opté, comme dans les États africains, pour un changement de constitution, plutôt pour une révision à grande échelle. Et pourtant, elle avait toutes les raisons d'abroger sa constitution pour en rédiger une autre.

Durant cette période, la Constitution fut, en sept étapes, modifiée sur vingt-sept points[167]. La révision porta en substance sur les aspects suivants :

La Constitution révisée, consacra par l'article 3 bis l'existence de quatre régions linguistiques qui ne sont par ailleurs pas des collectivités politiques. Elle avait prévu aussi que les limites entre les régions linguistiques ne pouvaient être modifiées que par une loi spéciale.

- L'article 3 ter reconnut l'existence de trois communautés culturelles (française, néerlandaise et allemande), compétentes en matière culturelle ;

- La création de trois régions (Flamande, Wallonne, Bruxelloise)

---

[167] J. Velu, op. cit., p. 186.

- L'article 32 bis avait prévu la répartition des membres élus de chaque Chambre en deux groupes linguistiques[168].

- L'article 38 bis (54 nouveau) introduisit la "sonnette d'alarme" pour régler les conflits entre les communautés, au sein même du Parlement.

- L'article 59 bis opéra une fragmentation de la fonction législative. Elle n'appartenait plus exclusivement au Pouvoir législatif national, notamment en matière culturelle et linguistique[169].

- L'article 70 fixa une date pour la rentrée des Chambres[170]

- L'article 49 fixa à 212 le nombre des députés et organisa leur répartition entre les arrondissements électoraux[171].

- L'article 86 bis réalisa la "parité linguistique" au sein du Conseil des ministres[172] ;

- L'article 91 bis reconnut constitutionnellement les *secrétaires d'État*[173] ;

- L'article 104 porta sur la création de deux *Cours d'appel :* à Anvers et à Mons[174]

- L'article 108 renforça l'autonomie provinciale et communale[175] ;

- Les articles 108 bis, 108 ter, 110 et 113 portaient sur la création et le statut des agglomérations et de fédérations de communes ;

---

168*Ibid.*, p.189.
169*Ibid.*, p.189.
170*Ibid.*, p.189.
171*Ibid.*, p.189.
172*Ibid.*, p.190
173*Ibid.*, p.190.
174*Ibid.*, p.190.
175*Ibid.*, p.190

- Les articles 6 bis et 59 bis furent relatifs, en substance, à la discrimination et à la protection des minorités idéologiques et philosophiques ;

- L'article 34 porta sur la possibilité pour l'État de *céder une partie de sa souveraineté à l'Union européenne* (article 34).

**188.** Toujours dans le cadre de la réforme de l'État, ***pendant la deuxième période*** allant de 1978 à 1981, la Constitution fut, en quatre étapes, modifiée sur douze points[176]. Ce fut la seconde réforme de l'État qui porta sur les aspects suivants :

- La réorganisation des Communautés et des Régions qui obtinrent plus de pouvoirs, plus d'institutions, … (articles 3 ter, 26 bis, 28, 59 bis, 108, 135, 110, 111, 113, 100, 47, …)

- La création de la Cour d'Arbitrage en 1980, devant veiller au partage des pouvoirs entre l'État, d'une part et les communautés et les régions d'autre part (article 107 ter).

- Abaissement à 18 ans de l'âge prévu pour élire les députés de la Chambre des représentants[177];

- Par le biais de l'article 100, le Constituant a ainsi entendu permettre au législateur de fixer les pensions d'éméritat des magistrats[178].

**189**. Dans la période allant de 1981 à 1985, la plus importante modification apportée à la Constitution fut la révision de l'article 59 ter, renforçant le statut de la communauté culturelle allemande[179]. Les autres portèrent sur[180] :

- La pratique du vote électronique (article 39)

---

[176] *Ibid.* p.197.
[177] *Ibid.* p.199.
[178] *Ibid.* p.199.
[179] *Ibid.* p.201.
[180] *Ibid.* p.201.

- L'assouplissement de l'interdiction de réviser la Constitution pendant une régence (article 84)
- L'abrogation des articles 122 (garde civique), 133 (assimilation des étrangers à des belges de naissance), 56 bis (élection des sénateurs au suffrage direct)

**190.** Entre 1987 et 1991, ce fut la ***troisième période*** qui vit une poursuite partielle de la réforme de l'État. Elle correspond à la troisième réforme, opérée de la manière suivante :

- La modification de la Cour d'Arbitrage : on permit aux particuliers d'introduire des recours directs et *l'on étendit sa compétence au contrôle de certains aspects de la Constitution* ;
- Le début de la révision du Titre II de la Constitution. Le constituant a donc voulu approfondir et donner des garanties aux communautés en matière d'enseignement. Elles reçoivent des compétences en matière de protection de la jeunesse et peuvent désormais conclure des traités internationaux.
- Les femmes purent enfin accéder au Trône de Belgique
- La déclaration de révision du 17 octobre 1991, publiée au Moniteur belge du 18 octobre 1991, prévoyait la révision du titre III de la Constitution en vue d'insérer un chapitre nouveau relatif aux juridictions administratives et au Conseil d'État. Son existence est affirmée par l'article 160, qui en assure l'« ancrage » constitutionnel[181].

**191.** ***La quatrième période,*** qui intervint entre 1993 et 1994, poursuivit encore et toujours la réforme de l'État. Ce fut la quatrième réforme de l'État qui alla dans le sens suivant :

- La révision du 5 mai 1993 conduit à écrire noir sur blanc, à l'article 1er de la Constitution, que « …La Belgique est un État fédéral qui se compose de Communautés et de Régions »[182]

---

181 P. Lewalle, *Contentieux administratif*, Larcier 2e édition 2002, p.377.

182 F. Delpérée, *Receuil des Constitutions européennes*, Bruylant-Bruxelles, 1994, p.25.

- Les compétences des communautés et des régions furent de nouveau accrues par l'attribution des compétences résiduelles aux Gouvernements fédérés et la définition des compétences limitatives du Gouvernement fédéral[183].

- Un "parlementarisme rationalisé" fut instauré au niveau national, via la motion de méfiance constructive[184].

- Les membres du Parlement des Communautés et régions purent être élus directement ;

- Il fut désormais plus difficile pour le Roi de dissoudre le parlement fédéral ;

- Le nombre de ministres fut limité à 15. On réduisit le nombre de députés (212 à 150), et le nombre de sénateurs (184 à 71) avec interdiction de cumuls de mandats (député fédéral, député régional, député communautaire, ministre fédéral).

- On inscrivit les « droits au respect de la vie privée » (art 22). Le droit à la vie privée et familiale fut reconnu.

- Les droits économiques, sociaux et culturels dont le citoyen avait déjà le bénéfice par le truchement d'instruments internationaux qui engagent la Belgique[185] furent également inscrits dans la Constitution (art. 23).

- Les multiples transformations apportées au texte initial conduisirent également le constituant à adopter, le 17 février 1994, le texte d'une Constitution coordonnée et renumérotée[186]. Ce fut donc un toilettage du texte originel, d'où la tendance à la nommer Constitution du 17 février 1994. *Il fallut donc attendre un peu plus de 150 ans pour enfin réécrire le texte originel de 1831.*

---

183*Ibid.* p. 26.
184 Ph. Lauvaux, in F. Delpérée, *Ibid.* p.26.
185*Ibid.*, p.25-26.
186*Ibid.*, p.25.

**192.** ***La sixième période,*** quant à elle, intervint entre 1995 et 1999, sur des réformes importantes, sans porter sur la réforme de l'État. Ce sont des impératifs de la société internationale qui ont guidé cette vague de révisions. La Constitution fut seulement révisée sur 11 points. Les réformes les plus importantes ont concerné les droits politiques des étrangers, l'inviolabilité parlementaire, la responsabilité ministérielle et la justice[187]. Ces facteurs extrinsèques sont les suivants :

- Suite à l'adoption du **Traité de Maastricht de 1992** qui accorda le droit de vote à tous les ressortissants européens. En Belgique, on l'accorda également à tous les ressortissants non européens pour les élections municipales. D'où la révision de l'article 8.

- Suite à des cas répétés de racisme, le constituant modifia l'article 150 en ce sens que les délits de presse ressortaient de la compétence de la Cour d'assises, excepté les délits de presse inspirés par le racisme et la xénophobie qui furent de la compétence du tribunal correctionnel.

- Suite à l'affaire Dutroux[188]**, l'**article 151 de la Constitution institua le Conseil supérieur de la Justice ayant pour but de rendre plus objective la nomination des juges.

- Suite à certaines affaires judiciaires mettant en cause des ministres et des parlementaires[189], il y eut une prise de conscience que les parlementaires et les ministres bénéficiaient d'une protection constitutionnelle trop importante ce qui entraîna la révision des articles 103 (la responsabilité pénale des ministres) et 159 (l'irresponsabilité des parlementaires).

---

187 H. Dumont, *op. cit.*, p.25.

188En 1996 : affaire d'enlèvement, séquestration et viol de jeunes filles mineures (Julie, Melissa, An, Efje, …) qui a mis en lumière le dysfonctionnement du système d'enquête entre police et gendarmerie belges.

189Affaire Agusta-Dassault : affaire de pots de vin sur la vente d'hélicoptères de combat à la défense belge. Plusieurs hommes d'Etats belges ont dû démissionner de leurs fonctions et ont écopé de sanctions judiciaires.

**193.** De 1999 à 2003, intervint ***la septième période*** qui marqua la cinquième réforme de l'État réalisée en 2001 grâce à la technique des lois spéciales[190] où la révision de l'État porta sur :

- La création des tribunaux d'application des peines (art. 157 in fine) qui est toujours une conséquence de l'affaire Dutroux.

- La réforme de police (art. 184) ;

- Au lendemain de l'« affaire Dutroux », et pour tenir compte des réactions de l'opinion publique, la Constitution fut révisée[191]. Deux droits fondamentaux furent ajoutés dans le titre II, à savoir :

- L'article 22 *bis*, le droit de chaque enfant au respect de son intégrité qui est toujours une conséquence de l'affaire Dutroux ;

- L'article 10 consacre la garantie de l'égalité homme/femme.

**194.** De 2003 à 2007, ce fut ***la huitième période***. Sous cette législature, le gouvernement Verhoftadt II[192] parvint à laisser la question communautaire en sourdine[193]. La révision porta quant à elle sur :

- L'abolition de la peine de mort (art. 14 bis)

- L'obligation pour les différents législateurs de mettre en œuvre le principe du développement durable (art. 7 bis) ;

- L'appellation « Cour d'Arbitrage » fut changée en « Cour Constitutionnelle » (article 142)

**195.** ***La neuvième période*** s'étend de 2007 à 2011 :

L'année 2011 fut celle de la plus longue crise politique de l'histoire contemporaine belge, un accord institutionnel a fini par être trouvé, ce

---

190 H. Dumont, *op. cit.*, p. 26.
191 F. Delpérée, *op. cit.*, éd. Racine, 2006.
192Premier Ministre belge de l'époque.
193 H. Dumont, *op. cit.*, p. 27.

qui marqua ***la sixième réforme de l'État***. Ainsi, une déclaration de révision constitutionnelle fut rédigée le 6 mai 2010 (M.B.,7 mai 2010).

La première étape intervint en 2012 et porta sur les éléments suivants :

- Bruxelles-Capitale et le Brabant flamand forment désormais deux circonscriptions électorales séparées[194]. Concrètement, une réforme judiciaire de l'arrondissement de Bruxelles-Halle-Vilvoorde. Le parquet bilingue de Bruxelles est doté d'un procureur francophone et d'un procureur adjoint néerlandophone. Les tribunaux bruxellois sont scindés en des tribunaux néerlandophones et francophones ;

- Quant aux six communes à facilités[195], elles sont réunies dans un canton électoral spécifique (art.63 §4)[196]. En effet, les personnes habitant dans l'une des six communes à facilités ont le choix de voter pour des candidats du Brabant flamand ou des candidats bruxellois ;

- La section du contentieux administratif du Conseil d'État aura désormais le dernier mot en cas de problèmes éventuels avec la nomination des bourgmestres des six communes à facilités (art.168 bis).

- La procédure de vote pour les Belges à l'étranger a été simplifiée et adaptée.

**196.** La deuxième étape eut lieu en 2014, par le truchement de la déclaration de révision de la Constitution du 25 avril[197], soit un mois avant les élections du mois de mai, de manière à correspondre avec la dissolution du Parlement qui devait intervenir suite auxdites élections. Cette nouvelle déclaration se limitait pour l'essentiel à reprendre les

---

194 *Ibid.* p. 36.
195 Communes bénéficiant d'un régime spécial, notamment sur le plan linguistique et administratif. But : protéger les minorités.
196 H. Dumont, *op. cit.*, p.36.
197 M.B., 28 avril 2014.

dispositions de la précédente déclaration du 6 mai 2010[198], du moins celles qui n'avaient pas effectivement été modifiées sous la précédente législature. C'est donc la législature en cours (2014-2018), qui est chargée de procéder à ladite révision, laquelle porte sur quatre aspects :

- La réforme du Sénat qui devient alors l'assemblée représentative des collectivités politiques fédérées, conformément au principe de participation caractéristique du fédéralisme. Il n'y a, par conséquent, plus d'élus directs[199]. Le rôle de la Chambre a été renforcé recevant davantage de compétences relatives au contrôle ;

- La Cour constitutionnelle veille au principe de loyauté fédérale, à la bonne collaboration entre les entités fédérées et le niveau fédéral ;

- L'autonomie fiscale des régions est renforcée, accompagnée d'importants mécanismes de responsabilisation[200]. La loi spéciale de financement réformée de sorte que 20 milliards d'euros passent du niveau fédéral aux Communautés et aux Régions et l'autonomie fiscale supplémentaire de 12 milliards d'euros au profit des régions.

- Le transfert de l'État fédéral vers les Communautés et régions des compétences suivantes : le contrôle technique, les allocations familiales, la loi sur les loyers, la formation à la conduite, la sécurité routière, les maisons de justice, les dépenses fiscales, le marché du travail et les soins de santé.

## Section II. États-Unis : Amendements constitutionnels, motifs et fréquences

**197.** Comme souligné supra, l'histoire constitutionnelle des États-Unis enseigne que sa Constitution est jalonnée de divers amendements, 27 en tout. En effet, *la première Constitution fédérale présentait une grave lacune : elle ne contenait aucune Déclaration des droits. Il est bien connu que ce défaut faisait*

198 M.B., 7 mai 2010.

199 M.B., 28 avril 2014.

200 H. Dumont, *Op. cit.*, p. 36.

*sérieusement obstacle à sa ratification par les États. En 1788, cinq des conventions de ratification – celles des États du Massachusetts, de Caroline du Sud, du New Hampshire, de Virginie et de New-York – recommandèrent l'adoption d'amendements visant à ajouter une Déclaration des droits à la Constitution, et l'une des tâches urgentes du premier Congrès réuni en 1789 fut de se conformer à ces recommandations*[201].

Les 10 premiers amendements, du reste bien connus sous la dénomination « Bill of Rights », ont été ratifiés le 15 décembre 1791 de la manière suivante et sont considérés comme partie intégrante du texte de départ :

- Ier amendement (1791) : consécration des libertés de religion, de parole, de presse, de rassemblement et de pétitions à l'endroit du gouvernement pour une réparation de ses torts[202] ;

- IIe amendement (1791) : consécration du droit de s'organiser en milice, droit de garder et porter des armes qui sont intangibles[203] ;

- IIIe amendement (1791) : consécration du droit des propriétaires d'être consultés pour loger des soldats en temps de paix comme de guerre, de la manière qui sera prescrite par une loi [204];

- IVe amendement (1791) : consacra l'interdiction des perquisitions et saisies déraisonnables[205]. C'est aussi la consécration du droit des citoyens de jouir de la sûreté de leur personne, de leur domicile, de leurs papiers et effets. Fixation des conditions pour des saisies, perquisitions, …

- Ve amendement (1791) : consacre la garantie de bénéficier d'un grand jury en cas d'accusation pour crime capital ou infamant, le droit de ne pas témoigner contre soi-même dans une affaire

---

201 B. Schwartz, *op. cit.*, p.31.
202 D. Colas, *Textes constitutionnels français et étrangers*, Larousse 1994, p.186.
203*Ibid.* p. 186.
204*Ibid.* pp. 186-187.
205 T.Giozzo, *l'état fédéré américain*, Ant.N. Sakoulas/Bruylant 2004, p. 672.

criminelle ainsi que le droit à une juste indemnité en cas d'expropriation[206] ;

- VIe amendement (1791) : consacre le droit à une assistance juridique lorsqu'un accusé risque la peine capitale[207]. C'est la consécration du droit et de la procédure pour tout accusé d'être jugé promptement et publiquement par un jury impartial ;

- VIIe amendement (1791) : consacre pour les procès civils (suits at common law) où le litige excède vingt dollars, les modalités des jugements par jury[208] ;

- VIIIe amendement (1791) : consacre les modalités d'application des cautionnements, des amendes et des punitions. C'est la garantie contre les châtiments cruels et exceptionnels[209].

- IXe amendement (1791) : consacre les modalités d'interprétation de certains droits, dont l'énumération ne peut être interprétée comme déniant ou restreignant certains autres droits conservés par le peuple[210] ;

- Xe amendement (1791) : consécration des pouvoirs ou compétences résiduaires dévolus aux États fédérés ou au peuple[211] ;

- XIe amendement (proposé en 1794, ratifié en 1798 soit 4 années de discussions) : porta sur le règlement des conflits de compétence entre les juridictions fédérales et fédérées ;

- XIIe amendement (1804) : porta sur la consécration, l'assouplissement ou la simplification des règles en matière

---

206 *Ibid.* p.672.
207 *Ibid.*, p. 672.
208 D. Colas, *op. cit.*, p.187.
209 B. Schwartz, *op.cit.*, p.141.
210 D. Colas
, *op. cit.*, p. 187.
211 *Ibid.* p.187.

d'élections présidentielles. C'est un amendement qui est en corrélation avec le XXIIIe[212] ;

- XIIIe amendement (1865) : mettait hors la loi toutes les formes d'esclavage et de servitude forcée[213] ;

- XIVe amendement (1868) : garantit l'égale protection des lois tant par le gouvernement fédéral que par les États[214]. En effet, l'année 1868 marqua un tournant dans le droit public américain : ce fut celle de l'adjonction du Quatorzième amendement à la Constitution fédérale. En étendant les droits civiques à toute la nation, il obligeait les gouvernements de tous les États à respecter les droits fondamentaux portant sur la vie, la liberté et les biens des personnes[215]. L'on consacra ainsi le droit à l'obtention de la citoyenneté américaine par la naissance sur son sol. Interdiction pour les États de restreindre les privilèges et immunités des citoyens. Mais également de restreindre le droit à la vie, à sa liberté, sa propriété, …

- XVe amendement (1870) : il garantissait l'égalité des races en matière de droit de vote[216] des Noirs affranchis ;

**198.** Il sied de rappeler que les XIII, XIV et XVe amendements imposaient expressément des obligations d'agir au Congrès et *a fortiori* rendaient possible un recours contre de potentielles carences du législateur. En effet, lorsque les dernières sections de chacun de ces amendements prévoient que « *le Congrès aura le pouvoir d'assurer l'exécution de cet amendement* », il ne s'agit pas véritablement d'un choix laissé au législateur mais d'une obligation[217].

- XVIe amendement (1913) : consacre le droit pour le Congrès de percevoir des impôts sur les revenus produits par les États[218] ;

---

212 *Ibid.* p.188.
213 B. Schwartz, *op. cit.*, p.79.
214 T. Gliozzo, *op. cit.*, p.616.
215 B. Schwartz, *op. cit.*, p.77.
216 *Ibid.*, p.79.
217 T. Gliozzo, *op. cit.*, p.619.
218 D. Colas, *op. cit.*, p.189.

- XVIIe amendement (1913) : consacre en substance le droit pour les États fédérés de disposer de deux sénateurs par État, élus pour six ans[219] ;

- XVIIIe amendement (proposé le 18 décembre 1917, ratifié le 29 janvier 1919, puis abrogé par le 21e amendement en 1933) : Interdisait la *production, la vente et le transport des boissons alcoolisées nocives* [220], instauration de la prohibition ;

- XIXe amendement (proposé en 1919 et ratifié en 1920, soit une année de discussions) : consacre le droit de vote accordé à tous citoyens, sans distinction de sexes. Le Congrès reçut le droit de faire appliquer cet article par une législation spéciale[221]. Il concernait surtout le droit de vote des femmes ;

- XXe amendement (1932) : fixation des dates des mandatures du Président et des sénateurs, ainsi que des représentants, mais également des différentes modalités de remplacement en cas de décès[222] ;

- XXIe amendement (1933) : abrogation du XVIIIe amendement. En effet, les lobbies ont réussi une fois, au niveau fédéral, ce qu'ils font très souvent au niveau des États[223] ;

- XXIIe amendement (proposé en 1947 et ratifié en 1951 soit quatre années de discussions) : limitation de la présidence à deux mandats. En 1787, le constituant n'avait en effet pas limité le nombre de mandats ;

**199.** L'histoire nous enseigne que le Président Washington a renoncé à se présenter pour un troisième mandat. Ce qui créa un précédent jusqu'à Roosevelt qui obtint 3 fois la reconduction de son mandat, puis mourut dans l'exercice de ses fonctions.

---

219 *Ibid.* p. 190.
220 T. Gliozzo, *op. cit.*, p.675.
221 D. Colas, *op. cit.*, p.190.
222 *Ibid.* p. 190.
223 T. Gliozzo, *op. cit.*, p.675.

C'est dans ce contexte qu'en 1951, le 22e Amendement exclut la possibilité d'un troisième mandat.

- XXIIIe amendement (1961) : consacre de nouvelles règles sur les modalités du déroulement de l'élection présidentielle.

- XXIVe amendement (1964) : consacre et prohibe la restriction du droit de vote des citoyens des États-Unis.

- XXVe amendement (1967) : énumère les règles relatives au décès, à la destitution, à la démission du président ou du vice-président.

- XXVIe amendement (1971) : consacre l'interdiction de restreindre le droit de vote des citoyens des États-Unis âgés de dix-huit ans ou plus.

- XXVIIe amendement (propose le 25 septembre 1789, ratifié le 18 mai 1992): *No law, varying the compensation for the services of the Senators and Representatives, shall take effect, until an election of representatives, shall have intervended*[224]. En substance, il règle les modalités sur la rémunération des services des sénateurs et des représentants. Interdiction de voter une loi à ce sujet tant qu'une élection des représentants ne sera pas intervenue.

Il est évident qu'il n'a qu'un intérêt mineur et ne mérite d'être cité qu'en raison du caractère cocasse de son adoption. En effet, il fait partie d'une série d'amendements proposés par James Madison en 1789. À l'époque il ne recueillit pas le nombre requis de ratifications[225].

**200.** Force est de constater que pour ce dernier amendement, un record a été battu, dans la mesure où il a fallu quasiment deux siècles pour le ratifier. En d'autres termes, les discussions à ce propos se sont théoriquement étalées sur 200 ans. Il y a également lieu de relever que,

224 M. Verdusen, *La procédure de révision de la Constitution : données comparatives*, in F. Delpérée, La procédure de révision de la Constitution, Bruylant-Bruxelles 2003, p.105.

225 *Ibid.* p.105.

depuis ce dernier amendement intervenu pour rappel en 1992, il n'y en a plus eu.

**201.** S'agissant de la procédure d'amendement, un délai moyen de sept ans est généralement accordé aux États pour procéder à la ratification. Et cela ressort par exemple des articles 18, 20, 21, 22 qui reprennent spécifiquement à la fin du texte, avec quelques nuances, la recommandation suivante : « le présent article sera inopérant à moins d'être ratifié comme amendement à la Constitution par les législateurs des divers États, de la manière prévue par la Constitution, dans les sept années qui suivent la date de sa présentation aux États par le congrès.[226] »

## Section III. France : Motifs et fréquences des révisions

**202.** La Constitution française de 1958 a été modifiée de manière expresse à plusieurs reprises[227]. De 1958 à 1995, il a été procédé à huit révisions en trente-sept ans, alors que de 1995 à 2007, durant le règne de Jacques Chirac essentiellement, la Constitution a été révisée quatorze fois en douze ans[228].

**203.** La première révision fut opérée par la loi n° 60-525 du 4 juin 1960. Elle permit à un État membre de la communauté de devenir indépendant sans cesser de ce fait d'appartenir à la communauté.

**204.** La seconde révision intervint deux ans après la première, par l'adoption de la loi 62-1292 du 6 novembre 1962. Elle porta sur l'élection présidentielle qui se déroule depuis au suffrage universel direct à deux tours (articles 6 et 7).

**205.** La troisième révision intervint par le biais de la loi n° 63-1 327 du 30 novembre 1963. Elle porta sur le régime des sessions du Parlement (art.28).

**206.** La quatrième révision intervint, quant à elle, onze ans après la précédente, soit le 29 octobre 1974 par la loi n° 74-904. Elle porta sur la

---

226 D. Colas, *op. cit.*, pp. 190-191.

227Les huit premières révisions sont tirées de l'ouvrage de Francis Delpérée, *op.cit.*, Bruylant-Bruxelles, pp.240-241.

228 P. PACTET et F. Melin-Soucramanien, *Droit constitutionnel*, Sirey 2010, p.550.

saisine du *Conseil constitutionnel.* Elle s'effectua, en l'occurrence, par soixante députés ou sénateurs. Il s'agit de la possibilité pour eux de faire vérifier la conformité des nouvelles lois organiques et des règlements des assemblées parlementaires (art.61).

**207.** La cinquième révision fut opérée par la loi n° 76-527 du 18 juin 1976. Elle porta sur l'hypothèse du décès d'un candidat à l'élection présidentielle. Il s'agit ici de la possibilité pour le Conseil constitutionnel *d'opérer un report des élections lorsque le décès d'un candidat survient.* (Art.7)

**208.** La sixième révision intervint le 25 juin 1992, par la loi n° 92-554, soit seize ans après la précédente. Conformité européenne oblige, elle porta sur l'ajout d'un nouveau titre intitulé « *Des communautés et de l'Union européenne* » (art.88-1 à 88-4).

**209.** La septième révision fut opérée par la loi n° 93-952 du 27 juillet 1993, soit un an après la précédente. Elle porta sur les dispositions relatives à la magistrature (titre VIII) et sur la responsabilité pénale des membres du Gouvernement (titre X).

**210.** La huitième révision intervint le 25 novembre 1993 par le biais de la loi n° 93-1256, soit quatre mois après la précédente. Suprématie des règles supranationales oblige, elle porta sur les accords internationaux en matière d'asile ;

**211.** La neuvième révision intervint le 4 août 1995, elle modifia les articles 11 (pour étendre les possibilités de consultation référendaire) et 28 (pour instituer la session parlementaire unique)[229] et porta également sur un aménagement des immunités parlementaires ;

**212.** La neuvième révision eut lieu le 22 février 1996. Elle eut pour principal objet de conférer au Parlement un pouvoir de contrôle par le vote de la loi de financement sur l'équilibre financier de la Sécurité sociale[230] ;

**213.** La dixième révision fut effectuée le 20 juillet 1998. Elle porta sur la nouvelle loi de financement ;

---

[229] *Ibid.* p.551.
[230] *Ibid.* p.551.

**214.** La onzième révision fut opérée le 20 juillet 1998. Elle fut relative à l'évolution de l'autodétermination de la Nouvelle-Calédonie[231].

**215.** La douzième révision fut, quant à elle, opérée le 25 janvier 1999. Elle eut pour objet la mise en conformité de la Constitution avec le traité d'Amsterdam[232] ;

**216.** La treizième révision intervint le 8 juillet 1999. Elle fut opérée par la loi constitutionnelle n° 99-568 et porta sur la reconnaissance de la Cour Pénale Internationale[233] ;

**217.** La quatorzième révision intervint le 8 juillet 1999. Elle fut opérée par la loi constitutionnelle n° 99-569 et consacra des dispositions relatives à l'égalité entre hommes et femmes[234] ;

**218.** La quinzième révision fut opérée le 2 octobre 2000 fixant à cinq ans la durée du mandat du président de la République[235]. Elle opéra un passage historique allant du septennat au quinquennat. Ce qui renforce l'idée de ne pas permettre à un président de s'éterniser au pouvoir ; idée qui participe par ailleurs de la volonté de favoriser l'alternance au pouvoir ;

**219.** La seizième révision fut quant à elle opérée par la loi constitutionnelle n° 2003-267 du 25 mars 2003 qui introduisit dans l'article 88.2 un alinéa nouveau relatif au mandat d'arrêt européen en application d'actes pris au plan de l'Union européenne[236] ;

**220.** La dix-septième révision fut effectuée le 28 mars 2003, par la loi constitutionnelle n° 2003-276 du 28 mars 2003, relative à l'organisation décentralisée de la République, qui modifie les articles 1, 7, 34, 37, 39, 60, 72, 73, 74 et introduit dans la Constitution les articles 72.1, 72.2, 72.3, 72.4, 74.1[237] (la démocratie locale directe – référendum local -,

---

[231] *Ibid.* p.552.
[232] *Ibid.*P.552.
[233] *Ibid.*P.552.
[234] *Ibid.* p.552.
[235] *Ibid.* p.552.
[236] *Ibid.* p.552.
[237] *Ibid.* p.552.

l'autonomie financière des collectivités territoriales et le statut des collectivités d'outre-mer) ;

**221**. La dix-huitième révision fut opérée le 1er mars 2005 par la loi constitutionnelle n° 2005-205. Elle modifia l'article 34 de la Constitution et surtout le préambule de la Constitution qui désormais renvoie à la Charte de l'environnement de 2004. Cette dernière se trouve donc intégrée dans le bloc de constitutionnalité aux côtés de la Déclaration de 1789, du Préambule de la Constitution de 1946, des Principes fondamentaux reconnus par les lois de la République et, bien entendu, de la Constitution de 1958 elle-même[238] ;

**222.** La dix-neuvième révision intervint quant à elle le 1er mars 2005. Elle fut opérée par la loi constitutionnelle n° 2005-2004, qui entendit réviser le titre XV de la Constitution relatif aux « Communautés européennes et à l'Union européenne ». Cette révision avait pour objet de rendre la Constitution compatible avec les stipulations du traité visant à établir une constitution pour l'Europe comme l'exige l'article 54 de la Constitution[239] ;

**223.** Au courant du mois de février 2007, furent adoptées trois lois constitutionnelles :

**224.** La vingtième révision fut, quant à elle, opérée le 23 février 2007 ; elle compléta l'article 77 de la Constitution et visa à imposer une citoyenneté bloquée, réservée aux personnes résidant en Nouvelle-Calédonie depuis plus de dix ans à la date du 5 mai 1998, en vue du référendum devant avoir lieu en 2008[240] ;

**225.** La vingt et unième révision intervint également le 23 février 2007. Elle eut pour effet de doter le chef de l'État d'un nouveau régime de responsabilité pénale, modifiant profondément les articles 67 et 68 qui forment le titre IX de la Constitution[241] ;

---

[238] *Ibid.* p.552.
[239] *Ibid.* p.552.
[240] *Ibid.* p.552.
[241] *Ibid.* p.552.

**227.** La vingt-deuxième révision fut effectuée le 23 février 2007. Elle adopta un article 66-1 nouveau afin de constitutionnaliser l'interdiction de la peine de mort[242] ;

**228.** La vingt-troisième révision intervint le 4 février 2008. Elle visa à rendre compatible la Constitution avec le traité de Lisbonne, modifiant ainsi les articles 88-1 à 88-7 de la Constitution[243] ;

**229.** La vingt-quatrième révision fut opérée le 23 juillet 2008. Elle fut sans conteste la plus importante depuis 1958. Elle conduisit à la création de neuf nouveaux articles et en modifia ou compléta trente-neuf autres. Cette révision de grande ampleur était sans doute nécessaire à l'heure où la Cinquième République fêtait son cinquantième anniversaire.[244] Elle fut d'une importance capitale dans la mesure où elle porta notamment sur l'impossibilité pour le président de la République d'exercer plus de deux mandats consécutifs (article 6), sur l'instauration du référendum d'initiative partagée et de la question prioritaire de constitutionnalité. Il s'agit de la création d'un contrôle de constitutionnalité par voie d'exception (article 61-1), de la restriction du champ d'application du droit de grâce (article 17), du droit de saisine du Conseil supérieur de la Magistrature par les justiciables (article 68), de la création d'un Défenseur des droits (Titre XI bis), etc.

## Section IV. Que retenir de ces mobilités constitutionnelles ?

**230.** En dépit de leur fréquence, ces trois nations restent paradoxalement, encore et toujours, des modèles de démocratie. L'État de droit y est en effet respecté sous toutes ses coutures (séparation et limitation des pouvoirs, respect des droits fondamentaux, etc.). Aucune de ces révisions n'a jamais fait couler du sang, dans la mesure où des manifestations contre elles n'ont jamais été enregistrées. C'est dire que le pacte social originel dans ces pays demeure respecté. La démocratie en ressort malgré tout renforcée. Les pouvoirs du Roi, pour la Belgique et des présidents, pour les deux autres États, y sont d'ailleurs de plus en

---

[242]*Ibid.* p.*552.*

[243]*Ibid.*, p.554.

[244]A.F.D.C.,*1958-2008, Cinquième République anniversaire de la Constitution française*, in P. Pactet et F. Melin-Soucramanien, *op. cit.*, p.553

plus restreints. À l'inverse, les droits fondamentaux y sont de plus en plus nombreux et renforcés.

**231.** Pour ne prendre que la Belgique, il n'est pas anecdotique de relever que les modifications de la Constitution, en dépit de la procédure de révision estampillée rigide, ont été précédées, notamment pour la réforme de l'État, d'accords politiques dans le but de trouver un réel consensus. En effet, en 1964, à l'initiative du gouvernement belge de l'époque, fut constituée une commission tripartite dite de la Table ronde.[245] En 1977, il y eut les *accords d'Egmont*[246], du nom du palais qui abrita les réunions. Puis, la même année, une *commission des quinze* fut chargée de trancher les points litigieux et de combler les vides. Les accords furent qualifiés d'*accords du Stuyvenberg*[247] du nom du Château qui abrita les séances. En 1992, la révision fut précédée de deux accords politiques dénommés *accord de la Saint-Michel* du 29 septembre 1992 et *accord de la Saint-Quentin* du 31 octobre 1992[248]. De 1999 à 2001, la révision fut précédée des *accords de la Saint Éloi* du 1er décembre 1999, *accord de la Saint-Polycarpe* du 17 octobre 2000 et 23 janvier 2001, puis de *l'accord du Lombard* du 29 avril 2001[249]. En 2011, la révision fut précédée de l'*accord papillon* du 4 octobre 2011, du légendaire nœud papillon de l'ancien Premier ministre belge, Elio Di Rupo.[250]

**232.** En France, à titre d'illustration, la révision du 28 juillet 2008 a été véritablement préparée. Contrairement à certaines révisions constitutionnelles récentes, celle-ci a fait l'objet d'une réflexion approfondie, par des experts d'abord, de juillet à novembre 2007, au sein du Comité de réflexion et de proposition sur la modernisation et le rééquilibrage des institutions de la Ve République dit « Comité Balladur », par les représentants de la Nation et enfin, entre avril et juillet 2008 au cours d'un débat parlementaire d'une grande qualité. Pourtant, cette révision a été votée le 21 juillet 2008 par le Congrès « à

245 J. Velu, *op. cit.*, p.184.
246 *Ibid.* p.195.
247 *Ibid.* p.197.
248 H. Dumont, *op. cit.*, p.24.
249 *Ibid.* p.26.
250 *Ibid.* p.37.

l'arraché » puisque c'est une seule voix qui fit la différence lors de ce scrutin incertain jusqu'à la dernière minute[251].

**233.** Toujours en France, à la suite des attentats perpétrés sur son territoire en janvier 2015, mais surtout en novembre de la même année, le Gouvernement a décidé d'amorcer une révision de la loi fondamentale. Notamment, l'allongement du délai de la détention préventive, mais également et surtout la possibilité de retrait de la nationalité française aux binationaux. Au départ, la réforme semblait être une formalité, pour la simple et bonne raison qu'à la faveur de l'émoi provoqué par les évènements malheureux, toutes les tendances politiques paraissaient unanimes.

Cependant, au fil des débats, des divergences se sont très vite manifestées, au point que cette réforme s'est avérée un processus complexe, à telle enseigne que la ministre de la Justice française s'est vue contrainte de démissionner, ne partageant pas certains points de vue de sa famille politique.

Amorcée en novembre 2015, c'est après d'âpres discussions que le texte fut voté par la Chambre basse en février 2016. L'épilogue de cette démarche fut l'annonce par le président Hollande, le 30 mars 2016, de l'abandon du projet de révision, après bien sûr que le Sénat français ait rejeté en seconde lecture ledit projet.

**224.** Un petit détour vers l'histoire constitutionnelle italienne permet de constater que là également, le 24 janvier 1997, une commission mixte pour les réformes institutionnelles dite « Commission bicamérale », composée de trente-cinq députés et trente-cinq sénateurs, a été créée dans le but de préparer un projet de révision intégrale de la seconde partie de la Constitution « *Ordinamento della Republica* », (...) la question de la forme de gouvernement a toutefois fait surgir des divergences si fondamentales entre les partis politiques qu'elles ont empêché l'adoption du projet mis au point par la Commission (...).[252]

---

251 M. Verpaux, « *La révision constitutionnelle à l'arraché* », in P. Pactet et F. Melin-Soucramanien, *op. cit.*, p.553.

252 G. Cahin, in M. Verdusen, *La procédure de révision de la Constitution : données comparatives*, in F. Delpérée, *op.cit.*, p.99.

**225.** Contrairement aux révisions des pays africains, aux États-Unis, faut-il le rappeler, après la guerre de sécession, des amendements à la Constitution fédérale apportèrent de sérieuses restrictions au pouvoir des États. Ces amendements accordèrent d'importantes garanties aux droits de l'individu, tout particulièrement par les clauses de procédure légale régulière et de l'égale protection des lois du Quatorzième amendement.[253]

**226.** Il en ressort que l'histoire constitutionnelle de ces trois grandes démocraties n'a en rien été un long fleuve tranquille. Bien au contraire ! L'histoire du droit américain, par exemple, rend compte des efforts déployés pour faire cadrer les institutions et les doctrines juridiques avec les impératifs ressentis par la nation à chacune des étapes de son développement. Ces efforts n'ont pas toujours été couronnés de succès et le décalage a parfois été excessif entre le droit et les besoins de la société. Toutefois, ce décalage a toujours fini par se réduire à mesure que les juges, les juristes et les législateurs élaboraient des conceptions et doctrines nouvelles, mieux adaptées aux nécessités de l'heure… Alors que, dans d'autres pays, la lutte pour le pouvoir a mis en marche des régiments de soldats. Aux États-Unis, elle a fait appel à des bataillons de juristes.[254]

**227.** Il n'est pas anecdotique de relever que des affaires de corruption d'État, à l'instar de l'affaire Agusta-Dassault en Belgique, voire des affaires non politiques comme l'affaire de pédophilie « Dutroux », ont inéluctablement conduit à des révisions constitutionnelles, dans le seul but d'améliorer le système politique. Très récemment, en République française, suite à des attentats perpétrés sur son territoire au courant de l'année 2015, en janvier (Charlie Hebdo) et en novembre (Bataclan, stade de France…) le Gouvernement de Manuel Valls s'est vu contraint de déposer un projet de loi afin, en substance, d'améliorer la sécurité des citoyens. Or, des affaires semblables sont légion sur le continent africain. Et pourtant, elles ne conduisent jamais à opérer des révisions. Les révisions portent malheureusement quasi toujours sur les mandats des chefs d'États ou sur le changement des règles du jeu électoral, dans le seul but de demeurer au pouvoir.

---

253 B. Schwartz, *op. cit.*, p.139.
254 *Ibid.* pp.9 et 11.

Force est de constater que les expressions *révisions constitutionnelles intempestives*, *crise de légitimité*, etc. ne font pas partie du vocabulaire des citoyens dans ces pays, comme c'est malheureusement le cas en Afrique. Et pourtant, la fréquence et surtout, l'ampleur de certaines révisions aurait dû, ne fût-ce que fortuitement, y rompre le pacte social de départ. Ce ne fut pas le cas !

## Section V. Enseignements

**228.** De tout ce qui précède, il se dégage un postulat, c'est qu'*au commencement du droit est donc la Constitution (...) lui seul* – entendez ce postulat *rend possible un discours correct sur le droit.* C'est d'ailleurs sur ce postulat que repose son caractère éminemment important, voire sacré. Cette réalité est renforcée par l'affirmation selon laquelle *l'État est créé* reprenant ainsi la formule de FR. Geny selon laquelle *l'État n'est jamais donné mais toujours construit () mieux l'État est une création juridique*[255].

Tout ceci met en exergue le caractère primordial, prééminent et supérieur d'une telle norme. En effet, en tant que « commencement du droit », toute règle de droit, tout raisonnement juridique trouve donc sa source dans la Constitution. C'est également elle qui sert de garde-fou à toute action de l'autorité, certes, mais également du citoyen.

**229.** Il est un fait, la Constitution est une norme atypique à maints égards :

Non seulement, elle est la genèse de plusieurs États dans la mesure où elle est à la base de leur création, à l'instar de la Belgique en 1831, des États-Unis en 1789, du Congo en 1960. Sinon, à défaut d'être à la base de la création, elle marque un changement radical de régime ou de système politique, à l'instar de la Tunisie en janvier 2014, de la République sud-africaine en 1994 de la RDC en 2006, de la République du Congo en 2002, du Sénégal en 2012, de la Côte d'Ivoire en 2010, de l'Espagne en 1978, etc. À ce titre, elle fait donc office d'acte de naissance comme chez l'être humain ou de certificat de conformité pour un véhicule. Nous nous trouvons donc face à une norme éminemment noble.

---

255 F. Delpérée, *Le droit constitutionnel de la Belgique*, éd Bruylant, Bxls-Lgdj Paris 2000, pp. 11-12.

**230.** Son caractère atypique se traduit également par le fait qu'en amont, le pouvoir compétent, communément appelé le *constituant originaire,* seul habilité à procéder à son élaboration, exerce une tâche ponctuelle et n'est mis en place que dans la limite de cette mission spéciale. Il dispose donc seulement d'un mandat spécial et non d'un mandat général. Son action est prolongée, en aval, par le *constituant dérivé ou subséquent ou encore institué*, le seul habilité à procéder à d'éventuelles révisions.

**231.** Son caractère atypique est également inhérent au fait que les matières qu'elle régit sont des matières éminemment importantes dans la mesure où la Constitution est appelée, non seulement, à organiser un État en lui donnant une forme précise, décrivant et délimitant les contours des différents pouvoirs, mais également en garantissant les droits fondamentaux des citoyens. C'est donc elle qui donne les lignes directrices sur base desquelles l'État devrait fonctionner. Elle fait ainsi office de fondation comme pour un immeuble. Aussi invisible qu'une fondation ou des racines, elle est pourtant éminemment déterminante pour la construction et l'existence d'un État. En effet, les lois et autres réglementations sont beaucoup plus visibles et donc à la portée des citoyens vu leur nombre, à l'instar des feuilles d'un arbre ou les étages d'un gratte-ciel. Cependant, il n'en reste pas moins que leur garde-fou est et demeure la Constitution.

**232.** Cette norme est également atypique dans la mesure où, à quelques rares exceptions près, une juridiction à part entière est seule compétente pour se prononcer sur la constitutionnalité ou non des lois et autres réglementations quelles qu'elles soient. Cette juridiction est certainement la gardienne de la norme. Aucune autre norme ne connaît un tel privilège. Certes, leurs dénominations diffèrent selon les États, Cour ou Conseil constitutionnel, Cour d'arbitrage, Cour suprême, etc. Cependant, leur rôle de gardienne de la norme fondamentale est constant partout.

**233.** Son caractère atypique est également inhérent au fait que sa modification est généralement soumise à des procédures particulièrement lourdes en termes de quorum de présence et de vote, tel qu'il est démontré dans la troisième partie. Mais encore et surtout, à cause du temps relativement important pour procéder à une telle révision. Et comme on le verra infra, certaines révisions nécessitent un passage par de nouvelles élections. Ce qui implique donc la dissolution des Chambres parlementaires.

Il sied de préciser qu'à la différence d'autres réglementations, le souverain primaire y est souvent mis à contribution, soit par voie électorale soit par voie référendaire.

**233.** On l'a vu, plusieurs réalités dans d'autres domaines permettent de faire un parallélisme avec la Constitution afin de mieux appréhender cette norme. Ainsi, la Constitution évoque *un acte de naissance, un certificat de conformité pour un véhicule, la fondation d'un immeuble ainsi que les racines d'un arbre.* Tous ces éléments, chacun dans leur domaine, jouent des rôles certes discrets, voire invisibles, mais ô combien déterminants. Ainsi en est-il d'une constitution qui joue indéniablement un rôle à ce point déterminant que la stabilité et la viabilité d'un État en dépendent.

**234.** Ci-avant, une citation de Pierre Wigny[256] rappelle clairement, en évoquant les étapes de la vie d'un arbre, qu'une constitution est toujours *révisable.* En le lisant entre les lignes, c'est plus qu'un rappel, c'est bel et bien une recommandation que de réviser la Constitution pour éviter qu'elle ne devienne surannée et dépassée.

Cependant, il sied de rappeler et de souligner que la sève, la floraison et le vent contribuent à renforcer l'arbre et non le contraire. À telle enseigne qu'il existe des arbres centenaires. Tous ces phénomènes naturels que subit l'arbre lui permettent ainsi de faire face aux différents aléas de la nature (intempéries, orages, chaleurs, canicules, neige...).

**235.** Il devrait en être ainsi des révisions constitutionnelles. Leur rôle devrait donc être semblable à celui que joue la sève dans un arbre, à savoir revigorer, consolider, nourrir et renforcer l'État de droit et non le contraire. Ce qui n'est malheureusement pas souvent le cas sur le continent africain. Ce genre de révisions constitutionnelles y fait cruellement défaut.

Au-delà des révisions constitutionnelles qui ont par ailleurs occasionné bon nombre de dégâts sur le continent africain, une nouvelle mode semble poindre à l'horizon, celle de changements de constitutions pour des motifs tout aussi fallacieux. Ceci est d'autant plus consternant, que ces propositions de changement de constitutions, comme pour les

---

256 Pierre Louis Jean Joseph Wigny (1905-1986) fut docteur en droit et homme politique belge.

révisions, n'interviennent qu'à la veille des échéances électorales. Alors qu'elles ont pour la majorité permis d'asseoir et de légitimer les pouvoirs en place, elles finissent par être contestées au motif qu'elles sont anachroniques, inadaptées et truffées d'erreurs.

**236.** Ce qui est anachronique, c'est plutôt le comportement des constituants dérivés africains qui procèdent ou tentent de procéder à des changements de constitution sans pour autant avoir reçu mandat spécial pour ce faire et sans pour autant qu'il y ait des changements profonds dans la société qui le commande (sécession, scission, indépendance, changement de régime, etc.). Cela est d'autant plus incompréhensible que dans la majorité des cas, les constituants dérivés n'ont pas reçu mandat exprès de procéder à de tels changements des textes fondamentaux. Le motif souvent invoqué est que le peuple est souverain, ainsi l'on peut passer outre les prescrits constitutionnels.

**237.** Ceux qui décident ainsi de rompre le pacte social de départ sont ceux-là mêmes qui en ont profité pendant des années. Le comble, c'est que la rupture d'un tel pacte se fait de manière unilatérale car les initiateurs sont juges et parties. Aucune dissolution des assemblées parlementaires n'est prévue pour ce faire, alors qu'une telle démarche devrait impliquer toutes les tendances possibles de la société (dissolution des assemblées, référendum, débat et réflexions à grande échelle, etc.). Il n'en est rien. Ceux qui décident sont les mêmes qui procèdent au changement selon leur convenance.

**238.** Ce qui est d'autant plus étonnant, c'est que les constitutions tant décriées à la veille des échéances électorales, ont été confectionnées avec l'aide d'experts occidentaux et présentées comme des solutions aux problèmes d'instabilité institutionnelle et politique en Afrique. Cela ressort d'ailleurs très clairement des exposés des motifs et préambules des différentes constitutions africaines. Il s'agissait manifestement d'opérations cosmétiques pour se donner bonne conscience ainsi que pour s'octroyer une certaine légitimité. Puis, quelques années plus tard, précisément à l'approche de la fin de l'ultime mandat constitutionnel, ces mêmes constitutions deviennent, comme par enchantement, des outils typiquement occidentaux qui ne tiennent compte en rien des réalités africaines. Vilipendées et décriées, on finit par leur faire un procès sévère. Corollaires, des révisions ou carrément des changements de constitutions interviennent.

**239.** C'est ainsi qu'à défaut de passer en revue les révisions constitutionnelles des démocraties confirmées, ce qui du reste n'aurait pas été possible dans le cadre du présent ouvrage, un aperçu des mouvements constitutionnels de trois pays que l'on compte comme des grandes démocraties s'imposait afin de comprendre comment les constituants dérivés s'y sont comportés. Le but était d'appréhender comment et pourquoi les différentes révisions et amendements des constitutions dans ces nations n'ont pas déstabilisé ces États de droit comme c'est souvent le cas en Afrique. Cela était donc un passage obligé car, tant le goût du pouvoir que les velléités politiques sont également une réalité dans ces États. Ce n'est donc pas l'apanage des États africains contrairement à ce que d'aucuns peuvent se l'imaginer.

**240.** Ainsi, il ressort du dernier chapitre de la présente partie que tant la Belgique, les États-Unis que la France, sont des pays dotés de constitutions plus que centenaires, du moins pour les deux premiers. S'agissant de la Belgique, le moins que l'on puisse dire, c'est que cela relève de l'exploit dans la mesure où il y existe en effet d'importants conflits communautaires qui ont fait craindre plus d'une fois l'éclatement de ce pays. L'une des raisons des échecs d'éclatement est sans nul doute la rigidité de sa Constitution symbolisée par des mécanismes comme la sonnette d'alarme consacrée par l'article 54 mais également et surtout par sa procédure de révision constitutionnelle consacrée par l'article 195, qui est considérée comme l'une des plus rigides au monde.

En 1831, l'accent fut donc mis sur le mécanisme de révision. Ce qui est impressionnant c'est que cet article est resté inchangé jusqu'à ce jour, hormis un changement de numérotation.

De l'article 131, on est donc passé à l'article 195. Sa rigidité qui sera examinée dans la troisième partie du présent ouvrage, est sans nul doute ce qui a garanti des révisions très peu fréquentes, surtout à ses débuts. Pour rappel, la première révision constitutionnelle belge est intervenue 62 ans après son adoption, soit en 1893 et la seconde en 1921, soit 28 ans après la première.

**241.** On le voit dans les titres qui succèdent, certains pays, généralement africains, ont eu besoin de dix fois moins de temps pour procéder aux premières révisions constitutionnelles avec en prime, de grosses crises politiques.

Vers les années 70, uniformisation européenne oblige, la fréquence des révisions s'est faite plus rapprochée car il fallait, non seulement adapter toute une série d'aspects de l'État aux normes européennes, mais en parallèle, gérer les conflits communautaires exacerbés par toute une série d'évènements qui ont commandé l'adaptation de l'organisation politique aux nouvelles exigences des uns et des autres. Ainsi, l'une des plus importantes révisions constitutionnelles belges fut le passage de l'État unitaire à l'État fédéral. Ce que d'ailleurs certains juristes ont à tort considéré comme un changement de constitution, vu l'ampleur de la réforme. Ce fut donc le grand chantier de la réforme de l'État belge qui ne s'est pas réalisé en une fois comme cela se fait souvent en Afrique. Cette réforme, qui est loin d'être achevée, est amorcée depuis une quarantaine d'années. Ce fut également le cas de la Suisse dont la Constitution donne pourtant un mandat exprès au constituant dérivé de pouvoir l'abroger pour la changer. Les discussions se sont également déroulées sur une quarantaine d'années.

Hormis ces fréquences, les raisons qui ont fondé ces révisions furent tout, sauf des causes de déstabilisation de l'État belge, ni de régression des droits fondamentaux garantie.

**242.** Comme on peut le constater supra, les deux premières révisons furent des avancées considérables car l'une a permis en substance de passer du suffrage censitaire au suffrage universel masculin. Mieux encore, la suivante a permis en substance de passer du suffrage universel masculin au suffrage universel tout court. Soit un suffrage universel pour tous, hommes comme femmes.

Moralité, les conflits et velléités politiques ne sont donc pas l'apanage des États africains. La Belgique, comme tant d'autres grandes démocraties, a connu des régimes tyranniques et d'occupations. Au sortir de ces périodes sombres, elle dut faire face à des différends communautaires à n'en pas finir.

**243.** À bien examiner le parcours des nations africaines, l'on peut constater qu'elles connaissent deux à trois fois moins de révisions et changements de constitutions que certaines nations occidentales comme les trois examinées supra. Il n'en reste pas moins que dans le contexte africain, en dépit de leur faible fréquence, ces démarches ont quasi toujours comme effet de déstabiliser le pacte social de départ. Pourquoi ?

Pour la simple et bonne raison que les révisions et changements en Afrique, quoique moins fréquents, interviennent *in tempore suspecto.* Autrement dit, ils interviennent au soir des mandats présidentiels ; leur but est généralement de toucher à des dispositions interdisant la prolongation des mandats ou celles inhérentes aux règles électorales préétablies, etc. C'est ainsi qu'ils provoquent quasiment toujours des ondes de choc !

**244.** Tous ces écueils ont, en 1831, certainement pesé dans le choix d'une grande rigidité symbolisée par des mécanismes comme ceux des articles 54 et 195 de la Constitution belge, qui furent sans aucun doute des choix gagnants et visionnaires. Les résultats obtenus parlent en leur faveur. Comme le dit si bien un livre saint, *on reconnaît l'arbre à ses fruits* ou encore *quand les prémices sont saintes, le reste l'est aussi. Quand la racine est sainte, les feuilles le sont aussi.*

**245.** Comment alors expliquer que les constitutions africaines semblent ne pas jouer le rôle de rempart contre les aléas de la vie politique ? Est-ce un problème de maturité politique ? Le système démocratique est-il finalement adapté à ce continent ? À l'aube de leur marche démocratique, les États africains ont-ils également mis un point d'honneur à instaurer des verrous constitutionnels rigides ? Ces questions méritent plus que jamais d'être posées.

**246.** Après avoir ainsi examiné les généralités et planté le décor, le titre suivant s'appesantit sur le cas particulier du Congo-Zaïre, notamment sur son parcours en matière constitutionnelle qui s'apparente à celui d'autres États africains. Cela permet, en effet, de mettre en lumière le comportement du constituant originaire congolais en particulier et africain en général, lors de la confection des lois fondamentales. Pour ce faire, des questions se posent : les circonstances qui ont entouré l'élaboration des constitutions africaines sont-elles ou non similaires à celles des constitutions occidentales ? Le parcours non négligeable de la RDC en la matière lui a-t-il permis d'acquérir une expérience suffisante et ainsi d'être aguerri face à d'éventuelles erreurs ? Si oui, qu'est-ce qui justifie alors que la Constitution de 2006 soit encore remise en cause au point d'en envisager la révision, voire carrément l'abrogation ? Le titre suivant tente ainsi de rencontrer, autant que faire se peut, toutes ces questions.

# Deuxième partie QUID DE L'HISTOIRE CONSTITUTIONNELLE CONGOLAISE ?

## *INTRODUCTION*

**247**. Au cœur de l'Afrique, le Congo-Zaïre joue un rôle géopolitique prééminent, non seulement dans sa partie centrale, mais aussi dans l'ensemble du continent. Tant sa position géographique que ses atouts importants lui ont valu toutes sortes de qualificatifs, voire de superlatifs : scandale géologique, sous-continent, gâchette de l'Afrique, château d'eau de l'Afrique, etc. C'est d'ailleurs ce qui fit dire à Tony Busselen qu'« un Congo faible est une Afrique sans cœur »[257].

**248.** À l'instar d'autres pays africains, ce sous-continent a connu une histoire politico-juridique marquée par des évènements similaires : régime colonial, régime dictatorial, vent de démocratisation avec organisation d'une conférence nationale sur plusieurs mois, guerres, rébellions, coups d'État, etc. C'est justement tous ces soubresauts qui ont manifestement conduit à une prise de conscience tant de la communauté nationale qu'internationale, à opérer une rupture d'avec le passé, comme ce fut d'ailleurs le cas pour les nations occidentales, en leur temps. Comme qui dirait, *il n'y a rien de nouveau sous le soleil* !

C'est d'ailleurs à très juste titre que Modeste Mutinga dressait déjà en 2005 un bilan peu glorieux en ce sens que « l'histoire de l'Afrique, et forcément celle du Congo que Patrice Emery Lumumba, Premier ministre du premier gouvernement congolais, nous exhortait d'écrire, est ainsi faite de tueries et de violences de toutes sortes. L'enfant congolais qui est né le 24 avril 1990, date à laquelle, à son corps défendant, Mobutu s'est trouvé bien obligé de libérer la démocratie, n'a pas encore eu l'avantage de connaître la joie de vivre sa vie, tellement elle est jalonnée de dictatures, de guerres et de rébellions successives, de sous-alimentation, de perditions scolaires et académiques, de chômage, de pandémies récurrentes et de mal gouvernance »[258].

Ce constat d'échec, pathétique, a été fait quarante-cinq ans après l'indépendance du Congo-Zaïre. Cependant, l'espoir était encore permis, car l'année suivante, une nouvelle constitution devait entrer en vigueur

257 T. Busselen, *Une histoire populaire du Congo*, éd. Aden, Bruxelles, juin 2010, p.77.

258 M. Mutinga, *Chronique d'une paix négociée en RDC*, éditions espace Afrique 2005, p.19.

marquant ainsi l'avènement d'un ordre nouveau, en l'occurrence, la IIIe République.

**249.** Face à ces impondérables de la vie politique d'un État, la RDC s'est-elle comportée d'une manière différente ? En d'autres termes, dans sa recherche de solutions, s'est-elle démarquée des tares caractérisant le continent africain ? Dix années après l'adoption de la Constitution du 18 février 2006, le constat de Modeste Mutinga est-il toujours d'actualité ?

**250.** A l'aune de la partie précédente qui a permis de revoir non seulement les notions de base en droit constitutionnel, mais également d'appréhender la manière dont certains pays qu'on qualifie de grandes démocraties se sont comportés au cours de l'histoire, notamment en matière d'élaboration, de respect, de révision, de changement de leurs textes constitutionnels, il était judicieux de jeter un regard sur l'histoire constitutionnelle congolaise, ancienne et récente, afin de comprendre son cheminement, ses points forts et ses faiblesses et de savoir si cela influe ou non sur la situation actuelle, largement décriée par les uns et les autres.

**251.** Avant d'entrer dans le vif du sujet, dans un premier temps, un passage en revue des différents textes fondamentaux est nécessaire, et ce, depuis l'époque coloniale jusqu'à ce jour, afin de planter le décor et de comprendre d'où ce pays vient et quelles sont les circonstances qui ont conduit à opérer des changements de régime et partant de constitutions. Combien de constitutions y a-t-il eues et quel a été leur apport dans l'instauration d'un État de droit. Enfin, des observations liminaires seront faites. (Chapitre Ier)

Dans la présente partie, il sera examiné, dans un second temps, le texte constitutionnel congolais de février 2006, essentiellement son exposé des motifs, son préambule et surtout ses verrous qui sont censés, ni plus ni moins, être le gage d'une constitution stable et efficace (chapitre II).

**252.** Ensuite, un chapitre entier sera consacré à un large passage au crible des critiques que certains observateurs congolais (professeurs d'universités, Église catholique, juristes, économistes, ...) avaient déjà formulé à l'époque au point de déconseiller purement et simplement l'adoption du texte ainsi que son vote par référendum. Des observations liminaires viendront clore ce chapitre. (Chapitre III).

**253.** Enfin, le dernier chapitre se penchera, quant à lui, sur la révision constitutionnelle « record » de janvier 2011 qui n'a eu d'autre effet que de créer une crise de légitimité sans précédent au Congo dont les conséquences se ressentent encore aujourd'hui dans le pays comme dans sa grande diaspora. Cette révision n'a pas manqué de révéler la faiblesse des mécanismes de révision consacrés par l'article 218 et le caractère cosmétique de ce texte sophistiqué à l'excès sans réels verrous. S'en suivront également quelques observations (Chapitre IV).

Pour clore cette seconde partie, dans un dernier point, des enseignements seront tirés.

## Chapitre I. RDC : CURRICULUM VITAE !

### Section I. Combien dénombre-t-on de constitutions au Congo-Zaïre ?

**254.** À l'instar des autres nations africaines, la RDC dispose d'un parcours en matière constitutionnelle. Quid alors de ce parcours ? Est-il honorable ?

D'emblée, il sied de préciser qu'il n'est pas aisé de dénombrer les différentes constitutions congolaises ; certaines d'entre elles ont eu une brève existence, d'autres ont été soumises à différentes révisions et nombreux amendements. On peut donc affirmer sans atermoiement que dans l'histoire de ce grand et beau pays, il y eut pléthore de textes constitutionnels.

**255.** À ce sujet le professeur Bakandeja donna son avis avec une touche d'humour : « Au moins 7, en 45 ans, avec 32 ans passés sous une seule constitution continuellement révisée, parfois avec un bout de crayon, par de simples discours, par des communiqués ou même en silence »[259].

**256.** Pour sa part, le professeur Vunduawe estime que « depuis son indépendance, le pays a été successivement régi par six constitutions : - Une Constitution provisoire, les Lois Fondamentales de 1960, ayant régi le pays pendant la période pré-constitutionnelle (1960-1964) ; - Trois Constitutions définitives, adoptées par le peuple : la Constitution du 1er août 1964, celle du 24 juin 1967 et la Constitution du 18 février 2006 ; - Deux Constitutions intérimaires : l'Acte Constitutionnel du 9 avril 1994 et la Constitution de la Transition du 4 avril 2003, ayant organisé l'État pendant la période de transition constitutionnelle ou de vacance ou d'interrègne constitutionnel (1994-2006). »[260]

---

[259]Bakandeja Wa Mpungu, G., *Institutions de l'Etat de droit et de la démocratie en Afrique : l'expérience congolaise*, in Bula Bula, S., (dir), *Pour l'épanouissement de la pensée juridique congolaise. Liber Amicorum Marcel Antoine Lihau*, Bruxelles, Bruylant, Presses universitaires de Kinshasa, Kinshasa, 2006, pp., 51-83, spécialement à la page 53.

[260] F. Vunduawe Te Pemako, *Traité de droit administratif*, Afrique éditions-Larcier, 2007, p.209.

**257.** Le professeur J.-L. ESAMBO n'a pas non plus manqué d'opérer un dénombrement des différents textes constitutionnels intervenus depuis l'indépendance du Congo. Lorsqu'on considère le double critère du contenu et de l'importance des réformes constitutionnelles en rapport avec les principes du constitutionnalisme, il apparaît qu'en quarante-huit ans d'indépendance, la République Démocratique du Congo a été régie par dix-neuf textes constitutionnels. Établies souvent à la suite de crises politiques, ces « Constitutions » ne semblent pas avoir consacré le constitutionnalisme. Elles se seraient assignées comme objectif la protection des hommes au pouvoir en lieu et place de la stabilité institutionnelle. Ces textes n'ont pas résisté à l'épreuve du temps. Ajoutée aux violations répétées de la Constitution, l'absence d'un véritable encadrement du pouvoir a rendu hypothétique le contrôle de la constitutionnalité des actes des gouvernants[261].

**258.** Faustin Toengaho pense, quant à lui, qu'en quarante-huit ans d'indépendance, le Congo a été régi par dix Constitutions et vingt-cinq révisions[262].

**259.** À l'instar de nombreux juristes congolais, Kazadi Mpiana Joseph n'a pas manqué de se prononcer sur la question en abondant dans le même sens que JL Esambo, à quelques nuances près. « Pour notre part, dit-il, nous excluons d'emblée l'acte portant dispositions constitutionnelles relatives à la période de transition, élaboré par la Conférence nationale Souveraine (CNS) du 2 août 1992 dans la mesure où il serait demeuré projet par manque de sa promulgation et publication. La nomination du Premier ministre issu de la Conférence nationale souveraine l'a été par le chef de l'État en vertu de la Constitution du 24 juin 1967 telle que révisée et non de l'Acte portant dispositions constitutionnelles relatives à la période de transition. Il en est de même de sa révocation.

**260**. Ensuite, tout en prenant en considération la loi constitutionnelle du 15 août 1974 pour la réforme (et non plus la révision) qu'elle a introduite en confiant la plénitude du pouvoir législatif, exécutif et judiciaire au président de la République en contradiction flagrante avec le principe de

---

[261]JL Esambo, *la Constitution congolaise du 18 février 2006, à l'épreuve du constitutionnalisme. Contraintes et perspectives*, académia-Bruylant 2010, p.26.

[262]F. Toengaho Lukundo, *Les Constitutions de la République Démocratique du Congo de Joseph Kasa-Vubu à Joseph Kabila*, p.235, in JL ESSAMBO, *op.cit*, p.22.

la séparation des pouvoirs contenu dans la Constitution du 24 juin 1967 dans sa version originale, mais nous y ajoutons la loi constitutionnelle de 1970 ayant institutionnalisé le Mouvement Populaire de la Révolution (MPR) rompant la vocation multipartiste que se proposait la Constitution du 24 juin 1967 et enfin la loi constitutionnelle du 5 juillet 1990 instaurant un nouvel ordre politique et juridique. D'autres révisions sont intervenues en 1978, 1982, mais elles ne sont pas suffisamment incisives pour être prises en compte comme réformes. Tout compte fait et prenant en considération la Constitution du 18 février 2006, la RDC-Zaïre s'est dotée de 10 textes à valeur constitutionnelle et de nombreuses révisions pouvant atteindre le nombre de 20 ! »[263]

**261.** Pour notre part, il est évident que pour une énumération fidèle des textes fondamentaux, il est judicieux de remonter à la création même de ce pays. Partir de 1960, année de son indépendance, c'est occulter une cinquantaine d'années de son histoire. Or, cette histoire enseigne que durant cette période, il y eut des textes constitutionnels ou à valeur constitutionnelle, et non des moindres. Quoique rédigés et imposés par les autorités coloniales, il n'en reste pas moins qu'ils régissaient le Congo et les congolais de l'époque. Ainsi, partant *des* ***Décrets du Roi-Souverain*** – portant, comme toute constitution, sur l'organisation du nouvel État - ; de la ***Charte coloniale de 1908*** – laquelle avait tous les attributs d'une constitution comme on le verra infra - ; en passant par la Constitution provisoire sous la forme des ***Lois Fondamentales de 1960***; *les* ***décrets-lois constitutionnels des régimes de crise*** en vigueur de 1960 à 1961 (du 29 septembre 1960, du 7 janvier 1961 relatif au pouvoir judiciaire, du 9 février 1961), la ***Constitution du 1^er^ août 1964***; celle du ***24 juin 1967***; la ***loi constitutionnelle de 1970*** – pour avoir institutionnalisé le MPR, elle mettait fin à la philosophie multipartiste de la Constitution du 24 juin 1967 ; la ***loi constitutionnelle du 15 août 1974*** – à cause de la réforme (et non pas de la révision) qu'elle a introduite en confiant littéralement les pouvoirs législatif, exécutif et judiciaire au seul président de la République, contrairement à la philosophie de la Constitution du 24 juin 1967, laquelle avait pourtant instauré le principe de la séparation des pouvoirs ; la ***loi constitutionnelle du 5 juillet 1990*** – pour avoir ouvert une nouvelle ère, en instaurant un nouvel ordre politico-juridique ; ***l'Acte***

---

263 J. Kazadi Mpiana, *La révision constitutionnelle congolaise du 20 janvier 2011 : considérations critiques d'un citoyen (juriste)*, p.5.

***Constitutionnel du 9 avril 1994***; le ***décret-loi constitutionnel n° 003 du 27 mai 1997*** relatif à l'organisation et à l'exercice du pouvoir en République Démocratique du Congo qui marqua l'avènement d'un ordre nouveau ; la ***Constitution de la Transition du 4 avril 2003***. Enfin, la ***Constitution actuelle, celle du 18 février 2006***. L'on peut donc affirmer que le Congo-Zaïre a, depuis sa création, été régi par une douzaine de textes constitutionnels.

**262.** On l'a compris, il n'est guère aisé de compter le nombre de constitutions et actes fondamentaux qui ont régi la RDC à cause du quiproquo entretenu par les acteurs politiques, notamment durant la période coloniale, mais aussi durant la seconde République ainsi que durant la période transitionnelle. Si bien que l'énumération peut même passer du simple au double. Qu'à cela ne tienne, il en ressort que la RDC, à l'instar de bon nombre de pays, a un parcours non négligeable en matière constitutionnelle. Un tel parcours, devrait, a priori et très logiquement, lui donner une grande expérience en la matière. Concrètement, comment cela s'est-il orchestré ?

## Section II. Constitutions et textes à valeur constitutionnelle depuis 1885

Dans l'ordre chronologique, on peut donc tenter de les énumérer de la manière suivante :

**1.** À titre de rappel, il convient au premier chef de mentionner que le Congo fut créé par ***l'Acte Général de la Conférence de Berlin du 26 février 1885***. Cette conférence réunit autour de la table, quatorze pays européens de novembre 1884 à février 1885. Elle eut pour objectif de régler de manière pacifique les litiges relatifs aux conquêtes coloniales. L'Allemagne, qui n'était pas partie prenante de la lutte coloniale, fit office de médiateur. La conférence aboutit à l'élaboration de règles officielles de colonisation. Au regard de sa nature juridique, des matières qu'il régit et de ses auteurs, cet Acte s'apparente à un traité international plutôt qu'à une norme constitutionnelle. Néanmoins, il est opportun de le citer en premier, car il s'agit d'un acte d'une importance capitale dans le parcours de ce pays. C'est en réalité le début de l'existence officielle du Congo, dans la mesure où les États se sont réunis pour, dans une certaine mesure, marquer leur reconnaissance. Or, il est un principe élémentaire d'expression latine, notamment en droit international, *Pacta sunt servanda*, selon lequel le respect des traités conclus revêt un caractère obligatoire pour les parties. Une telle reconnaissance internationale est la condition sine qua non pour permettre à un État de s'organiser. C'est ainsi que dans un second temps :

2. Intervint la ***Loi du 1er juin 1885 proclamant l'État Indépendant du Congo, « EIC » en sigle***. Ce fut sans conteste une loi à valeur constitutionnelle dans la mesure où elle est à l'origine de la création dudit État, tout en lui permettant de s'organiser à tous points de vue. Or, on l'a vu dans la partie précédente, cela est inhérent aux attributions même d'une constitution.

Pour rappel, c'est en vertu de l'article 62 (ancien) de la Constitution belge du 7 février 1831 que les Chambres législatives ont accepté que le Roi Léopold II devienne officiellement le chef de l'État Indépendant du Congo[264].

**3.** Durant cette période, il y eut ce que l'on appela ***les Décrets du Roi-Souverain*** portant sur l'organisation du nouvel État (Gouvernement central le 30 octobre 1885 et le 1er septembre 1894, Gouverneur général le 16 avril 1887 et Conseil supérieur le 16 avril 1887 et le 8 octobre 1890). Ces décrets peuvent, dans une moindre mesure, être considérés comme des textes à valeur constitutionnelle ratione materiae, eu égard aux matières qu'ils traitèrent. Hormis ces textes, il n'y eut pas véritablement de constitution au sens formel. Ce fut donc un régime quasi totalitaire avec une confusion des pouvoirs. Sans nul doute, le Roi fut logiquement et naturellement le constituant.

En effet, à cette époque, il n'existait pas de constitution écrite mais une multitude de textes constitutionnels. Bien plus, le Parlement n'existait pas, le Roi édictait seul les règles constitutionnelles[265].

**4.** Puis intervint, ***Le traité de cession du Congo au Royaume de Belgique du 28 novembre 1907 et son Acte additionnel du 5 mars 1908***. Il s'agit logiquement d'un acte de droit international plutôt que d'un acte constitutionnel au sens propre du terme. Dans la mesure où il

---

264 F. Vunduawe te Pemako, *op. cit.*, p.184.

265 *Ibid.*, p.185.

ne porta que sur un acte de cession d'une autorité à une autre, et non sur la création, encore moins sur l'organisation d'un État[266].

En effet, pour être plus précis, en 1908, furent adoptées deux lois belges : l'une se contentait d'approuver ledit traité de cession, l'autre, par contre, se limitait à approuver l'acte additionnel du 5 mars 1908. Lequel fut un "Avenant" concernant les domaines de la Couronne. Ce qu'il faut retenir ici, c'est qu'en vertu des articles 9 et 37 de la Charte coloniale, une partie du territoire congolais appartenait au domaine royal (...)[267]

Pour la petite histoire, cette cession fut décidée dans un contexte de dénonciation de nombreux abus du souverain, notamment par les protestants et tant d'autres.

**5.** Puis, tout de suite après, sera élaboré ce que l'on appela ***la Charte coloniale du 18 octobre 1908*** : ce fut à cette date que le Parlement belge accepta la proposition du roi Léopold II, d'annexer l'État indépendant du Congo à la Belgique. Le transfert des pouvoirs fut proclamé le 15 novembre 1908. Le Congo belge se vit donc doté d'une « Charte coloniale » qui devait régir la colonie. Les auteurs de ladite Charte eurent pour but de soumettre les possessions coloniales à un régime politique différent de celui de la métropole. Il convient de rappeler que la Charte en question reconduit simplement les institutions et la législation de l'État indépendant du Congo[268]. Ce fut, sans conteste, le premier texte constitutionnel du Congo qui resta en vigueur jusqu'en 1960, soit pendant 52 ans. Ce, dans la mesure où, ratione materiae, la charte régit effectivement les matières inhérentes à une constitution : en l'espèce, la situation juridique du Congo (chapitre Ier), des droits des Belges, étrangers et indigènes (chapitre II), de l'exercice des pouvoirs

---

266Le Congo connut deux indépendances. La première, celle de 1885 qui créa et proclama l'indépendance du Congo(EIC), fut une indépendance de façade tant ce pays appartenait à une personne qui concentrait sur lui tous les pouvoirs. Ce fut son bien privé. Cette indépendance « relative » dura vingt-deux ans, soit jusqu'en 1907. Ce qui est d'autant plus étonnant est qu'un Etat indépendant devint une colonie (en 1907), pour ensuite devenir effectivement indépendant 53 ans plus tard, soit en 1960. Cela lui confère un parcours pour le moins atypique. C'est une première dans l'histoire coloniale mondiale.
267*Ibid.*, p.187.
268 Alphonse Makemngo Nkutu, *les institutions politiques de la RDC. De l'Etat indépendant du Congo à la République du Zaïre (1885-1990)*, l'Harmattan, 2010, p.13.

(chapitre III), du Ministre des colonies et du Conseil colonial (chapitre IV), des relations extérieures (chapitre V), des dispositions générales (chapitre VI)

**263.** Force est de constater que ladite charte, en parallèle avec la Constitution belge régît le Congo jusqu'au 30 juin 1960. En effet, en tant que colonie belge, ce fut très logiquement, de manière partielle, que la Constitution belge du 7 février 1831 fit office de constitution pour le Congo. Sur le plan matériel, cette Charte coloniale s'apparente plutôt à une véritable constitution. Cependant, sur le plan formel, il s'agit bel et bien d'une loi belge adoptée par le Parlement en application de l'article 1er, alinéa 4 de la Constitution belge qui prévoyait que les protectorats de la Belgique seraient régis par des lois particulières. Et pour ce faire, la Constitution belge a été révisée en conséquence. C'est dire que la Constitution belge s'appliquait bien au Congo, mais pas dans sa totalité[269].

À ce titre, l'on peut soutenir que ladite Charte joua le rôle d'une « loi organique », *loi votée par le Parlement pour préciser ou compléter les dispositions de la Constitution*[270].

**6.** Suite aux mouvements indépendantistes, furent promulguées ***les Lois fondamentales de 1960***. Ce furent également deux lois belges adoptées sur base des résolutions de la Table Ronde de janvier à février 1960 à Bruxelles, en préparation de l'indépendance.

**264.** En guise de rappel historique, l'adoption de ces lois fut précédée de deux conférences au caractère déterminant : la **Table Ronde politique** et la **Table Ronde économique**. Néanmoins, c'est la Table Ronde politique au cours de laquelle furent adoptées seize résolutions, qui fut la source sociologique des Lois fondamentales, à savoir[271] : celle du 19 mai 1960 fut relative aux structures du Congo. À ce titre, elle ne se pencha que sur les pouvoirs politiques. C'est ainsi qu'elle fut complétée, un mois plus tard, par celle du 17 juin 1960 qui était, quant à elle, relative aux libertés publiques, entendez, aux droits fondamentaux des congolais.

---

269 F. Vunduawe te Pemako, *op. cit.*, p.187-188.

270 Lexique des termes juridiques, *op. cit.*, p.404.

271 F. Vunduawe te Pemako, *op. cit.*, p.189.

**265**. En vertu de l'article 3 de la Loi fondamentale du 19 mai 1960,[272] il est manifeste que ces deux lois firent office de **Constitution provisoire** de l'État du Congo, le temps pour le jeune État de se doter d'une constitution définitive.

Hormis ces deux lois, cette période fut prolifique en matière d'élaboration de textes sui generis, dans la mesure où ces normes régissent de près ou de loin des matières fondamentales. Ainsi, il y eut l*es* **décrets-lois constitutionnels des régimes de crise** en vigueur de 1960 à 1961, adoptés à la suite de la révocation du Premier ministre Patrice-Emery Lumumba et le renvoi du Parlement en congé sine die, notamment : le **Décret-Loi constitutionnel du 29 septembre 1960 relatif à l'exercice des pouvoirs législatifs et exécutifs.**[273] C'est à cette occasion que le colonel Mobutu institua, en septembre 1960, le Collège des commissaires généraux (article 1er), organe non prévu par la loi fondamentale, qui sera reconnu rétroactivement par le décret-loi constitutionnel du 29 septembre 1960.[274] Le **décret-loi constitutionnel du 7 janvier 1961 relatif au pouvoir judiciaire.**[275] Le **décret-loi constitutionnel du 9 février 1961** relatif à l'exercice des pouvoirs législatif et exécutif mettant fin au Conseil des Commissaires Généraux et instituant le gouvernement provisoire de Joseph Ileo.

---

272Les dispositions qui suivent resteront en vigueur jusqu'à la mise en place des institutions publiques qui auront été organisées par la Constitution. Les Chambres ne peuvent modifier la présente loi qu'à la majorité prévue à l'article 99

273Portant les signatures de Joseph Kasa Vubu en tant que Chef de l'Etat, Jean-Marie Bomboko en tant que président du Conseil des Commissaires généraux et Marcel Lihau en tant que Commissaire général à la justice.

274Ce Conseil assuma un double rôle : d'une part, celui de gouvernement, en remplacement de celui de Joseph Ileo qui n'a pas fonctionné. D'autre part, celui de parlement légiférant par décrets-lois délibérés en conseil, sanctionnés et promulgués par le Chef de l'Etat dans le but d'administrer provisoirement le pays et d'assumer les pouvoirs exécutif et législatif. Ce collège fonctionna du 19 septembre 1960 en janvier 1961. Il fut composé pour la plupart de jeunes étudiants dont Étienne Tshisekedi, Marcel Lihau, Albert MPase, André Bo-Boliko, Justin Bomboko (Président du collège), Henri Takizala, Albert Ndele (vice-président du collège), Auguste Mabika Kalanda, etc.

275Portant les signatures de Joseph Kasa Vubu en tant que Chef de l'Etat, Albert Ndele en tant que vice-président du Conseil des commissaires généraux et d'Etienne Tshisekedi en tant que Commissaire adjoint à la justice.

À part ces trois décrets-lois les plus en vogue, se trouvent dans l'arsenal juridique congolais quelques **décrets-lois de l'époque dont ceux instituant la Banque Nationale ou l'unité monétaire**, etc.[276]

**7.** Puis intervint ***la Constitution du 1er août 1964 dite Constitution de Luluabourg***. Elle permit de mettre fin à cet imbroglio sur le plan de la légitimité et de la légalité ; le Parlement n'ayant, en effet, jamais eu l'occasion de se réunir jusqu'en 1963 pour faire œuvre constituante. C'est ainsi que Le chef de l'État décida en août 1963 de le dissoudre et d'ainsi confier la rédaction de la Constitution à une commission présidée par Joseph Ileo.

Élaborée cette fois par le Constituant congolais, notamment par une commission constitutionnelle composée par Marcel Antoine Lihau, comme secrétaire général, et plusieurs jeunes universitaires : Étienne Tshisekedi, Barthélémy Dipumba, Albert Mpase, Paul Muhona, Henri Takizala, Umba di Lutete, etc.,[277] la Constitution fut adoptée par référendum.

Cependant, le 24 novembre 1965, un coup d'État militaire mit inopinément fin à ce régime et institua un gouvernement de crise, consécutivement à la révocation du Premier ministre Moïse Tshombe.

**266.** Le particularisme notoire de cette période est que le nouvel homme fort légiféra par *ordonnance-loi.*[278] En effet, l'ordonnance-loi n° 7 du 30 novembre 1965 octroie des pouvoirs spéciaux au président de la République. Il peut ainsi, par le truchement de cette norme, prendre des mesures qui sont normalement du domaine de la loi[279]. L'année suivante, il y eut une petite avancée avec l'ordonnance-loi n° 66/92 Bis du 7 mars 1966 selon laquelle, les ordonnances-lois devaient être transmises pour information à la Chambre des députés et au Sénat dans les deux mois qui suivaient la date de leur signature[280]. Puis, quelques mois plus tard, il y

---

276 F. Vunduawe te Pemako, *op. cit.*, p.192.

277 A. Makengo Nkutu, *op. cit.*, p.59.

278 Exemples, l'Ordonnance-Loi n°66/338 du 2 mai 1966 portant création du tribunal militaire d'exception qui condamna à mort quatre hommes politiques : Bamba, Mahamba, Anany et Evariste KImba) concurremment au Parlement. On l'a bien compris : la Constitution de 1964 n'a subsisté qu'une année.

279 A. Makengo Nkutu, *op. cit*, p.95.

280 *Ibid.* p.95.

eut également une nouvelle avancée avec l'ordonnance-loi n° 66/621 du 21 octobre 1966 qui restituait au Parlement de l'époque le pouvoir de voter la loi. Néanmoins, en cas d'urgence, le président de la République conservait son pouvoir de légiférer par ordonnance-loi[281].

**8.** Deux ans après le coup d'État, intervint ***la Constitution du 24 juin 1967***. Avec elle, ce fut la fin de l'État fédéral pour laisser place au nouvel État unitaire du Congo et à un régime de séparation des pouvoirs prônant une démocratie pluraliste. Elle fut l'œuvre exclusive des technocrates congolais et bien entendu du Gouvernement. L'histoire retiendra que cette équipe était constituée de : 1) Monsieur Étienne Tshisekedi, président, ministre d'État et ministre de l'Intérieur ; 2°) Maître Gérard Kamanda wa Kamanda, expert de la présidence de la République ; 3°) Professeur Lihau Marcel, secrétaire rapporteur.[282]

**267.** Pour la petite histoire, Dieudonné Ilunga Mpunga précise à ce sujet qu'« à cette époque, le MPR n'est pas encore un parti unique. Il peut donc, constitutionnellement, coexister avec d'autres, même si ces derniers n'existent pas dans les faits. L'article 4 de cette Constitution révisée prévoit qu'*il n'y aura pas plus de deux partis politiques en République du Zaïre*. Cette disposition offre la possibilité de débat entre partis. En réalité, elle n'est qu'un trompe-l'œil, puisque dans les faits, le MPR se veut un parti unique jusqu'à son institutionnalisation en 1970. Et c'est là que naît le différend entre Mobutu et Tshisekedi. Mobutu interprète cette disposition comme une exclusivité du MPR, Tshisekedi comme la possibilité de créer une seconde formation politique »[283].

**268.** Cette Constitution de 1967 fut approuvée par référendum organisé du 4 au 24 juin 1967, et régit le pays jusqu'en 1990, après bien évidemment de multiples révisions non négligeables. Il y eut, grosso modo, une quinzaine de révisions constitutionnelles dont celle de 1974 que d'aucuns considèrent d'ailleurs comme un changement de Constitution au regard de son objet. Notamment, les professeurs Victor Djelo et A. Kamukuni, pour ne prendre que ceux-là, estimèrent légitimement, en substance, que cette loi constitutionnelle dépassait le

---

281 *Ibid.* p.95.

282 F. Vunduawe te Pemako, *op. cit.*, p.196.

283 D. Ilunga Mpunga, *Etienne Tshisekedi. Le sens d'un combat*, édition l'Harmattan, Paris 2007, p.22.

stade d'une simple révision pour faire naître une véritable Constitution[284]. Il s'agissait clairement d'opérer un changement du système politique, en concentrant les pouvoirs entre les mains du seul président de la République (institutionnalisation du MPR comme parti-Etat, consécration du Mobutisme comme doctrine du MPR, etc.). Hormis cette révision de grande envergure, il y eut plusieurs autres révisions plus ou moins importantes[285]. C'est ce qui, à juste titre, a fait dire à Mabi

---

284 V. Djelo, *l'impact de la coutume dans l'exercice du pouvoir en Afrique. Le cas du Zaïre*, Louvain-le-Neuve/Ottignies, Le Bel Elan, 1990, p.72; A. Kamukuni Mukunay, *Contribution à l'étude de la fraude en droit constitutionnel congolais*, thèse de doctorat en Droit public, Université de Kinshasa, 2007, pp.126-130, in JL Essambo, op. cit., Academia-Bruylant, pp.23-24.

285Dans l'ordre chronologique tiré de l'ouvrage de Marcel Wetsh'okonda K. S., les textes constitutionnels congolais annotés, éd. CDHC-ASBL, pp. 167-274 : Ordonnance-loi n°70-025 du 17/04/1970 portant modification des dispositions de l'alinéa 1 de l'article II du titre IX de la Constitution du 24/06/1967(Cette loi instaura le monolithisme sur le plan politique et institutionnel) ; loi n° 70-001 du 23/12/1970 portant révision de la Constitution ; loi n° 71-006 du 29/10/1971 portant révision de la Constitution ; loi n°71-007 du 19/11/1971 portant révision de la Constitution ; loi n°71-008 du 31/12/1971 portant révision de la Constitution ; loi n° 72-003 du 5/01/1972 portant révision de la Constitution ; loi n°73-014 du 5/01/1973 portant harmonisation de la Constitution ainsi que celle de tous les textes et réglementaires en rapport avec les nouvelles appellations intervenues dans les structures politico administratives du pays et modifiant l'article 46 de la Constitution ; loi n° 74-020 du 15 août 1974 portant révision de la Constitution du 24/06/1967(voy. supra) ; loi n°078-010 du 15/02/1978 portant révision de la Constitution (ce fut également une révision de grande ampleur dont A. Mampuya dans son ouvrage Espoirs et déceptions de la quête constitutionnelle congolaise, op.cit, en page 9, épingle comme causes sociologiques les deux guerres du Shaba de 1977 et 1978 : en substance elle donne la possibilité pour le peuple de se prononcer par référendum, la possibilité d'une pluralité de candidatures mais dans le cadre du parti unique, la création du poste de Premier commissaire d'Etat, etc.) ; loi n° 80-007 du 19/02/1980 modifiant et complétant quelques dispositions de la Constitution ; loi n°80-012 du 15/11/1980 modifiant et complétant quelques dispositions de la Constitution ; loi n°82-004 du 31/12/1982 portant modification de certaines dispositions de la Constitution ; loi n°88-004 du 27/01/1988 portant révision de certaines dispositions de la Constitution ; loi n°88-009 du 27/06/1988 portant révision de l'article 2 de la Constitution ; loi n°90-002 du 5/07/1990 portant révision de certaines dispositions de la

Mulumba que « la facilité avec laquelle Mobutu procédait à la révision de la Constitution était la preuve qu'il ne laissait rien au hasard, spécialement dans le remodelage des institutions pour asseoir son contrôle sur leur fonctionnement. La loi n° 74/020 du 15 août 1974 portant révision de la constitution du 24 juin 1967 assurait pratiquement la présidence de la République à vie à Mobutu »[286].

**269.** Cependant, contrairement à toutes les révisions *mobutiennes* précédentes, deux ne dépendirent plus de son bon vouloir, tant les évènements lui échappaient. C'est ainsi qu'intervint :

**9**. D'abord, ***La loi n° 90-002 du 5 juillet 1990 portant révision de certaines dispositions de la Constitution***: consécutivement à l'abolition du parti-Etat décrété par le discours du 24 avril 1990, cette loi instaura, entre autres, très logiquement le multipartisme. Cependant, ce fut un multipartisme à trois seulement[287]. De par l'ampleur de cette réforme et son objet, elle fut effectivement une loi constitutionnelle, ratione materiae. Il est en effet hautement vraisemblable que, toutes proportions gardées, elle joua le même rôle intermédiaire que les Lois fondamentales de 1960. Et ce, dans la mesure où, il s'agissait d'une norme qui n'avait pas vocation à perdurer, ni à se limiter à réviser la Constitution de 1967 comme ce fut le cas de la loi du 15 août 1974,[288] par exemple. À l'instar des Lois fondamentales de 1960, sa réelle vocation était d'ouvrir une parenthèse dans l'histoire du pays, afin de préparer l'adoption d'une autre norme devant marquer l'avènement d'un ordre nouveau.

**10**. Puis, huit mois seulement plus tard, la **loi n° 90-008 du 25 novembre 1990 portant révision d'une disposition de la**

Constitution ; loi n°90-008 du 25/11/1990 portant révision d'une disposition de la Constitution)

[286]E. Mabi Mulumba, *Congo-Zaïre : les coulisses du pouvoir sous Mobutu. Témoignage d'un ancien Premier Ministre*, édition de l'université de Liège 2011, p.46.

[287]Article 8 : Le pluralisme des partis politiques est reconnu en République du Zaïre. Il ne peut être créé plus de trois partis politiques. La loi fixe l'organisation et le fonctionnement des partis politiques.)

[288] Cf. supra point 8.

**Constitution,** notamment l'article 8,[289] par le truchement duquel fut instauré le multipartisme intégral.[290]

**11.** Puis, fut élaboré ***l'Acte portant dispositions constitutionnelles de 1993 relatif à la période de transition ou Acte constitutionnel « harmonisé »*** *(loi n° 93-001 du 2 avril 1993).* Il s'agit d'un acte élaboré par la CNS. Cet Acte n'a malheureusement jamais connu d'existence juridique faute de promulgation.[291]

À titre de rappel, c'est à cette période qu'il y eut dualité d'ordre constitutionnel et institutionnel. D'un côté, celui établi par la CNS soutenu par l'USOR (Union sacrée de l'opposition radicale) avec Tshisekedi comme chef de gouvernement, de l'autre, celui des « Forces politiques du conclave » (FPC) avec Birindwa comme chef de gouvernement, nommé par Monsieur Mobutu.

**12.** L'année suivante, intervint ***l'Acte Constitutionnel de la Transition du 9 avril 1994 :*** ce texte fut consécutif aux négociations politiques du Palais du Peuple. Ce fut un texte constitutionnel temporaire qui devait régir le pays jusqu'à l'adoption de la Constitution de la IIIe République.

**13.** Une année plus tard, cet Acte dut être révisé par la ***loi n° 95-004 du 6 juillet 1995 portant révision de l'article 117 de l'Acte constitutionnel de la transition.*** En effet, cette disposition établissait

---

289: Article 8-nouveau- Le multipartisme est reconnu en République du Zaïre. La loi fixe l'organisation et le fonctionnement des partis politiques.

290Multipartisme qui fut défendu bec et ongle par Tshisekedi, lequel aurait pourtant pu se contenter de la reconnaissance officielle de sa formation politique UDPS. Celui-ci se souvint en fait de l'épisode de la Constitution de 1967 qui limitait à deux le nombre de partis politiques. Mobutu sut tourner cette limitation en sa faveur pour finir par imposer le MPR comme parti unique. Tshisekedi voulait en fait l'empêcher de réitérer cet exploit.

291 (Conférence nationale souveraine). Cependant, il n'a jamais été, ni contresigné par Mobutu au côté de Monseigneur Monsengwo en tant que président de la CNS. Encore moins promulgué par lui, comme l'exigeait pourtant l'article 44 du règlement intérieur de la CNS. Le clan politique de Mobutu soutint, à l'époque, la thèse selon laquelle l'Acte de la CNS n'a pu exister faute de promulgation.L'autre thèse était de soutenir que la Conférence nationale souveraine avait la casquette de pouvoir constituant originaire et qu'une promulgation n'était pas forcément nécessaire.

une durée préfixée pour la transition, soit quinze mois. Or, le retard enregistré dans l'organisation des élections justifiait donc une révision de ce délai fixé par ladite disposition.[292]

Cependant, suite au mouvement de rébellion de l'AFDL[293] de Laurent-Désiré Kabila, ce texte n'a finalement régi le pays que jusqu'au 16 mai 1997, soit durant trois ans.

**14.** Suite à l'avènement de ce nouveau régime, intervint alors ***le décret-loi constitutionnel n° 003 du 27 mai 1997 relatif à l'organisation et à l'exercice du pouvoir en République Démocratique du Congo.***

Ce texte confia tant l'organisation que l'exercice du pouvoir au seul président de la République. Sinon, pour le reste des dispositions, il fallait se référer à l'Acte constitutionnel de la transition de 1994, conformément à l'article XIV du décret-loi[294].

**270.** C'est d'ailleurs très opportunément que Marie France Croo fit la description suivante : « Puis les congolais ont subi, de mai 1997 à août 1998, une nouvelle dictature tout aussi arbitraire que la précédente. Comme Mobutu, Kabila prétendait tirer sa légitimité d'une révolution populaire mais, de facto, l'État, c'était Kabila. Lors de sa prestation de serment en mai 1997, Laurent Kabila n'a juré fidélité à aucune loi. Tenait lieu de Constitution le « décret 001 » lui attribuant tous les pouvoirs. Il a même tenté de reproduire avec les comités de pouvoir populaire (CPP) à la fois un parti-Etat à la Mobutu et l'organisation de ses maquis du Parti de la révolution populaire (PRP) »[295].

**271.** Ce texte a néanmoins connu quatre modifications :

---

292Article 117-ancien- : la durée de la transition est de quinze mois à dater de la promulgation du présent Acte. Article 117 –nouveau- Sans préjudice des autres dispositions de l'Acte constitutionnel de la Transition, la durée de la transition est de vingt-quatre mois à dater du 10 juillet 1995.

293Alliance des forces de libération.

294Article XIV : Toutes les dispositions constitutionnelles et réglementaires antérieures contraires au présent décret-loi sont abrogées.

295 M. F. Croset F. Misser, *Géopolitique du Congo(RDC)*, éd. Complexe, Bruxelles 2006, p.84.

· *Le* ***décret-loi constitutionnel n° 074 du 25 mai 1998 portant révision des dispositions du Chapitre II du décret-loi constitutionnel n° 003 relatif à l'organisation et à l'exercice du pouvoir en RDC***. Celui-ci opérait, en substance, un transfert du pouvoir législatif du chef de l'État à l'Assemblée Constituante et Législative nommée de manière discrétionnaire.

· *Le* ***décret-loi constitutionnel n° 180 du 10 janvier 1999*** **modifiant et complétant le décret-loi n° 003 du 27 mai 1997 relatif à l'organisation et l'exercice du pouvoir en RDC**. Celui-ci compléta le précédent sur l'organisation et l'exercice du pouvoir en République démocratique du Congo. En substance, il donna tous les pouvoirs au président de la République dans les matières inhérentes au processus démocratique et électoral.

· *Le* ***décret-loi constitutionnel n° 096/2 000 du 1er juillet 2000*** **modifiant et complétant le décret-loi n° 003 du 27 mai 1997 relatif à l'organisation et l'exercice du pouvoir en RDC tel que modifié et complété par le décret-loi constitutionnel n° 074 du 25 mai 1998**. Celui-ci porta sur plusieurs matières, notamment l'instauration d'une procédure de révision dudit décret (cf. infra, troisième partie). Ce qui fit passer le texte originel de 15 à 43 articles.

**272.** Le 16 janvier 2001, LD Kabila fut assassiné dans son palais situé sur les hauteurs de Kinshasa. C'est en effet, sur décision du 17 janvier 2001 prise conjointement par le gouvernement et le Haut commandement de l'Armée, que Joseph Kabila lui succéda. Et ce, conformément à la résolution n° 003 du 24 janvier 2001 par laquelle l'Assemblée constituante et législative - Parlement de transition - et conformément à l'article 74 de la Constitution de la République démocratique du Congo. Sa prestation de serment eut lieu, le 26 janvier 2001.

**15.** Puis, suite à des bouleversements profonds, intervint ***La Constitution de la transition du 4 avril 2003 :***

Ce fut à nouveau une constitution intermédiaire conformément à son intitulé même, ainsi qu'à son article 205.[296] Elle fut initiée à l'issue du

296 « La Constitution de la transition cesse de produire ses effets à l'entrée en vigueur de la Constitution adoptée à l'issue de la transition ».

*Dialogue Inter-congolais* organisé du 25 février au 12 avril 2002, à Sun City en République Sud-Africaine ; un accord mieux connu sous le nom d'accord global et inclusif qui fut signé le 17 décembre 2002 à Pretoria et adopté à Sun City le 1$^{er}$ avril 2003 sur la transition en République Démocratique du Congo.

Pour la petite histoire, cet accord est consécutif à l'accord du 1$^{er}$ juillet 1999 de Lusaka qui porta sur un cessez-le-feu.

Cette Constitution de transition du 4 avril 2003 régit le pays jusqu'à l'adoption de la Constitution de la République Démocratique du Congo promulguée le 18 février 2006.

**16. La Constitution du 18 février 2006** :

Ce fut l'une des rares constitutions définitives aux côtés de celles de 1964 et 1967, voire de la Charte coloniale de 1908, en dépit de sa nature juridique sui generis. Néanmoins, le caractère définitif de la Constitution de 1964 doit être relativisé dans la mesure où elle n'est jamais entrée en application. Elle avait sans conteste vocation à être définitive.

Cette dernière norme, par ailleurs toujours en vigueur, fera largement l'objet du point suivant.

## Section III. Observations liminaires

**273.** Il se dégage donc clairement qu'à l'instar de n'importe quelle nation dans le monde, la RDC a un parcours constitutionnel non négligeable qui s'étale sur plusieurs décennies, soit à proprement parler depuis 1885 - année du premier véritable texte à valeur constitutionnelle - jusqu'en 2006, année de la dernière Constitution en vigueur. Ce qui, crédite la RDC de, très exactement, 121 ans d'expérience en la matière.

Durant cette longue période, ce pays n'a pas manqué d'acquérir une grande expérience. Hormis les trois constitutions définitives, à savoir celles de 1964, 1967 et la dernière en date, celle de 2006, auxquelles on peut ajouter, dans une certaine mesure, la Charte coloniale de 1908, il y eut plusieurs autres textes intermédiaires ayant parfois un caractère sui generis, de sorte que l'on dénombre une dizaine de textes à valeur constitutionnelle. Quoi qu'il en soit, la rédaction de ces différents textes, tous élaborés en fonction des réalités ambiantes, des circonstances particulières, du moment ainsi que des régimes politiques en vigueur, montre à suffisance l'expérience acquise en la matière.

**274.** Le constitutionnalisme, tel que défini supra, semble donc être un choix définitivement adopté en RDC. La grande qualité légistique des différents textes est d'ailleurs révélatrice de l'acquisition d'une véritable expérience en matière de rédaction des constitutions. Or, si l'on considère, comme il a été souligné au chapitre I^er^ de la partie précédente, que la Constitution est l'élément principal du constitutionnalisme et de l'existence d'un État de droit, dans la mesure où, en tant que norme de base de l'État de droit, c'est elle qui limite et attribue les pouvoirs mais également qui fixe les droits et devoirs du citoyen, la RDC devrait normalement être comptée parmi les États de droit constitutionnel dans lesquels il y a une réelle séparation des pouvoirs, mais également une réelle limitation des attributions des pouvoirs ainsi qu'une effectivité des droits humains.

**275.** Or, qui dit expérience dit acquisition d'une certaine maturité et forcément un risque réduit de commettre des erreurs dans la rédaction des constitutions subséquentes. Et cela est d'autant plus vrai que, dans n'importe quel domaine, les erreurs du passé font inéluctablement acquérir de l'expérience pour l'avenir.

**276.** Cela a-t-il été le cas de la RDC ? Pour la rédaction de sa dernière Constitution, la RDC a-t-elle profité de sa longue expérience en matière de rédaction de constitutions et autres textes apparentés ? Avait-elle finalement encore besoin de se faire assister, voire de subir une interférence extérieure pour la rédaction de sa dernière Constitution dite Constitution de la IIIe République ? Sous cet angle, peut-on encore qualifier ce pays de jeune démocratie ? Le chapitre suivant s'évertue à apporter des réponses éclairées à ces questions. Et pour ce faire, une analyse du texte de ladite Constitution s'impose.

## Chapitre II. CONSTITUTION CONGOLAISE DU 18 FÉVRIER 2006 DITE DE « LA IIIe RÉPUBLIQUE ». UNE MONTAGNE QUI N'A ACCOUCHÉ QUE D'UNE SOURIS ?

**277.** En février 2006, la RDC adoptait une nouvelle Constitution, nommée Constitution de la IIIe République. Ce fut sa troisième Constitution définitive qui intervenait après cinq textes constitutionnels intermédiaires. Elle marqua donc, comme relevé dans les pages qui précèdent, la fin d'une très longue période transitoire à multiples rebondissements. À ce titre, elle s'inscrivait dans une perspective noble, celle de mettre un terme à l'instabilité constitutionnelle et institutionnelle en RDC. Sans nul doute, ce fut la Constitution de tous les espoirs !

**278.** Du 25 février au 12 avril 2002, les délégués de la classe politique, de la société civile ainsi que des forces vives de la nation, se sont retrouvés autour d'une table dans ce que l'on appela le dialogue inter-congolais[297]. Un accord global et inclusif intervint et porta sur la mise en place d'un nouvel ordre politique. Corollaire, une nouvelle constitution devait être élaborée.

C'est l'article 104[298] de la Constitution de transition du 4 avril 2003 qui donna mandat au Sénat d'élaborer un avant-projet de constitution à soumettre au référendum.

**279.** Ce fut le 13 mai 2005 que l'assemblée parlementaire de l'époque acheva ses discussions sur cet avant-projet. Quant au Sénat, après avoir achevé sa tâche, il déposa son avant-projet à l'Assemblée nationale qui l'adopta officiellement le 16 mai 2005.

Puis intervint le référendum constitutionnel organisé du 18 au 19 décembre 2005.

---

[297] Cf. supra (section 2, pt 15). Ce forum endossa à l'époque le rôle de pouvoir constituant originaire, tant elle eut pour mission d'élaborer la Constitution de la transition du 4 avril 2003 qui, rappelons-le, fut une constitution intermédiaire.

[298] Article 104 : « Sans préjudice des autres dispositions de la présente Constitution et des lois de la République, le Sénat exerce une mission de médiation des conflits politiques entre les institutions. Il est chargé d'élaborer l'avant-projet de Constitution à soumettre au référendum (...) ».

À ce propos, il sied également de rappeler que sur les 25 021 703 d'électeurs inscrits, seuls 14 780 075 de votes valables ont été émis, soit 59,07 %. Dont 12 461 001 (84, 31 %) de votes « positifs » et 2 319 074 (15,69) de votes « négatifs ». C'est dire si réellement l'adhésion populaire fut mitigée.

**280.** Le 26 février 2006, la nouvelle Constitution de la RDC fut promulguée par ce qui servait d'assemblée à l'époque. Ce fut donc un nouveau départ pour ce pays après une transition qui s'éternisait et n'en finissait pas de ranimer les tensions et d'ainsi prolonger les conflits entre différentes factions.

**281.** L'espoir était enfin permis ! La RDC entamait sa grande marche démocratique. Cela était d'autant plus rassurant que la communauté internationale encadra tout ce processus démocratique jusqu'à la rédaction même de la Constitution, qui fut conçue par des experts en Belgique, notamment de l'université de Liège. Toutes les garanties étaient manifestement prises. Et cela ressort de son bel exposé des motifs ainsi que de son beau préambule.

A priori, sur le plan strictement formel, ce texte respecte les standards internationaux. Quoi de plus normal, la grande expérience de la RDC ainsi que l'assistance de la Communauté internationale y sont pour beaucoup.

## Section I. Exposé des motifs et préambule

**282.** Afin de fixer les idées, cette Constitution est précédée d'un exposé des motifs ainsi que d'un préambule qui sont des préliminaires du texte et qui traduisent l'esprit même dans lequel ce texte a été élaboré. C'est donc à l'aune de ces deux textes, qui font par ailleurs corps avec le fond même, du moins pour le préambule, qu'il faudra lire et interpréter la Constitution du 18 février 2006.

**283.** Le lexique juridique définit un « exposé des motifs » comme étant un *document, le plus souvent non publié, qui précède le texte d'une loi et marque une déclaration d'intention pouvant servir à l'interprétation du texte*[299].

[299]Lexique des termes juridiques, 16è édition 2007, Dalloz, p.297.

Pour sa part, le dictionnaire Hachette fournit une double définition du « préambule », à savoir : *1. Un avant-propos, une introduction, un exorde ; la partie préliminaire dans laquelle le législateur expose les motifs et l'objet d'un texte de loi. 2. Ce qui précède quelque chose et l'annonce*[300].

Le préambule est également défini comme étant la *partie préliminaire d'un traité, précédant le dispositif, et contenant notamment l'énumération des parties contractantes, l'exposé des motifs et l'objet du traité*[301].

**284.** Force est de constater qu'il s'agit de deux notions quasi identiques dont la distinction n'est pas aisée à faire tant les objectifs sont les mêmes. Néanmoins, le constituant originaire congolais a choisi de fixer les objectifs en rédigeant non seulement un exposé des motifs, mais également un préambule.

**285.** Tel qu'on peut le constater dans les annexes, ces deux textes préliminaires n'ont rien laissé au hasard tant tous les épisodes obscurs de la RDC ont été pris en compte pour la conception de ladite Constitution. Et cela ressort très clairement des différents passages des deux textes qui sont repris en annexe[302].

**286.** Il en ressort a priori une grande prise de conscience de l'histoire trouble du pays par le constituant congolais ainsi que par ses experts internationaux. Quoi de plus sécurisant et noble que de passer au crible l'histoire du pays afin d'épingler toutes les périodes sombres pour en tenir compte dans la conception et la rédaction de la Constitution de 2006.

## Section II. Corps du texte

**287.** Hormis l'exposé des motifs et le préambule, cette grande prise de conscience se traduit également dans le corps du texte, composé de huit grands titres qui réglementent tous les aspects de la vie d'un État, de douze chapitres, de onze sections, de vingt paragraphes ainsi que de 229 articles qui ne laissent rien au hasard de la vie de l'État.

---

[300]*Dictionnaire Hachette encyclopédique*, éd. 2000, *p.1510.*

[301]Lexique juridique, *op.cit.*, p.503.

[302] Annexes 1 et 2

Sans aucun doute, avec une telle Constitution, la RDC était vouée à un très bel avenir politique, tant des bases constitutionnelles solides avaient a priori été posées. Rien ne fut laissé au hasard, tous les aspects déterminants de la vie politique d'un État ont été passés au crible.

Et pourtant, des voix se sont à l'époque levées contre cette Constitution et pas des moindres. Les objections ont été toutes aussi pertinentes que virulentes. Qu'est-ce qui a bien pu justifier une telle opposition à l'égard d'une constitution aussi bien encadrée par la communauté internationale et de surcroît conçue par des experts belges, pays où la Constitution n'a pourtant pas manqué de faire ses preuves ?

**288.** À titre d'illustration, le professeur Mampuya, parlant de l'ambiance qui régna lors de l'élaboration de l'avant-projet de Constitution, monta très vite au créneau, en révélant qu'« à la différence de la Constitution de Luluabourg et du projet de la CNS dans lesquels, comme on l'a vu, la nation s'était impliquée, le projet de 2005 est exclusivement l'œuvre des gens du pouvoir, directement intéressés, obsédés par l'idée de ne plus être aux postes et institutions du pouvoir, de perdre les avantages et privilèges matériels et sociaux, et qui n'ont eu de cesse de trouver les règles, formules et expressions capables de sauvegarder l'acquis, préserver leurs positions directes ou indirectes à travers celles de leur famille politique (...) Il poursuit en témoignant qu'il a assisté à des débats où quelques-uns de ceux qui participent à l'exercice du pouvoir constituant avaient à peine entendu parler des différentes formes de régime politique, sans en connaître les principes et le contenu et, encore moins sans en maîtriser les implications[303]. »

Fut-ce une extrapolation ou plutôt une critique fondée ?

**289.** Le chapitre suivant sera justement consacré aux objections à cette Constitution. Il était important de les passer en revue afin de prendre la mesure des failles. Car à l'instar de la fondation d'un immeuble, à terme, une constitution mal ficelée ne peut conduire qu'à l'effondrement du système. Les objections étaient-elles finalement justifiées au point de faire craindre pour l'avenir politique de la RDC ?

---

[303]A. Mampuya K. T., *Espoirs et déception de la quête constitutionnelle congolaise. Clés pour comprendre le processus constitutionnel du Congo-Kinshasa*, AMA.Ed-BNC, Nancy-Kinshasa 2005, p.25 et 81.

Ces objections et critiques furent à ce point nombreuses qu'il fallut y consacrer un chapitre entier afin de prendre la mesure de l'ambiance qui régna à l'époque autour du projet de la Constitution de février 2006.

## Chapitre II. FLORILÈGE DE RÉACTIONS ET OBJECTIONS CONTRE LE PROJET DE CONSTITUTION DE 2005.

**290.** Parler des circonstances d'adoption de la Constitution du 18 février 2006 sans évoquer les nombreuses critiques émises en son temps, alors que le texte n'était encore que dans sa phase de projet, serait ni plus ni moins occulter les complications de la phase prénatale, comme pour une femme enceinte pourtant diagnostiquée par des médecins consciencieux, sans que la patiente n'en tienne compte, malgré la pertinence des interpellations ainsi que leur caractère déterminant pour l'avenir de l'enfant. Il était donc impérieux de retracer l'ambiance qui régna lors de l'élaboration de ce texte, lequel a suscité - c'est le moins que l'on puisse dire-, les plus grands espoirs.

Il était donc essentiel de dresser un tableau desdites critiques pour mettre en évidence leur caractère prophétique et visionnaire qui portait sur la quasi-totalité des aspects du projet d'alors (droits de l'homme, liberté d'expression, droits sociaux, gouvernance, justice, éducation, forme de l'État, indépendance judiciaire, incohérences, etc.).

**291**. Ce chapitre pourrait paraître superfétatoire à beaucoup ; néanmoins, il était opportun de passer au crible ces objections afin de prendre la mesure des critiques et par là même, la désinvolture du constituant originaire congolais. Elles sont sans conteste une part importante des explications des crises que connaît actuellement la IIIe République.

### Section I. « Projet de Constitution, une copie à refaire »

**292.** À plusieurs reprises et de la manière la plus radicale, le professeur Auguste Mampuya n'a pas manqué de tirer la sonnette d'alarme sur le projet de constitution de l'époque au point de le considérer, ni plus ni moins, comme une *copie à refaire.*

Il fallut à l'époque du courage et un sens élevé de responsabilité intellectuelle pour aller ainsi à contre-courant. C'est d'ailleurs ce courage qui permit de délier les langues. En effet, ce ne fut pas facile à l'époque tant la communauté internationale était derrière tout ce processus.

**293.** Après avoir été consulté comme expert local, ce professeur, voyant que ses remarques étaient systématiquement déconsidérées, s'est résolu à alerter l'opinion par la rédaction de plusieurs articles dans des quotidiens de la place[304].

Mieux encore, comme à son habitude, il prit la résolution de consigner tous les écrits y afférents dans un ouvrage très recommandé intitulé « Espoirs et déception de la quête constitutionnelle congolaise ; clés pour comprendre le processus constitutionnel du Congo-Kinshasa »[305] et ce, afin que la postérité n'ignore ses cris d'alarme.

**294.** Sous sa plume, ses critiques et inquiétudes sur le projet de la Constitution de février 2006, dite également *Constitution de la IIIe République,* retentissaient déjà à l'époque comme une sonnette d'alarme pour prévenir la nation de ce que nous vivons aujourd'hui, jusqu'au point de qualifier cette Constitution *ni plus ni moins* d'*une copie à refaire* au motif qu'elle :

- *Crée, entretient des conflits et un pouvoir personnel peu démocratique*[306] ;

- *Ignore le peuple, il – entendez le projet de constitution de l'époque - est fait sur le dos de l'État et du peuple, il est une conspiration des politiciens congolais contre l'État et les Congolais*[307] ;

- *Consacre des options fondamentales sujettes à caution notamment le choix ou le non-choix d'un régime politique clair, le fait que l'organisation des pouvoirs publics et la répartition des pouvoirs au sein de l'Exécutif maintiennent un pouvoir déséquilibré au profit du président de la République sans qu'il ne réponde de ces attributions importantes qu'il reçoit au niveau gouvernemental, l'absence d'un système effectif de responsabilité pénale des dirigeants au moment où tout le monde se plaint de la mauvaise gouvernance" ;*

---

[304]*Le Potentiel du 15 mars 2006 ; Le Potentiel, n° 3436-3437-3438 des 30, 31 mai et 1er juin 2005 ; Le Phare n° 2665 du 31/08/2005, p. 3 et 6 ; Le Potentiel n°3514 du 31 août 2005, p. 17 ;*

[305] A. Mampuya K. T., *Espoirs et déception de la quête constitutionnelle congolaise. Les clés pour comprendre le processus constitutionnel du Congo-Kinshasa*, AMA.Ed-BNC, Nancy-Kinshasa 2005.

[306]*Ibid. p.101.*

[307]Voy. Mampuya, *projet de constitution : copie à refaire, in* Le Potentiel, quotidien n° 3438, juin 2005, p. 17.

- *Consacre un régime de pouvoir personnel et d'irresponsabilité : absence de contrôle et dérive dictatoriale*[308] *;*

- *Instaure une justice à la solde des politiciens du pouvoir, véritable atavisme historique*[309].

- *'Inaugure une nouvelle dictature ; favorise et encourage la mauvaise gouvernance, l'impunité et l'immoralité des gouvernants*[310] *;*

- *C'est "une constitution scélérate : prêts à conserver et à consolider ces acquis, les politiciens de la transition ne pourront pas changer de politique ni de comportement : les mêmes causes produisant les mêmes effets, leurs motivations n'ayant pas changé, ils continueront après les élections comme ils étaient et agissaient avant les élections.*

- *Contient des références et renvois inexacts ainsi que des incohérences inadmissibles pour toute personne soucieuse de voir notre Pays doté d'institutions viables et fiables ;*

- *Se résume en un texte dangereux, complot contre l'État et contre le Peuple : à amender ou à rejeter.*[311]

## Section II. « Problématique de l'identité du Projet »

**295.** S'appuyant sur le philosophe grec Isocrate selon lequel une constitution est « l'âme de la cité »[312], sur Eboussi Boulagha, d'après qui une Constitution est « une représentation de soi d'un peuple comme sujet agissant »[313], et sur Michel Alliot selon lequel « les institutions sont comme un sémaphore : la description de ses pièces et de ses mouvements n'apporte pas grand-chose quand on ignore la signification

---

308*Ibid.*p. 85.
309*Ibid.* p.93.
310*Ibid.*p. 107.
311*Ibid.*p. 112.
312C. Schmitt, *Théorie de la constitution,* Paris, Léviathan-P.U.F, 1993, p.132.
313Eboussi Boulaga, *La Démocratie en transit au Cameroun,* Paris, l'Harmattan, 1997, p.191.

des signaux transmis »[314], le professeur Jacques N'Djoli, lors d'une conférence organisée par le Centre d'Étude pour l'Action Sociale, CEPAS en sigle, s'est penché sur la problématique de l'identité du projet constitutionnel en axant son exposé de la manière suivante :

- Il qualifie en substance le mouvement constitutionnel africain et en particulier congolais d'un « constitutionnalisme de pacotille », « ayant une identité incertaine », s'apparentant à des « objets juridiques non identifiés », d'un constitutionnalisme « de papier qui ne peut que causer des dégâts, tout en démontrant son inefficacité », d'un constitutionnalisme « non encastré dans les réalités et les défis ». Il n'hésite pas à qualifier, au détour d'une question, le texte de « chiffons de papier », mais également de « vulgaires instruments de domination politique au service d'un individu, dont le pouvoir viager, désormais placé au-dessus des normes, n'appartenant ni à la nation, ni à l'État, ni ne représentant l'intérêt général qu'il prétend incarner »[315] ;

- Jacques N'Djoli décrit également la manière dont le projet de constitution congolais de l'époque a été rédigé. Il qualifia le processus de « *démarche non participative* », alors que « son mode de gestation constitue une piste intéressante pour dégager son identité »[316].

- C'est ainsi qu'il n'a pas manqué de constater que le texte qui allait être soumis à la sanction populaire était "élaboré par un sénat et une assemblée sui generis, c'est-à-dire composé de parlementaires non élus mais désignés ou nommés par des entités et des composantes" [317].

**296.** Lors de la même journée de réflexion, Léon de Saint Moulin, en sa qualité de membre du CEPAS, abonda également dans le même sens en déplorant le fait qu'il n'était « nulle part fait référence à l'identité bantoue de la majorité des habitants ni à son système de valeurs et à ses modèles de perception de la vie sociale (...) même l'organisation du droit foncier

---

314Cité par Maurice Eleglé Ahanzo., *Le renouveau constitutionnel du Bénin : une énigme ? in « Un passeur entre les mondes » textes réunis par E. et J. Leroy*, publications de la Sorbonne, 2000, pp.324-331, p.330.
315J. N'Djoli Eseng'ekeli, *Problématique de l'identité du projet constitutionnel*, CEPAS : journées sociales 5-8juin 2005, n°397, Congo-Afrique, septembre 2005, p.19-20.
316 *Ibid.* p. 20.
317*Ibid.* p. 21.

et du pouvoir coutumier, qui continuent de régir de larges portions de la vie des populations, ne sont nulle part sérieusement prises en compte dans le projet de constitution. On en est resté aux affirmations générales issues de l'époque coloniale. »[318]

## Section III. État d'esprit des acteurs politiques composant le pouvoir constituant

**297.** Sous sa plume, Zegbe Zegs fut catégorique au sujet des réelles motivations des acteurs politiques de l'époque qui ont endossé le rôle de pouvoir constituant congolais.

Selon lui, le constat fut implacable, car à l'époque, il soutint sans ambages que les acteurs politiques étaient plus préoccupés et se préoccupaient toujours de leurs conditions sociales et financières[319].

Ce constat est à s'y méprendre exactement le même que celui fait en son temps par Ketumile Masire, alors facilitateur du conflit congolais, selon lequel les politiciens congolais d'hier comme ceux d'aujourd'hui paraissent avoir été plus préoccupés par leur propre bien-être que par celui du peuple[320].

## Section IV. Quid de l'Église ?

**298.** Comme à son habitude, l'Église catholique n'est pas restée indifférente. Elle n'a pas manqué de faire entendre sa voix par le truchement de Monseigneur Tharcisse Tshibangu Tshishiku. Dans une lettre pastorale du 15 août 2005 adressée à ses diocésains, celui-ci réclama une relecture du texte du projet de constitution d'alors, notamment en ce qui concernait la structure, la forme et l'organisation générale de l'État, l'appellation du pays, le statut et le système de

---

[318]Léon de Saint Moulin, *op.cit.*, p.85-86.

[319]Zegbe Zegs, *La répartition « équitable et équilibrée » des responsabilités au regard de la Constitution de la transition et des instruments juridiques internationaux en matière des droits de l'homme en RDC, in Congo-Afrique, mars 2005, n°393, pp.135-149.*

[320]Ketumile Masire, *interview cinq questions à Ketumile, propos recueillis par Henri Okare,* in Monuc Magazinze, n°0 et 6, p.7, in Jacques N'Djoli, *Problématique de l'identité du projet constitutionnel,* Congo-Afrique, Journée sociales du 5 au 8 juin 2005, CEPAS, septembre 2005, n°397, 22.

fonctionnement en nombre des partis politiques, le découpage territorial (…)[321].

**299.** Pour sa part, la Conférence Épiscopale Nationale du Congo (CENCO) dans sa déclaration du 27 mai 2005 a, ni plus ni moins, suggéré la création d'une Commission ad hoc, chargée de revisiter le texte après son adoption par référendum[322].

**300.** Le Réseau d'Organisations d'Inspiration Chrétienne de Défense des Droits de l'Homme et d'Éducation Civique (RODHIREC), estima que ce texte prolongeait un certain nombre d'égoïsmes du pouvoir en place aujourd'hui, et que le caractère non clair de la forme de l'État et le caractère hybride de son régime politique renfermaient des germes de conflictualité qu'on ne devait pas taire.[323]

## Section V. « Plaidoyer pour une relecture »

**301.** Le regretté professeur Mukadi Bonyi a, pour sa part, effectué un véritable travail de fourmi, en dénonçant déjà à l'époque, « un recul » de ce texte par rapport au texte issu de la Conférence Nationale Souveraine, en ce que :

- Il méconnaît la *répartition des compétences entre la constitution et la loi*, car selon lui, il *tend à régler même les matières qui relèvent de la loi civile, électorale, pénale, etc. Ce qui, pour lui, alourdit le texte du projet qui comporte ainsi 229 articles.* Cela est à son avis d'autant plus inquiétant que *l'interprétation d'une constitution aussi touffue de 229 articles sera certainement malaisée et source de beaucoup de contestations auprès de la Cour constitutionnelle…* [324].

- Il méconnaît également l'« *emplacement judicieux des normes* ». Car à titre d'exemple, *l'article 1^er^ sur la monnaie et l'unité monétaire trouve sa place dans la*

---

321 Voy. *Journal Le Phare n° 2656 du 18/08/2005, p. 3, 8 et 10, et* JL Essambo, *La Constitution congolaise du 18 février 2006, Academia-Bruylant, p.84)*

322 *Le Potentiel, n° 3438 du 1er juillet 2005, p. 17.*

323 *Voy. Le Phare n° 2653 du 15/08/2005, p. 6.*

324 *Mukadi Bonyi, Projet de Constitution de la République démocratique du Congo, Plaidoyer pour une relecture, CRDS-Kinshasa 2005,* p.7.

*section VI du chapitre Ier du titre II relatif aux finances publiques. L'article 1er* devrait donc selon lui *être élagué de l'alinéa relatif à la monnaie*[325].

- Il en va de même de l'article 6 alinéa 2 sur le droit de créer un parti politique ou de s'y affilier ; *lequel fait partie des droits humains et des libertés fondamentales du citoyen, devant trouver leur place dans le titre II du projet*[326].

- Des *violences sexuelles comme armes de déstabilisation et de dislocation de la famille* dont il s'étonne de constater que le projet les range parmi les droits civils et politiques. Il pose à juste titre la question de savoir *quel est le juriste qui peut ranger l'infraction de violences sexuelles parmi les droits civils et politiques ?* Et de répondre, *qu'elles ont leur place dans le Code pénal*[327].

- De *l'abandon et maltraitance des enfants* (art. 41 alinéa 4) : il fait remarquer que *pareille disposition trouve sa place dans le Code pénal ou le Code de l'enfant et non dans la Constitution.* Il relève également *qu'il est curieux que cela soit classé dans la catégorie des droits économiques, sociaux et culturels.* Il soutient donc à juste titre qu'il *s'agit bel et bien d'une obligation des pouvoirs publics et non pas d'un droit économique, social et culturel*[328].

- Quant aux *infractions de pillage des ressources ou richesses naturelles et de haute trahison* en cas de pillage de celles-ci, qui sont rangées dans le chapitre III du titre II sur les droits collectifs, il estime que *l'on a opéré là un mélange pêle-mêle des droits collectifs, des devoirs de l'État, des infractions, des devoirs de l'individu, etc.*[329].

**302.** L'article 51 aurait dû, selon lui, être placé dans le chapitre consacré aux devoirs de l'État[330].

- Le célèbre article 64 alinéa 2 aurait dû être placé dans le titre relatif à l'organisation et à l'exercice du pouvoir, et non dans le chapitre consacré aux devoirs du citoyen[331].

---

325*Ibid.* p.9.
326*Ibid.* P.10.
327*Ibid.* p.11.
328*Ibid.* P.11.
329Ibid. p.12.
330*Ibid.* p.12.
331*Ibid.* p.12.

- Quant à l'article 166 alinéa 2 du projet qui prévoit que la décision des poursuites ainsi que la mise en accusation des membres du gouvernement à la majorité absolue des membres composant l'assemblée nationale suivant la procédure prévue par le règlement intérieur, il s'interroge : pourquoi devrait-on parler *de la décision des poursuites des membres du gouvernement dans la section relative à la cour constitutionnelle alors qu'ils ne sont pas justiciables de celle-ci ? Cette disposition aurait dû, selon lui, être placée dans la section relative à la cour de cassation.*[332]

- Concernant la répartition des compétences entre l'État et les provinces ou entre le pouvoir central et les provinces (art. 201-206), *l'on ose à peine croire que les rédacteurs du projet aient voulu consacrer l'idée que l'État et le pouvoir central se confondent et l'on peut utiliser indistinctement l'un à la place de l'autre sans changer le sens des textes*[333].

- Mukadi Bonyi constate que le constituant originaire congolais a*nnonce que l'on répartit les compétences entre l'État et les provinces là où il s'agit en réalité de la répartition des compétences entre le pouvoir central et les provinces.* Il constate, en outre, que pour la même réalité, sont utilisés des termes différents, tantôt *Entités territoriales décentralisées, tantôt entités territoriales ou subdivisions territoriales.* (Art, 3, 4,196)[334], pour les notions *d'Impôts et taxes* ou *impositions* (art. 65, 122, 174)[335], pour les notions de *Hauts fonctionnaires* ou *agents de carrière des services publics de l'État* (art. 81, 108, 122 et 204)[336].

- Il en va de même pour les notions de *Juridictions de l'ordre judiciaire* ou *ordre des juridictions judiciaires.* En effet, l'article 153 dispose qu'il est institué un ordre de juridictions judiciaires composé des cours et tribunaux civils et militaires placés sous le contrôle de la cour de cassation[337], alors que l'article 154 utilise tantôt l'expression *Juridiction de l'ordre administratif* tantôt *ordre des juridictions administratives* (Art.154 et Art.155).[338]

---

[332] *Ibid.* p.12.
[333] *Ibid.* p.17.
[334] *Ibid.* p.17.
[335] *Ibid.* p.17.
[336] *Ibid.* p.18.
[337] *Ibid.* p.18.
[338] *Ibid.* p.18.

Toutes ces illustrations démontrent, d'après lui, à suffisance, *que la rédaction de ladite Constitution viole la règle de l'unité de terminologie.*

**303.** L'auteur épingle également un manque de rigueur dans la division des articles :

- S'agissant de la composition de la République et de la personnalité juridique des pouvoirs : l'auteur estime que *L'article 2 al 1er du projet édicté aurait dû énoncer une seule règle et se limiter à la composition de la République en énumérant les provinces au lieu de renvoyer cette énumération à l'alinéa 2.*

D'après lui, La Constitution de Luluabourg respectait rigoureusement cette règle en disposant : « *la République démocratique du Congo se compose de la ville de Léopoldville et des provinces autonomes énumérées ci-après…* ». (Art. 4)[339]. Il relève que *l'on retrouve la même rigueur dans la constitution de 24 juin 1967 : « La République démocratique du Congo comprend la ville de Kinshasa et les huit provinces administratives énumérées ci-après… »* (Art. 1er).[340]

- Il épingle ce qu'il qualifie de manque de rigueur en ce que l'article 2 reprend la dénomination entière du pays alors qu'à l'article 1er, cela avait déjà été fait. Il souligne que ce bel exemple de rigueur et d'élégance dans la rédaction d'un texte constitutionnel nous est fourni par la Constitution du 24 juin 1967 qui disposait : « la République démocratique du Congo est un État unitaire, démocratique et social. La République comprend la ville de Kinshasa, la capitale ainsi que les huit provinces administratives… » (Art, 1er). Et par la suite, tous les autres articles ont utilisé l'expression la « République » sans plus, avec une rigueur imperturbable (Voir notamment les articles, 3, 4, 10, 14, 15, 19, 20, 35, 41, 45, 52, 54, 58, 65, 69, 70, 72, 74).

C'est à son avis un *bel exemple de rigueur dans la rédaction d'un texte constitutionnel qui est à mettre à l'honneur des premiers juristes congolais formés à l'Université de Lovanium qui devrait servir de modèle à leurs cadets qui, même sous dopage d'un « per diem », ne semblent pas avoir conservé vif le sens de la rigueur scientifique*[341].

---

[339] *Ibid.* p.21.
[340] *Ibid.* p.21.
[341] *Ibid.* p.24.

- Il relève également un manque de *clarté des normes*, notamment la distinction entre province et entité territoriale (Art.3)[342].

Cette formulation donne l'impression que *le projet de constitution laisse entendre que les provinces ne sont plus des entités territoriales. Les rédacteurs du projet auraient pu éviter d'introduire cette distinction savante entre les provinces et les entités territoriales décentralisées en s'inspirant du libellé de l'article 65 de la constitution du 24 juin 1967 : « Les provinces et les autres collectivités régionales et locales de l'État sont organisées par la loi ».* L'alinéa premier de l'article 3 du projet aurait, d'après lui, dû s'écrire comme suit *: « … Les provinces et les autres entités territoriales de la République sont… »*[343].

- Dans la deuxième partie de son ouvrage, le professeur Mukadi dénonce *un projet de Constitution contenant des dispositions ambiguës, contradictoires, immorales et incohérentes.*[344]

- Il relève le fait que *le plan du projet est d'une incohérence déconcertante.* Il s'étonne déjà de ce que *le titre premier dudit projet est intitulé « des dispositions générales », ce qui est pour lui un manque de clarté.* Car selon lui, *pourquoi parler de dispositions générales alors qu'en réalité 9 des dix articles sont consacrés à l'État et à la souveraineté et un article à la nationalité.*[345]

- Il affirme également que *le titre II du projet est en décalage avec son contenu. Aucun chapitre n'est en réalité consacré aux devoirs de l'État* comme annoncé[346].

- Il relève par ailleurs à juste titre que *le titre III du projet atteint le paroxysme de l'incohérence.* Il est, remarque-t-il, *étonnant que « les rapports entre le pouvoir exécutif et le pouvoir législatif, le pouvoir judiciaire, la Cour constitutionnelle, les finances publiques, la police nationale et les forces armées ainsi que l'administration publique », soient des « institutions politiques ».*

- Il se pose à juste titre la question de savoir *au nom de quel principe de droit, les cours et tribunaux sont-ils rangés dans les « institutions politiques » ?*[347]

---

342 *Ibid.* p.25.
343 *Ibid.* p.25.
344 *Ibid.* p.30 et s.
345 Ibid. p.30.
346 *Ibid.* p.31.
347 *Ibid.* p.31.

- Il fait également remarquer que *les articles 183, 188 et 193 du projet affirment que la police nationale, les forces armées et l'administration publique sont apolitiques*, alors qu'on les trouve également dans le chapitre premier consacré aux institutions politiques de la République. Il résulte, selon lui, que l'on se trouve en face d'« *institutions politiques apolitiques* »[348].

- Il a également épinglé la question du financement des partis politiques et de la mauvaise gouvernance. En effet, *l'article 6 du projet reconnaît aux partis politiques le droit de recevoir des fonds publics destinés à financer leurs campagnes électorales ou leurs activités. Mais il reste muet quant à l'obligation de justifier l'origine des fonds et la gestion de ceux-ci. L'article 5 du projet de constitution de la CNS, en revanche, imposait aux partis politiques de rendre compte à l'État de la provenance et de la gestion de leurs ressources*[349].

- Il reproche également *une terminologie ambiguë* en matière de sol et sous-sol congolais (Art. 9). Le projet parle de *souveraineté permanente et non de propriété comme ce fut le cas pour les textes précédents*. Il fait très justement remarquer *qu'exercer une souveraineté permanente, c'est exercer son autorité*. Et se pose très logiquement la question de savoir s'il s'agissait *d'un abandon du principe de la propriété du sol et du sous-sol*[350].

- Il ne manque pas de relever avec regret que tant le mandat présidentiel que les mandats des députés et sénateurs sont des mandats flottants, dans la mesure où ils restent en fonction jusqu'à l'installation respectivement du nouveau président élu et de nouvelles Chambres, et ce conformément aux articles 70, 103 et 105 de la Constitution[351].

- L'auteur déplore une contradiction non négligeable entre les articles 103 et 105 d'une part et l'article 110 d'autre part, lesquels sont en substance consacrés à la fin du mandat de député et de sénateur. *Ces articles confondent clairement expiration de la législature et installation de la nouvelle assemblée ou du nouveau sénat*[352].

---

[348] *Ibid.* p.32.
[349] *Ibid.* p.35.
[350] *Ibid.* p.36.
[351] *Ibid.* p.48.
[352] *Ibid.* p.56.

- S'agissant de *la poursuite et de la mise en accusation des membres du gouvernement, cela devrait être envisagé dans la section relative à la Cour de cassation, qui est compétente pour les juger et non dans la section relative à la Cour constitutionnelle.* (Article 166)[353].

- Dans sa section VII, articles 182 à 192, le projet traite de la police nationale et des forces armées. L'auteur fait remarquer à juste titre, qu'*aussi paradoxal que cela puisse paraître, il range la police nationale et les forces armées dans le chapitre premier relatif aux institutions politiques de la République, mais affirme qu'elles sont apolitiques* (art. 183 et 188)[354].

- Il en va de même de la section VIII consacrée à l'administration publique (Art.193). La même contradiction est constatée car l'administration publique est rangée parmi les institutions, alors qu'elle est censée être apolitique[355].

- S'agissant de l'âge d'éligibilité, le projet crée une confusion, car l'on ne sait pas si c'est 25 ans ou 18 ans. Et cela est dû, selon lui, au renvoi à plusieurs autres dispositions. (Art. 197)[356].

- Il relève également une carence non négligeable. En effet, le projet ne se prononce pas sur les compétences résiduaires, après avoir énuméré les compétences exclusives du pouvoir central et de l'État. (Art. 202 à 204)[357].

- Dans le titre VI, consacré aux « traités et accords internationaux », l'auteur déplore le fait que le projet donne au président de la République, non seulement les pouvoirs de négocier les traités et accords internationaux, mais également de les ratifier (Art. 213)[358] Pour sa part, l'article 215 reconnaît aux traités et accords internationaux régulièrement conclus, une autorité supérieure à celle des lois. L'auteur estime à juste titre que cette solution tend à enlever à la ratification ou à l'approbation leur utilité et finalité[359]. Il déplore que, contrairement à l'acte de transition

---

353*Ibid.* p.71.
354*Ibid.* p.72.
355*Ibid.* p.73.
356*Ibid.* p.74.
357*Ibid.* p.74.
358*Ibid.*p.78.
359*Ibid.* p.79.

de la CNS, lorsque les traités et accords internationaux affectent les intérêts des provinces, le projet soit muet sur la question de savoir si le gouvernement provincial est consulté avant qu'il ne soit conclu. (Art.197)[360].

Il s'agit donc là des principales critiques et objections du professeur Mukadi que le lecteur peut trouver dans son livre pamphlet dont les références se trouvent en note de bas de page ou dans la bibliographie.

**304.** Les mêmes préoccupations furent émises par Esambo qui souligne, soit dit en passant, que *ce texte contient, on doit le reconnaître, d'énormes contradictions et imperfections notamment dans la visibilité de la répartition des pouvoirs au sein de l'exécutif*[361]. Quelques années plus tard, dans un ouvrage, il a sans ambages émis un doute en soutenant que *l'on peut en effet douter de la capacité de la Constitution de 2006 à résister aux épreuves du temps. En quatre années d'existence, cette Constitution est déjà manipulée par les gouvernants qui semblent s'y soumettre difficilement. Cette glissade pourrait réduire la durée de vie d'une constitution élaborée non sans peine*[362].

**305.** Dans le même ordre d'idées, Léon de Saint Moulin s'étonne de ce que, dans un premier temps, *au niveau des fonctions, le pouvoir judiciaire est déclaré garant des libertés individuelles et des droits fondamentaux des citoyens (Art.150). Cette formule est une innovation du projet de Constitution. Mais, alors que les droits humains sont classés au début du texte en « droits civils et politiques » (Art.11-33), « droits économiques, sociaux et culturels » (Art.34-49), et « droits collectifs » (Art.50-56), il est frappant qu'on introduise ici la formule « libertés individuelles » comme premier objet de la garantie assurée aux citoyens par le pouvoir judiciaire*[363].

---

360 *Ibid.* p.79.

361 J.L. Esambo, *La protection du projet de constitution de la RDC*, Congo-Afrique, CEPAS : journées sociales 5-8 juin 2005, septembre 2005, p.15.

362 J.L. Esambo, *op.cit*, Académia-Bruylant, p.317.

363 Léon de Saint Moulin, *op. cit.*, p.92.

## Section VI. Quant à l'organisation des pouvoirs et de leur équilibre dans le projet de constitution

**306.** À ce propos, lors du séminaire organisé par le CEPAS, le professeur Balanda n'a pas manqué de relever ce qu'il a qualifié de failles dont les points saillants étaient les suivants :

1° *le silence du texte du projet de Constitution sur la qualification minimale dont devraient justifier les candidats à la présidence de la République et à celle des deux Chambres du parlement ainsi que les députés et les sénateurs eux-mêmes* ;

2.° on peut aussi signaler *la possibilité de l'institution de la cohabitation et d'un certain bicéphalisme dans les activités de l'Exécutif entre le président de la République et le Premier ministre* ;

3° *on peut aussi regretter l'absence de consécration de véritables règles éthiques.*[364]

**307.** L'Union européenne a exprimé la même inquiétude car pendant que les visites des représentants européens se multipliaient à Kinshasa, un avant-projet de constitution était rédigé par les sénateurs congolais, lequel projet allait susciter de vives inquiétudes lors d'une réunion que tenait Aldo Ajello avec les chefs de mission de l'Union Européenne.

Le problème était que le texte approuvé par le Sénat, bien que s'inspirant de la Constitution française sous la cinquième République, était vidé de son contenu. En fait, ce texte a été fortement modifié par divers amendements et articles qui ont créé de graves déséquilibres entre les pouvoirs exécutif, législatif et judiciaire. Cela semblait gêner les Européens qui voyaient d'un mauvais œil tout le pouvoir concentré entre les mains du futur président de la République au détriment d'un Premier ministre dépouillé de ses prérogatives gouvernementales.[365]

Pour le professeur Ntumba Luaba, ce texte *"comporte trois régimes politiques à hauts risques"*[366].

---

[364]Balanda Mukuin Leliel, *l'organisation des pouvoirs et de leur équilibre dans le projet de Constitution*, Congo-Afrique, Cepas : journées sociales 5-8 juin 2005, n°397, septembre 2005, p. 40.

[365] Ch. Onana, *Europe, crimes et censure au Congo. Les documents qui accusent*, éditions Dubois 2012, p.174.

[366]*Le Phare n° 2654 du 16 août 2005*, p. 13.

## Section VII. Quant aux droits humains

**308.** À ce sujet, Marie-Madeleine Kalala, alors ministre des droits humains de la RDC, n'a pas manqué d'émettre des réserves en ce qui concerne leur respect. En effet, elle a déploré le fait que *depuis la nuit des temps, la RDC-Zaïre a toujours réservé une part belle aux droits humains. Cependant, l'histoire de ce pays en la matière laisse à désirer. C'est donc à juste titre qu'elle constate* que *le présent projet de Constitution contient des dispositions indispensables pour garantir la promotion et la protection des droits humains en République Démocratique du Congo.*

*Et c'est là que le bât blesse. En effet, depuis 1960, les différentes Constitutions de ce pays ont toujours contenu un titre relatif aux droits de l'homme, mais qu'en a-t-il été du respect de ces dispositions ? Qu'en est-il de la situation des droits humains ? Sans craindre d'être contredite, je peux affirmer qu'elle est plus que préoccupante*[367].

**309.** En d'autres termes, elle dresse un bilan négatif en matière des droits humains en RDC-Zaïre en dépit de beaux textes d'une grande qualité sémantique et légistique contenant les plus belles déclarations en matière de droits humains et autres. In facto, c'est bien souvent l'antithèse de ce qui est couché dans des textes pour le moins sophistiqués rivalisant avec les plus grands textes internationaux en la matière.

## Section VIII. « Dispositif de lutte contre l'impunité, la mauvaise gouvernance et l'immoralité. Un faux-semblant ! »

**310.** À ce sujet, lors du séminaire sur le projet de Constitution tenu au courant du mois de juin 2005, le professeur Akele, pénaliste de son état, n'a pas manqué de relever que *sur les 229 articles de la Constitution, 76 sont consacrés au droit pénal. Autrement dit 33 % ou le tiers des dispositions du projet de Constitution se réfèrent ou s'appuient sur les vertus du droit pénal, ou engagent celui-ci à porter une particulière attention sur les conditions de leur effectivité*[368].

---

[367]Marie-Madeleine Kalala, *Projet de Constitution et droits humains*, Congo-Afrique, Cepas : journées sociales 5-8 juin 2005, n°397, septembre 2005, p.56.

[368] P. Akele Adau, *Projet de Constitution en RDC : dimension pénale et lutte contre l'impunité*, Congo-Afrique, CEPAS : journées sociales 5-8 juin 2005, n°397, septembre 2005, p.109.

Il se dégage qu'il y a un nombre non négligeable de dispositions pénales alors que dans la réalité, c'est le règne de l'impunité, la justice à double vitesse, des infractions à la carte, etc.

**311.** Ce faisant, Akele épouse le point de vue de Mampuya selon lequel les dispositions du projet de constitution d'alors "*vident toute éventualité que la justice, même théoriquement prévue, ait jamais la possibilité de s'exercer à l'égard des dirigeants de l'État*"[369].

Opérant une analyse de l'article 166 de la Constitution qui soumet la mise en accusation du Président et du Premier ministre à la décision des deux Chambres réunies en congrès et prise à la majorité des deux tiers des membres, tandis que concernant les autres membres du gouvernement, la décision est prise par l'assemblée nationale à la majorité absolue, le professeur Mampuya, relayé par son collègue Akele, relève deux écueils :

1° le fait qu'une institution politique intervienne dans l'exercice d'une fonction relevant du pouvoir judiciaire alors que l'article 149 de la même constitution affirme du bout des lèvres que « *le pouvoir judiciaire est indépendant du pouvoir législatif et du pouvoir exécutif* », ce qui lui donne le droit de se substituer au pouvoir judiciaire[370] ;

2° le fait qu'il faille également des majorités fortes, soit deux tiers des membres des deux Chambres pour le Président et le Premier ministre ou la majorité absolue de l'Assemblée pour les ministres. Il considère cela comme des conditions difficiles voire impossibles au point de qualifier l'énoncé de l'article 166 de *purement putatif*[371] ;

**312.** Il en ressort que l'option levée par le Constituant originaire congolais était d'instaurer des **verrous importants pour des responsabilités pénales, alors que pour pouvoir réviser la Constitution, le verrou est beaucoup moins important.**

---

369 A. Mampuya K'a-T., *Projet de Constitution : copie à refaire*, in *Le Potentiel*, n°3437 du lundi 30 mai 2005, in Pierre Akele Adau, op.cit., p.134-136.
370 *Ibid.* p.135.
371 *Ibid.* p. 136.

**313.** La critique fut tout aussi sévère concernant l'article 167 de la Constitution consacré aux crimes commis par le président de la République et Premier ministre. Selon cette disposition, les poursuites à leur égard doivent être « suspendues jusqu'à l'expiration de leurs fonctions ».

Cela ferait, à juste titre, *craindre que nous nous retrouvions un jour dans un État ou avec un gouvernement dirigé pour tout un mandat par quelqu'un gravement suspecté de crimes, parfois horribles, politiques ou de droit commun, ayant fait des victimes privées en plus de l'État lui-même.* Ce qui poussa Mampuya à poser la question pertinente suivante : *est-ce combattre l'immoralité et l'impunité ou garantir l'impunité et encourager l'immoralité au sommet de l'État*[372] *?*

**314.** Dans le même ordre d'idées, s'agissant des autres autorités supérieures de l'État et des provinces, Akele, citant toujours son collègue Mampuya, constate également avec regret que l'article 153 alinéa 3 *allonge considérablement la liste des justiciables privilégiés de la Cour de cassation. Ce qui, d'après lui, dans cette disposition, est pervers et tient au fait qu'elle éloigne la justice des citoyens éventuellement victimes des infractions commises par ces autorités (arrestations arbitraires, viols et attentats à la pudeur, menaces, etc.) ; l'intérêt de ces citoyens d'en bas est ainsi sacrifié à l'honneur des citoyens d'en haut.*

Il ne manque pas plus loin de rappeler, à juste titre, que le *privilège de juridiction devrait donc être véritablement une exception d'autant qu'il est contraire à la fois, au principe de l'égalité de tous citoyens devant la loi et à la règle du double degré de juridiction*[373].

## Section IX. « Projet de constitution de la RDC : Dimension politique. »

**315.** Se penchant sur la question lors de la journée de réflexion sur le projet de constitution en 2005, le professeur Mwembwa Kalala, ne manque pas de relever toute une série d'anomalies dans sa rédaction.

En effet, parlant de la forme de l'État, celui-ci soutient qu'il *y a lieu de craindre que la répartition des compétences entre le pouvoir central et les provinces à partir de la Constitution, ce qui est propre au fédéralisme, ne puisse bloquer l'exercice*

---

372 *Ibid.* P. 136.
373 *Ibid.* p. 137.

*de la tutelle consacrée dans la décentralisation territoriale, ce qui risque de priver le pouvoir central de son moyen de contrôle sur les provinces*[374].

**316.** À propos des institutions d'appui à la démocratie que sont la Commission électorale indépendante (CENI), en charge de l'organisation des élections, ainsi que le Conseil supérieur de l'audiovisuel et de la communication en charge de la protection de la liberté de la presse et de faire respecter la déontologie professionnelle chez les journalistes, Mwembwa se montre, comme tant d'autres à l'époque, très optimiste pour la suite des événements, lorsqu'il déclare *qu'en choisissant de consacrer ces deux institutions, le constituant voudrait que les élections ne soient pas facilement manipulées par ceux qui contrôlent le gouvernement et c'est également le cas des médias dont la liberté est une garantie pour la réussite de la démocratie dans notre pays. Ce sont-là également des aspects fort significatifs sur le plan politique*[375].

La réalité statistique et empirique a surtout été un parfait démenti comme le relate d'ailleurs le rapport de la Ligue des électeurs[376]. Il en ressort très clairement que ni la CENI ni le Conseil supérieur de l'audiovisuel n'ont pu garantir des élections apaisées[377].

## Section X. « Découpage administratif, dimension sociale et droit coutumier »

**317.** L'intervention du Père Léon de Saint-Moulin en tant que membre du CEPAS porta sur la dimension sociale du projet de constitution lors du séminaire du CEPAS en 2005.

Avant de recommander malgré tout et très vivement l'adoption d'un tel projet par référendum, non pas parce qu'il était au point et conforme aux aspirations de la démocratie, plutôt par dépit, car il était d'après lui *sans doute difficile d'arriver maintenant à un meilleur résultat et qu'il était souhaitable que le texte proposé reçoive la légitimité d'une adoption par le référendum qui est en*

---

374JP Mwembwa Kalala, *Congo-Afrique, CEPAS : journées sociales 5-8 juin 2005*, n°397, septembre 2005p..69-70.

375*Ibid.* P 74.

376 Ligue des Electeurs., *op. cit.*, pp. 24 à 32.

377*Ibid.* pp.24-32.

*préparation. Un rejet ne ferait que prolonger une transition qui a déjà trop duré, sans assurer les moyens de la rédaction d'un projet alternatif plus démocratique*[378].

L'intervenant ne manque pas de décrier à juste titre que *la constitution n'a été rédigée que du point de vue des dirigeants et des étrangers (…) Qu'elle a pourtant bénéficié de la contribution de nombreux experts internationaux… Mais peu d'expertise semble avoir été mobilisée pour la prise en compte des réalités nationales. Un grand nombre d'articles sont rédigés comme s'il s'agissait d'un exercice académique dans un pays indéterminé.*[379]

**318.** Il va encore plus loin en déplorant que l'article 10 de la Constitution *définisse la nationalité en référence aux groupes ethniques dont les personnes et les territoires constituaient ce qui est devenu le Congo à l'indépendance. Mais aucune définition n'est donnée des groupes ethniques ni des modes de désignation de leurs autorités et aucun rôle ne leur est reconnu dans la vie nationale.*[380]

S'agissant de l'autorité coutumière dans *le Titre consacré aux institutions provinciales, la définition de leur statut est confiée à une simple loi, alors que la CNS prévoyait à ce propos une loi organique provinciale (Art.207 in fine de la Constitution). Cette absence de progrès, qui est même un recul dans la prise en compte des réalités coutumières, indique aussi que les préoccupations majeures des auteurs du projet n'étaient pas l'analyse de la vie nationale et la réponse aux aspirations de la population*[381].

À titre d'illustration, il donne comme exemple la *faiblesse des connaissances de la réalité nationale par les rédacteurs du projet de Constitution, le découpage des provinces qu'ils proposent à l'article 2. D'après lui, à quelques exceptions près, les députés se sont contentés d'ériger en provinces les districts des actuelles provinces…* À ce propos, il s'interrogea par exemple sur le fait que l'on ait *maintenu la division de l'Équateur en cinq provinces, selon les cinq districts qui existent depuis 1977 par la création du Nord et du Sud-Ubangi, alors que la province Orientale et le Katanga, qui sont plus peuplés et plus vastes, ne donnent naissance qu'à quatre nouvelles provinces*[382]. (Katanga : pop. 7,9 M d'hab., sup. 496 877 km$^2$ ;

---

[378]Léon de Saint Moulin s.j., *Projet de Constitution de la RDC, dimension sociale, CEPAS : journées sociales du 5-8 juin 2005*, septembre 2005, p.94.
[379]*Ibid.*pp.85-86.
[380]*Ibid.* p.87.
[381]*Ibid.*pp.87-88.
[382]*Ibid.*p.88.

Équateur : pop.6,3 M d'hab., sup. 403.292 ; Pov. Orientale : pop.7 M, sup. 503 239 km²)

**319.** Il ne manque pas ainsi de rappeler, à juste titre, *qu'une province devrait être une unité d'action, en fonction d'un projet de développement.*

À ce sujet, il finira, à l'époque, par se demander *si le fractionnement des provinces proposé peut conduire à une plus grande décentralisation ou s'il n'appellera pas le pouvoir central à assumer de nouvelles prérogatives de coordination interprovinciale*[383].

Il déplore également la connaissance insuffisante des réalités du pays par le fait qu'ils ont, à l'époque, obtenu *des réponses diverses, suivant les personnes interrogées parmi celles qui avaient participé à l'élaboration du projet ou à son vote*[384].

**320.** Il fait une pertinente comparaison entre deux articles célèbres dans l'histoire constitutionnelle congolaise. Les articles 7 de la Constitution de transition adoptée par la CNS ainsi que l'article 64 de l'actuelle Constitution. En substance, ces deux articles consacrent le droit pour le citoyen à désobéir et à résister à une prise de pouvoir illégale. Il constate avec regret que l'article 64 de la Constitution actuelle régresse quelque peu dans la mesure où il est assorti d'une clause restrictive, à savoir *la preuve de l'illégalité manifeste de l'ordre incombe à la personne qui refuse de l'exécuter.*

**321.** Par rapport à la répartition des compétences établies entre les provinces et le pouvoir central qui est et demeure un domaine sensible, Léon de Saint Moulin déplore le fait que l'on ait signalé *que dans certaines provinces, on semble maintenir des districts, alors qu'il n'y en a plus dans d'autres, sans que soit posée la question du rôle de leurs titulaires.*

Il critique également le fait que *l'érection des 25 nouvelles provinces n'ait pas été soumise à la même exigence de la définition des moyens de leur financement. Seul un délai de 36 mois est prévu pour leur organisation (Art. 226)*[385].

Il relève que le projet de constitution proclame le droit au travail (art. 36), le droit à l'éducation scolaire (Art. 43), le droit à la santé et à la

---

[383] *Ibid.* p.88.
[384] *Ibid.* P.88.
[385] *Ibid.* p.91.

sécurité alimentaire (Art. 47), le droit au logement décent, à l'eau potable et l'électricité (Art. 48). Mais même quand il est dit que l'État garantit ces droits, il est simplement établi que la loi fixe la modalité de leur exercice et aucune plainte ne peut être déposée à leur propos tant que le pouvoir n'aura pas élaboré les lois requises pour une telle procédure[386].

**322.** À propos d'une réalité et particularité africaines et forcément congolaises que sont « les terres coutumières, la loi foncière de 1972 prévoyait une réglementation spécifique pour la gestion des terres coutumières, mais elle n'a jamais été élaborée. Les tribunaux de paix prononcent par ailleurs des déguerpissements comme mode de règlement de certains conflits de terres coutumières. Que la Constitution ne dise rien à ce propos est un indice supplémentaire que l'ordre qu'elle entend instituer est davantage conçu en fonction des dirigeants et des étrangers que des aspirations à la paix de la population. »[387].

C'est à juste titre que Léon de Saint Moulin estime que l'affirmation des droits sociaux semble dès lors vouloir plutôt faire accepter le texte proposé par la population que traduire ses aspirations dans des perspectives constituant un véritable engagement des dirigeants[388].

## Section XI. Une Constitution à trois versions.

323. Après ces regards critiques, tous aussi nombreux que pertinents et par ailleurs non exhaustifs, le comble du paradoxe est que la Constitution a été rédigée en plusieurs versions, ce qui n'a pas manqué de complexifier les choses et de créer un véritable capharnaüm constitutionnel qui ne pouvait que conduire à des situations de chaos.

**324.** Jean-Louis Essambo, l'un des experts congolais consulté, révèle non sans regret que le texte soumis à référendum et publié au JORDC, numéro spécial de mai 2005, provenait de la présidence de la République qui l'avait reçu de l'Assemblée nationale. Il contenait des lacunes, des contradictions et des coquilles corrigées par le bureau d'études. Par la suite, il a été endossé par le bureau de l'Assemblée nationale avec le

---

386 *Ibid.* p.92.
387 *Ibid.* p.93.
388 *Ibid.* p.92.

risque de dénaturer le texte initial. Ce « nouveau projet de Constitution » a été transmis le 6 novembre 2005 au Journal Officiel pour publication (Cette version a été transmise au JORDC par lettre du président de l'Assemblée nationale n° CAB/AN/KAID/1249/05 du 6 nov. 2005[389]). Cet organe a, en outre, publié deux autres versions du projet de constitution dont la dernière à la veille du scrutin référendaire. Il s'ensuit que trois versions du projet de constitution ont été rendues publiques avant l'organisation du référendum. La question qui vaut la peine d'être posée est celle de savoir laquelle de ces versions a été réellement soumise au référendum. L'observation permet de soutenir que le texte publié à la veille du référendum semble se rapprocher de celui qui a été promulgué le 18 février 2006.[390]

## Section XII. Un mécanisme de révision des plus fragiles

**325.** À ces critiques et objections, pour le moins pertinentes, nous rajoutons, dans le cadre du présent ouvrage, le caractère excessivement souple du mécanisme de révision consacré par l'article 218 de la Constitution du 18 février 2006. Mécanisme qui sera examiné, infra, dans la troisième partie.

**326.** Néanmoins, l'on peut d'emblée relever que le mécanisme de l'article 218 n'est « particulier » que parce qu'il se distingue du mécanisme d'élaboration d'une loi, consacré par les articles 135 à 137. Cependant, ce particularisme ne découle en rien de son caractère rigide et contraignant. Ce qui, à tout le moins, devrait singulariser un mécanisme de révision digne de ce nom.

En d'autres termes, il ne suffit pas que le mécanisme de révision d'une constitution s'avère différent du mécanisme d'adoption et de modification d'une loi. Encore faut-il qu'il soit plus rigide et plus contraignant. Ce qui, à notre avis, n'est pas le cas de l'article 218, tel qu'il est démontré plus loin, dans la IIIe partie.

---

389 J.L. Essambo, *op.cit*, Academia-Bruylant, p.85, note infrapaginale n°67.
390 *Ibid.*, p.85.

## Section XIII. Observations liminaires

**327**. Toutes ces critiques et objections avaient de véritables allures de sonnette d'alarme d'autant plus qu'elles provenaient de personnalités et d'organisations non négligeables ayant, le moins que l'on puisse dire, pignon sur rue, à tel point qu'on peut s'étonner qu'à l'époque, leurs observations n'aient pas été prises en considération.

Les interventions de tous ces experts, pour la plupart congolais, font, à s'y méprendre, penser aux avertissements d'un gynécologue en période prénatale ; lesquels sont déterminants pour que l'enfant naisse vivant, mais surtout viable. En effet, il ne suffit donc pas de concevoir et de donner naissance à un enfant. Encore faut-il se comporter de manière responsable, dans la phase prénatale afin qu'il naisse réellement viable.

**328.** Vraisemblablement, le constituant originaire congolais de 2005 et ses experts internationaux étaient plutôt focalisés sur la rapide élaboration d'une constitution afin de mettre un terme à une transition qui s'éternisait, tout en omettant de mettre un point d'honneur à rendre viable leur œuvre.

Ces acteurs ont semblé perdre de vue qu'une bonne constitution ne peut suffire à faire le bonheur d'une nation, une mauvaise peut suffire à faire son malheur[391].

**329**. C'est avec raison qu'en 2003, Essambo affirmera que « Les constitutions écrites en dehors de toute consultation populaire sont dépourvues d'identité. Elles sont considérées comme des greffons sur un corps étranger et survivent difficilement devant les contingences dictées par l'évolution de la vie politique »[392].

**330.** Certes, ces critiques et objections ont été ignorées de manière volontaire ou non. Cependant, l'histoire de la RDC retiendra qu'elles ont

---

[391] Guy Carcassonne, *La Constitution*, éd. Du Sueil, coll. « Points », 2004, p.33.
[392]J.L. EsamboK. *Le texte constitutionnel de transition du 4 avril 2003 de la RDC à l'épreuve de l'identité constitutionnelle,* in Revue de Droit Africain, n°27/03, pp.349-363, p.351.

au moins le mérite d'avoir été formulées. Elles étaient, à ce point, pertinentes et virulentes, qu'elles ne présageaient finalement rien de bon.

En témoigne la révision constitutionnelle record de janvier 2011 avec son exposé de motifs pour le moins déconcertant qui n'a fait que confirmer le caractère prophétique desdites critiques.

En effet, toutes ces critiques émises à l'époque alors même que le texte n'était que dans sa phase de projet, prédisaient, explicitement voire implicitement, des problèmes dans le futur. Ce qui fut le cas, tel qu'on le verra au chapitre suivant. Le ver était donc déjà dans le fruit !

Le chapitre suivant est justement consacré à ladite révision afin que l'on puisse prendre toute la mesure de la pertinence des objections ci-avant épinglées.

## Chapitre III. RÉVISION CONSTITUTIONNELLE DU 20 JANVIER 2011. L'ACCOMPLISSEMENT DES PROPHÉTIES !

**331.** Cinq années seulement, presque jour pour jour, après l'adoption de la Constitution de tous les espoirs dite Constitution de la IIIe République, les prophéties - entendez les objections - ci-avant énumérées finirent par s'accomplir. Une révision constitutionnelle, non des moindres, tomba comme un coup de massue sur la nation congolaise.

Rien ne laissait présager cela, car durant toute l'année 2010, aucun débat, à grande ou à petite échelle, n'eut lieu. Tout gravitait plutôt autour des élections de l'année suivante, devant se tenir en novembre 2011. Les débats portaient sur les noms des éventuels candidats, la victoire assurée du président sortant, les spots de campagne, le processus d'enrôlement, la gestion de la CENI, etc. ; rien sur une éventuelle révision de la Constitution de février 2006.

**332.** Le même constat fut également fait par La ligue des électeurs selon laquelle « ce n'est donc qu'en début janvier 2011 que les autorités congolaises font entendre leur volonté de réviser la Constitution pour proposer le passage à un scrutin présidentiel à tour unique (...) Les rencontres des partis d'opposition prévues le 9 janvier au quartier GB ou au Grand Hôtel Kinshasa en vue d'échanger sur la question de la révision constitutionnelle ont été interdites par les autorités. »[393]

### Section I. Motivations apparentes et cachées de ladite révision. *In tempore suspecto !*

**333.** Qu'est-ce qui a donc bien pu déclencher une telle révision avec la célérité qui la caractérisa ? Les observateurs sont unanimes sur le facteur social déclencheur de cette initiative. Ce fut le retour, un mois plus tôt, en décembre 2010, d'un candidat inespéré, d'un poids lourd de la

---

393L.E., *élections tronquées en RDC. Rapport final sur l'observation des élections présidentielles et législatives du 28 novembre 2011*, mars 2012, p.23.

politique congolaise qui aurait déclenché un vent de panique dans le clan du pouvoir, au point de prendre la décision inopinée de changer les règles du jeu électoral à seulement quelques mois des élections.

§1. Changement inattendu de la configuration politique

**334.** Un quotidien de la place décrivit l'évènement en ces termes : "L'onde de choc provoqué sur l'ensemble du territoire national par le retour triomphal d'Étienne Tshisekedi-wa-Mulumba, le 8 décembre 2010, n'a pas encore fini de faire des vagues sur l'échiquier politique de la Rd Congo. Menteur serait le politicien qui prétendrait être demeuré indifférent ce jour-là, face à la marée humaine qui a pratiquement paralysé le boulevard Lumumba, de l'Aéroport de N'Djili jusqu'à Limete de 13 heures jusqu'à 21 heures, uniquement pour accueillir et accompagner le - Père de la Démocratie congolaise -, de l'avion qui le ramenait de l'Europe au pays de ses ancêtres – selon sa propre expression – et s'assurer réellement s'il s'agissait bien de sa personne.

**335.** Depuis cette date jusqu'à ce jour, aussi bien les partisans du camp de la majorité présidentielle au pouvoir que ceux de l'opposition parlementaire et non parlementaire se sont vus imposer par le concours de circonstances une révision forcée de leurs calculs politiques. Même au sein de l'UDPS., son propre parti politique, le choc a été ressenti par les cadres et « combattants », aussi bien ceux restés fidèles à la ligne du parti que ceux qui avaient choisi d'autres voies. Dès cet instant, il n'y avait plus moyen de survivre – en dehors de l'alignement et du repositionnement politique – à la guerre électorale qui s'annonçait déjà rude et qui pointait à l'horizon '2011'[394].

**336.** À propos du même évènement, c'est très opportunément que le professeur Mampuya fit observer que le ridicule ne tue pas, surtout pas au Congo où certains « responsables » s'en sont rendus spécialistes, aboyant à la moindre occasion pour ne débiter que des mensonges. Mais, dans la présente situation, le mensonge cache, bien mal, la panique qui s'empara du magma appelé « AMP » dans la perspective de plus en plus vérifiée d'une défaite lors de l'élection annoncée en 2011, alors que les prévisions triomphalistes et arrogantes qu'ils affichaient se dissipèrent à

[394]Quotidien Le Phare, article du 31 décembre 2010.

partir du retour et de l'accueil populaire d'Étienne Tshisekedi par le peuple de Kinshasa[395].

§2. Ratio Legis officielle

**337.** Les raisons qui furent avancées figurent justement dans l'exposé des motifs de la loi n° 11/002 du 20 janvier 2011 portant révision de la Constitution de la République Démocratique du Congo du 18 février 2006, selon la formule suivante : « ***Depuis l'entrée en vigueur,*** *le 18 février 2006, de la Constitution de la République Démocratique du Congo, le fonctionnement des institutions politiques tant centrales que provinciales* ***a fait apparaître des situations concrètes, des contraintes et des problèmes non prévus*** *par le constituant originaire. En effet, d'une part,* ***certaines dispositions se sont révélées handicapantes et inadaptées*** *aux réalités politiques et socio-économiques de la République Démocratique du Congo. D'autre part, des* ***dysfonctionnements imprévus*** *par le constituant originaire sont apparus dans la vie des institutions de la République tant au niveau national que provincial. La présente loi a pour finalité de donner des* ***réponses adéquates*** *aux problèmes posés aux institutions de la République depuis le début de la première législature de la IIIe République* ***afin d'assurer le fonctionnement régulier de l'État et de la jeune démocratie congolaise*** ».[396]

**338.** Hormis ces raisons officiellement inscrites dans l'exposé des motifs, plusieurs autres raisons ont également été avancées de manière un peu moins officielle, mais ouvertement, comme le rappelle Cheik Fita, reprenant une partie d'une déclaration des députés, exprimée de la manière suivante : - *nous avons expérimenté en 2006 le suffrage universel à deux tours. Et nous avons constaté qu'il n'est pas conforme aux intérêts de notre peuple, du point de vue économique, du point de vue politique et du point de vue sécuritaire. – Le déroulement des élections sur le strict modèle occidental au Kenya, en Guinée, en Côte d'Ivoire et même chez nous a abouti à des affrontements non pas politiques mais identitaires. Mais ce n'est pas ce que nous avons cherché*[397].

---

395 A. Mampuya, *on ne les croyait pas capable d'aller jusque-là, de franchir la ligne rouge*…article Le Phare du 6 janvier 2011.

396 *J.O.R.D.C. n°3,52e année, du 1er février 2011, p.1. (Les mots et les phrases sont en caractère gras dans le cadre du présent ouvrage)*

397 Cheik Fita, *RD Congo : La démocratie assassinée ?* éd. Info en ligne des congolais de Belgique 2012, p.96.

Un tel constat est, le moins que l'on puisse dire, totalement déroutant car c'est une remise en question même de la Constitution et ce, depuis son entrée en vigueur.

Ceci confirme les analyses, observations et objections faites déjà à l'époque, en 2005, par les personnes les mieux indiquées tels que reprises au chapitre précédent.

**339.** Décidément, l'Afrique semble être le continent de l'éternel recommencement. Comment expliquer que cinq ans seulement après son adoption, alors qu'il y eut une grande implication de la communauté internationale et des experts de l'université de Liège, cette norme aussi importante, soit qualifiée, ni plus ni moins, de norme inappropriée, inadaptée, handicapante. Bref, c'est tout le travail du constituant congolais de 2005 qui est remis en cause. Comment celui-ci a donc pu commettre une telle malfaçon alors même que des voix, non des moindres se sont levées à l'époque ? Qu'est-ce qui a bien pu pousser le constituant de l'époque à ne pas en tenir compte, alors même que la RDC a déjà une grande expérience en la matière, comme cela a été dit précédemment ? Et cela est d'autant plus troublant que cette expérience était doublée de l'expérience de la communauté internationale. Comment alors expliquer un tel résultat catastrophique ? Ce qui est sûr, c'est que cette Constitution a été une véritable supercherie qui n'a pas tardé à plonger la RDC, cinq ans après son adoption, dans une crise de légitimité sans précédent.

**340.** Ce qui est d'autant plus étonnant et irresponsable, c'est qu'après avoir fait un tel constat d'échec, qui du reste était prévisible[398], la révision de janvier 2011, au lieu justement de corriger les erreurs évoquées dans l'exposé des motifs de la loi portant révision de certaines dispositions de la Constitution, fit le contraire. En effet, l'histoire récente de la RDC

---

398En effet, l'exposé des motifs résume les problèmes par l'existence des dispositions handicapantes et inadaptées, des dysfonctionnements dans la vie des institutions. Or, à lire la pléthore des critiques et objections énumérées dans le chapitre précédent, plusieurs auteurs ont justement décrié des dispositions conflictogènes et par ailleurs, ambigües, contradictoires, immorales, incohérentes, inadaptées, handicapantes, contradictoires, mal rédigées, etc. En cela, la révision de janvier 2011 était prévisible, quoiqu'opérée in tempore suspecto, montre que la révision de janvier 2011 n'a fait qu'empirer les choses, car le constituant subséquent ou dérivé congolais de 2011, après avoir donné l'impression, au travers dudit exposé des motifs, de vouloir corriger et améliorer la Constitution, - ce qui est bien évidemment noble et d'ailleurs recommandé, a plutôt remué le couteau dans la plaie en procédant à une révision des plus handicapantes, dans la mesure où, non seulement aucun débat à grande échelle n'a été organisé, mais le peuple n'a jamais été consulté sur la manière dont il aurait voulu choisir le chef de son État.

**341.** En sus, à l'instar de ce qui a été vu au chapitre III de la première partie, concernant notamment les révisions belges et françaises, aucune commission parlementaire n'a été mise en place pour examiner la question. Ce fut de toute évidence un passage en force de la majorité parlementaire au mépris de l'esprit même de la Constitution.

**342.** En outre, la célérité - seulement une dizaine de jours pour une norme qui s'inscrivait dans une perspective de rupture d'avec les pratiques de la dictature *mobutienne* et *kabiliste*, mais également dans le but de mettre fin aux tares inhérentes à l'interminable période de transition - avec laquelle ladite révision s'est déroulée n'a fait que mettre en exergue ses intentions malveillantes, considérant non seulement les matières soumises à révision ainsi que le constat fait dans l'exposé des motifs de la loi portant révision, mais également et surtout à la lumière de l'esprit même qui a conduit à l'élaboration de la Constitution de février 2006. Il était donc évident qu'une telle révision aurait dû être évitée, d'autant plus que les circonstances ne s'y prêtaient pas. Année électorale oblige !

**343.** Un constat s'impose, c'est que la révision congolaise de janvier 2011 n'a été qu'un maillon de la longue chaîne des révisions constitutionnelles africaines qui ne touchent étonnamment que la durée des mandats des chefs d'État ; sinon leurs pouvoirs, ou encore, comme en RDC, la suppression d'un second tour, pourtant gage de la légitimité. Fidèle à la tradition africaine, la révision constitutionnelle en question, du reste opérée, *in tempore suspecto*, a créé un sérieux déséquilibre en permettant à une famille politique de se cramponner au pouvoir, contrairement à l'esprit même de la Constitution.

**344.** Kazadi Mpiana l'a clairement exprimé en relevant qu'« il est toutefois curieux de constater par ailleurs la célérité avec laquelle les Chambres, d'abord individuellement, ensuite réunies en Congrès, ont approuvé la loi de révision constitutionnelle et sa promulgation par le président de la République dans un temps record de moins de 10 jours et pourtant, pour sa particularité et la sensibilité de la question principale posée, le bon sens aurait commandé la prorogation du moment de réflexion et l'exploration de toutes les initiatives tendant à accroître la convergence au-delà du périmètre de la majorité en cours. »[399].

## Section II. Effet papillon !

**345.** La Ligue des électeurs abonda également dans le même sens en déplorant que cette révision constitutionnelle d'importance fût adoptée en une quinzaine de jours en l'absence totale d'un débat national et contre la volonté des principaux partis d'opposition, et ce 11 mois avant l'entame du scrutin présidentiel. Cette procédure hâtive et dilatoire ne pouvait que susciter la suspicion quant aux intentions du pouvoir[400].

À titre de rappel, ladite révision portait sur les articles 71, 110, 126, 149, 197, 198, 218 et 226 de la Constitution.

**346.** Concernant l'article 218, c'est encore une illustration de la désinvolture du constituant originaire congolais, dans la mesure où **la première version de l'article avait omis de préciser qui était l'autorité compétente pour convoquer le référendum**. Ce qui ne manquait pas de créer un vide juridique sur un point aussi fondamental. Certes, le tir a été rectifié mais une telle omission laisse malgré tout perplexe sur la réelle compétence des rédacteurs de ladite Constitution et des experts occidentaux qui ont accompagné ce processus.

**347.** Néanmoins, c'est celle qui portait sur l'article 71 de la Constitution qui a déchaîné et déchaîne encore aujourd'hui les passions. En effet, cette disposition dans sa mouture initiale stipulait que *Le président de la République est élu à la* ***majorité absolue*** *des suffrages exprimés.* ***Si celle-ci n'est pas obtenue au premier tour*** *du scrutin, il est procédé, dans un délai de quinze jours,* ***à un second tour*** ce qui impliquait donc que le deuxième tour des élections n'était qu'une simple éventualité.

---

[399]J. Kazadi Mpiana, *Op.cit.*, pp.3 et 4.
[400]L.E., *op. cit.* p.23.

**348.** Avec la révision litigieuse de janvier 2011, cet article a été simplifié et dispose désormais que *Le président de la République est élu à la* ***majorité simple*** *des suffrages exprimés.*

Il en ressort que l'élection du chef de l'État de la RDC, par ailleurs *représentant de la nation et symbole de l'unité nationale (Art.69)*, a été réduite à sa plus simple expression, de telle sorte que la gestion de l'État peut être confiée à un chef d'État mal élu dans un pays où il existe des crises identitaires, tribales voire régionales, de manière presque permanente. Bien au contraire, conscient de cette réalité, il était impérieux de soumettre les candidats à un test de légitimité de sorte qu'ils se sentent contraints de s'implanter au travers de leur formation politique dans toute la République.

Avec une telle simplification du scrutin, les candidats ne se sentiront pas forcément concernés par certaines parties du pays au point de prendre l'option de ne cibler que certaines autres parties du pays dites favorables, ce qui est susceptible d'exacerber la crise identitaire déjà latente. La légitimité s'est donc vue sacrifiée sur l'autel de la conservation du pouvoir à tout prix !

**349.** Comment donc un Président peut-il valablement représenter la nation et même symboliser son unité s'il n'est élu qu'à la majorité simple des suffrages ? De toute évidence, cette équation paraît impossible à résoudre et propice à engendrer des conflits et crises de légitimité à n'en pas finir.

**350.** Ce qui est d'autant plus troublant, c'est que l'article 101 de la loi électorale de 2006, qui régit les élections présidentielles stipulait que *Le président de la République est élu au suffrage universel direct et au scrutin majoritaire à deux tours pour un mandat de cinq ans renouvelable une seule fois.* Selon cette loi, le second tour n'était pas une éventualité, mais une obligation.

Certes, cela n'a aucune incidence dans la mesure où la loi est et demeure subordonnée à la Constitution, en ce sens qu'elle doit être interprétée à l'aune de cette dernière. Cependant, cela méritait d'être souligné pour réaliser avec quelle désinvolture les normes y sont parfois élaborées.

**351.** Il sied néanmoins de souligner qu'au regard de la lettre même, notamment de l'article 218 de la Constitution congolaise, cette révision ne pose aucun problème dans la mesure où cette disposition in fine stipule que « toutefois, le projet, la proposition ou la pétition n'est pas soumis au référendum lorsque l'Assemblée nationale et le Sénat réunis en congrès, l'approuvent à la majorité des trois cinquièmes des membres qui les composent ».

Cette disposition permet en effet au constituant dérivé congolais de procéder à une révision en éludant le souverain primaire dès lors que les trois cinquièmes du congrès le décident. Et ce, pour n'importe quelle disposition à réviser, quel que soit son degré d'importance et de sensibilité.

**352**. Au regard de la lettre même de cette disposition, la procédure de révision de janvier 2011 a bel et bien été respectée. Cependant, au regard de l'esprit même de la Constitution, - contenu dans son exposé des motifs et son préambule -, une telle révision viole l'équilibre voulu par le constituant originaire. Et cela peut aisément se déduire, non seulement du deuxième paragraphe de l'exposé des motifs ainsi que de son dernier point, mais également des deux premiers paragraphes de son préambule[401].

---

[401]Exposé des motifs, § 2 : En vue de mettre fin à cette crise chronique de légitimité et de donner au pays toutes les chances de se reconstruire, les délégués de la classe politique et de la Société civile, forces vives de la Nation, réunis en Dialogue inter congolais, ont convenu, dans l'Accord Global et Inclusif signé à Pretoria en Afrique du Sud le 17 décembre 2002, de mettre en place un nouvel ordre politique, fondé sur une nouvelle Constitution démocratique sur base de laquelle le peuple congolais puisse choisir souverainement ses dirigeants, au terme des élections libres, pluralistes, démocratiques, transparentes et crédibles./ Exposé des motifs point 4 : DE LA REVISION CONSTITUTIONNELLE. Pour préserver les principes démocratiques contenus dans la présente Constitution contre les aléas de la vie politique et les révisions intempestives, les dispositions relatives à la forme républicaine de l'Etat, au principe du suffrage universel, à la forme représentative du Gouvernement, au nombre et à la durée des mandats du Président de la République, à l'indépendance du pouvoir judiciaire, au pluralisme politique et syndical ne peuvent faire l'objet d'aucune révision constitutionnelle. Telles sont les lignes maîtresses qui caractérisent la présente Constitution. / Préambule §1 et 2 : Nous, Peuple congolais, Uni par le destin et par l'histoire autour de nobles idéaux de liberté, de fraternité, de solidarité, de justice, de paix et de travail, Animé par notre volonté commune de bâtir, au

Un texte sans son esprit ne peut en effet servir valablement pour le but qui lui a été assigné. Ne dit-on pas que *La lettre tue et l'esprit vivifie.* Si bien qu'une *action peut être dans la ligne de la légalité la plus pure et se révéler parfaitement illégitime. La légitimité, c'est la conformité à la conscience du moment*[402].

**353.** D'ailleurs, un des artisans majeurs de cette Constitution reconnut que *cette révision n'était pas adéquate pour la bonne et simple raison qu'en faisant la modification de janvier 2011, on a modifié l'équilibre des institutions. C'est-à-dire qu'on a renforcé le pouvoir du président de la République par rapport à ce qui a été décidé par référendum en 2006*[403].

Cette révision portait par ailleurs sur des aspects sensibles et déterminants de la vie politique congolaise, notamment la suppression du second tour de l'élection présidentielle, lequel tour contribue pourtant à asseoir la légitimité du Président élu.

**354.** A priori, ce passage de deux à un tour ne semblait être qu'un réglage de moindre importance. Et pourtant, cela touchait directement à un aspect majeur de la légitimité, à savoir l'élection du chef de l'État, représentant de la nation et de ses institutions, mais également symbole de l'unité nationale.

En effet, un Président sujet à des problèmes de légitimité ne peut rien transmettre de bon aux autres acteurs de la nation (individus et organes). C'est l'histoire du poisson qui commence à pourrir par la tête. Le problème de légitimité est en effet semblable à la putréfaction de la tête du poisson qui contamine tout le reste du corps. In facto, en RDC, le problème de légitimité du chef de l'État, dont la cause profonde vient de la révision de janvier 2011, s'est répercuté sur les autres institutions et acteurs de l'État. C'est ainsi que l'on assista, fin 2011, début 2012, à des audiences en contestation des résultats électoraux frisant parfois le ridicule : *Il y eut plus de 500 recours en contestation des législatives, et selon la CENI, les partisans de Kabila ont obtenu environ 340 des 500 sièges de*

---

cœur de l'Afrique, un Etat de droit et une Nation puissante et prospère, fondée sur une véritable démocratie politique, économique, sociale et culturelle (...)

402 R. Dossou, in Thierry Perret, *Les Constitutions en Afrique : réviser, pourquoi, comment ?* article MFI Hebdo : Politique, diplomatie, 28/06/2004.

403 B. Kabamba, *Révision de l'article 220 : Bob Kabamba fixe l'opinion*, article Le Potentiel online, 07/07/2013.

*l'Assemblée*[404]. Cette situation n'a pas manqué d'avoir des répercussions, au point où cinq ans après les élections de novembre 2011, l'on parle encore et toujours de crise de légitimité. La révision constitutionnelle de janvier 2011 eut donc un effet papillon ; « petite cause, grandes conséquences », au point de provoquer un traumatisme dans toutes les couches sociales dans le pays.

**355.** En effet, au courant de l'année 2013, à la simple évocation, dans un ouvrage d'un apparatchik du parti au pouvoir, invoquant subtilement la nécessité d'une révision constitutionnelle, les réactions ne se sont pas fait attendre. Elles fusaient de partout ! Ce qui fut révélateur d'un profond traumatisme causé par la révision de janvier 2011. Au cas contraire, les réactions n'auraient jamais été aussi nombreuses que virulentes.

## Section III. Aperçu de quelques réactions des personnalités physiques et morales

**356.** À titre d'illustration, le professeur Mbata fut le premier à avoir réagi et s'est fait malgré lui le porte-parole des antirévisionnistes. Il écrit : « ...Tout mandat a une fin. Il faut quitter le pouvoir avant que le pouvoir ne vous quitte... Le reste ne serait que du vent, car il n'y aura pas de révision constitutionnelle du nombre de mandats présidentiels ni même pas de référendum constitutionnel... ».[405]

**357.** Fidèle à ses habitudes, l'Église catholique réagit à deux niveaux. D'abord par la voix de son prélat qui n'alla pas par le dos de la cuillère en rappelant que *les dirigeants politiques et même religieux doivent cultiver le sens de l'humilité dans les services. Ils sont tenus d'exercer leur mandat, suivant les normes, textes et les lois établis.* Tout en exhortant dans le sens que *nous devons avoir le courage de respecter le mandat prescrit par les autres, car Dieu n'aime pas les dictateurs*[406]. Puis, par le biais de la CENCO, l'Église a diffusé auprès de ses fidèles le message selon lequel ils *doivent demeurer vigilants et prêts à faire échec à toute manœuvre éventuelle de modification de la Constitution des articles verrouillés (...) Car « toucher à la limitation du nombre et de la durée des mandats du*

---

404Ligue des électeurs (L.E.), *op. cit.*, p.32.

405 A. Mbata B. Mangu, Politique *du ventre, trahison d'un clerc, servilisme et déconfiture intellectuelle ?* Le Potentiel Online, 03/07/2013, p.7.

406Monseigneur Laurent Monsegwo, article :*Mosengwo rejette les concertations nationales*, Direct.cd, 5/11/2013.

*président de la République, consacrée dans la loi fondamentale pour garantir l'alternance politique, risquerait de porter un coup dur à la cohésion nationale et à la stabilité politique »*[407].

**358**. Dans le même article, l'ASADHO a réagi en promettant la rédaction *d'une lettre ouverte pour appeler les jeunes congolais à s'opposer à toute initiative visant la modification du nombre des mandats du chef de l'État en RDC.* Tout en rappelant que *c'est justement pour préserver les principes démocratiques contre les aléas de la politique et les révisions intempestives que certaines dispositions constitutionnelles ont été verrouillées*[408].

**359.** L'APUKIN (Association des professeurs de l'université de Kinshasa) *se dit opposée à toute tentative de révision constitutionnelle.* Tout en affirmant *sa vive préoccupation par rapport à la situation de guerre et de crise de légitimité qui prévaut en RDC.* Elle justifie sa position par le constat qu'étant *donné les tensions et suspicions provoquées par la dernière révision constitutionnelle, nous recommandons de mettre fin aux révisions intempestives et sur mesure pour les besoins de certaines causes*[409].

**360.** Pour sa part, Vital Kamhere se montre tout aussi virulent que Mbata, en reconnaissant avant tout que *la procédure de révision constitutionnelle est consacrée dans toutes les lois fondamentales à travers le monde, à l'opposition, on soutient qu'un tel acte, si conforme soit-il, ne laisse aucune marge de manœuvre à la modification de l'article 220* (…) terminant sur un ton menaçant : « (…) *Pour que cette révision passe, il faudra marcher sur les cadavres des congolais"*[410].

**361.** En tant que concepteur majeur du texte constitutionnel de 2006, Bob Kabamba se prononça également contre une éventuelle tentative de révision suite à l'ouvrage d'un proche du pouvoir en martelant que *réviser la Constitution est tout à fait inopportun. Pourquoi ? Parce que tout le monde sait que dans l'actuelle Constitution, on a essayé de verrouiller les principes pour éviter que*

---

407 *Abbé Félicien Mwanama, secrétaire général adjoint de la Cenco, RDC : vers un troisième mandat pour Joseph Kabila en 2016 ? Jeune afrique.com, 03/07/2013, p.2.*

408 Jean-Claude Katende président de l'ASADHO, p.2.

409 Professeur Mbadu, rapporteur de l'Apukin, *RDC : des professeurs de l'université de Kinshasa s'opposent à la révision constitutionnelle, radio Okapi, 6/07/2013.*

410 V. Kamhere, par Alain Diasso, la*révision de la Constitution : l'opposition fait bloc autour de l'article 220*, article Africatime.com, mardi 09/07/2013.

*le Congo ne retombe dans les travers de l'histoire, ne soit plus un pays dirigé et pris en otage par un homme ou un régime (…) Car de mon point de vue, elle va encore accentuer le déséquilibre qui s'est creusé en 2011 et qui risque de creuser davantage si on refait une deuxième révision constitutionnelle*[411].

**362.** Hormis ces quelques déclarations représentatives de la société congolaise, des mouvements aux noms révélateurs ont vu le jour : « Touche pas à mon 220 » de Martin Fayulu ; ou encore dans la diaspora « Touche pas à ma Constitution » des activistes congolais "combattants" Jeannot Kabuya et Baby Balukuna ; « Congo Lobbying » des activistes congolais Mitch, Urbain Kalembu, Yves Mpoyi. Au-delà des frontières congolaises, « Y en a marre » des activistes sénégalais Keur Gui, Cheikh Fadel, Barro, Aliou Sané, "Balai citoyen", des activistes burkinabés Sams'K le Jah et Serge Bambara, etc. Bien plus tard, à l'approche des échéances électorales de 2016, face aux manœuvres dilatoires du pouvoir en place, après des tentatives avortées de tripatouillage de la Constitution et de la loi électorale, l'on a assisté à des réactions non négligeables de deux grosses pointures de la majorité présidentielle, dont l'un, Francis Kalombo[412], a pris le risque de s'y opposer à un troisième mandat en invoquant des arguments juridiques pour le moins pertinents. L'autre, Moïse Katumbi[413], qui s'y est opposé par un slogan métaphorique qui a fait mouche dans toute la République, en parlant du probable troisième mandat de Kabila comme un « troisième faux penalty », après bien sûr deux premiers « faux penalty » - entendez les mandats de 2006 et 2011. Ce qui leur a valu des intimidations au point de s'exiler et continuer à mener leurs combats de l'extérieur.

La particularité notoire de ces mouvements est qu'ils sont nés ou ont pris de l'ampleur en réaction aux tripatouillages constitutionnels devenus une constante sur le continent africain.

---

411 B. Kabamba, *Révision de l'article 220* : *Bob Kabamba fixe l'opinion,* Le potentiel du 07/07/2013.

412 Célèbre député congolais, doublement élu sur la liste du PPRD (parti au pouvoir).

413 Très célèbre gouverneur du Katanga (province de la RDC), lui aussi doublement élu en 2006 comme député national et député provincial, sur la liste du PPRD.

**363.** Ces différentes illustrations démontrent, à suffisance, le profond malaise que la révision de janvier 2011 en RDC, mais aussi d'autres révisions intempestives, occasionne dans le continent. Et ce, alors que les constitutions s'y apparentent à celles des grandes démocraties pour la simple et bonne raison que leurs rédactions y sont quasi toujours supervisées par des experts occidentaux.

La célérité et l'aisance avec laquelle, en RDC, cette révision fut opérée posent très logiquement la question des verrous constitutionnels dans ce pays.

## Section IV. Quid des verrous constitutionnels en RDC ?

**364.** Il est donc une réalité en RDC, et cela a été révélé au grand jour par la révision du 20 janvier 2011, les verrous constitutionnels congolais, notamment les mécanismes de révision de la Constitution de février 2006 sont des plus fragiles. Sur quelles dispositions reposent en effet les verrous constitutionnels en RDC ? Pourquoi et en quoi sont-ils fragiles ?

Dans le cadre du présent chapitre, *delege lata*, il sera essentiellement examiné les verrous constitutionnels du titre VII intitulé, *De la Révision constitutionnelle*, qui sont de toute évidence les verrous par excellence d'une constitution. Ce titre ne comprend que trois articles, à savoir les articles 218, 219 et 220.

### §1. *Article 218*

**365.** Cet article est consacré à la manière dont la Constitution congolaise consent à être révisée. À l'instar de tout mécanisme de révision d'une constitution, c'est son procédé qui permet de qualifier une constitution de souple ou de rigide.

En effet, une constitution a beau être élaborée dans les plus beaux styles littéraires et être d'une grande qualité légistique, elle a en outre beau faire les plus belles déclarations de droits et obligations, voire comporter la plus belle formule quant à la forme de l'État. Tant qu'elle est à portée de main des tenants du pouvoir et de sa majorité parlementaire, elle restera une constitution fragile et peu viable. Dans la mesure où les majorités parlementaires peuvent en disposer à leur guise, c'est un réel danger qui peut amener à dénaturer l'État de droit dont la Constitution est le reflet, mieux encore, le garant.

**366.** Concernant la RDC, sa Constitution peut-elle être qualifiée de souple ou de rigide ? Cette question trouvera une réponse dans la troisième partie de l'ouvrage qui justement, se donne pour objectif de comparer utilement les mécanismes de révision constitutionnels de par le monde, dont notamment celui de l'article 218.

§2. *Article 219*[414]

**367.** Il ressort de la Constitution congolaise du 18 février 2006 que le constituant dérivé ou subséquent n'a reçu de mandat exprès ni d'abroger, ni de changer ou de réviser en totalité la Constitution comme c'est par exemple le cas en Suisse. Il n'a pas non plus mandat pour la suspendre en partie ou en totalité, à l'instar de la Belgique.

Il transparaît donc très clairement du prescrit constitutionnel que le constituant dérivé congolais ne peut ni abroger la Constitution de février 2006, ni la suspendre en partie ou en totalité.

**368.** Néanmoins, il a bien reçu mandat de modifier la Constitution tel qu'il ressort expressément de l'article 218. Cependant, ce mandat n'est pas absolu, ni illimité. En effet, hormis les limites procédurales de l'article 218, l'article 219 instaure des *limites circonstancielles.* Cet article consacre donc une *clause circonstancielle* que l'on retrouve dans la plupart des constitutions de par le monde, à l'instar des articles 196 de la Constitution belge, 169 de la Constitution espagnole, 115 de la Constitution luxembourgeoise, 289 de la Constitution portugaise, etc.

**369.** Il s'agit donc d'une interdiction de réviser la Constitution dans certaines circonstances bien précises. En effet, il est logique qu'en tant que texte fondateur ou réformateur d'un État, une constitution reste une norme atypique et particulièrement importante, si bien que l'on ne peut

---

[414] Art. 219 : « Aucune révision ne peut intervenir pendant l'état de guerre, l'état d'urgence ou l'état de siège ni pendant l'intérim à la présidence de la République ni lorsque l'Assemblée nationale et le Sénat se trouvent empêchés de se réunir librement. » (JORDC, 52e année, numéro spécial, Kinshasa 5 février 2011, p.75)

pas en disposer à sa guise et dans n'importe quelles circonstances. Car, c'est elle qui garantit le caractère stable de l'État. À ce titre, elle doit pouvoir transcender certaines circonstances, même les plus graves.

**370.** En l'espèce, ces circonstances sont les suivantes : état de guerre, état d'urgence ou état de siège, intérim à la présidence de la République, empêchement de l'assemblée nationale et du Sénat.

Il en ressort donc qu'à l'instar de plusieurs constitutions, la Constitution congolaise est à ce point sacrée que l'on ne peut la toucher qu'à la condition que toutes les institutions de l'État fonctionnent normalement, car, une modification de la Constitution ne peut se faire à la légère, dans la mesure où la stabilité de l'État en est tributaire.

L'occasion faisant le larron, il est évident qu'en période instable, n'importe quel pouvoir mal intentionné peut y voir une occasion de s'arroger certains pouvoirs au-delà même de ceux attribués par la Constitution. D'où l'importance d'une telle clause d'interdiction.

### §3. *Article 220*[415]

**371.** Pour sa part, cet article instaure d'autres limites. Il s'agit cette fois-ci de limites *matérielles* aux révisions constitutionnelles. Ce type de clause est également qualifié de *clause d'intangibilité*. Cette pratique est également très répandue dans la plupart des constitutions, à l'instar des constitutions africaines et occidentales. On peut les retrouver, mutatis mutandis, dans les dispositions constitutionnelles suivantes : articles 125 (Niger), 89 (Sénégal), 88 (Tchad), 117 (Gabon), 313 (Djibouti), 118 (Mali), 73 (Côte d'Ivoire), 165 (Burkina Faso), 178 (Algérie), 142 (Madagascar), 91

---

415 Art. 220 : « La forme républicaine l'Etat, le principe du suffrage, la forme représentative du Gouvernement, le nombre et la durée des mandats du Président de la République, l'indépendance du pouvoir judiciaire, le pluralisme politique et syndical, ne peuvent faire l'objet d'aucune révision constitutionnelle. Est formellement interdite toute révision constitutionnelle ayant pour objet ou pour effet de réduire les droits et libertés de la personne ou de réduire les prérogatives des provinces et des entités territoriales décentralisées. » (JORDC, 52e année, numéro spécial, Kinshasa 5 février 2011, p.75)

(Guinée), 144 (Togo), 99 (Mauritanie), 108 (République sud-africaine), etc.

**372.** En Belgique, l'article 197 instaure des limites matérielles seulement en cas de régence. On notera également les articles 139 de la Constitution italienne, 89 alinéas 4 et 5 de la Constitution espagnole, 288 de la Constitution portugaise, 79.3 de la Constitution allemande, etc.

Elle consiste à placer hors du champ des révisions toute une série de matières qui sont et restent le fer de lance de l'État de droit. Ce sont donc des matières qui sont à ce point importantes pour la stabilité d'un État que l'on fixe une fois pour toutes de sorte à constituer un noyau dur qui maintiendrait, quelles que soient les circonstances, le point de résistance, le pare-chocs contre toute tentative de déstabilisation du système initialement adopté.

**373.** En l'espèce, ce caractère intangible ressort de la dernière phrase du premier paragraphe, à savoir « ne peuvent faire l'objet d'aucune révision constitutionnelle ». Il s'agit bien d'une « phrase déclarative » en ce sens qu'elle affirme, qu'elle déclare que les matières précitées ne peuvent en aucun cas être soumises à révision. Il en est de même du second paragraphe qui dispose qu'« Est formellement interdite toute révision constitutionnelle… ». Il s'agit bel et bien d'une « phrase impérative » en ce sens qu'elle *exprime un ordre*, mieux, une *obligation de ne pas faire.*

**374.** L'on est donc en présence de deux phrases qui ne laissent aucune place à la moindre interprétation dans un sens autre que celui qui est exprimé. Quand bien même certaines thèses estimeraient qu'elle peut malgré tout faire l'objet d'une quelconque interprétation, il y a lieu de rappeler que l'exposé des motifs demeure la ligne directrice. Elle renferme en effet l'esprit même dans lequel toute interprétation doit être faite.

Or, force est de constater qu'en son point 4, l'exposé des motifs, au travers de cette clause d'intangibilité, se fixe clairement pour objectif noble, *la préservation des principes démocratiques en se prémunissant des aléas de la vie politique, mais également des révisions constitutionnelles intempestives.*

**375.** En d'autres termes, conformément à l'esprit même de cette Constitution, toute révision qui porterait sur les matières de l'article 220 serait considérée comme non conforme aux principes démocratiques, et partant, aurait un caractère clairement intempestif.

D'ailleurs, à la simple évocation d'une possible révision de cet article, de fortes tensions ont éclaté dans le paysage politique congolais. Ce qui présage déjà d'une éventuelle forte crise à naître, laquelle risquerait encore de bloquer le pays. L'on assista à la création de toutes sortes de mouvements dont les slogans tournaient tous autour de l'article 220 (touche pas à ma Constitution, touche pas à mon 220, etc.)

Or, les trois premiers paragraphes dudit exposé des motifs font clairement savoir que le but de cette nouvelle Constitution est *d'épargner à nouveau au pays des crises chroniques de légitimé des institutions et de leurs animateurs, des guerres comme celles de 1996 à 2003*, …

Dès lors que l'avènement d'une crise se ressent déjà en amont, le bon sens veut que n'importe quel constituant dérivé ne puisse se hasarder à procéder à une telle démarche suicidaire.

**376.** Il sied de rappeler qu'une clause ayant un caractère intangible doit le rester. À moins qu'un constituant, quel qu'il soit, n'ose donner un autre sens au mot « intangible » qui est un adjectif qui veut dire *Qui doit rester intact, inviolable. Et* d'après le dictionnaire Larousse, son synonyme est le mot « *sacré* »[416].

Il est donc évident que le mandat donné au constituant dérivé congolais a des contours. Il se limite donc très clairement à toutes les dispositions de la Constitution, hormis celles visées par l'article 220, à savoir les articles 2, 3, 5, 70. 90 et 149 de ladite Constitution.

**377.** Ce genre de dispositions, surtout dans le contexte africain où la maturité des hommes politiques laisse à désirer, est salutaire, car « en démocratie, il y a une morale du constitutionnalisme, qui fait qu'on ne peut pas utiliser, même régulièrement, tous les mécanismes constitutionnels pour atteindre n'importe quel objectif. C'est le principe

[416]Dictionnaire Larousse, Maxipoche, p.741, éd. 2009.

du **constitutionnalisme démocratique**, de poser un certain nombre de limites, pas forcément d'ailleurs inscrites dans la constitution. »[417].

## Section V. Enseignements

**378.** Que retenir de ce titre ? C'est qu'une constitution n'a certes pas vocation à être parfaite, ni éternelle. Loin de là l'idée d'en faire un texte saint.

Néanmoins, tel un acte de naissance, tel un certificat de conformité d'un véhicule, telle une autorisation de bâtir, telle la fondation d'un immeuble, elle mérite d'être rédigée avec précaution de sorte que l'on ne puisse apporter des amendements que pour des raisons absolument nécessaires. En l'espèce, des raisons conformes à l'exposé des motifs et au préambule qui sont les lignes directrices d'une telle œuvre. Ce qui ne semble pas avoir été le cas en 2005. En effet, le constituant originaire de l'époque, entouré d'experts occidentaux, a sans aucun doute fait preuve de beaucoup d'amateurisme et même de désinvolture.

**379.** Comme il a été relevé ci-avant, la RDC a un parcours de près d'un siècle en matière d'élaboration de constitutions. Sous cet angle, ce pays ne peut être considéré comme une jeune démocratie. C'est donc un qualificatif qu'il faut relativiser. Contrairement à ce que veulent faire croire certains hommes politiques occidentaux et "spécialistes" du Congo, sous cet angle, la RDC n'est pas une jeune démocratie. Bien au contraire, après plus de cinquante années d'indépendance et l'adoption de plusieurs textes fondamentaux, l'on ne peut encore considérer ce pays comme une jeune démocratie. Ce discours a tellement été propagé qu'il ressort, même de la dernière phrase[418] de l'exposé des motifs de la loi de révision du 20 janvier 2011, que le constituant dérivé congolais n'a pas manqué de mettre toutes les failles du système constitutionnel sur le compte de sa démocratie encore jeune.

---

[417] Jean Dubois de Gaudusson, in Thierry Perret, *Les Constitutions en Afrique ; réviser, pourquoi, comment ?* MFI Hebdo, article du 28/06/2004.

[418] « …afin d'assurer le fonctionnement régulier de l'État et de la jeune démocratie congolaise… »

Un tel discours n'a malheureusement pour seul effet que d'endormir son peuple et, pire encore, de donner des alibis aux dirigeants qui n'ont d'autres projets de société que la pérennisation au pouvoir.

**380.** Comment donc ne pas oublier des paroles tristement célèbres prononcées, lors d'interventions radiotélévisées, par le ministre des affaires étrangères belge de l'époque qui n'a eu de cesse de répéter à qui voulait l'entendre, à propos de la tricherie électorale de novembre 2011 dont, rappelons-le, les racines sont la révision constitutionnelle de janvier de la même année, que « cela ne changeait en rien à l'ordre d'arrivée... ». Et pourtant il s'agissait d'une tricherie d'une particulière ampleur, comme l'ont si bien reconnu plusieurs observateurs tant nationaux qu'internationaux, notamment l'Église Catholique, La ligue des Électeurs, la Fondation Carter, la Monusco, etc.

**380.** Comment ne pas se remémorer le discours du président de l'assemblée nationale belge d'alors, du 30 octobre 2012, quelques mois à peine après les élections chahutées, qui l'ont conduit à s'exprimer devant un parterre de parlementaires hilares, impressionnés au vu de cette personnalité belge, qui a d'ailleurs été installé comme un véritable chef d'État à la tribune du Parlement. Le message était pour le moins clair, à savoir que « ...ces élections peuvent donner lieu à critique car des abus regrettables ont été constatés. Mais ceci n'enlève cependant rien à la validité du scrutin et votre présence à toutes et tous aujourd'hui le confirme »[419].

**381.** La moralité des jeunes générations et futurs dirigeants africains se voit ainsi sacrifiés sur l'autel du profit, de l'appât du gain. Alors que dans le Nord, leurs alter ego se voient préservés. Que peut-on attendre d'un futur dirigeant africain qui n'entend autour de lui que tripatouillages des constitutions, tricheries, irrégularités, fraudes, magouilles électorales, etc. ? Rien du tout, dans la mesure où les donneurs de leçons qu'il prend par ailleurs pour modèles justifient une telle attitude par des phrases assassines comme celles citées ci-avant. Phrases qui causent, ni plus ni moins, les mêmes dégâts qu'une bombe à retardement. Il n'est dès lors pas étonnant que le berceau de l'humanité se fourvoie depuis des décennies dans l'instabilité au grand dam de ses jeunes générations et à la grande satisfaction de ses prédateurs.

---

[419] *Youtube.com/results?search-query=andré+flahaut+kinshasa+2012.*

**382.** Marc Uyttendaele nous révèle pourtant que dès le 6 octobre 1830, le gouvernement provisoire charge une commission de quatorze membres – seuls sept d'entre eux prirent une part active aux discussions – de rédiger un projet de constitution. Jean Baptiste Nothomb et Paul Devaux, jeunes juristes, âgés respectivement de 25 et 29 ans, sont les chevilles ouvrières de la commission[420]. Il faut reconnaître que 25 et 29 ans sont des âges relativement jeunes, car c'est juste le temps de sortir des études et d'acquérir un début d'expérience professionnelle. Comment donc de si jeunes citoyens ont pu concevoir un texte aussi performant qui a fait ses preuves dans l'histoire de la Belgique au point que la Constitution belge est considérée comme l'une des plus rigides et stables dans le monde ? En effet, depuis 1831, le royaume de Belgique n'a connu qu'une seule et même Constitution, en dépit des révisions parfois même très profondes.

Jadis, le pays sortait pourtant d'une période sombre de son histoire. Ce fut également à l'époque une jeune démocratie. Et pourtant, le texte rédigé fut à ce point remarquable que ce pays rayonne aujourd'hui sur le plan démocratique et de l'État de droit, au point qu'au courant de l'année 2013, une citoyenne belge a pu traîner le Roi en justice, sans inquiétude.

**383.** Il sied de rappeler que l'histoire du constitutionnalisme mondial nous enseigne que la Constitution belge est l'une des plus vieilles constitutions encore en vigueur. Seules, de manière chronologique, les Constitutions américaine (1787), norvégienne (1814), néerlandaise (1815) et portugaise (1822) sont plus anciennes que la Constitution belge.

Il y a donc de réelles raisons de s'insurger contre de telles idées reçues qui sont comparables à un venin mortel qui n'a pour seul but que d'asphyxier lentement mais sûrement sa proie qu'est ce grand et beau pays avec sa population. Celle-ci croupit dans une misère sordide malgré les richesses dont regorge ce pays sous perfusion, selon l'expression des Nations Unies qui affirmèrent, en son temps, que : « le renforcement continuel du mandat de la mission de l'ONU traduit la lente montée en puissance de la communauté internationale dans ce pays sous perfusion

---

420 M. Uyttendaele, *trente leçons de droit constitutionnel*, Bruylant-Anthemis 2014, p.88.

(…) Du fait de la situation extrêmement complexe qui règne dans le pays, elle est devenue une mission qui fait un peu de tout… »[421].

**384.** Javier Solana, dans son discours du 12 septembre 2006, relate également cette réalité de la manière suivante : « dès le début, l'Union européenne a apporté tout son soutien au processus de transition en République démocratique du Congo, du point de vue économique, politique et militaire. Nous avons financé les élections à hauteur de 80 %, nous avons contribué à la rédaction de la Constitution et des lois, et nous apportons une aide au développement du pays ».[422]

**385.** Pour sa part, Jean-Louis Essambo, l'un des experts congolais consulté, n'a pas manqué de révéler que « l'implication de la communauté internationale dans l'adoption de la Constitution ne s'est pas limitée qu'aux simples conseils et suggestions. Par moments, le constituant congolais s'est trouvé en face d'un "acteur engagé" et lui donnait des injonctions »[423].

Il apporte la précision selon laquelle les experts, nationaux et internationaux, qui ont contribué à l'élaboration de la Constitution étaient au nombre de dix-sept : huit congolais (A. Mampuya, C. Kabuya, E. Boshab, J. Munganza, JL Esambo, J.-P. Mbwebwa, F. Kapanga et Malumba Mbangula) ; six Belges (B. Kabamba, J. Beaufays, J.-C. Scholsen, M. Bossyt, N. Banneux et P. Verjans) ; un français (P. Mazeaud) ; un suisse (A. SIGG) ; un Turc (Mumtaz Soystal) ; un Sénégalais (El Hadj Mbodj), un Ivoirien (Fanny Mory), un Britannique (John Beya) ainsi qu'un Mauricien (Robert Annhée).[424]

**385.** Dans le même ordre d'idée, aussi paradoxal que cela puisse paraître, écrivit Mwayila Tshiyembe, ce débat Ô Combien important pour l'avenir de la République Démocratique du Congo, s'est déroulé en dehors du Parlement et du pays réel. Les autorités de la transition, poursuivit-il, se

421Xavier Zeebroek, Marc Memier, Pamphile Sebahara, *la mission des nations unies en RD Congo. Bilan d'une décennie de maintien de la paix et perspectives*, GRIP 2011, p.5.
422 Ch. Onana, *Europe, Crimes et censure au Congo. Les documents qui accusent*, éd. Duboiris 2012, p.194.
423 J.L. Essambo, *op. cit.*, Academia-Bruylant, 2010, p.82.
424Ibid. p.51

sont murées dans un silence de mort, à l'ombre des salons feutrés de Kinshasa, pour administrer, sans témoin, la ponction magique à leur malade agonisant.[425]

Ce qui est d'autant plus troublant dans l'attitude du Constituant congolais, truffé d'experts occidentaux, c'est que la RDC est souvent présentée comme une jeune démocratie. Si cette thèse s'avère juste et que ces experts étaient si conscients que le Congo était une jeune démocratie, comment ne pas alors avoir mis un point d'honneur à proposer des mécanismes de révision rigides à l'instar de la Belgique ?

**386.** À titre d'illustration, un petit détour vers le droit civil peut éclairer le lecteur. En effet, dans cette branche du droit, la responsabilité des parents est d'autant plus grande que l'enfant est jeune, et cette responsabilité diminue proportionnellement à sa croissance. En d'autres termes, plus l'enfant est jeune, plus la responsabilité des parents est grande, voire objective.

**387.** Si l'on doit donc considérer la RDC comme une réelle « jeune démocratie », alors face à la particulière fragilité de son système constitutionnel, symbolisé par son mécanisme de révision tel que consacré par l'article 218 de sa Constitution, le constituant originaire ainsi que les experts nationaux et internationaux qui ont proposé un tel système doivent donc être tenus pour les premiers responsables de l'instabilité politique en RDC qui a conduit, depuis sa première révision constitutionnelle de janvier 2011, à une instabilité politique sans précédent. Instabilité qui a d'ailleurs été exacerbée au courant de l'année 2014 par plusieurs ballons d'essais de la part du pouvoir en place pour tenter de réviser l'article 220 de la Constitution, voire de procéder carrément à un changement de Constitution, d'une part. Et d'autre part, ce fut l'adoption en catimini, le soir du samedi 17 janvier 2015, par le parlement congolais, d'une nouvelle loi électorale permettant un glissement de mandat en faveur du pouvoir en place. Vote qui donna lieu à des émeutes dans le pays, les 19, 20 et 21 du même mois.

Le même scénario s'est reproduit l'année suivante, les 19 et 20 septembre 2016 face à la non-convocation des élections 90 jours avant, comme

425 Mwayila Tshiyembe (Préface), in A. Mampuya, *op. cit.*, AMA.Ed-BNC, Nancy-Kinshasa, 2005.

prévu par la Constitution. S'en sont suivies de fortes représailles de la part du pouvoir, lequel a organisé un dialogue avec une frange molle de l'opposition pour outrepasser la date constitutionnelle du 19 décembre 2016. Cette démarche est une ultime manœuvre du régime en place après avoir échoué dans ses tentatives d'adoption d'une loi sur le recensement, mais aussi de révision et de changement de Constitution.

**388.** Tels des parents géniteurs, le constituant originaire doit être tenu pour responsable d'un système constitutionnel mal conçu, alors même que des esprits bienveillants avaient cru bon de tirer la sonnette d'alarme, en vain ! De l'aveu même du constituant dérivé de 2011, la Constitution congolaise est en substance inadaptée à plusieurs égards. Ses failles leur servent malheureusement aujourd'hui d'alibi pour se maintenir au pouvoir.

**389.** La tentative de révision annoncée ne concernerait malheureusement pas d'avantage l'article 218, alors que sa grande fragilité a été étalée au grand jour. Si, comme annoncé, l'intention était vraiment de corriger les failles du système constitutionnel congolais, la priorité aurait été de renforcer l'article 218 par un mécanisme beaucoup plus temporisateur et rigide. Et ce, d'autant plus que le véritable talon d'Achille de la Constitution congolaise actuellement est de toute évidence son processus de révision qui est malheureusement à la portée de la majorité au pouvoir, qui ne voit naturellement aucune utilité de le soumettre à révision, car cela lui permet d'atteindre ses objectifs, notamment de se maintenir au pouvoir en changeant à sa guise les règles du jeu, avec une facilité, mais également une célérité déconcertante. Ce qui creuse inéluctablement à petit pas la tombe du système constitutionnel congolais.

**390.** Si l'on considère que la Constitution est le socle de l'État de droit et partant de la démocratie, force est pourtant de constater que La RDC, comme bon nombre de pays africains, est tout sauf une jeune démocratie. En matière de rédaction et d'élaboration de textes fondamentaux, le Congo doit être crédité d'une grande expérience, loin devant les USA, la Belgique, le Royaume-Uni, et bien d'autres pays européens ou occidentaux qui ne peuvent être crédités que d'une seule expérience en matière de rédaction de textes fondamentaux. C'est d'ailleurs en se basant sur le parcours constitutionnel du pays que le constituant congolais s'est inspiré pour la rédaction de la Constitution du

18 février 2006. En effet, "dans la rédaction de la Constitution, le constituant s'est référé à une importante documentation constituée essentiellement des textes constitutionnels congolais antérieurs à la nouvelle Constitution. Le rapport de la Commission constitutionnelle relatif à l'avant-projet de Constitution de la République Démocratique du Congo en dénombre huit, à savoir la Loi fondamentale du 19 mai 1960, la Constitution du 24 juin 1967, le recueil des textes constitutionnels de la République du Zaïre, le projet de Constitution élaboré par la Conférence nationale souveraine, l'Acte constitutionnel de la transition du 9 avril 1994, le projet de Constitution élaboré par la Commission des réformes institutionnelles et la Constitution de la transition du 4 avril 2003"[426].

**391.** Et pourtant, plus de cinquante ans après l'indépendance, l'on peut en effet se rendre compte qu'il y a plus d'universités et donc d'universitaires qu'à l'aube de l'indépendance.

En effet, à la tête des administrations, des ministères, de l'armée, de la police, etc. Ce sont bien des congolais qui s'y trouvent. Force est également de constater que les professeurs d'université, des écoles primaires et secondaires sont effectivement des congolais. Eh oui ! Dans les faits, la RDC est effectivement un État indépendant.

Il suffit également de jeter un coup d'œil au-delà de ses frontières pour constater que les grandes universités mondiales et hautes écoles étrangères, notamment belges, ont formé et sorti un nombre impressionnant de Congolais et Africains.

**392.** C'est à très juste titre que Marcel Yabili rappellera qu'à partir du 30 juin 2013, l'indépendance aura duré 53 ans ; c'est plus de temps que les 52 ans de la colonisation belge. Le temps est donc venu d'abandonner tout discours colonial, toute complainte anticoloniale, ou tout paternalisme qui élude la responsabilité. Désormais, il est temps de

---

[426]Rapport de la Commission constitutionnelle sur l'avant-projet de Constitution de la République Démocratique du Congo, Palais du Peuple, Kinshasa, mars 2005, p.5, in JL Essambo, op. cit., Academia-Bruylant, p.56.

rappeler qu'après un demi-siècle du droit de disposer d'eux-mêmes, les congolais ont bel et bien leur destin en mains[427].

**393.** Une question ne peut que hanter les esprits : Pourquoi donc en Afrique en général et au Congo en particulier, l'expert reste et demeure l'Occidental, l'Asiatique, l'américain[428] ? Contrairement au célèbre adage « une fois n'étant pas coutume », au Congo et en Afrique, *une fois est devenu coutume.*

En effet, l'expertise externe a été sollicitée pour la rédaction de sa Constitution du 18 février 2006. Même dans ce domaine, il a fallu solliciter une telle expertise pour rédiger 229 articles. Et ce, en dépit du nombre de juristes, avocats, professeurs, bref d'intellectuels que les universités, tant congolaises qu'étrangères, ont pu former, depuis son accession à l'indépendance.

Il est de notoriété publique que le vrai laboratoire du projet de la constitution congolaise avait pour siège la ville de Liège en Belgique, où des constitutionnalistes, des politologues, ainsi que des mains invisibles de politiciens s'y sont penchés. A priori, ce fut une très bonne initiative !

**394.** Un politologue belge d'origine congolaise n'a pas manqué de s'exprimer en des termes élogieux : « nous avons doté la RDC d'une bonne Constitution qui permet d'avoir des institutions où aucune institution n'est supérieure par rapport à l'autre. Cette Constitution a été faite pour qu'il y ait une gestion pacifique de l'après-conflit (...). Donc, une série de mécanismes qui permet d'avoir une gestion équilibrée sans que celui qui prend le pouvoir puisse se permettre d'écraser d'autres institutions. C'est cela la philosophie de la Constitution de 2006. »[429].

Ainsi, comment ne pas croire que le véritable pouvoir constituant originaire congolais se trouvait à l'étranger ?

---

427 M. Yabili, les juridictions judiciaires en RDC en 2013, Organisation-fonctionnement-compétences, éd. Médiaspaul, juillet 2013, p.7.

428 *C'est le cas notamment de l'OHADA : organisation pour l'Harmonisation en Afrique du Droit des Affaires qui n'a pas dérogé à la règle car, elle a été conçue par des intellectuels occidentaux pour, avant tout, protéger leurs investissements.*

429 B. Kabamba, *op. cit.* 2013.

**395**. Certes, des congolais ont été consultés pour l'un ou l'autre aspect. Cependant, il ne s'agissait que d'un rôle pour le moins marginal. D'ailleurs, comme il a été relevé au chapitre II ci-avant, des réserves ont été émises dans tous les milieux.

Pour la énième fois, cette expertise censée amener le Congo au firmament en le dotant d'une constitution de niveau international, s'est avérée un fiasco. Cela ressort très clairement de l'exposé des motifs de la loi congolaise du n° 11/002 du 20 janvier 2011 portant révision constitutionnelle (Cf. supra).

**396.** Six ans seulement après sa rédaction, un tel aveu d'échec ne peut que laisser complètement aphone. Sans toutefois perdre de vue que deux tentatives de révision avaient avorté suite à la mobilisation de l'opinion : l'une, au courant de l'année 2007 et l'autre, au courant de l'année 2009. La première initiative fut déclenchée le 4 juillet 2007 par le député Tshibangu Kalala soutenu par une pétition de 300 députés de la majorité[430]. La seconde fut déclenchée en août 2009, elle émanait de la présidence de la République même[431]. On peut en effet conclure que ces trois événements (tentatives avortées de 2007 et 2009 ainsi que la révision de janvier 2011), sont révélateurs non seulement de la légèreté d'une telle œuvre rédactrice, mais également de l'inefficacité de ses verrous. Force est de rappeler que c'est donc la complexité d'une situation déterminée qui justifie l'intervention d'un expert ; sinon à quoi bon y recourir ? Or, il est de notoriété publique que la situation du Congo de l'époque était fort complexe. Et cela ressort d'ailleurs clairement de l'exposé des motifs qui ne manque pas de retracer succinctement le passé politique tumultueux lointain et récent de la RDC.

**397.** En l'espèce, les experts belges avaient pour mission de doter le Congo d'une constitution lui permettant d'atteindre une stabilité

---

[430] Elle portait sur les dispositions suivantes : 110 (fin des mandats des parlementaires), 152 (composition et éventuellement la présidence du Conseil Supérieur de la Magistrature) et 197 (attributions des Assemblées provinciales et statuts de leurs membres)

[431] Elle portait sur les points suivants : mandat présidentiel, composition du pouvoir judiciaire, l'installation des nouvelles provinces conformément aux articles 26 et 226 de la Constitution.

démocratique, un véritable État de droit tel qu'expressément souhaité au travers de l'exposé des motifs.

Conscient des difficultés récurrentes que vivait la RDC, les experts auraient dû à tout le moins proposer, en pesant de tous leurs poids, un mécanisme de révision constitutionnel des plus rigides à l'instar de bon nombre de démocraties occidentales à l'aube de leur création.

Personne, en effet, ne peut ignorer le rôle important que joue un expert lorsqu'il est appelé à intervenir dans une situation complexe quelconque. L'expert a sans nul doute une grande autorité morale, une grande force de persuasion, un énorme pouvoir d'orientation des débats.

**398.** Force est de rappeler qu'en 2005, l'expertise en question n'a pas été imposée par une autorité de tutelle quelconque. Bien au contraire, il s'agissait d'une expertise sollicitée par le gouvernement Congolais de l'époque avec bien sûr une forte recommandation de la communauté internationale. Dès lors, qu'en l'espèce, il était question d'une sollicitation volontaire par les autorités congolaises, les experts bénéficiaient donc d'une très grande marge de manœuvre ainsi que de la latitude d'imposer ou plutôt de ne pas laisser le choix aux autorités congolaises en leur proposant ou soumettant un seul mécanisme de révision qui devait être particulièrement rigide.

**399.** Cette conjonction d'efforts entre communauté internationale et acteurs politiques nationaux ne pouvait que susciter des espoirs, même les plus inimaginables. L'espoir était donc permis ! Ce texte sophistiqué était pour le moins considéré comme une révolution, une réelle rupture d'avec le passé. Quoi de plus normal ! C'est cela l'essence même d'une nouvelle constitution. Son bel exposé des motifs ainsi que son beau préambule traduisaient ni plus ni moins une prise de conscience sans égal dans l'histoire de ce pays. Tout laissait penser qu'enfin ces acteurs politiques étaient au même diapason que la population, à savoir un ras-le-bol total de voir ce pays aux dimensions d'un sous-continent patauger dans des guerres, instabilités, corruption, méconnaissance des droits fondamentaux, pauvreté, etc.

**400.** Il s'agissait pourtant d'un énième rendez-vous manqué. En témoigne la révision congolaise de janvier 2011 dont l'exposé des motifs est un véritable aveu d'échec. Mais également les nouvelles tentatives de révision, voire de changement de cette constitution, qui a poussé toutes les couches sociales à réagir, de manière parfois violente.

Tout ce cafouillage constitutionnel corrobore la thèse selon laquelle « Le droit constitutionnel en Afrique résulterait d'un simple exercice de copiste réalisé sous l'autorité de bailleurs de fonds internationaux et étrangers et sous le magistère de leurs hommes de plume et de science… juridique »[432].

**401.** Qu'est-ce qui a finalement manqué dans le constitutionnalisme africain pour qu'il en soit ainsi ? Pourquoi touche-t-on aussi facilement aux constitutions en Afrique ? Montesquieu ne disait-il pas *Qu'on ne doit toucher aux lois qu'avec des mains tremblantes* ![433] Bien entendu, il s'agit des lois *lato sensu.* Le problème ne repose-t-il pas, entre autres sur des mécanismes de révision dont la fragilité ouvre la porte à des modifications opérées avec une facilité déconcertante qui brisent systématiquement le pacte social de départ ?

**402.** À ce propos, comment donc le constituant congolais s'est-il comporté durant son histoire, lorsqu'il a fallu instaurer des mécanismes de révision dans les différentes constitutions, en particulier, dans la Constitution du 18 février 2006 ?

Quid des autres constituants originaires africains ? Qu'en est-il alors des constituants originaires occidentaux dont les constitutions sont aujourd'hui considérées comme des modèles ? À ce propos, ont-ils tous adopté la même approche prophylactique ?

Les réponses à ces questions constituent l'objet même de la partie suivante de cet ouvrage.

---

432 Jean Du Bois de Gaudusson, *Les nouvelles constitutions africaines et le mimétisme, p.313,* in Dominique Darbon et Jean Du Bois DE Gaudusson (dir), *La création du droit en Afrique*, éd. Karthala, Paris, 1997, pp.309-316. In J. Kazadi Mpiana, *op. cit.*, note infrapaginale n°6, p.3)

433 Revue Montesquieu n°8, UMR-CNRS n° 5037, 2005-2006, p. 194.

# Troisième partie MÉCANISMES DE RÉVISION CONSTITUTIONNELLE : ESQUISSE D'UNE ÉTUDE COMPARÉE.

## *INTRODUCTION*

**403.** Ce titre voudrait être une étude comparée des mécanismes de révision constitutionnelle de certaines grandes démocraties occidentales ayant traversé l'épreuve du temps avec brio, d'une part ; et de certains mécanismes de révision des pays africains, d'autre part. Rappelons en passant qu'il est de notoriété publique que l'élaboration des constitutions africaines a connu le concours d'experts internationaux avec des contreparties non négligeables en termes d'honoraires. Une question se pose légitimement : les différents mécanismes se valent-ils pour autant ?

**404.** La Constitution congolaise de février 2006 a, en effet, quasi été téléguidée de et par l'extérieur, essentiellement par la Belgique. A priori, il s'agit d'une opération louable. Cependant, *in concreto*, est-ce que ce texte fondamental offre les mêmes garanties procédurales que le texte belge en termes de *mécanismes de révision* ? La question mérite plus que jamais d'être posée.

Cette pratique est tellement ancrée que, « déjà en 1960, à l'occasion de la sécession de la province du Katanga, de 60 à 63, si Moïse Tshombe a pu se maintenir pendant si longtemps, il faut tout de même chercher l'explication du côté de la Belgique. L'Union minière finançait le nouvel État en versant ses impôts non plus à Léopoldville mais au pouvoir local. Des Belges faisaient partie de l'infrastructure militaire, administrative et économique. Chaque ministre katangais avait derrière lui un conseiller belge. Des professeurs de Liège et de Gand rédigèrent la Constitution du Katanga »[434].

**405.** Très récemment, pour la rédaction de la Constitution tunisienne du 27 janvier 2014, des experts occidentaux, tel que Francis Delpérée ont également été appelés à la rescousse.

Est-ce une réelle volonté de bien faire, en tentant d'éviter tout mauvais départ ou est-ce seulement une opération de charme que de faire venir des experts occidentaux ?

Afin de permettre au lecteur de prendre la mesure des différences flagrantes entre les procédures de révision des constitutions africaines et

---

434 D. Van Rey Brouck, *Congo, une histoire*, éd. Actes Sud 2012, p.336.

celles des constitutions de grandes démocraties occidentales, ce titre sera jalonné de plusieurs schémas de chacun des mécanismes soumis à examen. Ceci pourrait encore une fois paraître fastidieux pour certains, cependant cette option a paru un passage obligé pour une transmission optimale du message.

**406.** Dans le cadre de la présente partie, la clé de lecture est une citation forte à propos du professeur Delpérée, parlant de l'article 195 de la Constitution belge, qui consacre le mécanisme de révision, selon laquelle *c'est la Constitution qui se risque à parler d'elle-même.* Il renchérit en disant : *La voici qui définit son propre statut. La voici encore qui précise dans quelles conditions elle consent à être modifiée à l'avenir. En d'autres termes, la Constitution met des limites à sa propre transformation. Elle se protège des révisions intempestives.* Enfin, conclut-il par cette belle formule : « *Pas de risque de se tromper. L'on est ici au cœur du système constitutionnel.* »[435]

Pour dire les choses autrement, cette citation exprime très clairement le fait que le mécanisme de révision dans une constitution en est la pierre angulaire. C'est par elle qu'une constitution se révèle rigide ou fragile.

**407.** En rédigeant leurs constitutions, précisément les dispositions relatives aux procédures de révision, les constituants africains ainsi que leurs experts occidentaux étaient-ils conscients d'une telle réalité ? Étaient-ils réellement conscients qu'ils se trouvaient au cœur même du système constitutionnel ? Si oui, ont-ils pris, à l'époque des rédactions des textes fondamentaux respectifs, toutes les précautions afin de verrouiller efficacement ces mécanismes de révisions et d'ainsi les protéger des révisions intempestives ? Tel est justement le but de cette partie qui a d'ailleurs été le moteur d'inspiration du présent ouvrage.

**408.** Pour ce faire, la présente partie s'articule de la sorte : dans un premier chapitre, l'on examine, notamment par des schémas, les mécanismes de plusieurs constitutions des nations qui n'ont pas manqué de faire leur preuve en matière de démocratie. Cela permettra de voir comment les constituants originaires dans ces nations se sont comportés en termes de mécanismes de révision. Des observations sont faites pour chacun des mécanismes pour tenter de dégager une tendance.

---

[435] F. Delpérée, *la Constitution de 1830 à nos jours*, éd. Racine, janvier 2006, pp. 30-31.

Dans un second chapitre, l'on décortique les mécanismes de révision dans les différentes constitutions et lois fondamentales congolaises antérieures à la dernière, celle de 2006, afin d'appréhender la manière dont le constituant originaire congolais s'est comporté en la matière. Des observations sont également faites pour chaque mécanisme afin d'en dégager une tendance.

Le troisième chapitre est quant à lui consacré au mécanisme de révision de la dernière Constitution congolaise du 18 février 2006. Cela permettra de voir si, en la matière, le constituant congolais a tiré des leçons du passé. Ce dernier mécanisme est-il plus efficace que les précédents ?

Un quatrième chapitre sera quant à lui un simple passage en revue des mécanismes de plusieurs constitutions des pays africains triés sur le volet, afin bien sûr d'en dégager une tendance.

Enfin, un cinquième chapitre sera consacré à la technique du référendum, pour la simple et bonne raison que la plupart de constituants occidentaux, mais surtout africains, ont marqué une grande préférence pour cette technique. Il paraissait donc logique d'en expliquer les contours.

Pour clore cette troisième partie, des enseignements seront également tirés.

## Chapitre I. APERÇU DES MÉCANISMES DE RÉVISION DE QUELQUES CONSTITUTIONS OCCIDENTALES

**409.** Depuis le discours de la Baule prononcé par le Président français François Mitterrand liant l'aide accordée aux pays africains à leur capacité de s'engager dans le processus démocratique, la tendance, en Afrique, est de chercher de s'accommoder à la démocratie européenne dont la naissance daterait de la Grèce antique. Certes, elle a mis du temps à se construire avant de devenir le modèle de référence qu'elle est aujourd'hui, nonobstant ses imperfections. Cependant, jusqu'à preuve du contraire, l'Afrique semble l'avoir choisie comme modèle à suivre.

**410.** Il est curieux de constater que même les régimes dictatoriaux ou d'apartheid qui ont marqué l'histoire de ce continent ont malgré tout fait le choix étonnant de se créer une légitimité par l'adoption de textes fondamentaux à l'Occidental et par l'organisation d'élections dites libres.

C'est avec raison que P. Bastide fit remarquer que, certes, « Nulle Constitution ne protège du coup d'État. Mais quel régime, même de souche révolutionnaire, ne cherche à se prémunir des crises qui pourraient affecter son existence en se mettant à l'abri d'une Constitution ? »[436].

**411.** Ce choix pour la démocratie à l'occidentale va-t-il jusqu'au bout de sa logique ? En d'autres termes, les élections sont-elles organisées avec la transparence due ? Les constitutions sont-elles respectées comme des vrais textes fondamentaux devant effectivement jouer le rôle de fondation à la base des constructions ? Et surtout, les procédures de révision des constitutions africaines sont-elles aussi dissuasives, rigides, chronophages et temporisatrices que celles de la plupart des modèles occidentaux ?

C'est justement l'objectif du présent chapitre, que celui de répondre à ces questions par une étude comparée des différents mécanismes de révision, occidentaux et africains triés sur le volet.

---

436P. Bastid, in Francis Delpérée, *Le droit constitutionnel de la Belgique*, Bruylant-Bxls, LGDJ Paris, 2000, p.34.

## Section I. Procédure de révision constitutionnelle en droit belge

§1. Disposition[437]

*Article 195*

*Le pouvoir législatif fédéral a le droit de déclarer qu'il y a lieu à la révision de telle disposition constitutionnelle qu'il désigne.*

*Après cette déclaration, les deux chambres sont dissoutes de plein droit.*

*Il en sera convoqué deux nouvelles, conformément à l'article 46.*

*Ces chambres statuent, d'un commun accord avec le Roi, sur les points soumis à la révision.*

*Dans ce cas, les chambres ne pourront délibérer si deux tiers au moins des membres qui composent chacune d'elles ne sont présents ; et nul changement ne sera adopté s'il ne réunit au moins les deux tiers des suffrages.*

§2. Observations

**412.** Pour revenir à la citation de F. Delpérée, lorsque l'on passe au peigne fin une constitution, de son préambule à son ultime article, l'on s'aperçoit clairement que la Constitution est peu loquace à son propre sujet, car elle est appelée à régler tous les aspects de la vie politique d'un État (organisation de l'État, forme de l'État, droits fondamentaux, etc.).

À côté de cela, elle ne se réserve que quelques articles et dans les cas extrêmes un seul article pour s'autodéfinir.

En effet, c'est donc fort à propos que Delpérée qualifie l'article 195, sur les mécanismes de révision de la Constitution belge, de *cœur du système constitutionnel.*

**413.** Car, tel le cœur au centre du système cardiovasculaire chez l'être humain, le mécanisme de révision constitutionnelle permet au système constitutionnel de s'adapter à son époque, malgré les changements dictés

---

437 F. Delpérée, *op. cit.*, éd. Racine, p. 231

par certains impératifs tant nationaux qu'internationaux. Or, il ne suffit pas à un être humain de naître ou d'être vivant ; encore lui faut-il être viable. C'est justement là que le système constitutionnel doit se doter de mécanismes rigides qui participent sans conteste de l'idée de faire à tout prix échec à des révisions constitutionnelles intempestives, germes d'instabilité, d'illégitimité, bref, de conflits de toutes sortes qui affectent inéluctablement la viabilité du système constitutionnel dont dépend le rayonnement de tout État de droit.

Pour ainsi dire, toutes les autres dispositions de la Constitution, sans un mécanisme de révision efficace, ne sont que des vœux pieux.

**414.** Le constituant originaire belge l'avait très bien compris en 1830. C'est ainsi qu'il mit à l'époque un point d'honneur sur un mécanisme rigide, seul gage de la stabilité du système constitutionnel et de l'Etat-même.

L'histoire politique belge en est d'ailleurs, non seulement le témoin, mais également le grand bénéficiaire.

**415.** C'est ainsi que des constituants originaires et même dérivés, responsables, après avoir traité de tous les sujets possibles rentrant dans le champ de compétence d'une constitution, ne peuvent que s'appesantir sur l'élaboration d'un mécanisme de révision constitutionnelle solide.

**416.** Après avoir répondu, au chapitre II de la première partie, dans un premier temps par l'affirmative, à la question cruciale sur la possibilité de réviser ou non une constitution, en se basant sur l'illustration relative à l'arbre dans la nature, il est important d'expliquer comment, in facto, elle doit être idéalement modifiée. Certes, une constitution peut être révisée, cependant il y a des balises à cette révision.

En effet, si une loi ordinaire ne peut être modifiée à n'importe quelle condition, à combien plus forte raison la Loi fondamentale d'un État doit contenir des mécanismes particulièrement exigeants, inhérents à sa révision.

Modifier oui, mais pas de manière anarchique, car il y va non seulement de la destinée même d'un État, mais également du respect du principe élémentaire selon lequel la Constitution représente le fondement, la fondation, le socle, l'assise même d'un État.

**417.** S'agissant de la révision constitutionnelle en droit belge, il convient de rappeler qu'elle est une procédure voulue, lourde, par le constituant originaire, nécessitant au préalable la dissolution des Chambres, dans le but évident d'éviter qu'il n'y ait des révisions constitutionnelles intempestives.

L'article 195 (anciennement 131) de la Constitution belge comprend donc cinq alinéas qui décrivent de manière chronologique la procédure de révision, qui peut être répartie comme suit :

### §3. L'adoption d'une déclaration de révision de la Constitution

**418.** Conformément à la Constitution, le pouvoir législatif, par ses trois branches (le Sénat, la Chambre des représentants et le Roi), fait une déclaration de révision que les deux Chambres adoptent à la majorité ordinaire. Pour sa part, le Roi doit également en adopter une, de sorte que les deux déclarations doivent être strictement identiques.

Le Roi, sous couvert de la responsabilité ministérielle, peut déposer un projet de déclaration. Tout comme un projet de loi, ce projet est présenté par un arrêté royal. Aucune autre autorité n'a qualité pour provoquer une déclaration de révision ; le peuple n'a donc pas la faculté de mettre en mouvement la procédure[438].

Ces déclarations de révision contiennent une liste de dispositions, lesquelles sont dites « ouvertes à révision ». Les déclarations ne sont pas promulguées[439].

**419.** En guise de rappel, une déclaration de révision peut porter aussi bien sur un article que sur un paragraphe, un alinéa, une phrase et même sur un simple mot. Elle ne peut néanmoins porter sur toute la Constitution. C'est dire que, le Constituant originaire belge n'a donc prévu aucun mécanisme de *révision totale* de la Constitution du 7 février 1831.

---

[438] J. Velu, *op. cit.*, pp. 164-165.
[439] *Ibid.* p.165

**420.** Il a cependant été constaté que, dans la pratique, les révisions constitutionnelles sont adoptées en début et en fin de législature pour des raisons de facilité de dissolution des Chambres, quoi qu'en principe une révision peut être adoptée n'importe quand, exception faite dans les cas prévus aux articles 196 et 197, c'est-à-dire en temps de guerre, lorsque les Chambres ne peuvent se réunir librement sur le territoire belge ou en temps de régence (absence ou incapacité du Roi). Il s'agit donc des limites circonstancielles à la révision.

§4. La dissolution des Chambres législatives (Art. 195 al.2)

**421.** L'adoption de la déclaration de révision est faite le jour où les déclarations des Chambres et du Roi ont été publiées au Moniteur belge. Il est important de souligner qu'elle **entraîne alors *ipso facto* la dissolution** des Chambres. L'acte de dissolution contient la convocation des électeurs dans les **quarante jours** suivant la dissolution ainsi que celle des nouvelles Chambres dans les **deux mois** suivant cette même date (al. 3 et Art.71).

*In casu*, l'adoption de la déclaration de révision pour les Chambres équivaut donc à l'adoption de leur propre dissolution. Ce qui justifie la pratique de l'adoption en fin de législature évoquée ci-haut. Corollaire, la révision de la Constitution est étalée sur deux mandats, ce qui ne manque pas d'alourdir davantage le mécanisme.

§5. La convocation des électeurs et des nouvelles Chambres législatives fédérales

**422.** Puisqu'il y a eu dissolution des chambres, conformément à l'article 46-2° in fine de la Constitution ; c'est en effet, par le même arrêté royal que, non seulement, le Roi constate la dissolution des Chambres préconstituantes, mais également, il convoque valablement et simultanément les électeurs dans les quarante jours mais aussi les Chambres constituantes dans les deux mois (al. 3 et art. 71).

**423.** Remarquons qu'il s'agit du pouvoir législatif ordinaire. En dehors de leur mission de « constituante », ces Chambres renouvelées exerceront, dans sa plénitude, leur fonction législative. Elles feront les lois, voteront les budgets, pourront interpeller les ministres. Le mandat de leurs membres ne viendra à expiration qu'après quatre ans, sauf dissolution anticipée[440].

§6. Les dispositions ouvertes à révision en question

**424.** Ce sont les nouvelles Chambres qui statueront sur les points soumis à la révision. Leur compétence constitutionnelle ne s'étend pas aux autres articles (al.4)[441].

Ainsi, les nouvelles Chambres constituées statuent alors d'un commun accord avec le Roi, décidant ainsi de modifier ou non, uniquement les dispositions ouvertes à révision (articles, paragraphes, alinéas ou mots). Si l'option levée est de modifier une disposition, dans ce cas précis, un quorum de deux tiers des membres de la Chambre des représentants et du Sénat doit être atteint pour le vote. Les révisions sont ainsi prises à la majorité des deux tiers des voix exprimées dans chacune des Chambres.

**425.** Il en ressort que cette disposition de la Constitution belge, qui est par ailleurs l'incarnation par excellence de sa rigidité, revêt presque un caractère sacré dans la mesure où il n'a jamais été modifié depuis l'adoption de la Constitution en 1831, hormis un changement de numérotation comme relevé supra. Néanmoins, un nombre non négligeable d'hommes politiques et juristes estiment, pour des raisons non farfelues, qu'il y a à présent lieu d'assouplir la procédure consacrée dans l'article 195. À titre d'illustration, le 9 janvier 2003, au Sénat, M. le Ministre Vande Lanotte confirmait ces propos, à la suite d'une question orale posée par le Sénateur Van den Brande. Dans sa réponse, M. Vande Lanotte soulignait que l'objectif annoncé de la réforme n'était pas de déroger à la volonté du Constituant de 1830, à savoir le maintien de la stabilité de la Constitution. Mais le gouvernement estime que cette stabilité peut être atteinte par d'autres voies. Le projet du gouvernement fédéral n'a pas manqué de soulever des critiques émanant des mondes politique et académique, similaires mais fondées sur des motivations bien évidemment différentes[442]. On l'a compris, l'article 195 de la Constitution belge bien qu'ayant, théoriquement et techniquement, la même valeur

---

[440] P. Wigny, *op. cit.*, p.184

[441] *Ibid.*P.184.

[442] Bastid, in F. Delpérée, *Le droit constitutionnel de la Belgique*, Bruylant-Bruxelles-LGDJ Paris, 2000, p.34.

que toutes les autres dispositions du même texte, revêt une importance singulière. La problématique de sa révision déchaîne les passions, au point où il n'a, à ce jour, jamais été modifié. Et cela est d'autant plus étonnant que le royaume belge est effectivement devenu un État fédéral. C'est dire que cette disposition constitue sans conteste « l'épine dorsale » de la constitution[443].

**426.** Étant entendu que toute règle souffre toujours d'une exception, le mécanisme de l'article 195 de la Constitution belge n'a pas non plus dérogé à ce principe. En effet, face à certains impondérables de la vie politique, le Constituant belge a exceptionnellement, en 2012, dû enfreindre ladite disposition. Il se posait un problème, car la déclaration de révision relative à la sixième réforme de l'État qui fut faite au courant de l'année 2010 concernait un nombre précis de dispositions à réviser. Or, après la difficile formation du gouvernement, intervenue en décembre 2011, l'on s'est rendu compte qu'il fallait, pour mener à bien cette sixième réforme, intégrer d'autres dispositions. Problème, les dés étaient déjà jetés, il ne restait plus que deux options : soit renoncer à la révision constitutionnelle, soit contourner l'obstacle de l'article 195 qui veut qu'une déclaration de révision, avec énumération des articles se fasse sur deux législatures. L'une qui déclare et l'autre qui confirme. Le 29 mars 2012, c'est la deuxième option qui fut levée, et ce par le biais de l'adoption d'une disposition transitoire complétant l'article 195, laquelle impose pour ce faire, cinq restrictions : en substance, l'application de ce procédé pour une durée déterminée. En l'occurrence, il est à cette seule législature ; quant à la limitation de l'objet de ce procédé, il ne peut donc exceptionnellement porter que sur la sixième réforme ; le sens dans lequel devaient être révisés les articles qui n'étaient pas visés dans la déclaration de révision ; L'interdiction de porter atteinte aux droits fondamentaux du titre II. Bien au contraire, le droit aux allocations familiales était davantage renforcé, en l'insérant dans l'article 23 de la Constitution ; enfin, le strict respect des quorums prescrit par l'article 195 même.[444]

---

443 H. Simonart, in F. Delpérée, *op. cit.*, p.21.

444 Voy. à ce sujet, *Doc. Parl.*, Sénat, sess. Ord. 2011-2012, n° 5-1532/3, pp. 6-7. Mais également *Doc. Parl.*, Ch. Repr., sess. Ord. 2011-2012, n° 53-2064/001, p.4 et n° 53-2064/003, p.20

**427.** Au demeurant, il n'est pas contesté que l'article 195 de la Constitution peut, comme les autres, être révisé (…) mais son abrogation a pour effet de rompre, non avec un certain ordre constitutionnel, mais avec tout ordre constitutionnel. Supprimer, à l'occasion de la procédure de révision, la procédure même de révision revient pour le pouvoir constituant à se saborder et à détruire le fondement de sa compétence et sa raison d'être. On dira, pour utiliser une expression imagée, que le constituant scie alors la branche sur laquelle il est assis[445]. En effet, le constituant originel a clairement souhaité marquer la procédure de révision du sceau de la réflexion. La précipitation est mauvaise conseillère (…) la Constitution est une vielle dame qu'il convient de ne pas brusquer[446].

**428.** Force est finalement de constater qu'en moyenne, le processus même de révision constitutionnelle belge, de la première à la dernière discussion, va au-delà des 2 mois et 40 jours. Il y a donc un véritable effet de temporisation. Cette procédure belge est donc très clairement chronophage. Par ailleurs, il y a, pour ses initiateurs, un véritable prix à payer de sorte qu'il est réellement dissuasif. Il y a également une réelle participation du citoyen par le truchement des élections. Bref, les initiateurs de la révision ne sont donc ni juge, ni partie dans ledit processus. Après l'avoir enclenché, ses initiateurs finissent par perdre la totale maîtrise du processus, jusqu'à la perte même provisoire, voire définitive de leurs mandats.

**429**. Il n'est pas sans importance de relever, qu'en plus d'un tel mécanisme rigide, la plupart de révisions épinglées au chapitre III de la première partie se sont vues précédées des commissions de travail ad hoc afin d'aplanir les différents points de vue[447]. En d'autres termes, hormis la procédure de révision particulièrement contraignante de l'article 195, l'on trouve en amont cette pratique noble qui consiste en la préparation des révisions sollicitées dans des commissions ad hoc, afin de baliser le terrain. Ces discussions préalables ne manquent pas d'étaler le processus belge de révision sur plusieurs semaines voire plusieurs mois ; de la première à la dernière discussion.

---

[445]F. Delpérée, *op. cit.*, Bruylant/Bruxelles-LGDJ, p.79.
[446]H. DE Croo, *op. cit.*, p.12 et 14.
[447] Cf. supra, p.78-79

**430.** De tout ce qui précède, l'on peut conclure avec P. Errera que « des différents modes de révisions, notre Congrès national a choisi celui qui depuis lors, a été accepté par un grand nombre d'autres nations et que la science politique approuve généralement. Il n'a pas voulu d'une convention, mais il a tenu à ce qu'une consultation populaire donnât à l'opinion publique l'occasion de se prononcer en l'occurrence. C'est donc le pouvoir législatif ordinaire qui, chez nous, fait la révision ; mais il la fait dans des formes *ad hoc,* entraînant une dissolution des deux Chambres, c'est-à-dire un appel au corps électoral et exigeant des majorités exceptionnelles, destinées à garantir le pays des coups des partis »[448].

## §7. Aperçu schématique

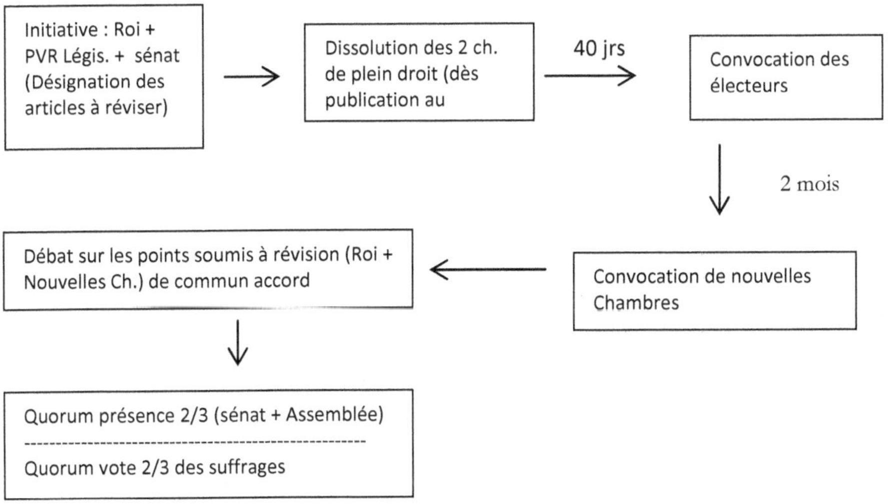


448P. Errera, in F. Delpérée, note infrapaginale, *op. cit*, Bruylant-Bruxelles, 2003, p.90

## Section II. Mécanismes français de révision

§1. Disposition[449]

*L'Article 89*

*L'initiative de la révision de la Constitution appartient concurremment au président de la République sur proposition du Premier ministre et aux membres du Parlement.*

*Le projet ou la proposition de révision doit être voté par les deux assemblées en termes identiques. La révision est définitive après avoir été approuvée par référendum.*

*Toutefois, le projet de révision n'est pas présenté au référendum lorsque le président de la République décide de le soumettre au Parlement convoqué en Congrès ; dans ce cas, le projet de révision n'est approuvé que s'il réunit la majorité des trois cinquièmes des suffrages exprimés. Le bureau du Congrès est celui de l'Assemblée nationale.*

*Aucune procédure de révision ne peut être engagée ou poursuivie lorsqu'il est porté atteinte à l'intégrité du territoire.*

*La forme républicaine du Gouvernement ne peut faire l'objet d'une révision.*

---

449 F. Delpérée, *op. cit.*, Bruylant-Bruxelles 1994, p.283-284

§2. Observations

**431.** En France, le système est nettement différent. En effet, la France dispose également d'un parlement bicaméral : l'Assemblée nationale et le Sénat. Quand il s'agit de réviser la Constitution, ces deux Chambres sont conjointement compétentes, et ce, à une majorité simple. Cet article institue donc deux procédures, une procédure normale, comportant un cycle complet d'opérations et de consultations, et une procédure allégée, faisant l'économie de l'ultime phase référendaire de la procédure normale, mais renforçant en contrepartie certaines des opérations antérieures et applicables, sur décision du président de la République, aux seuls projets de révision (et non aux propositions)[450]. *In facto*, les choses se présentent de la manière suivante :

**432.** Si la révision a été adoptée sur base d'une **proposition** ou d'un **projet** (initiative du président de la République), le texte, projet ou proposition, est soumis pour discussion et vote à l'Assemblée nationale et au Sénat, qui doivent l'adopter en des termes identiques bien que par votes séparés (mais exprès)[451]. Elle (la révision) doit être votée dans les mêmes termes dans les deux assemblées. L'article 89 n'ayant rien prévu à ce sujet, en termes de procédure bien entendu, c'est la procédure législative habituelle qui s'applique. En plus, bien qu'il s'agisse de modifier la Charte fondamentale de l'État, il n'est pas exigé de majorité qualifiée : la majorité des suffrages exprimés suffit au sein de chaque assemblée[452]. Puis, elle doit être soumise à un référendum. La *voie parlementaire* se double en effet de *la voie référendaire*, les deux techniques sont donc utilisées consécutivement.

**433.** Si la révision a été adoptée sur base d'un **projet** (initiative prise par le président de la République), l'article 89 prévoit que dans ce cas de figure, le Président dispose d'une alternative entre deux options :

- Soit il estime que la révision doit être soumise à un référendum, après avoir bien évidemment fait le parcours classique ci-avant décrit. *Sa*

---

450 P. Pactet et F. Melin-Soucramanien, *op. cit.*, p.547

451 *Ibid.* p.547

452 *Ibid.* P.547.

*décision devant être contresignée par le Premier ministre et les ministres responsables*[453].

- Soit il estime que le texte ne doit pas être soumis à un référendum, dans ce cas il va alors suivre la « Voie de Versailles » : c'est l'idée selon laquelle la consultation référendaire se voit supprimée et c'est sur le seul plan parlementaire que se situe l'adoption définitive du projet. On comprend donc qu'à ce niveau, les exigences soient plus grandes. C'est pourquoi le projet déjà adopté par l'Assemblée nationale et le Sénat siégeant séparément est soumis aux deux assemblées réunies en Congrès, c'est-à-dire siégeant ensemble à Versailles. Le bureau du Congrès est celui de l'Assemblée nationale et le vote doit être acquis à la majorité des trois cinquièmes des suffrages exprimés. Le texte est ensuite promulgué par le président de la République[454].

**434.** Historiquement, deux constats peuvent être faits :

- Depuis l'adoption de la Constitution de 1958, la première procédure n'a été mise en œuvre pour la première fois qu'à l'occasion de la révision du 2 octobre 2000 substituant le quinquennat au septennat[455]. Elle fut initiée par le président Jacques Chirac. Hormis celle-là, les révisions constitutionnelles ont donc quasiment toujours été enclenchées sur initiatives des présidents de la République ; le choix s'est donc à chaque fois posé.

- Il a en outre été constaté que les présidents de la République en France font généralement le choix de la voie de Versailles, car la conception est que s'il s'agit d'un projet, adopté par ailleurs par les 3/5 du congrès, le Président a tendance à considérer que la révision a déjà mobilisé la volonté parlementaire et présidentielle.

**435.** En 2007-2008, le président Sarkozy a entrepris une révision de la Constitution sur la modernisation et le rééquilibrage des institutions. Il mit sur pied un comité dit « Comité Balladur » qui rendit un rapport. Cette révision suivit quant à elle, la procédure dite de « Versailles ».

---

453*Ibid.* p.548.

454 *Ibid.*p.548.

455*Ibid.* p.547.

**436.** Autour de cette procédure, il y a toujours eu en France une ambiguïté sur l'interprétation de l'article 89. Les présidents ont toujours interprété les choses en ce sens que, lorsqu'il s'agit d'un *projet* de Constitution, le président s'est toujours estimé libre de ne pas aller plus loin, donc d'arrêter la procédure. C'est une façon d'exercer un droit de véto pour le président. Droit qui peut permettre à un président de la République français de postposer, voire de renoncer à une réforme en cours.

**437.** À titre illustratif, en 1973 un projet déposé par le président Pompidou et tendant à substituer un quinquennat au septennat présidentiel a été abandonné par son auteur parce que les majorités obtenues à l'Assemblée nationale et au Sénat ne laissaient pas augurer l'obtention d'une majorité des trois cinquièmes lors de la réunion du Congrès. En 1974, un projet du président Giscard d'Estaing tendant à permettre aux parlementaires devenus ministres et cessant de l'être de retrouver leurs sièges a connu le même sort pour les mêmes raisons[456]. Il fut pourtant adopté par les deux assemblées. En 1998, Jacques Chirac n'a, à son tour, pas donné suite à un projet portant sur la réforme du Conseil supérieur de la magistrature, pourtant adopté par les deux assemblées. En 2011, Nicolas Sarkozy renonça à une révision constitutionnelle sur le rééquilibrage du budget, faute d'avoir pu obtenir les 3/5 du congrès. En 2013, François Hollande renonça également à son tour une réforme de la Constitution pour les mêmes raisons. En 2016 ; il abandonna une fois encore son projet de déchéance de nationalité française pour les personnes condamnées pour actes de terrorisme contre la France.

[456] *Ibid.* p.549.

§3. Aperçu schématique

- Première procédure

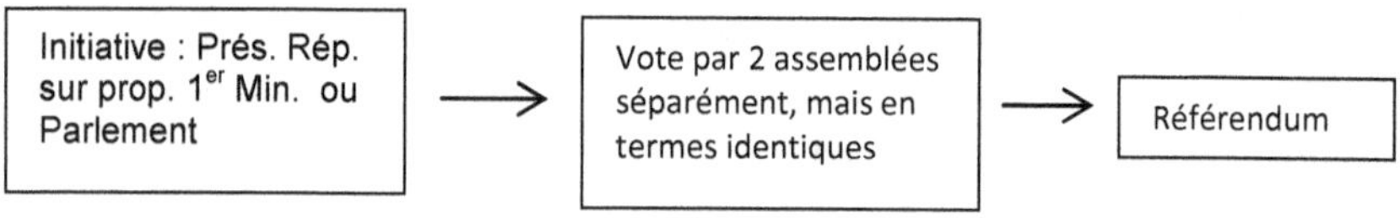


- Deuxième procédure (Procédure de Versailles)

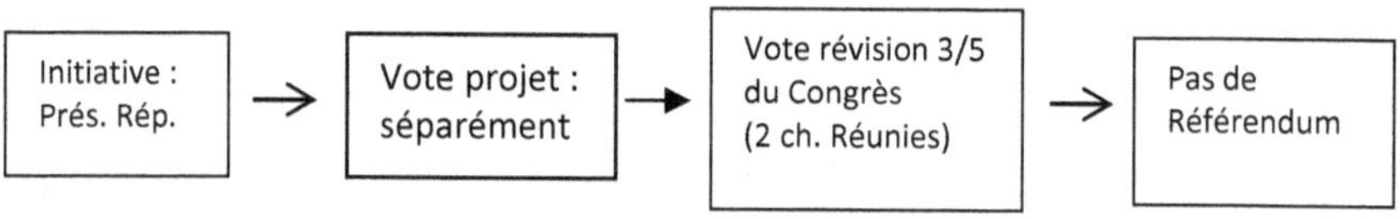


## Section III. Mécanisme américain de révision

§1. Disposition[457]

*Article V*

*« Le Congrès, à la majorité des deux tiers des membres de chaque Chambres, pourra, s'il le juge nécessaire, proposer des amendements à cette Constitution ou, à la demande des législatures des deux tiers des États, convoquer une convention chargée de proposer des amendements ; dans toutes ces hypothèses, lesdits amendements deviendront, à toutes fins utiles, partie intégrante de cette Constitution, lorsqu'ils auront été ratifiés par les législatures ou par des conventions dans les trois quarts des États, le Congrès étant libre de proposer l'une ou l'autre de ces modalités de ratification ».*

457 T. Gliozzo, *op. cit.*, p.675, note infrapaginale 247

§2. Observations

**438.** Aux États-Unis, il y a une double procédure qui se distingue essentiellement au niveau de l'initiative. Pour la suite, les procédures sont, au stade de l'adoption, identiques :

- En d'autres mots, l'initiative est la prérogative, d'une part, du **Congrès** qui siège à Washington. Il est composé de la Chambre des représentants et du Sénat. Ce Congrès formule donc une proposition d'amendement, à la majorité des deux tiers des membres dans les deux Chambres.

- D'autre part, l'initiative appartient également à la **Convention**, mais seulement à la demande des deux tiers des États. Cette procédure n'a finalement été utilisée qu'une seule fois, pour l'adoption du XXIe amendement en 1933, lequel abrogeait le XVIIIe amendement[458].

Ces deux institutions ont donc pour mission, selon la procédure choisie, de formuler des propositions d'amendement.

**439.** Ensuite, pour que la Constitution soit amendée, il y a au préalable, adoption des amendements qui doivent être confirmés à la majorité des 2/3 dans les 2 chambres. Enfin, les amendements seront soumis aux États et pour ce faire, il faudra qu'au moins ¾ des États marquent leur accord, soit 37 États sur 50. Et si l'on ajoute que, dans chaque État à la seule exception du Nebraska, c'est le règne du bicaméralisme, on comprend mieux pourquoi la procédure américaine de révision constitutionnelle doit être comptée parmi les plus strictes au monde. (...) D'ailleurs, sur les milliers de propositions d'amendement constitutionnel déposé depuis 1787, seuls vingt-sept amendements ont été adoptés. À dire vrai, ce chiffre doit être ramené à dix-sept, dans la mesure où les dix premiers amendements qui forment le Bill of Rights, ont été adoptés dès 1791 et sont considérés comme faisant partie de la Constitution originale[459].

Cette précision est non négligeable, car le bicaméralisme, à tous les niveaux, ne manque pas de rendre la procédure plus laborieuse. Ce qui

---

458 Voy. Première partie, chapitre 3

459 M. Verdusen, La procédure de révision de la Constitution : données comparatives, in F. DELPEREE, *op. cit.*, p.104

bien évidemment, étale considérablement le processus dans le temps. Il s'agit bel et bien d'une procédure chronophage.

**440.** Il sied de préciser que la Constitution américaine ne prévoit pas, à proprement parler, de délai pour la ratification. Aujourd'hui, lorsque le Parlement adopte un amendement, il y a en moyenne un délai de 7 ans pour que les collectivités fédérées ratifient. L'exception à cette règle, du reste non écrit, fut l'adoption du dernier amendement, l'amendement XXVII qui fut ratifié après un délai record[460].

Comme il a été relevé précédemment, au chapitre III de la première partie, ce délai de sept ans permettant la ratification d'un texte ressort explicitement de certaines dispositions, telle que les articles 18, 20, 21 et 22.

**441.** Certes, aux États-Unis, ils n'ont pas opté pour la dissolution des Chambres. Néanmoins, ils ont misé sur des quorums importants, en amont (initiative) et en aval (adoption et accord des États). Il est évident qu'il s'agit de quorums très difficiles à atteindre.

**442.** Il n'est pas non plus anecdotique de préciser que la Cour suprême américaine y opère un contrôle important qui lui confère un rôle non négligeable sur les processus d'amendements. Ainsi, « dès 1798, dans les différentes affaires, la Cour a examiné la régularité du processus d'adoption des amendements constitutionnels. Cet examen consistait à vérifier si l'amendement constitutionnel en question avait bien été édicté conformément aux conditions de forme prévues dans l'article 5 de la Constitution. En d'autres termes, cet examen était un contrôle de la constitutionnalité quant à la forme des amendements constitutionnels. Depuis 1798, dans l'exercice de son contrôle sur les amendements constitutionnels, la Cour suprême a résolu les différents litiges concernant l'application de l'article 5 de la Constitution. Au cours de deux siècles, concernant l'application de l'article 5, la Cour suprême a posé essentiellement les règles suivantes : - les amendements constitutionnels n'ont pas besoin de l'approbation du Président des États-Unis (Hollingsworth V. Virginia). - Le vote des deux tiers requis pour l'adoption d'une proposition d'amendement dans chaque Chambre est un vote des deux tiers des membres présents – assurant la présence

---

[460]Voire première partie, chapitre 3

d'un quorum – et non pas le vote des deux tiers du nombre total des membres présents et absents (National Prohibition Cases). - Un État fédéré n'a pas le droit de soumettre au référendum la ratification d'un amendement à la Constitution fédérale (Hawke V. Smith). - **Le processus d'adoption de l'amendement est accompli entièrement par la ratification du dernier État**. La proclamation par le Secrétaire d'État n'est pas importante à cet égard (Dillon V. Gloss). - La ratification doit être dans un délai raisonnable après la proposition. La période de sept années est un délai raisonnable (Dillon V. Gloss). - Le pouvoir de proposer un amendement comprend le pouvoir de fixer un délai dans lequel un amendement proposé peut être ratifié (Dillon V. Gloss). - La fonction d'un État fédéré dans la ratification d'un amendement proposé est une fonction fédérale, dérivée de la Constitution fédérale, et par conséquent elle n'est pas soumise aux limitations imposées par la Constitution d'un État (Leser V. Garnet). - Le choix de la méthode pour la ratification de l'amendement proposé (par les législatures ou par les conventions) appartient exclusivement à l'appréciation du Congrès (United States V. Sprague). - La question de savoir si la législature d'un État peut ratifier une proposition d'amendement qu'elle a préalablement rejetée est une question politique et non pas juridique. Par conséquent, elle appartient à l'appréciation du Congrès dans l'exercice de son contrôle sur la promulgation de l'adoption de l'amendement (Coleman V. Miller). - La question du caractère raisonnable du délai de la ratification est essentiellement de nature politique et non pas juridique. Par conséquent, la décision du Congrès sur la question de savoir si l'amendement a été adopté dans un délai raisonnable ne doit pas faire l'objet d'un contrôle juridictionnel (Coleman V. Miller). Comme on le voit dans la dernière affaire (Coleman V. Miller [1939]), la Cour suprême a délimité l'étendue de son contrôle, en utilisant sa doctrine des *politicals questions*. Selon la Cour, les deux questions ci-dessus sont de nature politique, par conséquent, il appartient au Congrès de les résoudre. Ainsi, on peut parler d'un *judicial self restraint* en matière du contrôle de la constitutionnalité des amendements constitutionnels ».[461]

[461] K. Gözler, *op. cit.*, pp.490-492.

§3. Aperçu Schématique

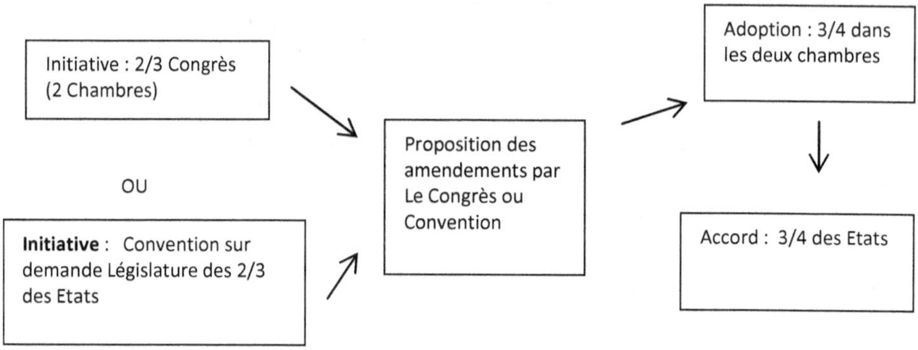


## Section IV. Mécanismes canadiens de révision

**443.** Le **C**anada quant à lui consacre cinq procédures distinctes pour la modification de sa Constitution. Elles sont prévues aux articles 38 à 47 de la Loi constitutionnelle du 17 avril 1982. Dans le cadre de cet ouvrage, seuls trois mécanismes seront examinés, notamment ceux des articles 38, 39 et 41.

§1. Dispositions[462]

*Article 38*

*38. 1. La Constitution du Canada peut être modifiée par proclamation du gouverneur général sous le grand sceau du Canada, autorisée à la fois :*

*a) par des résolutions du Sénat et de la Chambre des communes ;*

*b) par des résolutions des assemblées législatives d'au moins deux tiers des provinces dont la population confondue représente, selon le*

[462] D. Colas, Textes constitutionnels français et étrangers, Larousse 1994, pp.165-166.

*recensement général le plus récent à l'époque, au moins cinquante pour cent de la population de toutes les provinces.*

*2. Une modification faite conformément au paragraphe 1 mais dérogatoire à la compétence législative, aux droits de propriété ou à tous autres droits ou privilèges d'une législature ou d'un gouvernement provincial exige une résolution adoptée à la majorité des sénateurs, des députés fédéraux et des députés de chacune des assemblées législatives du nombre requis de provinces.*

*3. La modification visée au paragraphe 2 est sans effet dans une province dont l'assemblée législative a, avant la prise de la proclamation, exprimé son désaccord par une résolution adoptée à la majorité des députés, sauf si cette assemblée, par résolution également adoptée à la majorité, revient sur son désaccord et autorise la modification.*

*4. La résolution de désaccord visée au paragraphe 3 peut être révoquée à tout moment, indépendamment de la date de la proclamation à laquelle elle se rapporte.*

*Article 39*

*39.1. La proclamation visée au paragraphe 38.1 ne peut être prise dans* **l'année** *suivant l'adoption de la résolution à l'origine de la procédure de modification que si l'assemblée législative de chaque province a préalablement adopté une résolution d'agrément ou de désaccord.*

*2. La proclamation visée au paragraphe 38.1 ne peut être prise que dans* **les trois** *ans suivant l'adoption de la résolution à l'origine de la procédure de modification.*

*Article 41 et 43*

*Article 41. Toute modification de la Constitution du Canada portant sur les questions suivantes se fait par proclamation du gouverneur général sous le grand sceau du Canada, autorisée par des résolutions du Sénat, de la Chambre des communes et de l'assemblée législative de chaque province : a) la charge de la* Reine*, celle de gouverneur général et celle de lieutenant-gouverneur ; b) le droit d'une province d'avoir à la Chambre des communes un nombre de députés au moins égal à celui des sénateurs par lesquels elle est habilitée à être représentée lors de l'entrée en vigueur de la présente partie ; c) sous réserve de l'article 43, l'usage du français ou de l'anglais ; d) la composition de la Cour suprême du Canada ; e) la modification de la présente partie.*

*43. Les dispositions de la Constitution du Canada applicables à certaines provinces seulement ne peuvent être modifiées que par proclamation du gouverneur général sous le grand sceau du Canada, autorisée par des résolutions du Sénat, de la Chambre des communes et de l'assemblée législative de chaque province concernée. Le présent article s'applique notamment : a) aux changements du tracé des frontières interprovinciales ; b) aux modifications des dispositions relatives à l'usage du français ou de l'anglais dans une province.*

*47.1. Dans les cas visés à l'article 38, 41,42 ou 43, il peut être passé outre au défaut d'autorisation du Sénat si celui-ci n'a pas adopté de résolution dans un délai de cent quatre-vingts jours suivant l'adoption de celle de la Chambre des communes et si cette dernière, après l'expiration du délai, adopte une nouvelle résolution dans le même sens.*

*2. dans la computation du délai visé au paragraphe 1, ne sont pas comptées les périodes pendant lesquelles le Parlement est prorogé ou dissous.*

§2. Observations

**444.** Une des particularités du système canadien, c'est bien l'intégration des collectivités fédérées dans le processus de révision. En guise de rappel, le Canada est une monarchie constitutionnelle fédérale composée de deux types de collectivités fédérées. Dix provinces et trois territoires. Les premières tirent leurs prérogatives directement des Lois constitutionnelles de 1867 et 1982, les secondes tirent leurs prérogatives des lois fédérales.

En réalité, il existe trois formules distinctes de révision, selon les dispositions constitutionnelles dont la révision est envisagée. Toutes ont en commun qu'elles impliquent le consentement du Parlement fédéral et d'un certain nombre de provinces, et ce dans un délai maximal de trois ans[463].

**Première formule (article 38)** : elle est la plus souple des trois et concerne les *matières résiduelles*, entendues celles qui ne rentrent pas dans le cadre des deux autres formules. *In concreto*, la Constitution est toujours révisée par les deux Chambres du Parlement (Chambre des communes et Sénat) et ce, à la **majorité simple**. Cependant, il faut que sept provinces sur les dix marquent leur accord, soit les **2/3**. En sus, il faut que le total des sept provinces qui auront marqué leur accord représente la **moitié de la population** des dix provinces. L'objectif affiché ici est la protection de deux Provinces importantes en termes de population, à savoir le Québec et l'Ontario.

**445.** En clair, dans le jargon canadien, on parle de la formule « 7/50 ». Il s'agit d'une procédure générale et résiduaire. Mais aussi résiduaire soit-elle, cette procédure s'applique à des dispositions fondamentales, telles que les dispositions relatives au partage des pouvoirs, entre le fédéral et

463 M. Verdusen, *La procédure de révision de la Constitution : données comparatives*, in F. Delpérée, *op. cit.*, p.102

le fédéré, ou encore les dispositions constitutives de la Charte canadienne des droits et libertés[464].

**446.** Dans le cadre de cette procédure, il n'existe de droit de véto pour aucune province, même pas les plus grandes. Cependant, une province peut, dans certaines conditions, se soustraire à l'application d'une nouvelle disposition constitutionnelle qui dérogerait à ses droits ou à ses pouvoirs. Il y va d'un « **droit de retrait** » (**opting out**), que certains qualifient de « séparatisme à la pièce »[465].

**447. Deuxième formule (article 41)** : la révision doit être faite par le Parlement fédéral (Chambres des communes et Sénat) qui se prononce cette fois-ci à l'**unanimité**. Elle doit être confirmée par toutes les provinces du Canada, également de manière **unanime.** Ce qui implique que si une province s'y oppose, il ne peut y avoir de révision. Dans le cadre de la présente formule, chaque province, si petite soit-elle, possède d'un réel **droit de véto**.

Cette procédure ne concerne que certaines dispositions de la Constitution, limitativement énumérées telles que les questions sur la Cour suprême de justice, la question du bilinguisme devant les services publics de l'État, celles portant sur la monarchie et les représentants de la Reine au Canada, **celles portant sur la procédure de révision elle-même**, etc. L'objectif affiché ici est clair : protéger le Québec, en lui donnant un réel droit de véto, de telle sorte que si une modification a pour but d'enlever des pouvoirs, des privilèges ou des droits à une province, son assemblée provinciale peut bloquer la procédure. Il est un fait, c'est qu'au Canada il y a une particularité : il y existe en effet des provinces très importantes comme l'Ontario et le Québec et d'autres moins importantes, en termes de population. La formule de l'unanimité est une manière de préserver les intérêts des grandes provinces, par ailleurs moins nombreuses, en évitant que les petites ne décident à leur place. La formule de l'article 41 est très exigeante. C'est ainsi qu'en 1990, il a suffi du veto des provinces du Manitoba et de Terre-Neuve pour empêcher l'adoption de l'accord du Lac Meech[466].

---

464*Ibid.* p.103
465*Ibid.*p.103
466*Ibid.* p.103

**448. Troisième formule (article 43)** : la Constitution est révisée par le Parlement fédéral (Chambre des communes et Sénat) à la **majorité simple**. Néanmoins, elle doit être confirmée par les entités fédérées. Seules les provinces concernées par la révision sont autorisées à donner leur accord par le truchement de leurs Assemblées législatives respectives.

La présente formule est utilisée, par exemple, lorsqu'il s'agit de modifier les frontières entre telle et telle province. Bref, ce qui est exigé, c'est une « **unanimité sélective** »[467]. C'est-à-dire que seules les entités fédérées concernées par ladite révision, doivent se prononcer et à l'unanimité.

**449.** Il est en effet hautement vraisemblable que la triple procédure canadienne n'est pas des plus souples. Sa rigidité lui confère un réel rôle de rempart contre les révisions intempestives de la Loi constitutionnelle de 1982. Cette rigidité est sans conteste le ciment de l'État canadien.

**450.** En sus, le constituant canadien était à ce point conscient de la nécessité d'instaurer des verrous rigides, que cette rigidité est augmentée par le fait que certaines provinces imposent l'organisation d'un référendum avant de se prononcer sur un amendement constitutionnel. À titre d'illustration, l'autorité fédérale elle-même a imposé un tel référendum, cette fois au niveau fédéral, pour l'approbation de l'Entente de Charlottetown en 1992, ce qui s'est conclu par un projet par la population. À telle enseigne que, depuis 1982, il y a eu seulement une dizaine de modifications constitutionnelles, dont la plupart ont une portée relativement limitée, puisqu'elles ont été adoptées selon la formule de l'article 43.[468]

**451.** Pour sa part, l'article 47 fournit une information capitale sur la longueur du processus de modification de la Constitution canadienne. Il en ressort que s'agissant des procédures consacrées par les articles 38, 41, 42 et 43, **après que la Chambre des communes, la première appelée à devoir adopter une résolution, l'ait fait. Le Sénat canadien, le second à devoir formuler une résolution, dispose de pas moins de cent quatre-vingts jours soit 6 mois, pour le faire à son tour**. Le point 2 de l'article 47 va encore plus disant. En substance, il stipule que

---

[467] *Ibid.* p.102

[468] *Ibid.* pp.103-104

ce délai peut aller au-delà de 6 mois, si dans l'entre-temps, intervient une prorogation ou une dissolution du Parlement. En d'autres termes, le temps de la dissolution ou de la prorogation n'est pas pris en compte dans la computation dudit délai de cent quatre-vingts jours, lequel peut donc être suspendu. Il est évident qu'un tel délai, par ailleurs prorogeable, permet ni plus ni moins à temporiser la procédure de modification de la Constitution canadienne. À l'aune de cette disposition, l'on peut donc aisément déduire que le processus de modification de la Constitution au Canada prend au bas mot, 180 jours. Ce qui est non négligeable et permet d'affirmer, sans risque d'être contredit, que la Loi fondamentale canadienne appartient à la catégorie des textes rigides.

## §3. Aperçu schématique

### 2e formule :

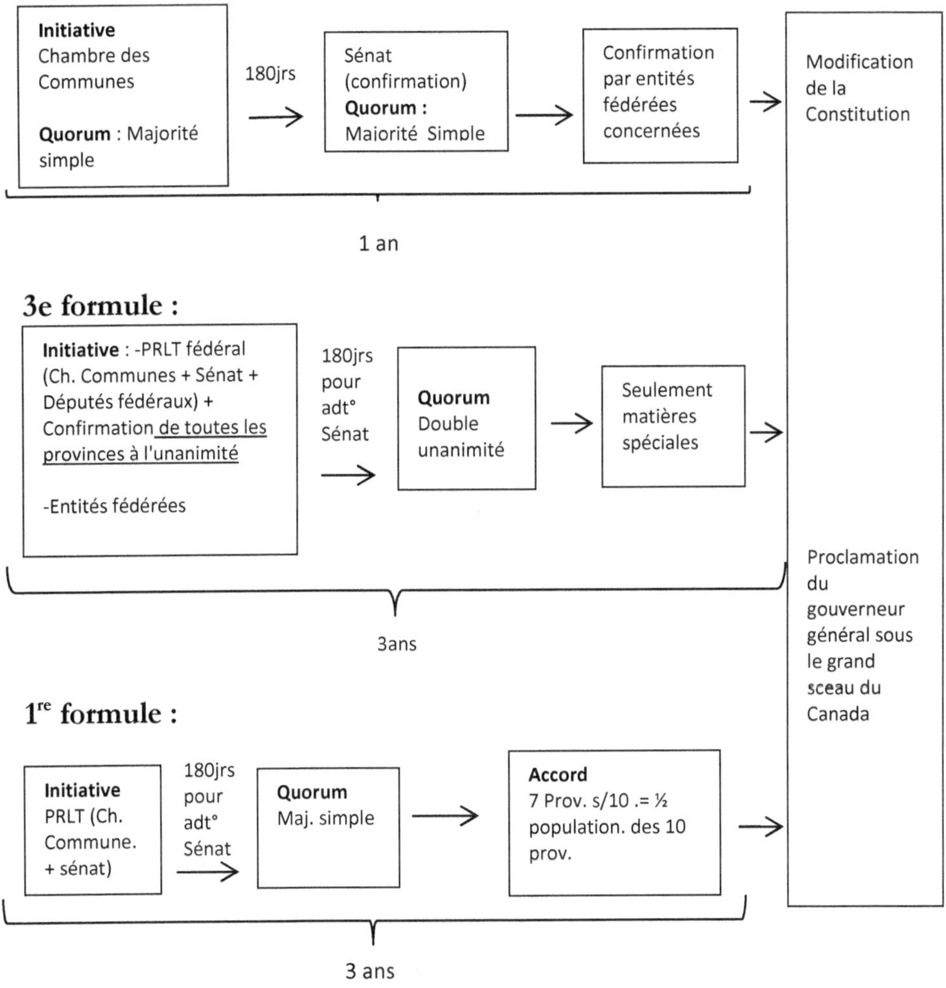

## Section V. Mécanisme Italien de révision

§1. Disposition[469]

*Article 138*

*Les lois de révision de la Constitution et les autres lois constitutionnelles sont adoptées par chacune des assemblées en deux délibérations successives, formulées à distance d'au moins trois mois, et elles sont approuvées à la majorité absolue des membres de chaque Chambre lors de la seconde délibération.*

*Ces mêmes lois sont soumises à un référendum populaire lorsque, dans un délai de trois mois à partir de leur publication, demande en est faite par un cinquième des membres d'une Chambre ou par cinq cent mille électeurs ou par cinq conseils régionaux. La loi soumise au référendum n'est pas promulguée, si elle n'est pas approuvée à la majorité des suffrages valables.*

*Le référendum n'a pas lieu si la loi a été approuvée au second par chacune des deux Chambres à la majorité des deux tiers de ses membres.*

§2. Observations

**452.** La Constitution italienne semble prévoir différentes catégories de lois se rapportant directement à elle, parmi lesquelles, les lois de révision constitutionnelle (art. 138, al. 1er)

Il sied de préciser que, dans ce système, la Constitution est révisée par les deux assemblées, mais en deux temps. Néanmoins, il existe un délai de

469 S. Gilcart, *op. cit.*, pp. it.45-46

trois mois pendant lequel cette révision est tenue en suspens. À l'issue de ce délai, lorsque le congrès et le sénat sont amenés à adopter la révision, deux solutions s'imposent :

- Soit ils adoptent à la majorité des deux tiers. Corollaire, la révision de la Constitution peut entrer en vigueur ;

- Soit les deux assemblées adoptent à la majorité ordinaire. Dans ce cas, moyennant certaines conditions, la révision doit être soumise au référendum, lequel doit expressément être sollicité par un cinquième des membres d'une des deux Chambres ou cinq cent mille électeurs ou encore cinq conseils régionaux.

**453.** Certes, le constituant originaire italien n'a pas jugé bon de devoir passer par le truchement d'une dissolution des Chambres. Néanmoins, il a opté pour un système de temporisation de la procédure, pour le moins non négligeable. En effet, les deux assemblées italiennes ont le pouvoir de procéder à la révision de la Constitution. Cependant, après une première adoption de la révision, la proposition est, pour ainsi dire, mise au frigo et ce, pendant une période de trois mois.

**454.** Comme on peut l'imaginer, cette période sera nécessairement mise à profit pour laisser place à des débats radiotélévisés sur la nécessité d'une telle révision. Lesquels débats sont susceptibles de faire pencher la balance dans un sens comme dans un autre, car, les initiateurs de la révision, après avoir pris le pouls de l'opinion publique, pourraient à tout moment se rétracter. En effet, trois mois après, la procédure de révision reprend son cours et une nouvelle adoption intervient, cette fois, à la majorité absolue des membres de chaque Chambre. Bien entendu, les Chambres ne sont pas tenues par la première adoption. Elles peuvent donc toujours se raviser.

Ces trois mois d'intervalle permettent très clairement d'éviter les révisions constitutionnelles hâtives et irréfléchies qui ne peuvent avoir pour conséquence que de déstabiliser le jeu démocratique et partant l'État de droit chèrement acquis.

**455.** Le constituant italien ne s'est pas contenté de ce double scrutin qui s'avère pourtant déjà être un mécanisme de temporisation important. Il a en plus choisi de faire participer le souverain primaire de manière directe, par la voie référendaire, lequel peut être sollicité soit par un cinquième seulement des membres d'une des deux Chambres, soit par 500 000 citoyens italiens, soit enfin, par cinq conseils régionaux, *et ce dans les trois mois de la publication dans la Gazetta Ufficiale du texte voté par les deux chambres. Aucun quorum de participation n'est requis. Le référendum procède ici de l'idée de protection des minorités*[470].

**456.** Il ressort donc que la technique parlementaire peut, trois mois après la suspension, être doublée de manière relativement simple, de la technique référendaire. En effet, le souverain primaire peut ainsi être appelé à prendre fait et cause dans cette procédure de révision. Révision qui n'aboutirait dans ce cas qu'à la condition qu'elle obtienne la majorité des suffrages exprimés.

Il est donc évident qu'un tel mécanisme de révision peut s'étirer dans le temps jusqu'à atteindre les cinq mois, si l'on compte les trois mois d'intervalle obligatoires, en plus du temps d'organisation du référendum. Il s'agit donc assurément d'un mécanisme temporisateur et chronophage capable de jouer un rôle considérable, celui de rempart contre les révisions intempestives.

**457.** Dans un pays où l'administration fonctionne et où l'avis du peuple est incontestablement pris en compte, la technique référendaire n'est pas un leurre ni une utopie. Le souverain primaire peut donc réellement donner son avis sur une procédure de révision, quand il s'agit de faire échec à une révision diligentée par ses représentants.

Pour la petite histoire, en Italie, au total, peu de révisions ont abouti à une modification du texte originel de la Constitution de 1948[471].

En décembre 2016, ce mécanisme a une fois encore démontré son efficacité. En effet, après une tentative de révision de la Constitution italienne par le président du Conseil, Mateo Renzi, celui-ci en a payé le prix fort. *In facto*, ladite révision devait essentiellement porter sur la fin du bicaméralisme paritaire, la réduction du nombre de parlementaires, la maîtrise du coût de fonctionnement des institutions, la suppression du

---

[470] M. Verdusen, *la procédure de révision de la Constitution : données comparatives*, in F. Delpérée, *op. cit.*, Bruylant-Bruxelles 2003, p.94

[471] *Ibid.* p.99

Conseil national de sécurité et du travail, etc. Amorcé en avril 2016, le processus s'est achevé le 4 décembre de la même année, par un référendum qui a permis au peuple italien de rejeter massivement ladite révision. Ce fut donc un désaveu pour le président du Conseil qui fut contraint de déposer sa démission.

§3. Aperçu schématique

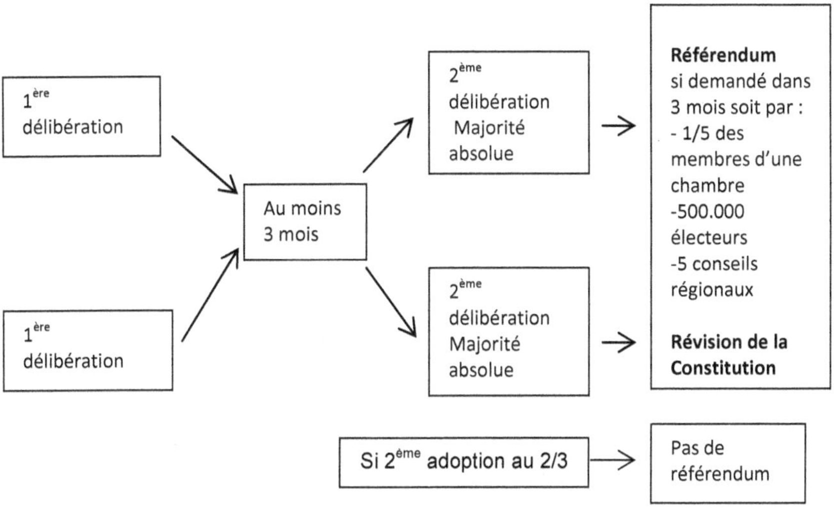


## Section VI. Mécanisme de révision Luxembourgeois

§1. Disposition[472]

*Articles 114*

*Le pouvoir législatif a le droit de déclarer qu'il y a lieu de procéder à la révision de telle disposition constitutionnelle qu'il désigne. Après cette déclaration, la Chambre est dissoute de plein droit. Il en sera convoqué une nouvelle, conformément à l'article 74 de la présente Constitution. Cette chambre statue, de commun*

[472] S. Gilcart, *op. cit.*, p. L-27

*accord avec le Grand-Duc, sur les points soumis à la révision. Dans ce cas, la chambre ne pourra délibérer, si trois quarts au moins des membres qui la composent ne sont présents, et nul changement ne sera adopté s'il ne réunit au moins les deux tiers des suffrages.*

*Articles 115*

*Aucun changement de la constitution ne peut être fait pendant une régence.*

§2. Observations

**458.** Comme on peut le constater, le mécanisme de révision de la Constitution luxembourgeoise ressemble à s'y méprendre textuellement au mécanisme belge de l'article 195. Si bien que les commentaires et observations faits supra pour le mécanisme de révision belge lui sont applicables à quelques différences près. L'on renverra donc pour l'essentiel à la section I du présent chapitre.

L'on retiendra que le constituant originaire luxembourgeois a opté pour un mécanisme tout aussi rigide que le mécanisme belge. De telle sorte que le constituant dérivé n'est en aucun cas juge et partie. La révision s'étalant nécessairement sur deux législatures.

Et pourtant, contrairement à ce que certains constitutionnalistes proches des pouvoirs en Afrique prônent, ces systèmes, particulièrement rigides, n'ont en rien freiné l'essor de ce pays à quelque point de vue que ce soit. En effet, tant le Luxembourg que la Belgique sont des véritables États de droit, leurs constitutions, par ailleurs rigides, leur ont permis de traverser toutes sortes de crises causées par des velléités politiques ; mais également des crises économiques.

**459.** Conscients de ce qu'avaient connu ces nations, les constituants originaires respectifs n'ont pas lésiné sur les moyens et ont porté leur préférence pour des mécanismes rigides qui s'avèrent aujourd'hui être des gages de stabilité de leurs États respectifs.

**460.** En dépit du procès que l'on fait aujourd'hui à ces mécanismes, force est de constater que la stabilité de l'État de droit dans ces nations leur doit beaucoup. Tout ressortissant d'un pays africain en proie à des révisions constitutionnelles intempestives peut davantage se rendre compte de cette réalité en Europe et de la grande nécessité de tenter la même expérience. Cette rigidité n'a à aucun moment conduit ostensiblement à la défaillance de ces nations, que du contraire !

### §3. Aperçu schématique

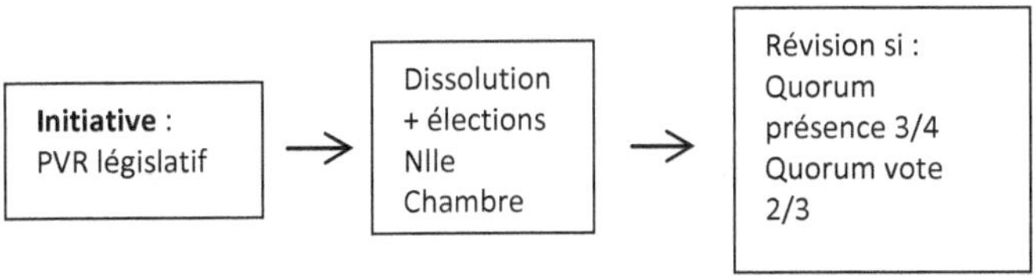


## Section VII. Mécanisme de révision des Pays-Bas

### §1. Disposition[473]

*Article 137*

*1. La loi déclare qu'une modification de la constitution, telle qu'elle la propose, sera prise en considération.*

*2. La seconde chambre peut, en se fondant ou non sur un projet déposé à cet effet par le Roi ou en son nom, diviser en plusieurs projets le projet d'une telle loi.*

*3. Les chambres des État généraux sont dissoutes après la publication de la loi visée au paragraphe 1^er^.*

473 F. Delpérée, *op. cit.*, Bruylant-Bruxelles 1994, p.670

*4. Les nouvelles chambres prennent en considération le projet qu'elles ne peuvent adopter aux deux tiers au moins des voix exprimées*

*5. La seconde chambre peut en se fondant ou non sur un projet déposé à cet effet par le Roi ou en son nom, et aux deux tiers au moins de voix exprimées diviser en plusieurs projets un projet portant modification.*

§2. Observations

**461**. Encore une fois, une nation qui n'a pas hésité à jeter son dévolu sur un mécanisme rigide qui doit, dans tous les cas, passer par la dissolution des Chambres après adoption de la proposition de révision de la Constitution par le Parlement.

La procédure de révision des Pays-Bas a ceci de particulier, c'est qu'en vertu de l'article 137, un projet de modification de la Constitution peut être, non pas « adopté », mais « pris en considération » sous la forme d'une loi ordinaire votée par les deux assemblées qui composent les États généraux, à savoir la Seconde Chambre et la Première Chambre. La publication de la loi a pour effet d'entraîner la dissolution de la Seconde Chambre. Étant entendu qu'une fois celle-ci réélue, les deux assemblées examinent en deuxième lecture le projet de révision et éventuellement l'adoptent, à la majorité des deux tiers[474].

**462.** Le mécanisme néerlandais est tout aussi rigide que celui du Luxembourg ou de la Belgique. En effet, par la seule dissolution des Chambres, le constituant dérivé perd, un tant soit peu, la maîtrise du processus, dans la mesure où il n'est pas juge et partie dans cette décision de réviser la Constitution.

Comme il a été dit à temps et à contretemps, ce procédé est indubitablement dissuasif, car les députés mettent en jeu leur mandat.

---

[474] M. Verdusen, *La procédure de révision de la Constitution : données comparatives*, in F. Delpérée, *op. cit.*, Bruylant-Bruxelles, p.97

D'où, à moins d'être particulièrement inconscients, ils ne peuvent forcément qu'éviter des révisions de complaisance, tant le risque, pour eux et pour leur carrière, est réel.

**463.** Ce procédé permet également une intervention indirecte du souverain primaire, laquelle peut être déterminante. Car, en sanctionnant ou non les députés initiateurs de la révision, les nouveaux députés vont forcément prendre attitude, en se ravisant ou non. De toutes les façons, ces élections vont provoquer des débats pouvant permettre au constituant dérivé d'avoir un avis éclairé.

**464.** Hormis la dissolution obligatoire des Chambres, cette procédure regorge en son sein un autre mécanisme non négligeable qui a également pour effet de prolonger davantage le processus de révision. En effet, tant en amont (avant dissolution), qu'en aval (après dissolution) du processus, la Seconde Chambre a la faculté de scinder le projet de révision originel en plusieurs projets. Ceci pour dire que le projet tel que voté initialement ne lie pas cette Seconde Chambre. Elle dispose encore du droit de donner priorité à une partie du projet plutôt qu'à une autre, qu'elle mettrait par conséquent en suspens. Elle bénéficie donc d'une grande liberté d'appréciation dans le déroulement du processus de révision.

**465.** Force est de constater que ces deux mécanismes instaurés dans la procédure de révision hollandaise, à savoir la dissolution de la Seconde Chambre ainsi que l'éventuelle scission, par elle, du projet de révision, tant en amont qu'en aval, font inexorablement de la Constitution hollandaise une constitution rigide.

Ladite procédure est forcément temporisatrice, de par son caractère chronophage, dans la mesure où elle étire le processus dans le temps et permet donc de ne pas aller trop vite en besogne, car l'enjeu est tout de même de taille : la modification de la Loi fondamentale du royaume des Pays-Bas.

## §3. Aperçu Schématique

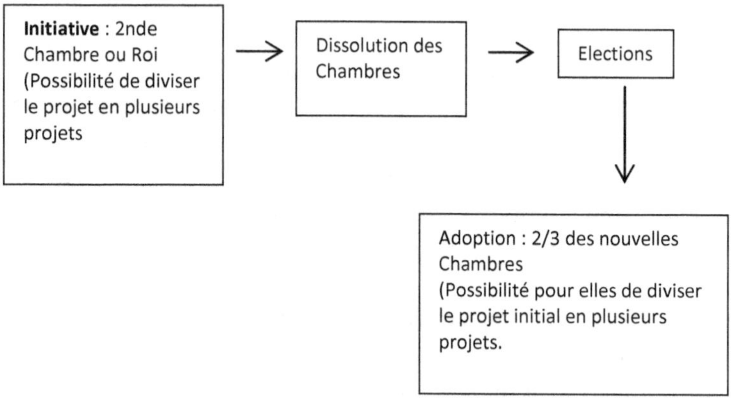


## Section VIII. Mécanismes de révision espagnole

### §1. Dispositions[475]

*Article 166 :*

*L'initiative en matière de révision Constitutionnelle s'exercera selon les dispositions prévues à l'article 87, paragraphes 1er T.2. Article 167*

*1. les projets de révision Constitutionnelle devront être adoptés par chacune des chambres, à la majorité des trois cinquièmes. S'il n'y a pas accord entre les deux chambres, on s'efforcera de l'obtenir en créant une commission paritaire de députés et de sénateurs qui soumettra un texte sur lequel le congrès et le sénat devront se prononcer par un vote.*

475 F. Delpérée, *op. cit.*, 1994, pp. 227-228

*2. Si le texte n'est pas adopté selon la procédure indiquée au paragraphe précédent, le congrès pourra, à condition que le sénat ait voté à la majorité absolue en faveur dudit texte, approuver la révision à la majorité des deux tiers.*

*3. Une fois approuvée par les cortes générales, la révision sera soumise à ratification par voie de référendum lorsque, dans les quinze jours qui suivent son approbation, un dixième des membres de l'une ou l'autre chambre en fait la demande.*

*Article 168*

*1. Toute proposition visant à la révision totale de la constitution ou à une révision partielle du titre préliminaire du chapitre II, section I du titre ou titre II, sera approuvée quant au principe à la majorité des deux tiers des membres de chaque chambre et l'on procédera à la dissolution immédiate des cortes.*

*2. Les chambres élues devront ratifier la décision et procéder à l'étude du nouveau texte constitutionnel qui devra être approuvé par les deux chambres à a majorité des deux tiers.*

*3. Apres avoir été approuvée par les cortes générales, la révision sera soumise à ratification par voie de référendum. On ne pourra pas engager la révision constitutionnelle en temps de guerre ou tant que demeure en vigueur l'un des états prévus à l'article 116.*

## §2. Observations

**466.** La Constitution espagnole catégorise ainsi les articles en fonction de leur importance. Ce qui implique forcément une hiérarchie des normes dans la loi fondamentale espagnole :

- Pour les dispositions de « **grande importance » ou « en cas de révision totale »**, la révision se fait en deux étapes :

La déclaration de révision (adoption d'un principe de révision) est adoptée par les deux assemblées « Cortes » (le Congrès des députés et le Sénat) à la majorité de deux tiers. Cette déclaration conduit à une dissolution automatique des deux assemblées avec pour corollaire la tenue de nouvelles élections. À l'issue des élections, la nouvelle assemblée est ainsi appelée à examiner l'opportunité de la révision. Lorsqu'elle va dans le sens de la révision, une majorité des deux tiers est à nouveau requise.

Ces matières constitutionnelles essentielles trouvent leur fondement dans le titre préliminaire de la Constitution – formé des articles 1ers à 9 (État de droit social et démocratique, souveraineté populaire, monarchie parlementaire, unité indissoluble de la nation espagnole, etc.) -, dans la section relative aux droits fondamentaux et aux libertés publiques – contenue dans le titre II sur la Couronne – formé des articles 56 à 65[476].

- Pour les dispositions de « **moindre importance** », la révision est par contre soumise à une procédure qui n'implique pas la dissolution des assemblées, et se fait dans ce cas à la majorité de trois cinquièmes. Cette seconde procédure n'en reste pas moins rigide dans la mesure où, premièrement, elle requiert des majorités de trois cinquième dans chacune des assemblées. Au cas contraire, une commission paritaire sera mise sur pied pour tenter de concilier les différentes positions.

**467.** Deuxièmement, s'il n'en sort malgré tout rien de concret, le congrès pourra tout de même voter le texte à la majorité de deux tiers, au cas où le Sénat se prononce à la majorité absolue.

---

[476] M. Verdusen, *La procédure de révision de la Constitution : données comparatives*, in F. Delpérée, *op. cit.*, Bruylant-Bruxelles 2003, p.90

Un référendum peut malgré tout être organisé à la demande d'un dixième seulement des membres de l'une ou l'autre Chambre. Ce qui est relativement aisé à atteindre et rend le référendum quasiment toujours possible.

**468.** Force est finalement de constater que même les dispositions ci-avant qualifiées de « moindre importance » sont malgré tout protégées de manière efficace, car le souverain primaire a toujours la possibilité d'émettre directement un avis par la voie référendaire.

Il s'est donc agi à l'époque de concilier rigidité et souplesse. En effet, la procédure espagnole est donc un compromis entre les partisans de la rigidité de la Constitution et les partisans de la souplesse.

**469.** C'est ainsi que le Constituant originaire a opté pour un double mécanisme de révision et élevé certains articles au rang de dispositions tellement importantes que l'on ne peut se permettre de soumettre leur révision à une seule législature. Il fallait donc un avis éclairé du souverain primaire, par voie électorale.

Le Constituant originaire espagnol a ainsi opté pour une procédure de révision particulièrement élaborée parce qu'en réalité, il n'y a pas une seule procédure mais deux procédures distinctes. Force est en effet de constater que le souverain primaire peut intervenir de manière indirecte par le truchement des élections et de manière directe par le biais du référendum.

**470.** Conscient de son passé et des tendances humaines déviatrices, notamment dans le chef des tenants du pouvoir, l'Espagne n'a donc pas hésité à adopter un mécanisme particulièrement rigide, du moins lorsqu'il s'agit de la première procédure.

Avec un tel mécanisme, il ne fait aucun doute que les membres des « Cortes » ne peuvent en aucun cas être à la fois juges et parties quand il faut procéder à la révision de certaines dispositions fondamentales qui constituent la base même de l'organisation de l'État espagnol ; la procédure s'étalant ainsi sur deux législatures. Ce qui lui confère assurément un caractère dissuasif.

**471.** Dissuasif donc parce que les parlementaires espagnols prennent inévitablement un risque de perdre leurs mandats au cas où il n'y aurait pas réélection pour certains.

Ce qui lui confère également un caractère temporisateur et chronophage. Car, les révisions expéditives et de complaisance n'ont donc pas de place dans la première procédure espagnole.

En effet, la dissolution des Chambres suivie de l'organisation d'élections, puis de leur installation et de nouvelles séances de vote, sans oublier le référendum, rend sans aucun doute ce mécanisme particulièrement chronophage et temporisateur, et par conséquent, hors de portée des initiateurs de la révision.

**472.** Cette rigidité est également renforcée par les majorités requises, à savoir : en amont, deux tiers pour l'adoption de la proposition de révision de la Constitution, et en aval, deux tiers pour la ratification de la révision par les nouvelles Chambres.

Une telle procédure peut donc de toute évidence s'étaler sur plusieurs semaines, voire plusieurs mois.

**473.** De par les matières qu'elle régit et de par sa rigidité, le premier mécanisme espagnol constitue sans conteste un réel verrou contre les révisions intempestives, hâtives et de complaisance, car, ce mécanisme s'avère non seulement dissuasif pour les membres des assemblées, mais également temporisateur et aussi chronophage. Ce qui est révélateur d'une très grande prise de conscience de son constituant originaire dans la pose de la fondation.

Il n'est pas anodin de relever que depuis son adoption en 1978, la Constitution espagnole n'a subi qu'une seule révision, imposée par la ratification du Traité de Maasrticht[477].

**474.** Pour sa part, Alfredo Alle Buiza exprimait la même idée en alléguant que notre Constitution, durant ses quatorze années d'existence,

---

477 M. Verdusen, *La procédure de révision de la Constitution : données comparatives*, in F. Delpérée, *op. cit.*, p. 91.

n'a été réformée que pour assurer sa concordance avec les dispositions du Traité d'Union européenne.[478]

§3. Aperçu schématique

- Première procédure (sans dissolution)

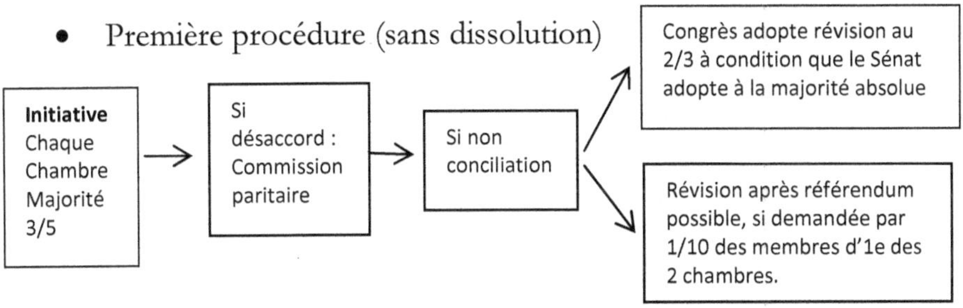


- Seconde procédure (avec dissolution) :

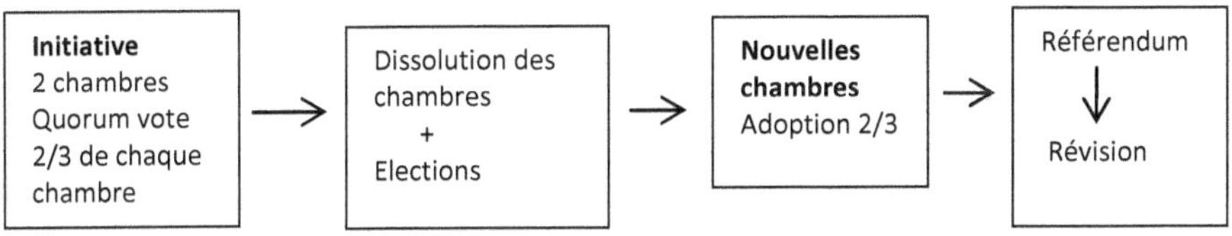


## Section IX. Mécanisme de révision danois

### §1. Disposition[479]

*Article 88*

*Si le Folketing adopte une proposition de nouvelle disposition constitutionnelle et si le gouvernement veut y donner suite, il sera procédé à de nouvelles élections législatives. Si le projet est adopté sans amendement par le Folketing constitué à la suite de ces élections, il sera présenté dans les six mois*

478 A. Alle Buiza, in S. Gilcart, *op. cit.*, p. E-8.

479 F. Delpérée, *op. cit.*, Bruylant-Bruxelles 1994, pp. 137-138.

*qui suivent le vote définitif, aux électeurs du Folketing pour être approuvé ou rejeté par vote direct. Les règles spéciales de ce référendum seront fixées par une loi. Si la majorité des votants, réunissant au moins quarante pour cent de tous les électeurs inscrits, ont voté pour la décision du. Folketing et que le roi la sanctionne, elle aura force de loi constitutionnelle.*

§2. Observations

**475.** La Constitution danoise consacre une procédure de révision encore plus élaborée et donc plus singulière que celles des autres pays occidentaux.

Un double verrou y est instauré et se caractérise non seulement par la dissolution de l'assemblée parlementaire, mais également par la tenue d'un référendum obligatoire.

Le Danemark a un système monocaméral. Cette assemblée ne peut réviser la Constitution qu'après sa dissolution. À l'instar du royaume de Belgique, la révision s'étale sur deux législatures.

De plus, lorsque l'assemblée est appelée à réviser la Constitution, celle-ci doit être soumise à l'avis du peuple par l'organisation d'un référendum. Elle ne sera définitivement adoptée que si elle recueille la majorité de suffrage.

**476.** Le constituant originaire danois a donc opté pour un système particulièrement rigide. Il a donc fait un mix entre la technique parlementaire et référendaire, avec cette singularité de disposer d'un double recours au souverain primaire. Le peuple est donc consulté à deux reprises : *indirectement* par le truchement d'élections après la dissolution, *directement* via un vote de ce que le Parlement aura révisé.

Dans les six mois de la révision, et lorsque la nouvelle assemblée estime ne pas avoir de raison d'amender la proposition de révision faite par l'assemblée précédente, elle doit alors être approuvée ou rejetée par les électeurs au cours d'un référendum.

**477.** Le mécanisme de révision danois est assurément l'un des plus rigides au monde. Non seulement, il est particulièrement dissuasif pour ses initiateurs, mais également il est particulièrement chronophage dans la mesure où la procédure peut, au bas mot, s'étaler sur six mois, ce qui est impensable dans les systèmes constitutionnels africains. Les deux interventions du souverain primaire sont de véritables facteurs de temporisation qui laissent sans conteste la place pour des débats à grande échelle de sorte que la nouvelle Assemblée ne pourra avoir qu'un avis très éclairé. Quoi qu'il en soit, le souverain primaire a inéluctablement le dernier mot.

**478.** Enfin, une autre particularité non négligeable, c'est le fait de n'accorder cette exclusivité de révision de la Constitution qu'à la seule Assemblée mieux identifiée sous le nom de *Folketing*. Une telle restriction a effectivement contribué à limiter la fréquence des révisions. En d'autres termes, moins il y a d'organes qui détiennent ce pouvoir de révision, moins il y aura de révisions. Et le caractère sacré de la Loi fondamentale s'en voit préservé avec pour corollaire une stabilité de l'État.

§3. Aperçu schématique

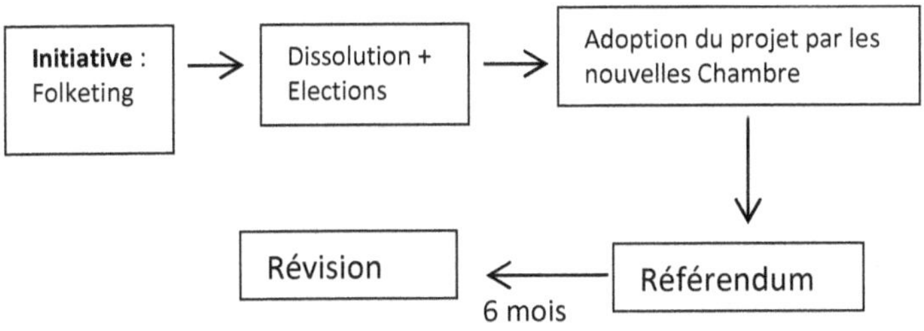

## Section X. Mécanisme de révision grecque

§1. Disposition[480]

*ARTICLE 110*

*1. Les dispositions de la constitution peuvent faire l'objet d'une révision à l'exception de celles qui déterminent la base et la forme du régime politique en tant que République parlementaire et celles des articles 2, paragraphe 1er, 4 paragraphes 1er, 4 et 7, 5paragraphes 1er et 3,13 paragraphes et 26.*

*2. La nécessité de la révision de la constitution est constatée par une résolution de la Chambre des députés prise sur proposition d'au moins cinquante députés et à la majorité des trois cinquièmes du nombre total de ses membres lors de deux scrutins séparés par un intervalle d'au moins un mois. Les dispositions à réviser sont spécifiquement déterminées par cette résolution.*

*3. La révision ayant été ainsi décidée par la Chambre des députés, la chambre suivante se prononce au cours de sa première session, sur les dispositions à réviser à la majorité absolue du nombre total de ses membres.*

*4. Au cas où une proposition de révision de la constitution a obtenu la majorité du nombre total des députés, mais non pas celle des trois cinquièmes du même nombre prévue aux paragraphes 2, la Chambre des députés suivante peut, au cours de sa première session, se prononcer sur les dispositions à réviser à la majorité des trois cinquièmes du nombre total de ses membres.*

---

480*Ibid.* pp. 422-423

*5. Toute révision adoptée des dispositions de la constitution est publiée au journal officiel et dans les dix jours qui suivent son vote par la Chambre des députés entre en vigueur par une résolution spéciale de celle – ci.*

*6. Aucune révision de la Constitution n'est permise avant que cinq ans ne soient écoulés à partir de la fin de la révision précédente.*

§2. Observations

**479.** Une particularité sans réelle incidence est qu'à la différence de la plupart de textes constitutionnels, la Grèce a choisi de consacrer les limites matérielles aux révisions. Il n'existe vraisemblablement pas de limites circonstancielles.

**480.** Autre particularité : l'initiative de la révision n'est accordée, non seulement, qu'aux seuls députés ; mais en plus à un nombre très restreint, à savoir cinquante au moins. Bien sûr pour l'adoption de la proposition ou résolution, c'est plutôt une majorité de trois cinquièmes du nombre total des membres qui est requise.

**481.** Un autre élément qui singularise ce mécanisme de révision repose dans le fait que pour l'adoption de ladite résolution ou proposition, deux scrutins sont organisés et ce dans l'intervalle d'un mois. Il est évident que cela le rend dissuasif, temporisateur et chronophage. De telle sorte que les députés ne peuvent en disposer à leur guise, non seulement parce qu'il exige une majorité de trois cinquièmes des députés pour que la proposition passe, mais qu'en plus, il faille organiser deux scrutins distincts dans un intervalle d'un mois. Ce qui est sans conteste coûteux et lourd.

**482.** Enfin, de toute évidence, les initiateurs de la révision ne sont en aucun cas juges et parties, à telle enseigne que les révisions ne peuvent être initiées à la légère car le risque de perdre son mandat est bel et bien réel. Ce qui ne manque encore une fois pas de préserver le caractère sacré de la Constitution et d'ainsi contribuer à la stabilité du système institutionnel grec. Sous cet angle, la Constitution, de par ses mécanismes, assume réellement son rôle de rempart.

**483**. En outre, il en ressort très clairement que le constituant dérivé grec ne peut procéder à une nouvelle révision de la Constitution que cinq années à partir de la fin de la révision précédente. En effet, à l'instar de la Constitution portugaise, aucune révision de la Constitution *n'est permise avant que cinq ans* ne soient écoulés à partir de la fin de la révision précédente.

Il s'agit là d'une limite temporelle non négligeable. Elle empêche en effet une législature de disposer du pouvoir de révision à sa guise. Théoriquement, une seule modification lui est accordée durant sa mandature. Cela constitue sans conteste une sérieuse restriction au pouvoir de réviser qui incombe au constituant dérivé. Une telle restriction ne peut qu'épargner le pays des révisions intempestives du texte fondamental.

§3. Aperçu schématique

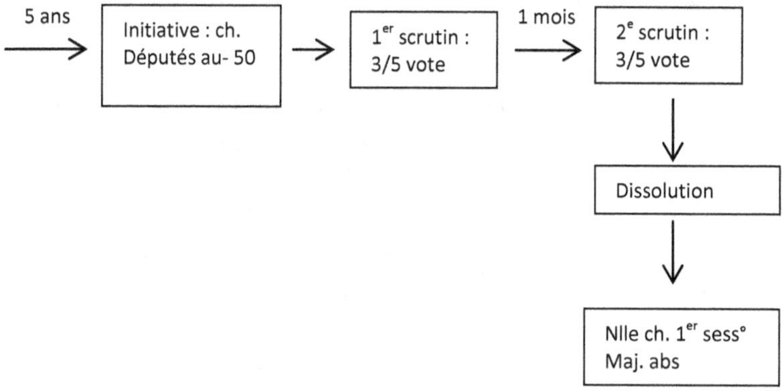

## Section XI. Mécanisme de révision Irlandais

§1. Disposition[481]

*ARTICLE 46*

*1. Toute disposition de la présente constitution peut être amendée, par voie de modification, d'addition ou d'abrogation de la manière prévue par cet article.*

*2. Toute proposition d'amendement à la présente constitution sera faite au sein du Dàil Eïreann sous forme de projet de la loi et après avoir été adoptée ou lorsqu'elle sera considérée comme ayant été adoptée par les deux chambres de l'Oireachtas, sera soumise par référendum à la décision du peuple, conformément à la loi relative au référendum qui sera en vigueur à cette époque.*

*3. tout projet de loi de ce genre sera désigné comme « Acte pour amender la constitution »*

*4. le projet de loi contenant une proposition ou des propositions pour amender la présente constitution ne contiendra aucune autre proposition.*

*5. le président d'Irlande signera le projet de loi contenant une proposition d'amendement à la présente constitution dès qu'il sera assuré que les dispositions du présent article ont été respectées et que la proposition a été dûment approuvée par le peuple conformément aux dispositions de la section I de l'article 47 de la présente constitution et il la promulguera à titre de loi.*

[481] *Ibid.* pp. 502-503

§2. Observations

**484.** Le constituant originaire irlandais a pour sa part, porté son choix sur le référendum comme seul véritable verrou. Dans un pays où l'administration fonctionne et où la population est numériquement peu importante, soit un peu plus de 4 000 000 d'habitants, cela peut se comprendre aisément.

Ce pays a donc connu autant de référendums qu'il y a eus des révisions constitutionnelles, ce qui fait de la voie référendaire un procédé usuel de révision constitutionnelle en Irlande[482].

**485.** Comme on le voit infra, le choix de la technique référendaire est très largement adopté par les constituants africains. Ce qui n'est certes pas négligeable comme verrou.

Cependant, en Irlande, l'administration fonctionne de telle sorte que la technique référendaire est une réalité et non un leurre. Ce qui ne semble pas être le cas sur le continent africain où la technique référendaire n'est que très rarement utilisée, en dépit de sa grande préférence dans les textes.

**486.** En Irlande, le verrou consiste dans le dédoublement obligatoire des deux techniques, parlementaire et référendaire. Et non l'une ou l'autre comme cela est souvent le cas dans les constitutions africaines.

Le peuple est donc obligatoirement associé de telle sorte que cela reste dissuasif car les initiateurs des révisions peuvent être sanctionnés par un rejet massif d'une révision complaisante. Ce qui peut avoir des conséquences politiques.

**487.** Dissuasif également dans la mesure où les révisions seront déclenchées avec parcimonie, car, il est un fait, ce mécanisme engendre non seulement des frais importants pour l'État, mais aussi une organisation semblable à des élections. Ce qui n'est par ailleurs pas négligeable.

---

482 M. Verdusen, *La procédure de révision de la Constitution : données comparatives*, in F. Delpérée, *op. cit.*, Bruylant-Bruxelles, 2003, p.95

Aussi, cette technique a certainement un effet temporisateur dans la mesure où l'organisation d'un référendum s'inscrit dans le temps. Temps qui sera assurément mis à profit par les médias pour organiser des débats sur la question. Ce qui peut conduire les initiateurs à se raviser.

**488.** Enfin, l'Irlande compte parmi les démocraties confirmées où la volonté du peuple est respectée. Il n'existe pas de tripatouillages des résultats comme souvent en Afrique de telle sorte que le référendum y constitue un réel verrou. À titre d'illustration, des référendums ont été organisés pour la ratification des traités de Nice (2001 et 2002) et de Lisbonne (2008 et 2009). Dans les deux cas, le peuple s'y est pris par deux fois, d'abord par un rejet, puis par une approbation. Il en ressort que le peuple irlandais a réellement le dernier mot, de sorte qu'après les deux premiers rejets, les autorités irlandaises ont dû mettre les bouchées doubles pour convaincre les citoyens. D'où l'organisation, dans les deux cas, les années suivantes, de nouveaux référendums.

§3. Aperçu schématique

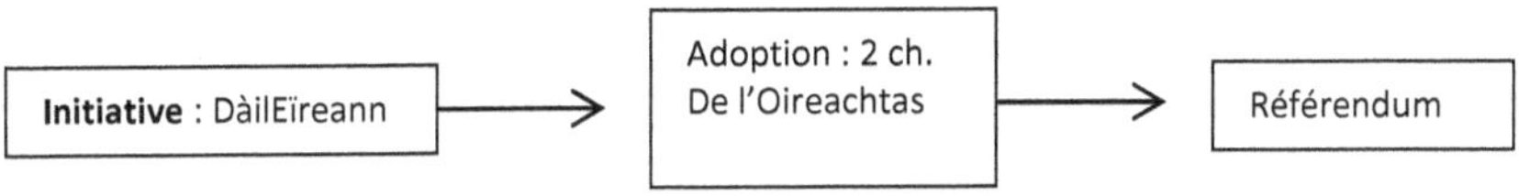


## Section XII. Mécanisme de révision allemand

### §1. Disposition[483]

*Article 79.*

*1. La Loi fondamentale ne peut être modifiée que par une loi qui en modifie ou en complète expressément le texte. En ce qui concerne les traités internationaux ayant pour objet un règlement de paix, la préparation d'un règlement de paix ou l'abolition d'un régime d'occupation, ou qui sont destinés à servir la défense de la République fédérale, il suffit, pour mettre au clair*

[483] F. Delpérée, *op. cit.*, Bruylant-Bruxelles, 1994, p.919-920.

*que les dispositions de la Loi fondamentale ne font pas obstacle à la conclusion et à la mise en vigueur des traités, d'un supplément au texte de la Loi fondamentale qui se limite à cette clarification.*

*2. Une telle loi doit être approuvée par les deux tiers des membres du Bundestag et les deux tiers des voix du Bundesrat.*

*3. toute révision de la présente Loi fondamentale qui toucherait à l'organisation de la Fédération en Länder, au principe de la participation des Länder à la législation ou aux principes énoncés aux articles 1er et 20, est interdite.*

§2. Observations

**489.** En Allemagne, la « Loi fondamentale allemande » est logiquement la Constitution du pays. Sa révision ne requiert, certes, ni dissolution des Chambres ni référendum. Cependant, elle doit recueillir une majorité renforcée de deux tiers des deux Chambres : le Bundestag et le Bundestrat. Aussi, l'Allemagne tient compte du facteur fédéral. Comment ? Le consentement exprimé par la seconde Chambre (le Bundesrat) pour toute modification de la loi fondamentale est considéré comme valant consentement des entités fédérées (les Länder). En effet, les membres du Bundesrat sont des délégués des Länder et sont liés par un mandat impératif, de telle sorte que le Bundesrat doit être tenu pour une émanation directe des gouvernements des Länder[484]. La modification de la Loi fondamentale doit recueillir une majorité renforcée (deux tiers) tant au **Bundestag** qu'au **Bundesrat**. Depuis son entrée en vigueur, la Loi fondamentale a fait l'objet de cinquante-trois lois de révision, qui, doit-on le rappeler, n'ont pas déstabilisé l'État en déséquilibrant le consensus de départ. Aucun soulèvement n'a été enregistré.

---

[484] M. Verdusen, *La procédure de révision de la Constitution : données comparatives*, in F. Delpérée, *op. cit.*, Bruylant-Bruxelles, 2003, p.106

## §3. Aperçu schématique

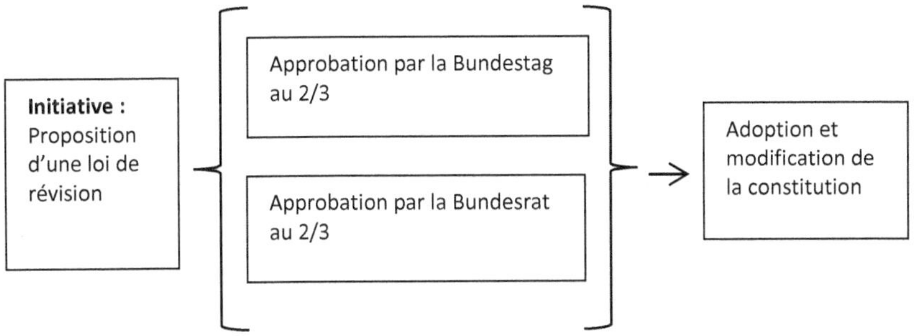


# Section XIII. Mécanisme de révision Portugais

## §1. Dispositions[485]

*Article 284*

*Compétence et délai de révision*

*1. L'Assemblée de la République peut réviser la constitution cinq ans révolus après la date de la publication de la dernière loi de révision ordinaire.*

*2. L'assemblée de la République peut cependant assumer à tous moments les pouvoirs de révision constitutionnelle à la majorité des quatre cinquièmes des députés effectivement en fonction.*

*Articles 285*

*Initiative de la révision*

*1. L'initiative de la révision appartient aux députés*

---

485 F. Delpérée, *op.cit.*, Bruylant-Bruxelles 1994, p. 848.

*2. Lorsqu'un projet de révision constitutionnelle aura été déposé, tout autre projet concurrent devra être présenté dans un délai de trente jours.*

§2. Observation

**490.** Il en ressort très clairement que le constituant dérivé portugais ne peut procéder à une nouvelle révision de la Constitution que cinq années après la publication de la révision précédente.

Il s'agit là d'une limite temporelle non négligeable qui permet à une législature de ne pas disposer de ce pouvoir de révision à souhait. Théoriquement, une seule modification leur est accordée durant leur mandature. Cela constitue de toute évidence une sérieuse restriction au pouvoir de révision qui incombe logiquement au constituant dérivé ou institué qui ne peut qu'épargner le pays des révisions intempestives du texte fondamental.

**491.** En outre, le constituant dérivé détient malgré tout la possibilité de procéder à des révisions constitutionnelles. Néanmoins, cette faculté ne lui est reconnue que pour des révisions urgentes ou extraordinaires, ce qui fut le cas, par exemple, en 2001, afin de mettre la Constitution portugaise en conformité avec le Statut de la Cour pénale internationale. On trouve la même règle, assortie du même délai de cinq ans, à l'article 110 de la Constitution grecque[486].

**492.** Une autre restriction non négligeable est que ce pouvoir de révision n'appartient qu'au seul pouvoir législatif. Une telle restriction contribue effectivement à limiter la fréquence des révisions. En d'autres termes, il y a moins d'organes qui détiennent ce pouvoir de révision. Et le caractère sacré de la loi fondamentale ne peut qu'en être préservé avec pour corollaire une stabilité des institutions.

**493.** Une autre particularité, non de moindre, c'est assurément la possibilité de déposer un *projet concurrent* dans un délai de trente jours. Ce qui implique nécessairement que l'on doive attendre trente jours avant de

486 A.M. Guerra Martins, in M. Verdusen, *La procédure de révision de la Constitution : données comparatives*, in F. Delpérée, *op. cit.*, pp. 99-100

poursuivre la procédure de révision ; question de prendre connaissance de l'éventuel projet concurrent. Ce qui ne manque pas de temporiser les choses.

Puis, dans le cas où le projet concurrent est déposé, le temps de l'analyser et de l'adopter, c'est du temps gagné ou perdu selon le cas. Ce qui est un réel facteur de temporisation de la procédure de révision. Cela peut étendre une procédure de révision bien au-delà.

À côté de cela, il existe évidemment comme dans la plupart de constitutions, de nombreuses limites matérielles et circonstancielles, qui constituent inévitablement de réels verrous.

§3. Aperçu schématique

- Première procédure (révision ordinaire)

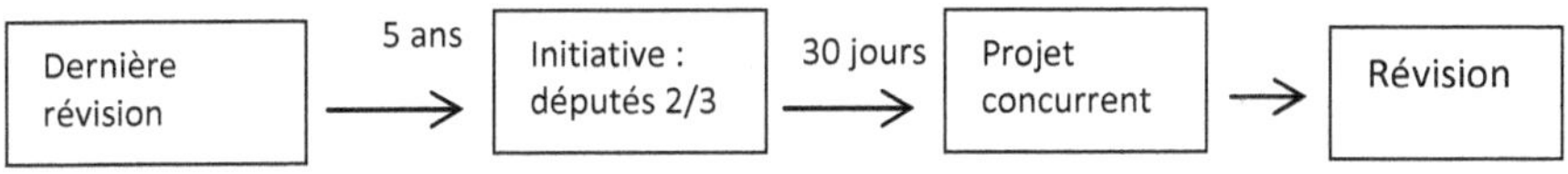


- Deuxième procédure (révision extraordinaire)

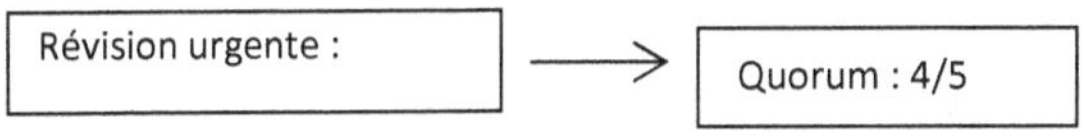


## Section XIV. Mécanisme de révision Suisse

§1. Disposition

> *Art. 192 Principe*
>
> *La Constitution peut être révisée en tout temps, totalement ou partiellement.*
>
> *Lorsque la Constitution et la législation qui en découle n'en disposent pas autrement, la révision se fait selon la procédure législative.*

*Art. 193 Révision totale*

*La révision totale de la Constitution peut être proposée par le peuple ou par l'un des deux conseils, ou décrétée par l'Assemblée fédérale.*

*Si l'initiative émane du peuple ou en cas de désaccord entre les deux conseils, le peuple décide si la révision totale doit être entreprise.*

*Si le peuple accepte le principe d'une révision totale, les deux conseils sont renouvelés.*

*Les règles impératives du droit international ne doivent pas être violées.*

*Art. 194 Révision partielle*

*Une révision partielle de la Constitution peut être demandée par le peuple ou décrétée par l'Assemblée fédérale.*

*Toute révision partielle doit respecter le principe de l'unité de la matière ; elle ne doit pas violer les règles impératives du droit international.*

*Toute initiative populaire tendant à la révision partielle de la Constitution doit en outre respecter le principe de l'unité de la forme.*

*Art. 195 Entrée en vigueur*

*La Constitution révisée totalement ou partiellement entre en vigueur dès que le peuple et les cantons l'ont acceptée.*

§2. Observation

**494.** En Suisse, comme on peut le constater, le constituant originaire a prévu deux possibilités pour procéder à la révision de la Constitution. Celle-ci peut donc être partielle ou totale :

- En cas de **révision totale**, il faut que l'initiative émane soit d'une autorité publique : l'Assemblée fédérale (Parlement suisse), le Conseil fédéral (gouvernement), le Conseil national (Chambre basse), le Conseil des États (Chambre haute) qui représente les Cantons ou l'un des Cantons ; soit de la population, une fraction du corps électoral, à savoir 100 000 électeurs. Lorsque cette procédure est déclenchée, il y a une proposition de révision. Corollaire, les Chambres sont dissoutes pour être bien évidemment renouvelées. L'adoption quant à elle doit être approuvée par la population suisse par *votation populaire* qui est l'équivalent du référendum. Pour ce faire, Il faut que la proposition recueille la majorité des suffrages de tous les participants.

- En cas de **révision partielle**, l'initiative appartient tant au peuple qu'à l'Assemblée fédérale. Dans cette dernière hypothèse, l'assemblée n'est cette fois-ci pas dissoute.

**495.** Cependant, pour que la proposition de révision soit adoptée, dans les deux hypothèses (révision totale et partielle), encore faut-il qu'elle soit soumise à la votation du peuple et à la majorité des Cantons.

Le peuple helvète prend très clairement position et les autorités y sont tenues. L'intervention du peuple revêt donc très clairement une *valeur décisoire* de telle sorte que l'avis de la population est décisif. En l'espèce, le citoyen suisse ne donne pas un simple avis, il décide. Le constituant originaire suisse a opté pour la technique du *référendum constituant*, que la révision diligentée soit partielle ou totale.

§3. Aperçu schématique

1. Révision totale

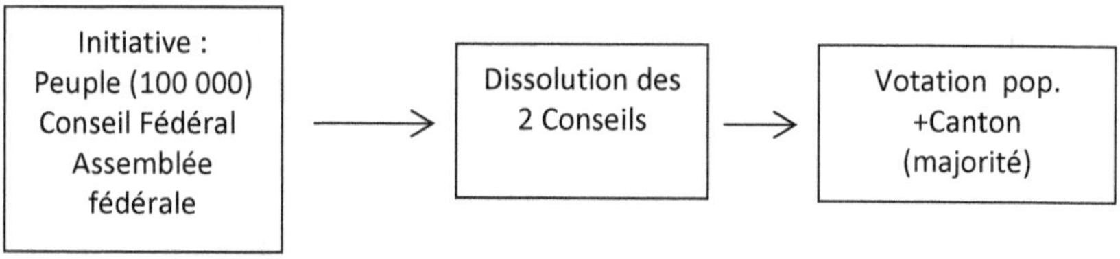


2. Révision partielle

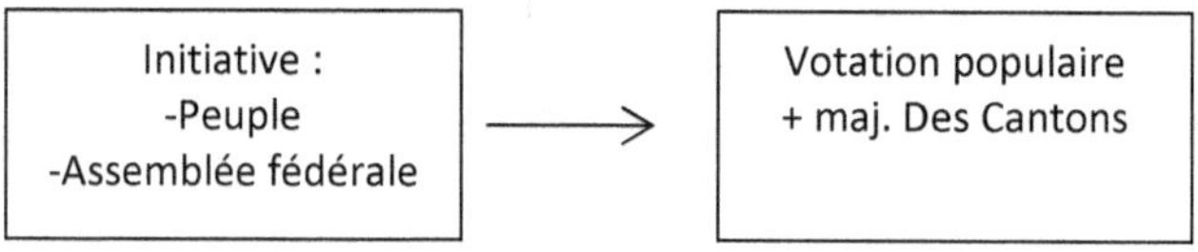


## Section XV. Mécanisme de révision en Finlande et en Norvège[487]

§1. Dispositions

*Article 73. (Finlande)*

*Tout projet de texte concernant l'adoption, l'amendement ou l'abrogation d'une loi constitutionnelle ou une dérogation de façon limitée à une loi constitutionnelle, doit en deuxième lecture faire l'objet d'un vote décidant à la majorité des voix de le laisser en suspens jusqu'à la première session du Parlement suivant les élections législatives.*

*Le projet de texte doit alors, après que la commission a rendu son rapport, être adopté en séance plénière, sans changements sur le fond, en une seule lecture, par une décision prise à la majorité des deux tiers des suffrages exprimés.*

487 D. Carlos, *op. cit.*, p. 112.

*Le projet de texte peut être déclaré urgent par une décision prise à la majorité des cinq sixièmes des suffrages exprimés. Dans ce cas, le projet de texte n'est pas laissé en suspens et peut être adopté par une décision prise à la majorité des deux tiers des suffrages exprimés.*

*Article 112. (Norvège)*

*Si l'expérience démontre qu'une partie quelconque de la présente Loi fondamentale du royaume de Norvège doit être modifié, la proposition en sera faite à un Storthing ordinaire et publiée par la voie de la presse. Mais il n'appartient qu'au suivant Storthing ordinaire de décider si le changement proposé doit avoir lieu ou non. Un tel changement ne doit cependant jamais être contraire aux principes de la présente Loi fondamentale ; il ne doit avoir pour objet que des modifications dans quelques dispositions particulières qui n'altèrent point l'esprit de la présente Constitution, et les deux tiers du Storthing devront être d'accord sur un pareil changement.*

§2. Observation

**496.** Hormis quelques différences techniques dans le déroulement même du processus, ce qu'il y a lieu de retenir c'est qu'en substance, dans ces deux Etats, les systèmes requièrent également une double lecture, mais sans dissolution subséquente des Parlements respectifs. En l'espèce, la singularité repose dans le fait qu'il y ait un report à la législature suivante.

Cependant, avec une nuance importante, c'est qu'il n'y a pas de dissolution anticipée, l'on attend que la législature arrive à son terme. Concrètement, la législature en cours révise la Constitution en première lecture.

**497.** La révision revêt donc un caractère provisoire qui devra être confirmé dans une seconde lecture par la législature suivante. L'on attend donc d'arriver au terme de la législature en cours.

Ces procédures ne manquent pas de rendre la révision chronophage, car, d'une part, la dissolution du Parlement s'en voit différée à l'échéance prévue par la Constitution. Et d'autre part, les assemblées qui déclarent la révision ne sont pas celles qui vont procéder à la révision même. Il en ressort que la logique de la révision sur deux législatures est poussée jusqu'au bout. Une révision peut donc en l'espèce s'étaler sur quelques années, si d'aventure, elle est enclenchée en début de la législature en cours. On l'a compris, entre les deux législatures, le souverain primaire sera bien évidemment consulté de manière indirecte. En effet, lors de la campagne électorale, la question des articles de la Constitution à réviser ne manquera pas de s'inviter.

**498.** Cependant, en Finlande, pour des raisons évidentes de conformité avec le droit international, l'on devra parfois aller plus vite.

En effet, en cas d'urgence, le Parlement peut donc réviser tout de suite la Constitution et ce de manière définitive, à condition d'atteindre une majorité de cinq sixièmes.

§3. Aperçu schématique

1. Finlande et Norvège

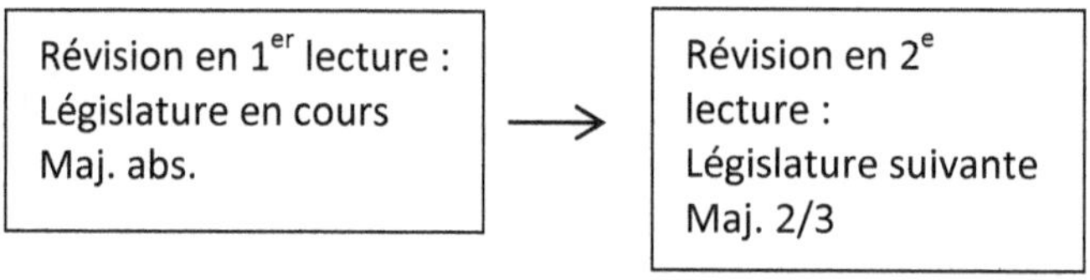


2. Finlande (Révision urgente)

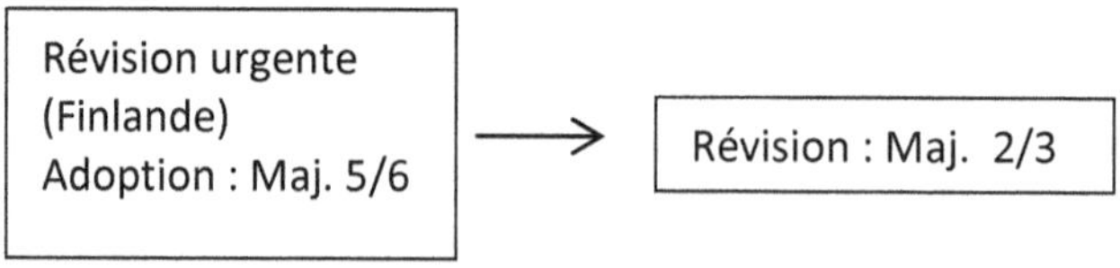

## Section XVI. Mécanisme de révision autrichien

§1. Disposition

*Article 44.*

*1. Les lois constitutionnelles ou les dispositions constitutionnelles contenues dans des lois ordinaires ne peuvent être adoptées par le Conseil national que si la moitié au moins de ses membres sont présents et si elles recueillent une majorité des deux tiers des suffrages exprimés ; elles doivent être désignées expressément comme telles : « loi constitutionnelle », ou « disposition constitutionnelle ».*

*3. Toute modification totale de la Constitution fédérale - et sur demande d'un tiers des membres du Conseil national ou du Conseil fédéral également une modification partielle - doit être soumise à un référendum de l'ensemble des citoyens de la Fédération à la fin de la procédure prévue à l'article 42 mais avant la promulgation par le président fédéral.*

§2. Observation

**499.** Le constituant autrichien a quant à lui opté pour un mécanisme de révision pour le moins singulier qui se démarque de la ligne de conduite générale des autres constituants européens.

En effet, la Constitution autrichienne ne consacre pas, comme c'est le cas généralement ailleurs, tout un chapitre ou toute une section pour le mécanisme portant sur sa propre modification. Bien au contraire, ce mécanisme est juste consacré par un article, l'article 44, qui se réfère par ailleurs, en grande partie, à l'article 42 de la même Constitution, consacré quant à lui à la procédure d'adoption des lois.

**500.** En clair, en droit constitutionnel autrichien, pour procéder à la modification de la Loi fondamentale, le Constituant doit le faire en s'inspirant de la procédure de l'article 42. C'est donc à l'aune de cette disposition que doit être lu l'article 44[488].

**501.** *In concreto*, pour procéder à la modification, totale ou partielle, de la Loi fondamentale autrichienne, l'initiative doit être prise par le Conseil national,[489] qui la transmet sans délai au Chancelier fédéral,[490] qui la transmet à son tour au Conseil fédéral. Celui-ci dispose d'un délai de huit semaines pour exercer une sorte de droit de véto, lequel doit par ailleurs être motivé.

Au terme de ce délai de huit semaines, si ledit Conseil fédéral[491] n'a pas fait opposition, la modification peut être adoptée, authentifiée et promulguée par le président fédéral[492].

Par contre, si le Conseil fédéral marque son opposition, le projet est renvoyé devant son initiateur, le Conseil national. Si celui-ci renouvelle sa position initiale, il doit le faire en présence de la moitié au moins de ses

---

488 Article 42 : 1. Tout projet adopté par le Conseil national doit être transmis sans délai par son président au chancelier fédéral qui le transmet aussitôt au Conseil fédéral. 2. Une loi adoptée ne peut être authentifiée et publiée que si le Conseil fédéral n'a pas fait une opposition motivée à cette adoption, sauf disposition contraire d'une loi constitutionnelle. 3. Cette opposition doit être transmise par écrit au Conseil national par l'intermédiaire du Chancelier fédéral dans un délai de huit semaines suivant la réception de la loi par le Conseil fédéral. 4. Si le Conseil national renouvelle son vote initial en présence de la moitié au moins de ses membres, cette décision doit être authentifiée et publiée. Si le Conseil fédéral décide de ne pas faire opposition ou si aucune opposition motivée n'est faite dans le délai fixé ci-dessus, la loi adoptée doit être authentifiée et publiée. 5. Le Conseil fédéral n'est pas appelé à intervenir dans les cas où les lois adoptées par le Conseil national concernent le règlement intérieur du Conseil national, la dissolution du Conseil national, l'adoption du projet de budget fédéral, l'approbation des comptes budgétaires, l'acceptation ou la conversion d'une dette financière de la Fédération ou des dispositions relatives au patrimoine fédéral. Ces dispositions législatives doivent être publiées sans autres formalités.

489 Chambre basse autrichienne.

490 Chef du gouvernement autrichien.

491 Chambre haute autrichienne.

492Chef de l'Etat autrichien.

membres. Dans ce cas, la modification peut ainsi être adoptée, authentifiée et promulguée par le Président fédéral.

**502.** Cependant, aux termes de l'article 43[493], le peuple peut également être mis à contribution par le truchement d'un référendum constituant, à la condition que le Conseil national le décide ou que la moitié de ses membres le demande expressément. C'est donc seulement par la suite que le Président fédéral pourra promulguer la loi constitutionnelle portant modification de la Constitution.

**503.** Il va sans dire que le processus de modification constitutionnelle autrichien est chronophage dans la mesure où, non seulement il existe plusieurs navettes entre les différentes institutions habilitées à procéder à la modification de la Constitution, mais également, l'une des institutions, à savoir le Conseil fédéral dispose de huit semaines pour s'opposer ou non, au projet de révision. Il est évident que tant le délai que cette faculté de pouvoir s'y opposer sont des formalités non négligeables qui peuvent permettre de tirer le processus en longueur, tout en donnant aux différents intervenants un temps de réflexion non négligeable.

**504.** Enfin, quand on considère la possibilité accordée au souverain primaire de se prononcer sur le projet de révision, il en ressort que le pouvoir initiateur n'a pas, à cause des différents intervenants, une mainmise totale sur le processus. Lequel s'étend, au bas mot, sur huit semaines, sans compter les différentes navettes ainsi que l'éventuel référendum.

---

[493]Article 43 : « Toute loi adoptée par le Conseil national doit être soumise à un référendum avant sa promulgation par le président fédéral, si le Conseil national le décide ou si la majorité des membres du Conseil national le demande. »

## §3. Aperçu schématique

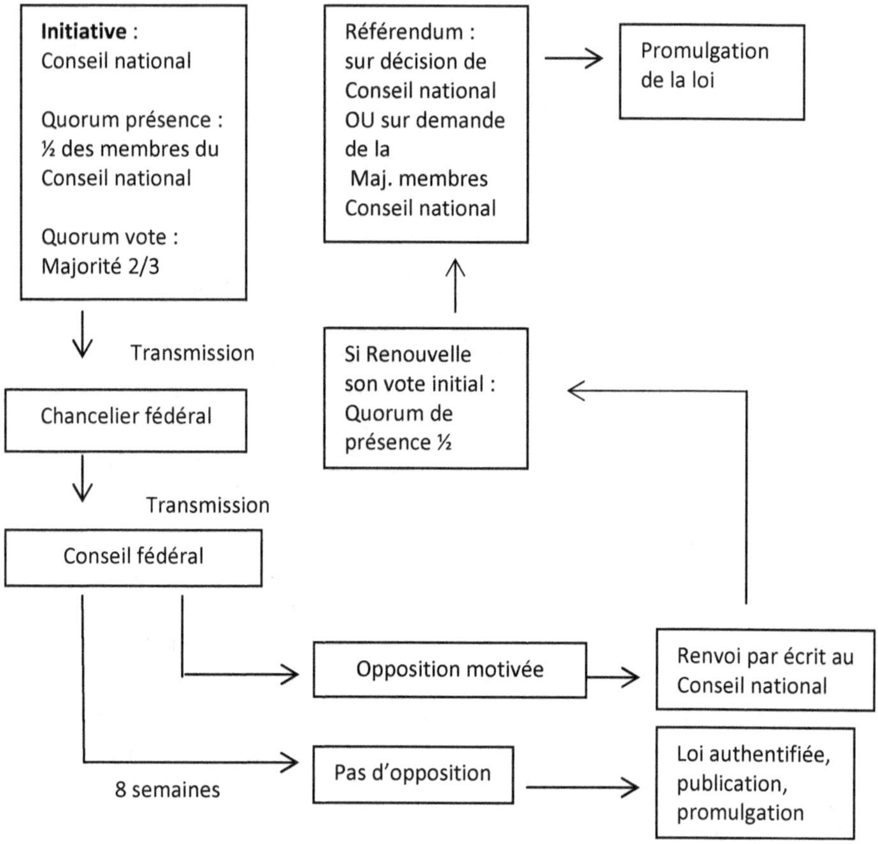

## Chapitre II. MÉCANISMES DE RÉVISION DANS LES DIFFÉRENTES CONSTITUTIONS CONGOLAISES

**505.** Comme il a été démontré dans la seconde partie, la RDC a, en matière constitutionnelle, un actif non négligeable. Depuis la période coloniale en passant par la dictature *mobutienne* jusqu'à ce jour, la RDC, à l'instar de nombre de pays africains, a été régie par des textes fondamentaux, quelle qu'ait été la forme des régimes. Conformément à l'esprit même de la présente partie, ce chapitre se donne justement pour objectif de passer en revue les mécanismes de révision desdits textes afin d'appréhender leur degré de rigidité.

### Section I. Dans la Loi fondamentale de 1960 relative aux structures du Congo

§1. Dispositions[494]

*Article 3*

*Les dispositions qui suivent resteront en vigueur jusqu'à la mise en place des institutions publiques qui auront été organisées par la Constitution. Les chambres ne peuvent modifier la présente Loi qu'à la majorité prévue à l'article 99.*

*Article 99*

*Aucune des chambres ne peut délibérer, si deux tiers au moins des membres qui la composent ne sont présents. Nulle disposition n'est adoptée si elle ne réunit au moins les deux tiers des suffrages.*

494 M. Wetsh'okonda Koso Senga, *les textes constitutionnels congolais annotés*, éd. CDHC-Asbl, pp.15 et 33

§2. Observations

**506.** La Loi fondamentale ne comportait pas, à proprement parler, un mécanisme de révision constitutionnelle. C'est d'ailleurs seulement sous l'intitulé « dispositions préliminaires » qu'elle donne aux Chambres la possibilité de modifier son contenu, conformément à ses articles 3 et 99.

Ledit mécanisme est relativement souple, dans la mesure où une formation dominante, même par le biais des alliances, pourrait facilement réunir les deux tiers et imposer une modification de la Loi fondamentale en sa faveur sans se soucier des autres formations et de l'équilibre que tient à préserver une Loi fondamentale.

Ce mécanisme s'apparente à s'y méprendre à celui de l'adoption d'une loi spéciale belge qui requiert par ailleurs des quorums de présence et de vote spéciaux, tel qu'il a été rappelé dans la première partie du présent ouvrage.

Cela est d'autant plus étonnant que la veille de l'indépendance, la métropole octroya au Congo une Constitution provisoire (La Loi fondamentale) que les représentants officiels du Congo avaient discutée et accepté[495].

**507.** En effet, l'histoire enseigne que cette loi fut adoptée et votée par le Parlement belge, puis promulguée par le Roi Baudoin. D'où, une question pour le moins logique : comment donc la Belgique a pu proposer un mécanisme de révision si souple, alors qu'elle-même, en 1960, expérimentait depuis déjà 129 ans le bénéfice d'un mécanisme particulièrement rigide tel qu'il a été rappelé à temps et à contretemps au chapitre premier de la présente partie ?

Un tel mécanisme ne protégeait donc pas, à l'époque, des modifications intempestives.

À décharge de la Belgique, l'on peut penser que sachant qu'il ne s'agissait que d'un texte provisoire, ses parlementaires, par ailleurs auteurs de

---

[495] SM AJAMI, *le système constitutionnel de la République Démocratique du Congo,* Revue internationale de droit comparé, vol. 22 n°2, avril-juin 1970, p.21.

ladite loi, estimèrent vraisemblablement qu'il ne fut pas nécessaire de la verrouiller à outrance.

§3. Aperçu schématique

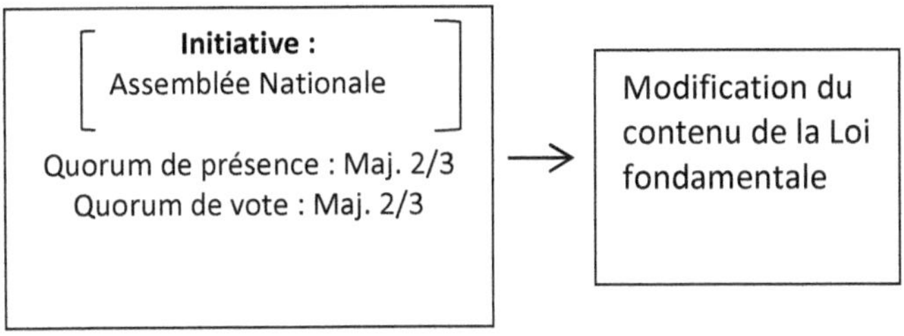


## Section II. Dans la Constitution du 1er août 1964

§1. Dispositions[496]

*Article 175*

*L'initiative de la révision de la Constitution appartient concurremment au président de la République, à la Conférence des gouverneurs, à chaque Chambre du Parlement et au quart des assemblées provinciales.*

*Article 176*

*Le projet de révision doit être adopté par chacune des Chambres à la majorité des deux tiers au moins des membres qui la composent. Le projet de révision doit être approuvé par les deux tiers au moins de toutes les assemblées provinciales s'il tend à modifier les dispositions : 1. De la section I du titre Ier ; 2. Des titres II et III ; 3. Des articles 54 à 57, 60, 62, 65 à 70, 71 à 74 (alinéa 2), 76, 78, 90, 92, 95, 97 et 99 ; 4° du titre V ; 5. De la section I du titre VI ; 6. Du*

496 Moniteur Congolais, num. spécial, 1er août 1964, pp. 29-30.

*titre VII ; 7. Des articles 142, 143, 145 à 148, 151 à 153, 162 ; 8. Des titres XI et XIII.*

*Lorsque ces conditions sont remplies, le président de la République promulgue, conformément à l'article 94, le texte qui entre en vigueur dans les conditions prévues au même article.*

*Le vote des assemblées provinciales porte sur l'ensemble du projet de révision à approuver ou à rejeter, par oui ou par non.*

*En cas de rejet d'un projet de révision qui comporte plusieurs articles, l'assemblée est tenue de se prononcer à nouveau article par article.*

*Lorsque l'assemblée rejette un article, elle est tenue de proposer, par une résolution, des amendements à l'article rejeté par elle.*

*Dans le cas où les amendements proposés par les assemblées provinciales portent uniquement sur un ou quelques articles du projet, les chambres peuvent se limiter à l'examen de ces amendements.*

*Elles s'adjoignent, à raison de deux conseillers par assemblée, une délégation des assemblées provinciales, qu'elles consulteront pour l'élaboration d'un nouveau texte. Celui-ci n'est adopté par les chambres qu'à la majorité prévue à l'alinéa 1er de l'article 176 et doit être soumis, pour approbation aux assemblées provinciales.*

*Au deuxième tour, la révision est acquise lorsque le projet est approuvé par la majorité absolue de toutes les assemblées.*

§2. Observations

**508.** Il en ressort que la procédure de révision consacrée par la Constitution du 1er août 1964, dite Constitution de Luluabourg, était pour le moins élaborée, dans la mesure où elle exigeait des quorums de vote importants, tant à la phase de projet qu'à celle de la révision même.

**509.** En sus, la liste des initiateurs de la procédure était importante, de sorte qu'une seule institution n'avait pas le monopole de la révision au point de la prendre en otage. Hormis les institutions habituellement appelées à déclencher une révision de la Constitution ; en l'espèce, même les assemblées provinciales et la conférence des gouverneurs détenaient le même pouvoir d'initiative. L'intérêt général paraît donc préservé dans la mesure où celles-ci peuvent être beaucoup plus sensibles à certaines matières qui nécessitent une révision que les assemblées nationales ou le président de la République. Le peuple avait donc de manière indirecte, via les deux niveaux de représentation (nationale et provinciale), un double pouvoir d'initiative de révision de la Constitution.

**510.** En plus, s'agissant de certains articles considérés comme importants, les assemblées provinciales avaient également une part importante dans le processus. En effet, elles avaient la possibilité d'adopter, de rejeter en tout ou en partie la révision enclenchée. Dans ce dernier cas, le texte faisait un second tour pour réexamen. À l'issue de ce deuxième tour, la révision était acquise, cette fois-ci, à la majorité absolue, et non plus à la majorité de deux tiers comme au premier tour.

**511.** Il en ressort une catégorisation des articles en fonction de laquelle la procédure de révision est adaptée. D'une part, la majorité des deux tiers des Chambres de l'assemblée nationale, pour tous les articles de la Constitution. D'autre part, l'on rajoute une majorité de deux tiers des assemblées provinciales, pour certains autres articles de grande importance.

**512.** Lorsque l'on considère que ces articles sont au nombre de 125 alors que ladite Constitution comporte 204 articles, c'est donc un peu plus de la moitié de la Constitution qui est soumise à cette procédure, pour le moins laborieuse et dissuasive. Ce qui ne manque pas de verrouiller le texte.

Force est de constater que, toutes proportions gardées, ce processus comportait en son sein, des mécanismes de temporisation non négligeables, de par le rôle considérable que pouvaient jouer les assemblées provinciales.

Néanmoins, comme les autres constitutions, celle de 1964 n'a pas dérogé à la règle en évitant une révision sur deux législatures, impliquant une dissolution. *In casu*, le seul risque qu'encourent les initiateurs de la révision est un rejet du processus.

§3. Aperçu schématique

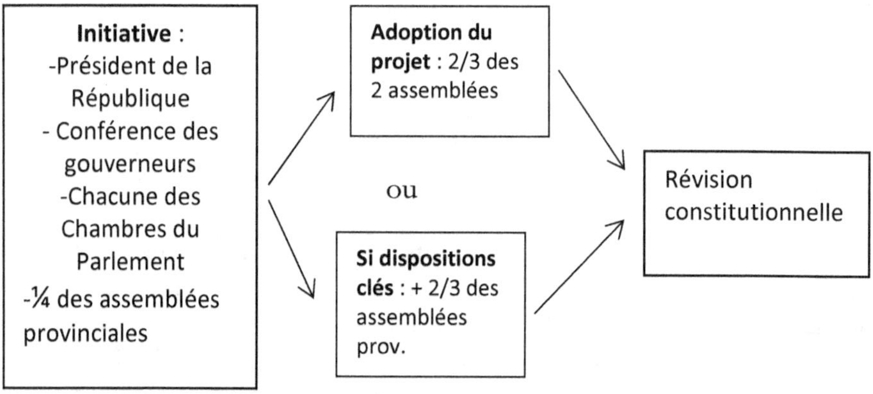


## Section III. Dans la constitution du 24 juin 1967

§1. Dispositions[497]

*Article 74*

*L'initiative de la révision de la constitution appartient concurremment au président de la République et à la moitié des membres de l'Assemblé nationale.*

[497]Moniteur Congolais n° 14, 15 juillet 1967, p. 568 et 575.

*Le projet de révision est adopté par l'Assemblé nationale à la majorité des deux tiers de ses membres.*

*Le président de la République promulgue, conformément à l'article 51, le texte adopté qui entre en vigueur dans les conditions prévues au même article.*

*Article 28 alinéa 1*

*Le président de la République peut, après en avoir informé l'Assemblée nationale par un message et après avoir pris l'avis du bureau de celle-ci, soumettre au référendum tout texte qui lui paraît devoir exiger la consultation directe du peuple.*

§2. Observations

**513.** Ce processus est des plus fragiles et semblable au processus d'adoption d'une loi spéciale, dans la mesure où il n'a comme seul réel verrou que l'exigence d'un quorum de deux tiers pour l'adoption de la révision. La seule réelle difficulté est de réunir les deux tiers de l'assemblée. Or, dans un système monocaméral, réunir un tel nombre de députés reste très aisé.

**514.** Le référendum dont l'article 28 fait allusion est un leurre dans la mesure où il dépend totalement du bon vouloir du président de la République. L'information ainsi que l'avis du bureau de l'Assemblée nationale n'est en rien un frein, car, il ne s'agit que d'un simple avis, non de l'assemblée entière, mais exclusivement de son bureau. C'est donc le président de la République qui semble être le seul maître de la voie référendaire.

§3. Aperçu schématique

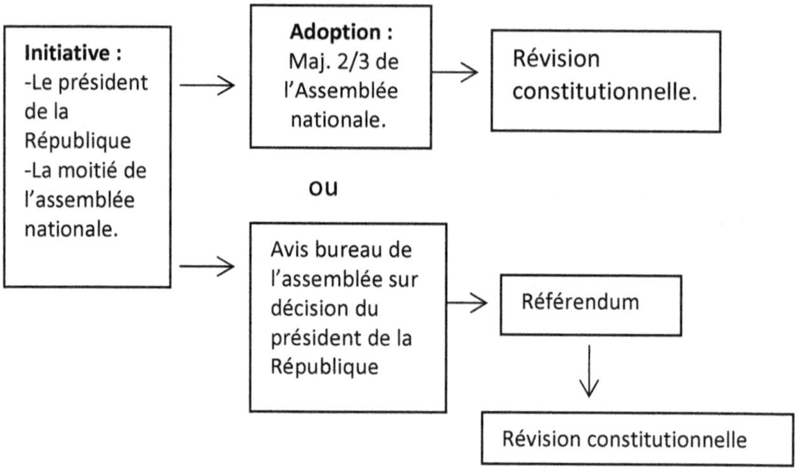

## Section IV. Dans l'Acte portant dispositions constitutionnelles relatives à la période de transition ou Acte constitutionnel « harmonisé » du 2 avril 1993

§1. Disposition[498]

> *Article 109 ;*
> *L'initiative de la révision du présent Acte appartient concurremment à la moitié des membres du Haut Conseil de la République, au Gouvernement. Toutefois, l'adoption se fait à la majorité des deux tiers des membres du Haut Conseil.*

§2. Observations

**515.** Ce mécanisme de révision est pour le moins fragile, s'apparentant à un mécanisme d'adoption ou de modification d'une loi ordinaire, à tout le moins d'une loi spéciale. Ce qui est étonnant, c'est que ce mécanisme fut instauré par des conférenciers lors de la CNS. Cette grande messe s'était pourtant fixé l'objectif de mettre fin aux tares de la seconde République dirigée par le Maréchal MOBUTU ; régime qui s'est pourtant illustré par des révisions constitutionnelles fréquentes, selon les humeurs du chef.

**516.** On se serait pourtant attendu à ce que les conférenciers mettent un point d'honneur à renforcer le mécanisme de révision, l'un des talons d'Achille du régime Mobutien. Un tel mécanisme démontre une certaine désinvolture de la part des conférenciers sur lesquels le peuple comptait pour marquer la fin de la dictature et l'avènement d'une ère nouvelle, avec bien sûr des pratiques nouvelles.

---

498 *Ibid.* p.298

§3. Aperçu schématique

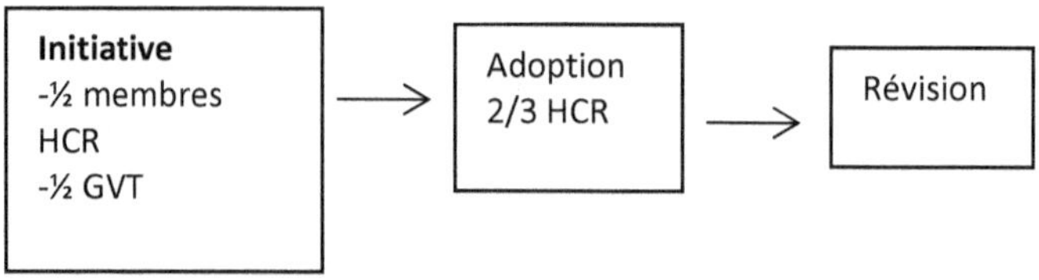


## Section V. Dans l'acte constitutionnel de la transition du 9 avril 1994

§1. Disposition[499]

*Article 116*

*L'initiative de la révision du présent Acte appartient à la moitié des membres du Haut Conseil de la République-Parlement de Transition et au Gouvernement.*

*Le projet ou la proposition de révision est adopté à la majorité des trois quarts des membres composant le Haut Conseil de la République-Parlement de Transition.*

*Le président de la République promulgue, conformément à l'article 40 du présent Acte, le texte adopté qui entre en vigueur dans les conditions prévues au même article.*

§2. Observations

**517.** Certes, d'après un bon nombre d'observateurs, ledit Acte est un modèle à maints égards. Cependant, en dépit de sa grande valeur textuelle, cet Acte reste un texte constitutionnel fragile pour les mêmes raisons que celles avancées à la section III du présent chapitre, concernant la Constitution de juin 1967.

---

[499]JORZ 35e année, numéro spécial, avril 1994, p.63.

Il est donc paradoxal qu'en dépit de la grande messe organisée sous l'appellation Conférence Nationale Souveraine, de tous les cerveaux réunis, aucun n'a semblé mettre un point d'honneur à l'élaboration d'un mécanisme de révision des plus rigides. Et pourtant, cette conférence avait pour but de mettre un terme aux tares du mobutisme ; entre autres, la pratique des révisions constitutionnelles en un tour de main.

§3. Aperçu schématique

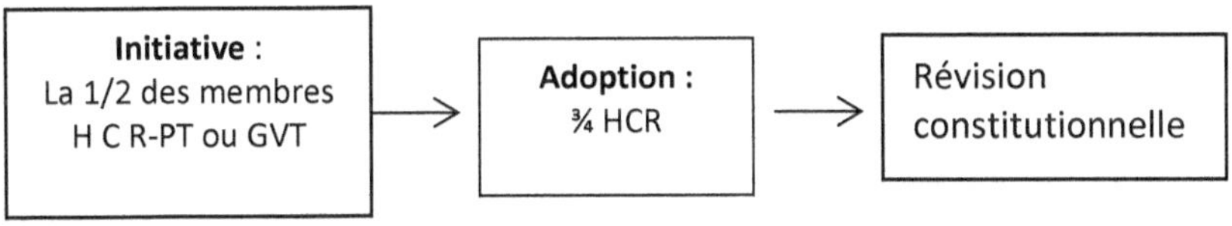


## Section VI. Dans le décret-loi 003/97 du 27 mai 1997 relatif à l'organisation et à l'exercice du pouvoir en RDC

§1. Disposition[500]

*Article 39*

*L'initiative de la révision du présent décret-loi constitutionnel appartient concurremment au président de la République et aux trois quarts des membres de l'assemblée constituante et législative.*

*Le projet ou la proposition de révision, est adopté par l'assemblée constituante et législative à la majorité de deux tiers de ses membres.*

*Le président de la République promulgue conformément à l'article 29 du présent décret-loi constitutionnel le texte adopté qui entre en vigueur dans les conditions prévues au même article.*

500 M. WETSH'OKONDA, *op. cit.*, p.377

§2. Observations

**518.** Dans un premier temps, conformément à son article 14, ce texte abrogea toutes les dispositions constitutionnelles légales et réglementaires antérieures sans instituer un quelconque mécanisme pour procéder à sa propre révision. En effet, dans sa mouture initiale, des articles qui le composent, aucun n'est consacré à un quelconque mécanisme par lequel ce décret-Loi constitutionnel consent à être modifié.

**519.** Cela n'étonne guère car, le 28 mai 1997, une nouvelle constitution entra en vigueur, un texte qui, pour l'essentiel, accordait tous les pouvoirs au président Kabila qui était désormais à la tête des pouvoirs législatif, exécutif et judiciaire, de l'armée, de l'administration et de la diplomatie (…) Non, c'était même pire, si on extrapolait en tenant compte du gâchis qui avait eu lieu pendant trente-deux-ans. Il y eut des exécutions sommaires, le système multipartite a été supprimé, l'État à parti unique a été rétabli. Ces histoires de Comités du Pouvoir, pour moi c'était une répétition du MPR (…) entre mai 1997 et janvier 2001, plus de cent soixante journalistes furent jetés en prison.[501]

**520.** La particularité de cette période est que le pays fut régi par un décret-loi qui concentrait tous les pouvoirs entre les mains du chef de l'État. Sa première mouture ne prévoyait aucune procédure de révision. La logique voulait que, conformément à l'article XIV dudit décret, seules les dispositions antérieures et contraires étaient abrogées. Ainsi, la disposition de l'Acte constitutionnel de la transition de 1994 relative à sa révision, à savoir l'article 116, devenait caduque vu qu'il était contraire au nouveau décret-loi, dans la mesure où le Haut Conseil de la République-Parlement de transition n'exista plus, tel qu'il ressort des articles III et V dudit décret, lesquels, en substance, concentrèrent tous les pouvoirs, même législatifs entre les mains du nouveau chef de l'État autoproclamé.

L'on peut très logiquement déduire que toutes les trois révisions du décret-loi initial de 1997 furent effectuées selon une procédure

---

501 D. Van Reybrouck, *op.cit.*, Congo une histoire, éd. Actes Sud 2012, pp.467-468.

totalement discrétionnaire, voire arbitraire. Cela est d'autant plus vrai qu'aucun mécanisme de révision n'y était consacré.

Dans un second temps, Il eut fallu attendre trois ans pour enfin voir consacrée une procédure de révision dudit décret. En effet, l'article 39 fut rajouté par le décret-loi constitutionnel n° 096/2 000 modifiant et complétant le décret-loi originel, en prévoyant une procédure de révision aménagée de la manière suivante :

§3. Aperçu schématique

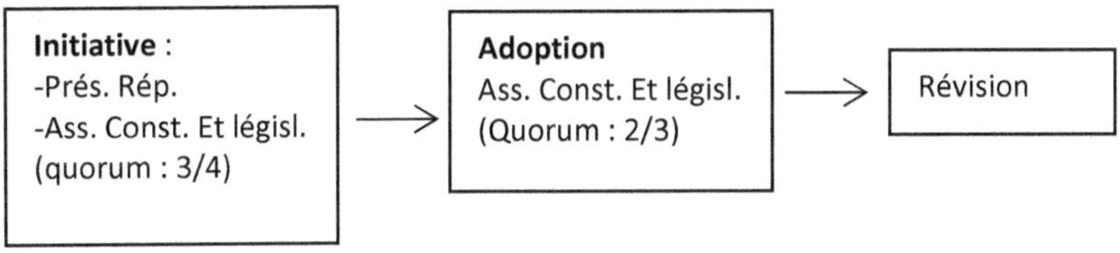


## Section VII. Dans la constitution de la transition du 4 avril 2003

§1. Disposition[502]

*Article 201*

*L'initiative de la révision de la Constitution de la transition appartient concurremment au président de la République sur proposition du Gouvernement et à la moitié des Députés ou des Sénateurs.*

*Le projet ou la proposition de révision de la Constitution de la transition est adopté par consensus dans les mêmes termes par l'Assemblée nationale et le Sénat.*

502 M. WETSH'OKONDA, *op. cit.*, p.428

*Le président de la République promulgue le texte adopté, conformément à l'article 129 de la présente Constitution.*

§2. Observations

**521.** Une fois encore, l'on se trouve en présence d'un mécanisme de révision des plus fragiles qui ne protège en rien des éventuelles révisions intempestives. Le comble, c'est que le texte ne précise aucunement les quorums de présence et de vote requis, tant pour l'adoption du projet que pour la révision même. Et pourtant, il s'agit également d'un texte issu d'une grande messe, à savoir le dialogue inter-congolais[503], comme le souligne d'ailleurs son article 204 qui stipule que *La Constitution de la transition est adoptée par la plénière du dialogue inter-congolais.*

**522.** Comment alors imaginer, qu'une énième fois, autant de cerveaux réunis autour d'un projet commun et par ailleurs noble, celui de doter la RDC d'institutions fortes en préparation de la Troisième République, aient pu à ce point bâcler la conception du verrou constitutionnel par excellence ; son mécanisme de révision ? Il semble récurrent que les constituants congolais s'attardent plus sur tous les autres aspects de la rédaction d'une constitution et négligent, sciemment ou par inadvertance, de s'appesantir sur les mécanismes de révision, lesquels constituent, on l'a vu, le cœur même d'une constitution.

**523.** À propos, comment s'est comporté le dernier constituant originaire congolais lors de la rédaction du texte qui devait marquer l'avènement de la Troisième République ? Le chapitre suivant s'attelle justement à décortiquer ce texte, essentiellement son ou ses mécanismes de révision et d'en faire des observations.

---

[503] C'est un grand forum qui s'est ouvert en octobre 2001 à Addis-Abeba(Ethiopie)après la seconde guerre qui a sévi en RDC. Il est consécutif à l'accord de cessez-le-feu signé à Lusaka du 27 septembre 1999, entre le pouvoir de Kinshasa et les différentes rébellions (MLC, RCD, RDC-ML), et ce en présence des représentants de certains Etats africains. Après plusieurs ratés et reports, il a finalement abouti à la signature de l'Accord global et inclusif signé à Sun city en Afrique du Sud, le 2 avril 2003.

§3. Aperçu schématique

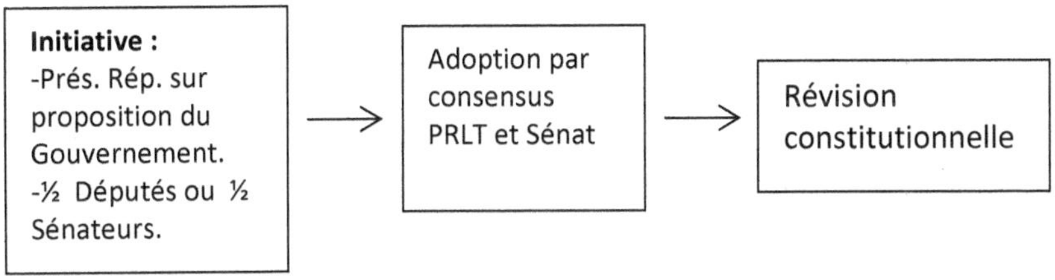

# Chapitre III. DANS LA CONSTITUTION DU 18 FÉVRIER 2006. DELEGE LATA !

## §1. Disposition[504]

*Article 218*

*L'initiative de la révision constitutionnelle appartient : 1. Au président de la République 2. Au Gouvernement après délibération en Conseil des ministres ; 3. À chacune des Chambres du Parlement à l'initiative de la moitié de ses membres ; 4. À une fraction du peuple congolais, en l'occurrence 100 000 personnes, s'exprimant par une pétition adressée à l'une des deux Chambres.*

*Chacune de ces initiatives est soumise à l'Assemblée nationale et au Sénat qui décident, à la majorité absolue de chaque Chambre, du bien-fondé du projet, de la proposition ou de la pétition de révision.*

*La révision n'est définitive que si le projet, la proposition ou la pétition est approuvé par référendum (sur convocation du président de la République). Toutefois, le projet, la proposition ou la pétition n'est pas soumis au référendum lorsque l'Assemblée nationale et le Sénat réunis en Congrès l'approuvent à la majorité des trois cinquièmes des membres les composant.*

---

504 JORDC, 52e année, numéro spécial, Kinshasa 5 février 2011, p.75. Le bout de phrase entre parenthèse a été ajouté lors de la révision constitutionnelle du 20 janvier 2011.

## §2. Aperçu schématique

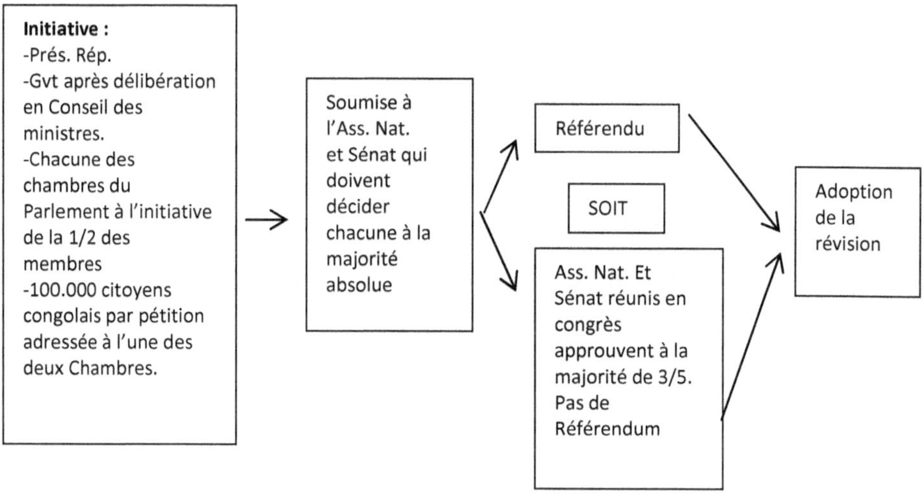


## §3. Observations

**524.** Comme il a été spécifié dans la partie précédente, l'article 218 fait partie des verrous de la Constitution congolaise aux côtés des articles 219 et 220 précédemment analysés.

**525.** L'article 218, à l'instar de l'article 195 de la Constitution Belge est spécifiquement consacré au procédé même de la révision constitutionnelle congolaise. En d'autres termes, pour reprendre l'expression de F. Delpérée, nous sommes ici au cœur du système constitutionnel congolais actuel. Sachant que cette Constitution a, comme toujours, nécessité le concours de plusieurs experts congolais mais également et surtout internationaux, la logique aurait donc voulu que ces experts se penchent sérieusement sur les mécanismes de l'article 218 plutôt que sur les autres dispositions de la Constitution qui ne valent quasiment rien sans un mécanisme de révision conséquent.

**526.** L'article 218 qui est a priori un verrou efficace, prévoit pourtant que l'on puisse se passer du référendum, et faire adopter la révision de la Constitution par les 3/5 du Parlement réunis en Congrès, comme ce fut d'ailleurs le cas en janvier 2011.

En fait, l'on fait miroiter au peuple la faculté pour lui de donner son avis, alors que l'on instaure juste à côté un moyen des plus simples pour le contourner.

**527.** Connaissant la configuration des Parlements africains (majorités artificielles acquises au pouvoir) dont la RDC n'échappe à la règle, il n'est pas étonnant que ce soit quasiment toujours l'exception au référendum qui prenne le dessus. L'exemple de la révision de janvier 2011 est pour le moins éloquent. Une question aussi importante, en l'occurrence le passage de deux à un seul tour des élections, a été traitée exclusivement par les 3/5 du Parlement.

Le comble du paradoxe c'est que le peuple ait été exclu du débat sur une question exigeant pourtant sa participation, à savoir les élections. Qui dit en effet, élections présidentielles, dit forcément participation du peuple par les urnes. La révision de janvier 2011 aurait donc dû logiquement passer par un référendum afin que le peuple lui-même se prononçât sur le sujet qui est étroitement lié à son droit le plus légitime, à savoir le droit de vote.

**528.** En retournant dans tous les sens le mécanisme de révision de la Constitution congolaise, force est de constater qu'il n'est en rien coûteux pour le Constituant dérivé congolais, contrairement au Constituant dérivé belge, par exemple. Ce malheureux constat offre de beaux jours à des révisions intempestives dans ce pays.

Le bel exposé des motifs nous apprend pourtant que le passé du Congo fut pris en considération, notamment sa culture politique. Puisque ces experts nationaux et internationaux semblaient bien connaître l'homme politique congolais, ils auraient au contraire dû prévoir un mécanisme dissuasif pour le constituant dérivé congolais, ce qui du reste a permis de stabiliser la Belgique depuis l'adoption de sa Constitution.

Manifestement, par calcul politique, l'article 218 instaure un double mécanisme de révision, ce qui n'existe pas dans la plupart de constitutions des grandes démocraties (Belgique, Italie, Danemark, USA), sauf quand il s'agit de faire une distinction entre les dispositions constitutionnelles. L'on ne comprend pas le bien-fondé de cette option, alors que le Constituant originaire avait affaire à un pays encore très instable comme si bien décrit dans le préambule et l'exposé des motifs.

**529.** Le Constituant originaire congolais ainsi que sa pléiade d'experts occidentaux ont, contre toute attente, opté pour un double système de révision, ce qui ne manque pas de créer davantage le flou, avec pour corollaire le risque de révisions records et porteuses de déséquilibre comme celle de janvier 2011, intervenue à la veille des élections.

Toujours dans la même disposition, l'une des options est la faculté d'initiative accordée au souverain primaire, soit 100 000 personnes pouvant s'exprimer par une pétition adressée à l'une de deux Chambres du Parlement.

**530.** Jusque-là, il s'agit d'une option noble et louable dans la mesure où le souverain primaire a en effet le pouvoir de faire réviser la Constitution. Là où le bât blesse, c'est que cette initiative dépend de l'avis des deux Chambres.

En d'autres termes les deux Chambres, soit l'Assemblée nationale et le Sénat décident à la majorité absolue de chaque Chambre, du bien-fondé de la pétition.

Ce qui implique que la volonté de 100 000 citoyens congolais peut être balayée aisément par une décision des deux Chambres. Or, celles-ci sont souvent, de par leurs configurations, à la solde du pouvoir en place. Elles peuvent donc faire échec à une pétition de 100 000 citoyens qui ne leur convient pas.

**531.** Dans ce cas d'espèce, le peuple n'a pas le pouvoir de contourner les Chambres même lorsqu'une révision s'impose dans l'intérêt de la nation. Pour ainsi dire, une majorité au pouvoir, qui n'a aucun intérêt à faire changer les choses dans le bon sens, peut donc à tout moment faire échec à la volonté de 100 000 citoyens congolais.

Y aurait-il un double filtre, l'obtention de la majorité absolue dans les deux Chambres, couplé d'un éventuel référendum, si la pétition passe le premier filtre ?

**532.** Non ! L'on s'aperçoit très vite qu'il s'agit d'un leurre, de la poudre aux yeux pour donner l'impression au peuple qu'il a bel et bien le pouvoir de faire réviser la Constitution, alors que la procédure mise à sa disposition est des plus complexes. Il s'agit là d'un véritable parcours du combattant quand l'initiative est prise par des citoyens à tendance oppositionnelle.

En effet, la seconde option, pour sa part, permet au Parlement réuni en congrès, de procéder à une révision constitutionnelle sans passer par le référendum, à la condition de réunir le 3/5 des membres du Congrès.

**533.** Force est de constater que la facilité déconcertante dont dispose la majorité au pouvoir : soit celle de faire échec à une pétition ou un projet de révision de Constitution qui ne lui convient pas, en décidant à la majorité absolue de son bien-fondé ou non ; soit de procéder à une révision de la Constitution dès lors qu'elle réunit les 3/5 de membres du Congrès, crée une situation trop aisée dans le cas d'une "démocratie africaine" où le Parlement est toujours majoritairement et artificiellement composé des membres du parti au pouvoir.

**532.** D'ailleurs, en examinant cette procédure, il devient abusif de parler de "démocratie africaine". Il serait peut-être mieux de qualifier les régimes abusant des procédures constitutionnelles idoines, de "*dictature*" ou de « *ploutocratie* » dans la mesure où ils imposent leur volonté au souverain primaire et recourent à l'argent pour acheter les prétendus élus du peuple.

En effet, Marie France CROS, traitant de la classe politique congolaise relaie les propos de Monseigneur Monsengwo affirmant que la faiblesse du système politique s'explique, par la difficulté à respecter la parole donnée de la part de nombre de politiciens congolais (…) certains n'ont pas toujours lu les textes qu'ils ont signés et les ont contestés par la suite (…). Enfin, déplorait Mgr Monsengwo, la classe politique du pays traverse une « crise éthique ». Pour le prélat, les « antivaleurs » de la IIe République (1965-1997) de Mobutu n'avaient pas disparu six ans plus tard, qu'il s'agisse de la corruption, du vol, des exactions, de l'impunité et l'illégalité. « On a presque l'impression qu'il y a un culte de la médiocratie dans le pays ».

**533.** Plus sévère, l'historien Sabakinu, de l'université de Kinshasa, qualifie ses compatriotes politiciens de « délinquants » (…) le comportement « alimentaire » d'une bonne partie de la classe politique congolaise s'est encore vérifié le 16 septembre 2003, lorsque les députés menacèrent d'entrer en grève pour obtenir un accroissement de leur traitement mensuel, alors que le personnel de l'Assemblée nationale n'était pas payé. En septembre 2005, l'acquisition de 620 4x4 Nissan achetés 22 000 dollars l'unité par les députés et sénateurs a suscité l'indignation des congolais[505].

Le même constat fut fait par Zegbe Zegs quand il affirma également que les acteurs politiques étaient plus préoccupés et se préoccupent toujours de leurs conditions sociales et financières[506].

**534.** Ces trois constats ont été faits à la période transitionnelle qui précéda justement la Troisième République. Ceci pour dire que c'est précisément cette même classe politique qui avait pour mission de préparer l'ère nouvelle, notamment par l'adoption de la Constitution de février 2006.

**535.** De ce qui précède, l'on peut relever que contrairement au mécanisme de révision constitutionnelle belge consacrée par l'article 195, ainsi que d'autres mécanismes des grandes démocraties, comme l'Espagne, le Luxembourg, le Danemark, le Portugal, l'Italie, le Canada, etc., il n'existe dans l'article 218 de la Constitution congolaise aucun mécanisme de temporisation permettant aux parlementaires de réfléchir sérieusement à ce qu'ils font ; surtout dans l'intérêt de la population.

C'est ainsi qu'on a assisté en RDC, comme il a été relevé au chapitre précédent, à l'une de révisions constitutionnelles les plus expéditives du monde politique, à savoir celle de janvier 2011.

**536.** Ce mécanisme de révision consacré par l'article 218 est pour le moins farfelu pour un texte fondamental. Un tel mécanisme paraît plutôt approprié pour une loi spéciale, qui exige des majorités spéciales plutôt que pour une constitution.

Comme évoqué précédemment, presque tous les systèmes démocratiques dignes de ce nom ont instauré des mécanismes de temporisation pour éviter que des hommes politiques mal intentionnés, fussent-ils parlementaires, ne s'amusent avec la destinée d'un pays, en procédant à des révisions constitutionnelles taillées sur mesure sans pour

---

505 M. F. Cros et F. Misser, *op. cit.* p.93.
506 Zegbe Zegs, *op cit.*.pp.135-149.

autant en payer le moindre prix. Cela est malheureusement le cas en RDC et dans les autres pays africains.

Les parlementaires peuvent se permettre, comme en janvier 2011, de procéder à une révision du texte fondamental, avec une désinvolture notoire, et conserver malgré tous leurs mandats en se pavanant dans les rues de la capitale sans qu'aucune sanction ne leur soit infligée.

**537.** Comment comprendre qu'en RDC, ce travail soit si bâclé ? Pourtant, elle a bénéficié de l'intervention d'experts, notamment belges. Or, qui dit expert dit garantie d'efficacité, de sécurité et de stabilité. Le recours à un expert se fait lorsque la matière est à ce point technique qu'elle requiert des compétences particulières. Cela ne fut manifestement pas le cas pour la RDC. L'article 218 est quant à lui une copie mal faite de l'article 89 de la Constitution française.

**538.** En effet, A. Mampuya le démontre pertinemment dans un article du quotidien Le Phare. Il opine que par rapport à cette volonté de contourner le référendum et de passer par-dessus le peuple, on peut interpréter le libellé de l'article 218 comme ne permettant pas l'adoption de la révision constitutionnelle sans référendum. Cette disposition est copiée de l'article 89 de la Constitution française. Mais, d'une part, notre alinéa 3 décide que « la révision n'est définitive que si le projet est approuvé par référendum », semblant exclure toute autre forme d'adoption. D'autre part, dans l'alinéa 4 de notre article 218, copié de l'alinéa 3 de l'article 89 de la Constitution française, on a voulu trop bien faire en ne recopiant pas exactement son modèle français et, du coup, on ne dit pas du tout la même chose que dans le texte français. Si, en effet, l'on compare notre alinéa 4 et l'alinéa 3 Français qui dit « Toutefois, le projet n'est pas présenté au référendum lorsque le président de la République décide de le soumettre au Parlement convoqué en Congrès ; dans ce cas, le projet de révision n'est approuvé que s'il réunit la majorité des trois cinquièmes des suffrages exprimés… », on peut voir et comprendre la différence. Notre alinéa 4 est rédigé comme si l'examen par le Congrès faisait partie de la procédure normale, ordinaire, de révision, voulant dire qu'après le vote par les deux Chambres séparément, le projet est soumis au congrès avant le référendum mais si le Congrès l'adopte par les trois cinquièmes des membres, il ne sera pas présenté au référendum. L'écriture de la disposition ne se présente pas comme une alternative : ou le référendum ou le Congrès, ainsi que cela ressort clairement du texte français de l'alinéa 3 qu'il faut lire ensemble avec la fin de l'alinéa 2 qui dit « la révision est définitive après avoir été approuvée par référendum » alors que notre alinéa 3 qui en est la copie dit que « la révision n'est définitive que » si le projet est approuvé par référendum[507].

**539.** Il ressort très clairement, à la lecture de l'article 218, que le mécanisme de révision congolais est tout sauf un modèle de clarté. Hormis ses défauts de conception relevés dans la deuxième partie du présent ouvrage, ce mécanisme n'est ni chronophage ni dissuasif dans la mesure où, comme il a été relevé ci-avant, les parlementaires peuvent en faire usage sans le moindre risque.

Ce mécanisme prévoit un référendum, dans les faits irréalisables, dans la mesure où non seulement cela dépend du bon vouloir du Congrès, à savoir l'assemblée nationale et le Sénat, mais en plus, il n'y a aucune hypothèse où ce référendum est obligatoire.

**540.** En sus, dans un pays qu'on qualifie sans exagération de sous-continent, où il n'y a jamais eu de recensement sérieux depuis plusieurs décennies, sans oublier la question épineuse des conflits permanents dans sa partie orientale et du sérieux problème d'identité nationale qu'ils entraînent, le choix porté par les experts sur le référendum devient difficile à comprendre. Pour cause, ce référendum est non seulement coûteux, mais dans la pratique, difficile voire impossible à organiser tenant compte, actuellement, de la gestion spacio-démographique.

Il paraît évident que cette option n'a été inscrite dans l'article 218 que pour se donner bonne conscience ou faire bonne impression tant sur le plan interne qu'international.

**541.** En réalité, la seule option réalisable, *in concreto*, est la seconde, à savoir les 3/5 du congrès qui décide de procéder à une révision constitutionnelle ; ce qui fut d'ailleurs le cas en janvier 2011.

À titre illustratif, le Constituant originaire congolais et sa pléiade d'experts internationaux se sont comportés comme un plombier véreux

---

507 A. MAMPUYA, *On ne les croyait pas capable d'aller jusque-là, de franchir la ligne rouge…*, Journal Le Phare, 6 janvier 2011.

qui, appelé à effectuer une réparation d'un robinet, le verrouille du côté défectueux. Cependant, tout de suite après, profitant d'une inadvertance du maître des lieux, déverrouille du côté opposé de sorte à tirer un maximum de profit dans la mesure où il sera à nouveau rappelé pour une prochaine intervention.

**542.** Dès l'amorce en 2006, le processus était biaisé à telle enseigne que la révision constitutionnelle cavalière de 2011 était plus que prévisible avec sa crise de légitimité sans précédent, tel que le constatent les différents extraits d'articles évoqués dans le titre précédent.

L'attitude du constituant originaire congolais de 2006, assisté de ses experts occidentaux, peut, sans ambages, être qualifiée de désinvolte. Ce fut l'une des plus grandes supercheries constitutionnelles du XXI$^{e}$ siècle. Cela au détriment du souverain primaire longtemps maintenu dans l'ignorance avec la grande complicité des élites congolaises supposées éclairées.

**543.** Étant entendu que le mécanisme de révision d'une constitution, comme il a été rappelé supra, constitue la base même, l'épicentre, le cœur de tout système constitutionnel. Tout juriste consciencieux ne peut, un tant soit peu, croire que tous les constitutionalistes ainsi que les experts qui ont accompagné ce projet d'élaboration de la Constitution congolaise de 2006 ignoraient cette réalité juridique. Pour preuve, ils semblent avoir mis un accent important sur un bel exposé de motif, digne des plus beaux poèmes, sur des déclarations des droits de l'homme repris dans d'instruments juridiques tel la Déclaration universelle des droits de l'homme, des chapitres entiers consacrés à l'organisation du code judiciaire, etc.

Tout ce scénario semble n'avoir eu qu'une seule visée évidente : détourner l'attention du souverain primaire des supercheries constitutionnelles susmentionnées, pour finalement offrir aux tenants du pouvoir un mécanisme de révision fragile.

Il semble donc impérieux, pour préserver la RDC des révisions intempestives et forcément déstabilisantes, de revisiter les mécanismes révisionnels de sa Constitution.

**543.** Il y a, en effet, un problème du point de vue de l'état d'esprit des constituants congolais, notamment par rapport au cœur de la Constitution qu'est le mécanisme de révision de l'article 218. En effet, force est malheureusement de constater qu'un *signe notable de la protection plus grande accordée aux dirigeants qu'aux institutions est que la mise en accusation du président de la République ou du Premier ministre requiert un vote à la majorité des deux tiers des membres du Parlement, alors qu'une majorité de trois cinquièmes suffit pour réviser la Constitution*[508].

En effet, l'article 166 de la Constitution congolaise requiert, pour l'entame des poursuites à l'encontre du président de la République et du Premier ministre, une majorité des deux tiers des membres du Parlement composant le Congrès. Tandis que l'article 218 requiert, pour la révision de la Loi fondamentale congolaise, une majorité de trois cinquièmes des membres de l'Assemblée nationale et du Sénat réunis en Congrès.

**544.** Une telle option prouve à suffisance que le Constituant congolais ne semblait pas avoir pris en compte le fait que le mécanisme de révision dans une constitution est et demeure le cœur, l'épicentre, la clé qui permet d'ouvrir ou de fermer. Bref, le verrou constitutionnel par excellence qui permet à une constitution d'être qualifiée de rigide ou de souple, c'est l'aspect sur lequel n'importe quel constituant responsable doit en fin de compte se pencher avec la plus grande dextérité.

**545.** L'un des experts congolais, A. Mampuya, ayant participé à l'élaboration de cette Constitution confirme cette hypothèse de travail quand il écrit « ... je ne pus que constater la volonté délibérée des politiciens de ne s'en tenir qu'à leurs intérêts politiques partisans et d'imposer les options qui leur assureraient, à eux et aux ténors de leurs familles politiques, les pouvoirs les plus larges avec un contrôle minimal sans aucun effet. De plus, je me suis rendu compte qu'ils n'avaient pas l'intention de répondre aux enjeux de lutte contre les dérives dictatoriales

---

[508]Léon de Saint Moulin, *Projet de Constitution de la RDC, dimension sociale*, CEPAS : journées sociales 5-8 juin 2005, CEPAS, septembre 2005, p.89. (Les mots sont soulignés dans le cadre du présent ouvrage).

et contre l'impunité qu'ils avaient eux-mêmes exprimées afin d'y faire correspondre la Constitution qu'ils élaboraient… »[509].

Après avoir ainsi passé au peigne fin les différents mécanismes de révision dans les constitutions et textes fondamentaux congolais successifs, il paraissait judicieux de passer également en revue les mécanismes de révisions des autres constitutions africains. Ceci, afin que le lecteur prenne la mesure de la problématique des mécanismes de révision en Afrique, qui rappelons-le, restent et demeurent le talon d'Achille du constitutionnalisme africain.

509 A. Mampuya, *Espoirs et déception de la quête constitutionnelle congolaise. Clés pour comprendre le processus constitutionnel du Congo-Kinshsasa*, éd. Ama.Ed-BNC, Nancy-Kinshasa 2005, p.78.

# Chapitre IV. APERÇU DE QUELQUES MÉCANISMES DE RÉVISION DANS LES CONSTITUTIONS AFRICAINES. DELEGE LATA !

## Section I. Contexte général

**546.** Comme il a été soutenu au fil de la plume, la démocratie telle que la vivent les États africains a, ni plus ni moins, été importée de l'Occident. Au crépuscule des décolonisations, le continent africain connut un vent de démocratisation qui n'a été qu'éphémère car il a tout de suite plongé dans des dictatures dont l'une des plus féroces fut celle du Maréchal Mobutu au Congo--Zaïre. La description qu'en donne le film « Mobutu, roi du Zaïre » du cinéaste belge Thierry Michel justifie le grand succès qu'il a connu en décrochant les prix suivants : mention d'honneur à Vues d'Afrique en 1999 à Montréal /Canada, nommé à l'IDA AWARDS à Los Angeles par l'International Documentary Association (IDA) ; il a été nommé au European Film Academy dans la catégorie Prix Documentaire Européen 1 999 - Prix Arte et a obtenu une mention Spéciale lors de la remise des European Films Awards à Berlin – Allemagne[510].

**547.** Après cette vague de dictatures, s'en sont suivies des contestations boostées par la chute du mur de Berlin en 1989 et la fin de l'URSS en 1991 sur fond de Perestroïka. Jean –Jacques Wondo résume ce cheminement non sans un brin d'humour, mais avec beaucoup de pertinence, de la manière suivante : « de l'illusoire espoir suscité par l'Afrique Indépendante du début des années 1960 avec des États politiquement et économiquement fragiles, jaillirent les coups d'État et les régimes dictatoriaux militaires barbares sous la bénédiction de l'occident. Puis vint le vent de la démocratisation (toujours dictée par l'occident : discours de La Baule) avec son lot de conférences nationales et de transitions politiques inachevées, pour céder la place aux guerres civiles, mouvements subversifs de tout genre et rébellions (toujours financés par les multinationales occidentales) qui débouchèrent aux accords de paix et aux consensus politiques, toujours sous la bienveillante supervision de l'Occident (accords de Marcoussis pour la

510 Informations Wikipedia

Côte d'Ivoire, accords de Pretoria et le CIAT avec William Swing à la tête de l'État en RDC sous la transition dite 1+4, accords d'Arusha pour le Burundi,...) en vue de la légitimation du pouvoir par la voie des élections (financées par la communauté occidentale ; MONUC, ONUCI) supposées être démocratiques, transparentes et crédibles et pour aboutir aux tripatouillages des Constitutions et des lois électorales (Niger, Angola, Tchad, Togo, Congo-Brazza, RDC, Burkina Faso,...), et le retour aux coups d'État (Guinée, Niger, Mali, Guinée-Bissau,...). Ainsi la boucle vicieuse est bouclée ! Tout cela, sans ne modifier fondamentalement ni la conception du pouvoir dans le chef des roitelets africains, encore moins les finalités de la politique africaine de l'Occident *»*[511].

**548.** Dans la foulée, l'Afrique du Sud qui connut un régime atypique, mieux connu sous le nom d'apartheid, mais tout aussi cruel que les différentes dictatures africaines décriées, a vécu un événement inédit dans l'histoire des nations. Elle a 'organisé une réconciliation entre les bourreaux et les victimes au cours d'un long processus dénommé « Vérité et Réconciliation »[512]Il faut également relever le fait que l'appel de La Baule a conduit plusieurs pays africains à organiser des Conférences Africaines dont certaines furent qualifiées de "souveraines"[513].

Tel est le contexte général dans lequel plusieurs "démocraties africaines" sont nées et pour la plupart dans une grande impréparation comme ce fut le cas, plusieurs années auparavant, au sortir des indépendances.

**549.** Pour matérialiser cette nouvelle ère, plusieurs pays ont cru bon de pouvoir rompre d'avec le passé en rédigeant de nouvelles lois fondamentales. Malheureusement, cela ne semble pas produire les fruits escomptés. Pour cause, en Afrique, la conservation du pouvoir va de pair avec la révision de la Loi fondamentale, en faveur des gouvernants du moment. Disons qu'aujourd'hui encore le moyen le plus efficace de se

---

511 J.J. WONDO, *les armées du Congo-Kinshasa, Radioscopie de la force publique aux FARDC*, éd. Monde nouveau /Afrique nouvelle 2e trimestre 2013, pp.177-178.

512 La Commission vérité et réconciliation fut mise en place en 1995 et présidé par Monseigneur Desmond TUTU.

513Le premier fut organisé Bénin avec Mathieu KEREKOU en 1990. Cette pratique fera école dans plusieurs pays africains dont le Congo, le Zaïre, etc.

maintenir au pouvoir en Afrique est la révision constitutionnelle, qui paradoxalement, porte essentiellement sur les dispositions constitutionnelles consacrant les limites et les mandats des Présidents. Et pour faire diversion, cette révision essentielle s'accompagne d'une autre dérisoire, portant sur une disposition de moindre importance pour donner l'impression d'avoir pris un problème dans sa globalité.

**550.** Dans plusieurs pays, les peuples africains assistent impuissants à ces révisions constitutionnelles depuis plusieurs années. L'une des plus célèbres et expéditives fut celle de janvier 2011 en RDC. Eu égard à cela, la question du comportement affiché par le Constituant originaire se pose : « Comment donc le Constituant originaire africain s'est-il comporté lors de l'élaboration des textes fondamentaux, face notamment à la question des mécanismes de révisions qui, faut-il le rappeler, sont ni plus ni moins l'épicentre d'une constitution ? » Or qui dit épicentre, évoque le point où le séisme se fait ressentir le plus fortement. Les exemples de l'Indonésie et de l'Haïti peuvent être évoqués. Au niveau de leurs épicentres, le récent tsunami d'Indonésie et le dernier tremblement de terre d'Haïti ont produit des conséquences incalculables et des stigmates sur plusieurs générations. Ainsi en est-il des mécanismes fragiles, de révision des constitutions, susceptibles de déstabiliser toute une nation, de réduire à néant le début d'un processus de démocratisation obtenu après d'immenses sacrifices, de vider l'État de droit de toute sa substance, de créer des crises de légitimité sans précédent. Bref, de changer le destin de toute une nation.

**551.** Ce chapitre se donne justement pour objectif de passer en revue une série de mécanismes de révision consacrés par des constitutions africaines de certains pays triés sur le volet, à défaut de devoir toutes les examiner.

Pour une optimisation du message, le lecteur souffrira de la reproduction *in extenso* des dispositions constitutionnelles africaines qui nous intéressent dans le cadre du présent chapitre.

Cela pourrait paraître fastidieux. Néanmoins, pour que le lecteur prenne la mesure du comportement des constituants en Afrique, essentiellement sur la question des mécanismes de révision, il nous a paru opportun de lui permettre une meilleure visualisation en transcrivant entièrement lesdites dispositions.

## Section II. Extraits de quelques dispositions relatives aux mécanismes de révision

§1. CONGO BRAZZA

*ARTICLE 185*

*L'initiative de la révision de la Constitution appartient, concurremment, au président de la République et aux membres du Parlement. Aucune procédure de révision ne peut être engagée ou poursuivie lorsqu'il est porté atteinte à l'intégrité du territoire. La forme républicaine, le caractère laïc de l'État, le nombre de mandats du président de la République ainsi que les droits énoncés aux titres I et II ne peuvent faire l'objet de révision.*

*ARTICLE 186*

*Lorsqu'il émane du président de la République, le projet de révision est soumis directement au* **référendum**, *après avis de conformité de la Cour constitutionnelle. Lorsqu'elle émane du Parlement, la proposition de révision doit être votée par les deux tiers des membres des deux chambres du Parlement réuni en congrès, après avis de conformité de la Cour constitutionnelle. Dans les deux cas, la révision n'est définitive qu'une fois approuvée par référendum.*

*ARTICLE 187*

*Une loi organique fixe les conditions de révision de la Constitution.*

## §2. TOGO

*Article 144*

*L'initiative de la révision de la Constitution appartient concurremment au président de la République sur proposition du Premier ministre et à un cinquième au moins des députés composant l'Assemblée nationale.*

*Le projet ou la proposition de révision est considéré comme adopté s'il est voté à la majorité des quatre cinquièmes des députés composant l'Assemblée nationale.*

*À défaut de cette majorité, le projet ou la proposition de révision adoptée à la majorité des deux tiers des députés composant l'Assemblée nationale est soumis au* **référendum.**

*Aucune procédure de révision ne peut être engagée ou poursuivie en période d'intérim ou de vacance ou lorsqu'il est porté atteinte à l'intégrité du territoire.*

*La forme républicaine et la laïcité de l'État ne peuvent faire l'objet d'une révision.*

## §3. MALI

*ARTICLE 118*

*L'initiative de la révision de la Constitution appartient concurremment au président de la République et aux Députés. Le projet ou la proposition de révision doit être voté par l'Assemblée Nationale à la majorité des deux tiers de ses membres. La révision n'est définitive qu'après avoir été approuvée par* **référendum**. *Aucune procédure de révision ne peut être engagée ou poursuivie lorsqu'il* *est porté atteinte à l'intégrité du territoire. La forme républicaine et la laïcité de l'État ainsi que le multipartisme ne peuvent faire l'objet de révision.*

## §4. CÔTE D'IVOIRE

*Art. 124. L'initiative de la révision de la Constitution appartient concurremment au président de la République et aux membres de l'Assemblée nationale.*

*Art. 125. Pour être pris en considération, le projet ou la proposition de révision doit être voté par l'Assemblée nationale à la majorité des 2/3 de ses membres effectivement en fonction.*

*Art. 126. La révision de la Constitution n'est définitive qu'après avoir été approuvée par référendum à la majorité absolue des suffrages exprimés.*

*Est obligatoirement soumis au* **référendum** *le projet ou la proposition de révision ayant pour objet l'élection du président de la République, l'exercice du mandat présidentiel, la vacance de la présidence et la procédure de révision de la présente Constitution.*

*Le projet ou la proposition de révision n'est pas présenté au* **référendum** *dans toutes les autres matières lorsque le président de la République décide de la soumettre à l'Assemblée nationale. Dans ce cas, le projet ou la proposition de révision n'est adopté que s'il réunit la majorité des 4/5 des membres de l'Assemblée nationale effectivement en fonction.*

*Art. 127. Aucune procédure de révision ne peut être engagée ou poursuivie lorsqu'il est porté atteinte à l'intégrité du territoire.*

*La forme républicaine et la laïcité de l'État ne peuvent faire l'objet d'une révision.*

## §5. MADAGASCAR

*Article 161. Aucune révision de la Constitution ne peut être commencée, sauf en cas de nécessité jugée impérieuse.*

*Article 162. L'initiative de la révision, en cas de nécessité jugée impérieuse, appartient soit au président de la République qui statue en Conseil des ministres, soit aux Assemblées parlementaires statuant par un vote séparé à la majorité des deux tiers des membres.*

*Le projet ou proposition de révision doit être approuvé (e) par les trois quarts des membres de l'Assemblée nationale et du Sénat.*

*Le projet ou la proposition de révision ainsi approuvé (e) est soumis à* **référendum.**

*Article 163. La forme républicaine de l'État, le principe de l'intégrité du territoire national, le principe de la séparation des pouvoirs, le principe d'autonomie des collectivités territoriales décentralisées, la durée et le nombre du mandat du président de la République, ne peuvent faire l'objet de révision.*

*Les pouvoirs exceptionnels détenus par le président de la République dans les circonstances exceptionnelles ou de trouble politique ne lui confèrent pas le droit de recourir à une révision constitutionnelle.*

## §6. RÉPUBLIQUE SUD-AFRICAINE

*Article 106 :*

*L'initiative de la révision de la Constitution appartient concurremment au président de la République et à l'Assemblée Nationale statuant à la majorité des deux tiers (2/3) des membres qui la composent.*

*Article 107 : La révision intervient lorsque le projet présenté en l'état a été voté par l'Assemblée Nationale à la majorité des trois quarts (3/4) des membres qui la composent ou a été adopté par* **référendum.**

*Aucune procédure de révision ne peut être engagée ou poursuivie en cas de vacance de la Présidence de la République ou lorsqu'il est porté atteinte à l'intégrité du territoire.*

*Article 108 : Sont expressément exclus de la révision :*

*- La forme républicaine et laïque de l'État ;*

*- Le nombre et la durée des mandats présidentiels ;*

*- Les conditions d'éligibilité ;*

*- Les incompatibilités aux fonctions de chef de l'État ;*

*- Les droits fondamentaux du citoyen.*

## §7. GUINÉE

*Article 152 :*

*L'initiative de la révision de la Constitution appartient concurremment au président de la République et aux Députés.*

*Pour être pris en considération, le projet ou la proposition de révision est adopté par l'Assemblée nationale à la majorité simple de ses membres. Il ne devient définitif qu'après avoir été approuvé par* **référendum**.

*Toutefois, le projet de révision n'est pas présenté au* **référendum** *lorsque le président de la République décide de le soumettre à la seule Assemblée nationale. Dans ce cas, le projet de révision est approuvé à la majorité des deux tiers des membres composant l'Assemblée Nationale. Il en est de même de la proposition de révision qui aura recueilli l'approbation du président de la République.*

## §8. GABON

*ARTICLE 116*

*L'initiative de la révision appartient concurremment au Président de la*

*République, le Conseil des ministres entendu et aux membres du Parlement.*

*Toute proposition de révision doit être déposée au bureau de l'Assemblée nationale par au moins un tiers des députés.*

*Tout projet ou toute proposition de révision est soumis, pour avis, à la Cour constitutionnelle.*

*La révision est acquise soit par voie de* **référendum,** *soit par voie parlementaire.*

*L'examen de tout projet ou de toute proposition de révision de la Constitution par voie parlementaire exige la réunion d'au moins deux tiers des membres du Parlement.*

*En ce cas, une majorité qualifiée des deux tiers des suffrages est requise.*

*La révision de la Constitution ne peut être entamée ou achevée, en cas d'intérim de la présidence de la République, de recours aux pouvoirs de crise de l'article 26 ci-dessus, ou d'atteinte à l'intégrité du territoire, ainsi que pendant la période qui sépare la proclamation des résultats de l'élection présidentielle du début d'un nouveau mandat présidentiel.*

## §9. ANGOLA

*Article 233. L'initiative de révision de la Constitution revient au président de la République ou à un tiers des députés de l'Assemblée nationale dans l'exercice de leur mandat.*

*Article 234 : 1. Les révisions de la Constitutions sont approuvées à la majorité des deux tiers des députés dans l'exercice de leur mandat.*

*2. Le président de la République ne peut refuser de promulguer la loi de révision constitutionnelle, sous réserve de pouvoir demander son contrôle de constitutionnalité à la Cour constitutionnelle.*

*3. Les révisions de la Constitution, une fois approuvées, sont réunies dans une unique loi de révision.*

*4. Le nouveau texte de la Constitution est publié avec la loi de révision.*

*Article 235 : 1. L'Assemblée de la République peut réviser la Constitution cinq ans après son entrée en vigueur ou cinq ans après la dernière révision ordinaire.*

*2. L'Assemblée nationale peut exercer, à tout moment, des pouvoirs de révision extraordinaire à la majorité des deux tiers des députés dans l'exercice de leur mandat.*

*Article 236. Les révisions de la Constitution doivent respecter :*

*a) la dignité de la personne ;*

*b) l'indépendance, l'intégrité territoriale et l'unité nationale ;*

*c) la forme républicaine du gouvernement ;*

*d) le caractère unitaire de l'État ;*

*e) les droits, libertés et garanties fondamentaux ;*

*f) l'État de droit et la démocratie pluraliste ;*

*g) la laïcité de l'État et le principe de la séparation de l'État et des églises ;*

*h) le suffrage universel, direct, secret et périodique pour l'élection des titulaires des organes de souveraineté et des collectivités territoriales ;*

*i) l'indépendance des tribunaux ;*

*j) la séparation et interdépendance des pouvoirs publics ;*

*k) l'autonomie locale.*

## §10. CAMEROUN

*Loi N° 2008/001 du 14 avril 2008 modifiant et complétant certaines dispositions de la loi n° 96/06 du 18 janvier 1996 portant révision de la constitution du 2 juin 1972.*

*Art. 63.- (1) l'initiative de la révision de la Constitution appartient concurremment au président de la République et au Parlement. (2) Toute proposition de révision émanant des membres du Parlement doit être signée par un tiers au moins des membres de l'une ou de l'autre chambre.*

*(3) Le Parlement se réunit en congrès, lorsqu'il est appelé à se prononcer sur un projet ou une proposition de révision de la Constitution. Le texte est adopté à la majorité absolue des membres le composant. Le président de la République peut demander une seconde lecture. Dans ce cas, la révision est votée à la majorité des deux tiers des membres composants le Parlement.*

*(4) le président de la République peut décider de soumettre tout projet ou toute proposition de révision de la Constitution au* **référendum.** *Dans ce cas, le texte est adopté à la majorité simple des suffrages exprimés.*

*Art. 64.- Aucune procédure de révision ne peut être connue si elle porte atteinte à la forme républicaine, à l'unité et à l'intégrité territoriale de l'État et aux principes démocratiques qui régissent la République.*

## §11. BURUNDI

*Article 297*

*L'initiative de la révision de la Constitution appartient concurremment au président de la République après consultation du Gouvernement, à l'Assemblée Nationale ou au Sénat statuant respectivement à la majorité absolue des membres qui les composent.*

*Article 298*

*Le président de la République peut soumettre au* **référendum** *un projet d'amendement de la Constitution.*

*Article 299*

*Aucune procédure de révision ne peut être retenue si elle porte atteinte à l'unité nationale, à la cohésion du peuple burundais, à la laïcité de l'État, à la réconciliation, à la démocratie, à l'intégrité du territoire de la République.*

*Article 300*

*Le projet ou la proposition d'amendement de la Constitution est adopté à la majorité des quatre cinquièmes des membres qui composent l'Assemblée Nationale et des deux tiers des membres du Sénat.*

## §12. SÉNÉGAL

*Article 103*

*L'initiative de la révision de la Constitution appartient concurremment au président de la République et aux députés.*

*Le Premier ministre peut proposer au président de la République une révision de la Constitution.*

*Le projet ou la proposition de révision de la Constitution est adopté par les assemblées selon la procédure de l'article 71. La révision est définitive après avoir été approuvée par* **référendum**.

*Toutefois, le projet ou la proposition n'est pas présenté au* **référendum** *lorsque le président de la*

*République décide de le soumettre au Parlement convoqué en Congrès.*

*Dans ce cas, le projet ou la proposition n'est approuvé que s'il réunit la majorité des trois cinquièmes (3/5) des suffrages exprimés.*

*La forme républicaine de l'État ne peut faire l'objet d'une révision.*

## §13. RWANDA

*Titre IV. De la révision de la Constitution.*

*Article 91.*

*L'initiative de la révision de la Constitution appartient concurremment au président de la République et au Conseil national de développement.*

*Aucune proposition de révision ne peut être prise en considération si elle porte atteinte à la forme républicaine de l'État, à l'intégrité du territoire national ou aux principes démocratiques qui régissent la République.*

*Toute proposition de révision émanant du Conseil national de développement doit être présentée par 2/3 au moins de ses membres.*

*Toute révision doit être adoptée à la majorité des 3/4 des membres du Conseil national de développement.*

## §14. TCHAD

*Titre XIV : De la révision*

*Article 223. L'initiative de la révision appartient concurremment au président de la République, après décision prise en Conseil des ministres et aux membres du Parlement.*

*Pour être pris en considération, le projet ou la proposition de révision doit être voté, en termes identiques, à la majorité des deux tiers (2/3) des membres de l'Assemblée Nationale et du Sénat.*

*Article 224. La révision de la Constitution est approuvée par* **référendum.**

*Toutefois, il peut être procédé à une révision d'ordre technique, à la majorité des trois cinquièmes (3/5) des membres de l'Assemblée Nationale et du Sénat réunis en congrès.*

*Article 225. Aucune procédure de révision ne peut être engagée ou poursuivie lorsqu'elle porte atteinte :*

• *À l'intégrité du territoire, à l'indépendance ou à l'unité nationale ;*

• *À la forme républicaine de l'État, au principe de la séparation des pouvoirs et à la laïcité ;*

• *Aux libertés et droits fondamentaux du citoyen ;*

• *Au pluralisme politique.*

*Article 226. Aucune procédure de révision ne peut être engagée lorsque le président de la République exerce les pouvoirs exceptionnels ou lorsqu'un Président intérimaire exerce les fonctions de président de la République conformément aux dispositions des articles 87 et 76 de la présente Constitution.*

## §15. TUNISIE

*Chapitre X : Révision de la Constitution*

*Article 76*

*L'initiative de révision de la Constitution appartient au président de la République ou au tiers au moins des membres de la Chambre des députés, sous réserve qu'elle ne porte pas atteinte à la forme républicaine de l'État. Le président de la République peut soumettre les projets de révision de la Constitution au* **référendum**.

*Article 77*

*La Chambre des députés délibère sur la révision proposée à la suite d'une résolution prise à la majorité absolue, après détermination de l'objet de la révision et son examen par une commission ad hoc. En cas de recours au* **référendum**, *le président de la République soumet le projet de révision de la Constitution au peuple après son adoption par la Chambre des députés à la majorité absolue de ses membres au cours d'une seule lecture.*

## §16. BURKINA FASO

*TITRE XV DE LA RÉVISION*
*Article 161*
*(Loi N° 002/97/ADP du 27 janvier 1997)*
*L'initiative de la révision de la Constitution appartient concurremment :*

- *Au Président du Faso ;*
- *Aux membres de l'Assemblée Nationale à la majorité ;*
- *Au peuple lorsqu'une fraction d'au moins trente mille (30 000) personnes ayant le droit de vote,*

*introduit devant l'Assemblée Nationale une pétition constituant une proposition*
*Rédigée et signée.*
*Article 162*
*(Loi N° 002/97/ADP du 27 janvier 1997)*
*La loi fixe les conditions de la mise en œuvre de la procédure de révision.*
*Article 163*
*(Loi N° 002/97/ADP du 27 janvier 1997)*
*Le projet de révision est, dans tous les cas, soumis au préalable à l'appréciation de l'Assemblée Nationale après avis de la Chambre des représentants.*
*Article 164*
*Le projet de texte est ensuite soumis au* **référendum**. *Il est réputé avoir été adopté dès lors qu'il obtient la majorité des suffrages exprimés. Le Président du Faso procède alors à sa promulgation dans les conditions fixées par l'article 48 de la présente Constitution.*
*Alinéa 3 (Loi N° 002/97/ADP du 27 janvier 1997)*
*Toutefois, le projet de révision est adopté sans recours au* **référendum** *s'il est approuvé à.*
*La majorité des trois quarts (3/4) des membres de l'Assemblée Nationale.*
*Article 165*
*Aucun projet ou proposition de révision de la Constitution n'est recevable lorsqu'il Remet en cause :*
- *La nature et la forme républicaine de l'État ;*
- *Le système multipartiste ;*
- *L'intégrité du territoire national.*

*Aucune procédure de révision ne peut être engagée ni poursuivie lorsqu'il est porté atteinte à L'intégrité du territoire.*

## §17. MAROC

*Article 172. L'initiative de la révision de la Constitution appartient au Roi, au chef du*

*Gouvernement, à la Chambre des représentants et à la chambre des Conseillers.*

*Article 173. La proposition provenant d'un ou de plusieurs membres d'une des deux chambres du parlement ne peut être adoptée par un vote à la majorité des deux-tiers des membres la composant.*

*Cette proposition est soumise à l'autre chambre qui l'adopte à la même majorité des deux-tiers des membres la composant.*

*La proposition de révision émanant du Chef du Gouvernement est soumise au Conseil des ministres, après délibération en Conseil du gouvernement.*

*Article 174. Les projets et propositions de révision de la Constitution sont soumis par le dahir au* **référendum**.

*La révision de la Constitution est définitive après avoir été adoptée par voie de* **référendum**.

*Le Roi peut, après avoir consulté le Président de la Cour constitutionnelle, soumettre par dahir au Parlement un projet de révision de certaines dispositions de la Constitution.*

*Le Parlement, convoqué par le Roi en chambres réunies, l'approuve à la majorité des deux tiers des membres du Parlement.*

*Le Règlement intérieur de la Chambre des représentants fixe les modalités d'application de cette disposition.*

*La Cour Constitutionnelle contrôle la régularité de la procédure de cette révision et en proclame les résultats.*

*Article 175. Aucune révision ne peut porter sur les dispositions relatives à la religion musulmane.*

## §18. ALGÉRIE

*Article 71 : L'initiative de la révision constitutionnelle appartient conjointement au président de la République et à la majorité absolue des membres de l'Assemblée nationale.*

*Article 72 : La procédure de révision constitutionnelle comprend deux lectures et deux votes à la majorité absolue des membres de l'Assemblée nationale, séparés par un délai de deux mois.*

*Article 73 Le projet de loi est soumis à l'approbation du peuple par voie de* **référendum.**

*Article 74 : En cas d'adoption par le peuple, le projet de révision constitutionnelle est promulgué comme loi constitutionnelle par le président de la République dans les huit jours qui suivent la date du* **référendum.**

## §19. RÉPUBLIQUE CENTRAFRICAINE

*Art. 121 : L'initiative de la révision de la Constitution appartient concurremment au Gouvernement et à l'Assemblée Nationale statuant à la majorité des deux tiers (2/3) des membres qui la composent.*

*Art. 122 : La révision intervient lorsque le projet ou proposition présenté en l'état a été voté par l'Assemblée Nationale à la majorité des trois quarts (3/4) des membres qui la composent ou a été adopté par* **référendum**. *Aucune procédure de révision ne peut être engagée ou poursuivie en cas de vacance de la Présidence de la République ou lorsqu'il est porté atteinte à l'intégrité du territoire.*

*Art. 123 : Sont expressément exclus de la révision : - la forme républicaine et laïque de l'État ; - le nombre et la durée des mandats présidentiels ; - les conditions d'éligibilité ; - les incompatibilités aux fonctions de président de la République ; - les droits fondamentaux du citoyen.*

§20. Observations

**552.** En passant au crible les différentes dispositions des constitutions africaines, notamment celles consacrées aux révisions constitutionnelles, l'on peut aisément se rendre compte que les constituants originaires africains ont sciemment ou non éludé les mécanismes de révisions qui s'étalent sur deux législatures, avec dissolution des Chambres ou non.

**553**. Ce qui est interpellant est que les dispositions ci-avant reprises, prévoient presque toutes la pratique référendaire, celle qui consiste à consulter le souverain primaire afin qu'il se prononçât de manière directe via les urnes.

En effet, sur les 19 dispositions triées sur le volet, l'on peut constater que 17 d'entre elles prévoient bien de passer par un référendum pour les révisions des constitutions respectives. Qui plus est, l'on aurait pensé que les pays africains qui n'avaient pas opté pour la technique référendaire auraient pris le courage de choisir la pratique électorale pour la révision des constitutions, en vain ! Leurs constituants originaires ont donc fait pire : ni l'organisation d'un référendum, ni même l'organisation d'élections – après bien sûr dissolution des Chambres - pour réviser les constitutions. Le souverain primaire y est donc carrément mis de côté pour une démarche aussi importante.

**554.** Qu'est-ce qui puis justifier une telle préférence pour la technique référendaire, sachant qu'en Afrique les administrations laissent à désirer ? En effet, la technique référendaire requiert une administration bien organisée, dans la mesure où le peuple est appelé à se rendre aux urnes pour exprimer son opinion sur une question. Sachant également que la pratique du référendum s'apparente à la pratique électorale, qu'est-ce qui, sociologiquement, justifie la préférence pour la première et non pour la seconde, lorsque le peuple doit se prononcer sur la révision d'une constitution ? Au demeurant, qu'est-ce la technique référendaire ? Comment peut-on la définir et quelles sont ses variantes ?

Le chapitre suivant s'attelle justement à définir le plus justement possible cette pratique ?

## Chapitre V. LE DOGME DU RÉFÉRENDUM. MYTHE OU RÉALITÉ ?

**555.** La pratique du référendum participe de l'idée de démocratie directe dans la mesure où le peuple est appelé ponctuellement à se prononcer sur une question bien précise.

À lire les pages qui précèdent, il est manifeste que le constitutionnalisme africain marque une grande préférence pour cette technique démocratique. D'où la nécessité de s'appesantir quelque peu, en examinant les différents contours de cette notion non négligeable.

### Section I. Le référendum. Notion à géométrie variable[514] !

**556.** La technique référendaire a comme particularité d'inviter le peuple à exprimer sa volonté. Elle participe de l'idée de démocratie directe. En effet, au travers d'elle, le peuple est appelé à se prononcer directement sur une question précise. Cette technique a un contenu très variable, en fonction de sa nature, de son objet voire du niveau de pouvoir concerné :

**557.** Soit, en fonction de **la nature de l'acte** sur lequel la population doit se prononcer, le référendum peut ainsi être :

- Un **référendum général ou normatif**, lorsque c'est une norme qui est soumise au peuple. On parle alors de **référendum général décisoire,** lorsqu'il s'agit de créer une règle nouvelle, de modifier ou de compléter une règle existante[515]. Par exemple, un État qui adopte une loi qui autorise la pratique de l'euthanasie et soumet cette loi à l'avis du peuple. Au courant du mois de juin 2015, le Grand-Duché du

---

[514]En matière de démocratie directe, je renvoie à une étude très intéressante, dont le présent point s'inspire pour l'essentiel, de J. BILLET, J. Dujardin, H. DUMONT, M. ELCHARDUS, J.C SCHOLSEM, L. VENY et M. VERDUSSEN *: Le renouveau politique. Démocratie directe –Référendum, consultation populaire, initiative populaire et droit de pétition-* chambre-, 3e session de la 50e législature, 20 mars 2001

[515]*Ibid.* p.5.

Luxembourg a soumis à sa population une question importante, celle portant sur le droit de vote des étrangers. À 78 % des voix, le peuple luxembourgeois s'y est opposé et les autorités s'y sont conformées.

- Quand il s'agit d'abroger une règle existante, on parle plutôt de **référendum abrogatoire**[516]. Par exemple, un État qui envisage d'abroger la loi qui autorise la peine de mort et on demande au peuple de prendre la décision.

- Le référendum est par contre **individuel ou administratif**, lorsque l'on soumet à la population une décision administrative et non plus une norme. Il s'agit de prendre une décision individuelle et concrète (une autorisation, une concession, l'adoption d'un plan, etc.)[517]C'est par exemple le cas lorsqu'on soumet au peuple la question de l'attribution du nom d'une rue.

**558.** Soit, en fonction de l'**objet**[518] même du référendum, on distingue les référendums, **constituant, législatif et réglementaire**. Ces trois sortes de référendums ont en commun d'être des référendums généraux et bien évidemment normatifs[519]. Ce qui les distingue ici, c'est le **type de normes** sur lesquels ils portent :

**- Le référendum constituant** est le plus connu tant dans le parcours des États, tant des constitutions sont appelées à être adoptées ou modifiées, voire abrogées. Or, à la différence des lois et autres réglementations, qui par ailleurs font l'objet des mêmes interventions ; s'agissant ces constitutions, cela se fait de la manière la plus solennelle. Il existe donc :

**- Le référendum constituant originaire**[520]qui vise en amont, à demander l'approbation ou non du texte d'une nouvelle constitution. Ce fut par exemple le cas de la RDC en décembre 2005. Il peut également consister en l'abrogation du texte constitutionnel en vigueur.

---

516*Ibid.* p.5
517*Ibid.* p. 5
518*Ibid.* p. 5
519*Ibid.* p. 6
520*Ibid.* p.7

**- Le référendum constituant dérivé**[521]qui vise en aval à modifier ou réviser certaines dispositions d'une constitution. C'est ce qui, justement, est largement prévu dans les différentes dispositions des constitutions africaines analysées au chapitre précédent. Ou encore, il vise à insérer une disposition nouvelle dans une constitution. Soit encore, il vise à compléter ou abroger une disposition constitutionnelle en vigueur.

Ce sont les deux types de référendum les plus en vogue car plus utilisés dans la vie d'un État, en l'occurrence, les États africains en sont friands, en témoignent les dispositions constitutionnelles africaines reprises au chapitre précédent.

**- Le référendum législatif**[522], beaucoup moins connu, vise quant à lui à adopter, compléter, modifier, voire abroger une loi préexistante. Comme on peut le constater, ici l'objet n'est plus la Constitution mais une loi ou norme législative équivalente. L'Italie, l'Autriche, voire la Suisse consacrent une telle pratique qui ne porte que sur certaines matières.

Ce référendum peut être qualifié de **référendum législatif spécial** (lorsqu'il porte sur une loi spéciale), de **référendum législatif ordinaire** (lorsqu'il porte sur une loi ordinaire) ou de **référendum d'assentiment** (lorsqu'il porte sur la loi devant approuver un traité international[523]). En effet, parfois certains pays comme la France prévoient que les lois d'assentiment des traités internationaux doivent être votées par référendum. C'est ainsi que l'on se souviendra que le 29 mai 2005, le peuple français refusa devant la face du monde, le principe même d'une constitution européenne établi par le traité de Rome II de 2004.

**- Le référendum réglementaire**[524]porte également sur une norme. Cependant, il s'agit d'une norme réglementaire, à savoir une norme infralégislative, qui a une valeur inférieure à la loi.

De tout ce qui précède, trois précisions s'imposent :

---

521*Ibid.* p.7
522*Ibid.* p.7
523*Ibid.* p.7
524*Ibid.* p.7

**559.** Ces référendums ainsi décrits peuvent également avoir plusieurs dimensions, à savoir : **nationale, régionale et locale**. Tout dépend ici de l'échelle à laquelle il est organisé. Bref, du niveau de pouvoir.

**560.** Le peuple est appelé à prendre une décision, de sorte que l'autorité publique doive suivre ce qu'il a voulu. Il revêt alors ici un **caractère décisoire**. Les deux exemples irlandais sont, à ce sujet, très éloquents (section XI du chapitre Ier)

**561.** Ils peuvent également avoir, soit un caractère **automatique**, de sorte qu'il est la conséquence automatique d'une décision ou d'un évènement déterminé. Il faut pour cela une norme générale qui le prévoit expressément[525]à l'instar du Danemark et de la Suisse lors de chaque révision constitutionnelle. Soit alors revêtir un caractère **volontaire**, de sorte que le déclenchement est subordonné à une décision formelle d'une autorité publique compétente (par exemple, l'article 89 de la Constitution française). Sinon, le déclenchement se fait par une fraction de la population.

Ces référendums peuvent revêtir un caractère **obligatoire ou facultatif**. Le critère ici, concerne le caractère contraignant ou non de la participation[526].

Quoi qu'il en soit, un référendum, quel qu'il soit, implique une organisation semblable à celle d'une élection. Et cela est d'autant plus logique que dans les deux cas, c'est le souverain primaire qui est appelé à se prononcer.

**562.** Ce qui demande bien évidemment d'engager des moyens financiers, logistiques et humains colossaux. À ce sujet, deux questions peuvent être posées : Pourquoi donc les États africains ont quasi tous opté pour une telle technique dont il est de notoriété publique qu'elle engendre des coûts et moyens conséquents ? Est-ce une opération de charme pour faire bonne figure ou une réelle volonté de faire participer le peuple afin de s'assurer d'une effective légitimité ?

---

525*Ibid.* p.5-6

526*Ibid.* p.6

## Section II. Enseignements

**563. Primo,** en passant au crible les mécanismes occidentaux de révision, l'on s'aperçoit aisément que nous sommes réellement au cœur du système constitutionnel comme l'a si bien soutenu F. Delpérée. Si bien que le Constituant originaire en occident semble avoir mis un point d'honneur à le rendre particulièrement rigide. Cette rigidité constitue le dénominateur commun, en dépit de nettes différences des mécanismes en question.

En effet, le Constituant originaire occidental a de toute évidence voulu, par la lourdeur et la complexité des procédures de révision, ainsi éviter des révisions intempestives et bétonner les différents compromis matérialisés par les textes constitutionnels.

Les Constituants originaires occidentaux ont, à l'époque des changements révolutionnaires, priorisé des mécanismes particulièrement rigides, question de consolider les compromis chèrement obtenus souvent au prix du sang.

**564.** De l'analyse faite ci-avant, les constitutions occidentales sont pour la plupart, des constitutions particulièrement rigides. Comme nous l'avons montré dans la présente partie, les procédures de modification sont pour la plupart dissuasives dans la mesure où il y a un prix à payer par les initiateurs desdites modifications, courant parfois le risque de perdre leurs mandats. Ainsi, par le fait des dissolutions des assemblées préconstituantes, les initiateurs des révisions ne peuvent, de toute évidence, pas être juges et parties : la procédure s'étalant en effet sur deux législatures.

**564.** Il sied également de relever que la technique référendaire dans des pays où l'administration fonctionne, demeure une réalité qui peut amener le peuple à contredire les initiateurs de la révision, de manière directe. Ce qui, sur le plan politique, peut se révéler comme un sérieux revers dans la mesure où, en tant que représentant du peuple, l'on n'aura pas su relayer ses aspirations profondes.

Ces procédures sont à maints égards considérés comme chronophages et donc temporisateurs dans la mesure où il y a un timing assez important qui est fixé, de manière explicite sinon implicite, pour procéder auxdites modifications. Les révisions expéditives sont d'ores et déjà vouées à l'échec dans le constitutionnalisme des nations occidentales.

**565.** Il est donc un fait en droit constitutionnel : une constitution est qualifiée de souple ou de rigide au regard uniquement de son mécanisme de révision. Ce n'est certainement pas en fonction de son bel exposé des motifs, ni de son préambule, encore moins de ses multiples droits et devoirs y proclamés. Si bien que le cœur, la clé, le verrou par excellence d'une constitution est et demeure, jusqu'à preuve du contraire, sa procédure de révision. Son statut de norme rempart et de référence en dépend ! C'est donc par-là que passe le respect ou non des prescrits du texte. En sus, le mécanisme est rigide, dissuasif, temporisateur pour éviter que la norme ne soit bafouée par les Constituants dérivés afin de préserver son caractère sacré. De la sorte, toute la Constitution en est bénéficiaire, notamment les différents droits et devoirs y consacrés. Et finalement, la démocratie et l'État de droit en sortent logiquement renforcés et consolidés.

**566.** Ces mécanismes concourent à plébisciter les pays occidentaux dans l'opinion publique comme étant des modèles d'États de droit et de véritables démocraties. Les bases initialement posées en termes de systèmes constitutionnels "rigides", faut-il le rappeler, en sont de toute évidence le grand secret.

**567.** Le travail fait en amont a, sans nul doute, été le générateur de la grande stabilité que l'on reconnaît aujourd'hui aux systèmes politiques des pays occidentaux qui doivent beaucoup à leurs constitutions très élaborées sur le plan des principes proclamés certes, mais également et surtout sur les mécanismes permettant de réviser les différentes normes fondamentales.

**568. Secundo**, après un examen approfondi des différentes dispositions africaines reprises supra, il appert qu'en dépit des différences structurelles, sémantiques, phraséologiques, bref formelles ; plusieurs dénominateurs communs caractérisent ces mécanismes de révision consacrés dans les constitutions africaines.

**569.** Il faut remarquer avec dépit que ces différents mécanismes s'apparentent, à s'y méprendre, à des mécanismes applicables à l'adoption des lois spéciales. Celles-ci requièrent, en effet, des majorités qualifiées (majorité exigeant des conditions plus difficiles à réunir que la majorité absolue. Exemple la majorité des 2/3.) pour des matières spécifiques. Certains s'apparentent même à des mécanismes d'adoption des lois ordinaires. Hans Kelsen a soutenu sans ambages qu'une loi ne puisse pas déroger à la Constitution et que des conditions spéciales doivent être remplies pour modifier ou abroger la Constitution, par exemple une majorité qualifiée ou un quorum plus élevé ; il faudrait donc que la Constitution ait prévu pour sa modification ou son abrogation une procédure différente de la procédure législative ordinaire et présentant des difficultés plus considérables[527].

**570.** Il est donc clairement établi que le facteur « difficulté » doit être pris en compte dans l'instauration d'un mécanisme de révision. C'est donc une notion qui est étroitement liée à la procédure de révision d'une constitution. Ceci n'est certainement pas un simple slogan de sa part. En effet, on l'a vu ci-avant[528], le mécanisme de révision de la Constitution autrichienne auquel Kelsen a par ailleurs participé, se révèle être « difficile » dans la mesure où en termes de temps, il faut, au bas mot, au moins huit semaines, délai endéans lequel la Chambre basse peut exercer une forme de droit de véto. Celui-ci n'en constitue pas moins une autre difficulté, dans la mesure où cela instaure une minorité de blocage susceptible de faire échec à la majorité mécanique du Parlement.

**571.** Pour leur part, F. Delpérée et P. Wigny ont également salué de manière explicite ou implicite le caractère rigide de la Constitution belge de 1831, disant d'elle qu'elle est une œuvre pratique et non pas une œuvre de circonstance. S'il est vrai que certains articles portent, comme de glorieuses cicatrices, la trace de revendications révolutionnaires. Cependant, dans l'ensemble, on ne peut qu'admirer la logique interne d'une œuvre qui est, à la fois, robuste et complexe, courte et complète[529].

Il s'agit donc d'une constitution éminemment rigide, qui tente de préserver les équilibres sur la base desquels l'État belge s'est créé et organisé.[530]

---

527 H. KELSEN, *op. cit.*, p.133.

528Supra pp. 182 à 184.

529 P. Wigny, *op.cit.*, t.1er, Bruxelles-Bruylant, 1952, p.63.

530F. Delpérée, *op.cit.*, Bruylant-Bruxelles, 1994, .21

**572.** Les deux illustrations les plus récentes de rédaction des constitutions sous les bons auspices de la communauté internationale, en l'occurrence, la Tunisie (2 014) et la RCA (2 015), enseignent qu'en matière de mécanisme de révision, l'Afrique vient encore de rater deux rendez-vous importants, tant les dispositions respectives (76 à 77 et 121 à 123) consacrent, paradoxalement, des procédures de révision fragiles, alors même que ces deux nations sortent à peine de grosses crises.

**573. Tertio,** un observateur avisé ne manquera pas de relever avec grande circonspection, une large préférence pour la technique référendaire. Sur les dix-neuf pays triés sur le volet, dix-sept ont marqué leur préférence pour une telle technique ; la liste n'est cependant pas exhaustive.

**574.** Cela est d'autant plus troublant que le référendum qui s'apparente dans son fond et sa forme à une élection fait appel à la volonté du souverain primaire ; volonté que les dirigeants africains ont par ailleurs du mal à respecter. Et l'histoire électorale africaine en témoigne. Presque partout, il y a eu tripatouillages, bourrages d'urnes, fichiers falsifiés, gonflement du nombre d'électeurs, vote par des mineurs, contestations systématiques des résultats, etc., et cela est illustré dans la quatrième partie du présent ouvrage.

**575.** Ce qui est également tout aussi troublant est que cette pratique du référendum soit priorisée dans des pays où le fonctionnement de l'administration laisse à désirer. Or, une mauvaise administration, comme d'aucuns le savent, n'est pas sans conséquence néfaste sur l'organisation de l'État, voire son instabilité à tout point de vue.

**576.** L'administration en Afrique est tout sauf crédible : les élections sont, dans la majorité des cas, organisées par des Commissions électorales indépendantes, lesquelles sont toutes aussi inefficaces que les administrations, au regard des scandales électoraux recensés sur ce continent.

En effet, les autorités africaines semblent n'avoir compris, qu'une Commission électorale, fusse-t-elle indépendante et animée de bonnes intentions, doit son efficacité et son efficience aux bonnes administrations locales. Son action est tributaire de celle de l'administration, car, les citoyens sont d'abord des administrés avant d'être des électeurs. À ce titre, ils sont inscrits à des communes, mairies, etc. Ces inscriptions constituent, en amont, un travail administratif pouvant être mis à la disposition des Commissions électorales. Là où l'administration est défectueuse comme dans la plupart des pays africains, les Commissions électorales gaspillent beaucoup de temps en organisant un recensement indirect sans réellement disposer de la logistique appropriée. La problématique récurrente des salaires - tant bien, des agents de l'État que des membres des Commissions, - contribue à accroître la corruption légendaire dans les pays africains. Presque partout, le constat est identique : les périodes électorales en Afrique sont des moments propices où les agents de l'État mais également et surtout les agents des Commissions électorales s'adonnent à toutes sortes de magouilles (vente de cartes, impression des doublettes, favoritisme,...) pour pouvoir nouer les deux bouts du mois. Tout ceci finit par fausser cruellement le jeu électoral. Et tout cela marque une différence fondamentale avec la pratique électorale en Occident.

**577.** Cette pratique prouve que quand les missions des administrations sont accomplies correctement en amont, le travail desdites commissions ne peut qu'être efficace en aval. Le contraire est tout aussi vrai : le non-accomplissement des missions des administrations rend inefficace l'intervention des commissions électorales. Et les fraudes, les erreurs et les tripatouillages électoraux s'en suivent. Telle est, malheureusement, la triste réalité du continent africain. C'est l'histoire du serpent qui se mord la queue : les Commissions électorales sont instituées parce que justement les administrations sont défaillantes. Or, ces commissions une fois en place dépendent des données des administrations pour accomplir leur mission. Quel cercle vicieux !

Il faut également souligner qu'un référendum fiable nécessite préalablement un recensement en bonne et due forme. Dans le cas contraire, les résultats peuvent être cruellement faussés.

**578.** Enfin, le référendum nécessite une organisation similaire à celle des élections. Or, le fonctionnement des administrations en Afrique, on l'a dit, est sujet à caution. Cela engendre forcément du retard dans l'organisation. Par conséquent, ce retard profite aux tenants du pouvoir. Ils s'en servent pour justifier le report des élections. Dans l'état actuel des choses, et pour les raisons susmentionnées, la technique référendaire ne paraît pas très appropriée pour l'Afrique bien qu'elle ait une place de choix dans les lois fondamentales africaines. Elle n'est que rarement, voire jamais utilisée ! Et les fraudes à la Constitution sont d'ailleurs en nette augmentation. Cela met clairement en exergue l'inefficacité de cette technique.

**579.** La réalité empirique et statistique démontre que cette technique est un véritable leurre en Afrique. Par contre, elle est et reste une réalité en Occident dans la mesure où elle peut réellement contribuer à changer le cours des évènements. L'exemple historique de la France peut être évoqué. Le Général de Gaule en France a abusé de cette technique référendaire au point d'en payer le prix fort. En effet, en 1969, il vit son projet de révision sur la création des régions et la rénovation du Sénat - dernière tentative de rajeunissement d'un « vieux pays », ébranlé par la crise de 68-, rejeté par le peuple par référendum, le 27 avril de la même année, par 53 % des suffrages, après avoir pourtant été adopté par les deux assemblées. Charles de Gaule le prit comme un désaveu et se sentit alors obligé de démissionner, le même soir peu après minuit par une simple dépêche[531]. Au courant de l'année 2000, toujours en France, le Président en exercice, Jacques Chirac, organisa le 25 septembre un référendum sur la question de la durée du mandat du Président : septennat ou quinquennat ? Le peuple opta pour le quinquennat par 73,21 %. Toujours en France, un référendum fut organisé le 29 mai 2005 afin de permettre la ratification du traité établissant une Constitution pour l'Europe. Pour la seconde fois dans l'histoire de la Ve République, le « non » l'emporte à un référendum avec 54,67 % des suffrages exprimés. La France, un des pays fondateurs de la construction européenne, devient ainsi le premier pays de l'Union européenne à rejeter le traité constitutionnel, avant les Pays-Bas le 1er juin 2005. Estimant les Français « directement concernés » par le sujet, le président de la République avait choisi en juillet 2004 de faire ratifier le traité par référendum. Il aurait pu aussi opter pour la voie parlementaire. Malgré le désaveu sévère des Français, et à la différence du général de Gaule en 1969, Jacques Chirac remplace le chef de Gouvernement, mais reste en fonction[532]. En septembre 2014, un référendum fut organisé en Écosse sur la scission d'avec l'Angleterre. Le « Non » l'emporta presque de justesse. Le Premier ministre écossais, qui était en faveur d'une scission,

---

531Voy. à ce sujet notamment ParisMatch.com, *De Gaulle s'en va*, 27/04/2009

532Voy. à ce sujet notamment, vie-publique.fr, *les référendums de la Ve République et leurs résultats*, 12/10/2015 s'est soumis à la volonté du souverain primaire en démissionnant de son poste. Au courant du mois de juin 2016, en Grande Bretagne, il était question de voter pour ou contre ce que l'on appelait le "Brexit"[533]. À l'issue d'une campagne houleuse qui s'est étendue sur plusieurs mois, le peuple britannique a opté pour la sortie de l'Union européenne. Une fois encore, cela a conduit à la démission du Premier ministre David Cameron, lequel défendait le maintien. Les exemples de ce type sont légion.

**580.** C'est à juste titre que Marc Uyttendaele soutint que le référendum n'est pas pour autant une simple formalité. Ainsi une première version de la Constitution de la IVe République française a été rejetée par référendum du 5 mai 1946[534].

**581.** Il en ressort que la voie référendaire dans le constitutionnalisme africain ne revêt qu'un caractère précatif, tant la matérialité de cette technique s'avère impossible. Et même quand un pouvoir l'organise, les résultats sont, comme les élections, tripatouillés. À telle enseigne qu'en Afrique aucun référendum n'est déjà allé à l'encontre d'un pouvoir organisateur comme cela est souvent le cas en Occident. Les quelques exemples ci-avant sont pour le moins éloquents.

**582 Quarto,** de toutes les dispositions africaines retranscrites ci-avant, il est effarant de constater que ces mécanismes de révision sont fragiles dans la mesure où ils négligent sciemment le caractère dissuasif que doit avoir un mécanisme de révision constitutionnelle adéquat. Il y a un réel contraste avec ceux des pays occidentaux.

865. En effet, en Afrique les initiateurs des révisions – Constituants dérivés — ne courent, sans exagération aucune, pas le moindre risque. Ils sont toujours assurés de conserver leurs mandats, que la révision en question soit bâclée ou non ! Et ce, quand bien même le souverain primaire marquerait sa grande désapprobation.

**583**. Les révisions constitutionnelles en Afrique sont ainsi devenues un véritable business rentable à risque zéro, tant les initiateurs desdites révisions en sortent toujours gagnants dans la mesure où les constituants

---

533 Mot-valise qui veut dire "British Exit"

534 M. Uyttendaele, *op. cit.*, p.64.

dérivés africains, pour la plupart, membres de la majorité au pouvoir, reçoivent en contrepartie de leur sale besogne, des sommes très importantes d'argent en guise de prime. En sus, ils sont toujours assurés de conserver leurs mandats jusqu'à leurs termes, et tout cela sur fond des mécanismes de révision non dissuasifs. Aucun Constituant originaire africain, même truffé de spécialistes occidentaux, n'a, sauf erreur, pris la peine, sinon la décision courageuse d'instaurer un mécanisme de révision avec dissolution de plein droit des assemblées législatives préconstituantes. De telle sorte qu'en Afrique, les initiateurs des révisions sont à la fois juges et parties. D'où l'arbitraire, la désinvolture et l'abus de position dominante !

**584.** Il suffit de repasser en revue les mécanismes de révisions des différentes constitutions congolaises tels que repris ci-avant au chapitre II pour s'en convaincre. Il est notoire qu'à aucun moment, les Constituants originaires n'ont pensé à instaurer des mécanismes de dissolution des Chambres préconstituantes. Ce constat est également valable pour tous les autres pays africains. Après vérifications, sauf erreur, l'histoire constitutionnelle africaine n'a jamais connu l'existence d'un tel mécanisme. Cela est d'autant plus incompréhensible que la quasi-totalité des constitutions africaines ont été élaborées avec l'assistance d'experts occidentaux, conscients de l'efficacité des mécanismes rigides ; notamment ceux ayant prévu une intervention du souverain primaire par la voie électorale.

**585.** Par ailleurs, ces différents mécanismes, hormis celui de l'Algérie qui prévoit d'emblée un délai de deux mois, ne sont en rien chronophages et temporisateurs, privant par ce fait l'opinion publique d'avoir un quelconque regard sur le processus de révision. Il n'y a étonnamment aucun timing prévu de manière explicite, ni même implicite pour permettre une réelle temporisation du processus. Cela a pourtant l'avantage de permettre aux initiateurs du projet ou de la proposition de révision, d'éventuellement se rétracter volontairement, non seulement après avoir pris le pouls du souverain primaire, mais également après des échanges dans des débats politiques d'envergures. Le témoignage de la révision de janvier 2011 en RDC est des plus éloquents à ce sujet.

**586. Quinto,** malheureusement, il est un fait, dans les assemblées législatives africaines, les formations politiques minoritaires sont loin d'avoir les mêmes prérogatives que les majoritaires. Ces dernières font quasiment toujours usage de leurs majorités mécaniques pour imposer leurs points de vue aux minorités parlementaires. Mais au-delà de celles-ci, c'est finalement au souverain primaire que des changements inappropriés de la norme supérieure sont imposés.

**587**. Les lois fondamentales africaines ne disposent d'aucun mécanisme pouvant permettre à ces minorités parlementaires de faire échec à une révision qui s'avère contraire à l'esprit même de ses normes.

Au regard du parcours constitutionnel des États africains, notamment ses multiples révisions contestables et d'ailleurs quasi toujours contestées, il aurait pourtant été judicieux que les formations minoritaires eussent le droit mais surtout le pouvoir de bloquer une révision manifestement controversée. La Constitution n'étant, en effet, pas la propriété d'une majorité numérique !

**588.** Il n'existe donc aucun mécanisme permettant à la minorité lésée de bloquer le processus litigieux, susceptible de rompre le contrat social en créant un déséquilibre important entre les différentes forces vives, menaçant par-là les faibles acquis démocratiques chèrement retrouvés pour certains pays, reconstitués pour d'autres.

À l'approche des échéances électorales, les formations parlementaires majoritaires adoptent donc toujours une attitude de cow-boys. Elles considèrent, en effet, la Constitution comme étant, en quelque sorte, leur propriété ; confondant ainsi fréquemment Constitution et lois spéciales, voire lois ordinaires. Alors que ces deux dernières normes ont effectivement cette vertu de permettre à une majorité parlementaire de faire œuvre législative conformément à son programme politique, mais alors dans le strict respect du consensus originel généralement consigné dans la Loi fondamentale.

**589.** En dépit des problèmes récurrents des révisions constitutionnelles en Afrique, le constat est qu'il n'existe, dans les dispositions consacrées aux procédures de modification, aucun mécanisme de blocage du processus pouvant permettre à une frange de députés de tirer la sonnette d'alarme afin de permettre une temporisation qui conduirait bien à une réflexion à grande échelle ou à un avis éventuellement éclairé de la juridiction constitutionnelle compétente.

**590. Sexto**, les mécanismes de révision constitutionnelle africains tels qu'analysés portent en eux des germes de conflits. Leur grande fragilité peut porter à tout moment un coup de frein au processus de démocratisation amorcé dans ce vaste continent. Et cela est également vrai dans les pays actuellement présentés comme des modèles à l'instar du Sénégal, du Mali, du Ghana, de la Tunisie et même de l'Afrique du sud.

En effet, dans ces pays, la relative stabilité sur le plan constitutionnel est beaucoup plus liée à la maturité des hommes politiques plutôt qu'à des verrous constitutionnels efficaces. Cela est d'autant plus vrai qu'il n'y a ni mécanisme de temporisation, ni mécanisme de dissuasion.

**591.** Ces quelques exemples nous enseignent que, certes, il faut conjoindre la maturité politique et la bonne foi pour que le processus de démocratisation évolue vers la consolidation des acquis démocratiques et la stabilité du pays. Cependant, il subsiste un risque de conserver de tels mécanismes, pour le moins fragiles, à cause de la versatilité de l'être humain et de son appétit du pouvoir. Pour dire les choses autrement, en dépit de leur relative stabilité, ces pays ne sont en effet pas à l'abri de l'avènement d'un cow-boy qui pourrait s'adonner, à sa guise et dans son intérêt, à des révisions constitutionnelles selon la mode constitutionnelle africaine.

**592. Septimo**, les dispositions constitutionnelles africaines, consacrées à la manière dont les constitutions consentent à être modifiées telles que décrites ci-avant, révèlent donc de grandes faiblesses dans la mesure où il s'agit, tout de même, du cœur du système constitutionnel.

Il est impérieux que les Constituants africains renforcent leurs mécanismes de révision constitutionnelle, base même et verrou par excellence du système constitutionnel comme l'a pertinemment bien souligné F. Delpérée.

**593.** Il sied de renforcer également leur système de contrôle constitutionnel par les juridictions compétentes. Il est aussi impérieux d'accroître le contrôle électoral étant donné que les crises les plus difficiles à conjurer sont nées et naissent encore aujourd'hui des tripatouillages électoraux.

Il y a fatalement un besoin pressant de refonder et de renforcer ainsi lesdits mécanismes de révision.

Quelles sont alors les différentes pistes de solution qui se présentent pour le continent africain afin d'asseoir le processus de démocratisation et de consolider l'État de droit ?

**594.** Telle est la question à laquelle, dans la prochaine partie, l'on tâchera d'apporter une réponse. L'on va par la même occasion, formuler quelques recommandations. Celles-ci sont, sans exagérations aucune, des pistes de réflexion certaines, pouvant permettre au continent africain de rompre avec son statut de parent pauvre de la démocratie.

# Quatrième partie RECOMMANDATIONS

## *INTRODUCTION*

**595.** Comme cela a été souligné dans le titre précédent, la clé d'une constitution en tant que norme de référence n'est pas son beau préambule, ni son bel exposé des motifs, encore moins la panoplie de droits et devoirs y énumérées.

**596.** Faire œuvre constitutionnelle, c'est poser les bases même qui vont contribuer à la destinée de toute une nation, de telle sorte que *l'État n'a pas besoin de fable pour exister et s'organiser. Il lui faut un encadrement juridique adapté aux réalités d'une société politique, et non des fonctions ou des allégories ; il lui faut des concepts clairs, des notions précises, des procédures praticables, en somme des règles certaines, et non des légendes*[535].

**597.** La pierre d'angle d'une constitution est bien évidemment son ou ses mécanismes de révision par lesquels la Constitution consent à être modifiée, à être révisée. Pour reprendre les termes de F. Delpérée, c'est bien *là le cœur même du système constitutionnel*[536].

**598.** Tel le cœur dans le système organique humain, le mécanisme de révision joue donc un rôle vital et primordial. De lui dépend donc la stabilité, mieux, la viabilité ou non du système constitutionnel.

C'est l'épicentre même des tremblements de terre constitutionnels, d'où un séisme constitutionnel atteint son intensité maximale.

De sorte qu'au-delà de toutes les belles déclarations (exposés des motifs, préambules, droits, devoirs…) tout constituant sensé, consciencieux et sérieux se doit de s'y attarder au risque de ne donner qu'un coup d'épée dans l'eau ou de ne faire qu'une œuvre cosmétique.

**599.** On l'a vu, au regard de leurs verrous dont le symbole par excellence est le mécanisme de révision ainsi que des résultats obtenus, ceux que

---

535 F. DELPEREE, *Le droit constitutionnel de la Belgique*, Bruylant Bxl., LGDJ Paris, 2000, p.26.
536 F. DELPEREE, *op. cit.*, p.30-31.

l'on considère aujourd'hui comme des États de droit l'avaient de toute évidence compris à l'aube de leur marche vers la démocratie.

**600.** C'est ainsi que, par exemple, des nations comme la Belgique, faut-il le rappeler, avait mis l'emphase sur l'article 131 de la Constitution devenu actuellement 195. Lequel article est quasi inchangé jusqu'à ce jour, soit 183 ans après sa rédaction ; disposition qui n'a pas manqué de faire ses preuves en traversant, mieux encore, en surmontant toutes les crises imaginables qu'a pu traverser ce Royaume. Ainsi, le mécanisme belge de révision de la Constitution est-il encore aujourd'hui considéré comme l'un des plus rigides du monde.

Sa rigidité a donc été un gage de stabilité du pays, qui du reste, connaît comme toute nation des conflits communautaires qui le menacent pourtant très souvent d'éclatement.

**601.** Conscient non seulement des tendances dominatrices et tyranniques qu'ont souvent les tenants du pouvoir, mais également des tensions et de velléités communautaires, le constituant originaire belge n'a donc pas lésiné sur les moyens, en optant pour une procédure de révision rigide et chronophage de la Constitution du 7 février 1831 ; laquelle comporte donc un véritable système de temporisation.

**602.** C'est justement ce qui, de toute évidence, a fait et fait encore aujourd'hui défaut dans le chef des Constituants africains. Pourtant, ils sont systématiquement assistés et conseillés par des experts occidentaux, à telle enseigne que l'Afrique joue aujourd'hui et peut-être pour de nombreuses années encore, le rôle de parent pauvre de la démocratie.

À titre d'illustration de la fragilité des verrous constitutionnels africains, l'on peut citer les quelques exemples suivants :

- En Algérie, le Parlement vota un amendement constitutionnel en 2008 qui permit au chef de l'État Abdelaziz Bouteflika de se représenter autant de fois qu'il le souhaite. Avant ce changement constitutionnel, une seule réélection fut autorisée.

Le Président Abdelaziz Bouteflika fut donc élu en 1999, réélu en 2004, 2 009 mais également en 2014 et pour la petite histoire, il a prêté serment sur une chaise roulante. Il s'est donc maintenu une quinzaine d'années au pouvoir à la faveur, bien sûr, de ce tripatouillage constitutionnel de 2008.

- Au Tchad, la Constitution adoptée en 1996 fut modifiée en 2005 par voie référendaire, dans le but de supprimer la limitation du nombre de mandats du Président Idriss Deby. Celui-ci a donc pu se représenter pour un troisième mandat en 2006, puis un quatrième en 2011 et enfin, un cinquième en avril 2016. S'agissant des échéances électorales de 2016, c'est à la faveur de la lutte contre le terrorisme qu'il a pu museler l'opposition et ainsi tripatouiller le scrutin. Pour rappel, il accéda au pouvoir en 1996, après l'adoption de la nouvelle Constitution, puis fut réélu en 2001, 2006, 2 011 et en avril 2016. Il doit cette longévité au pouvoir à son rôle de gendarme du Sahel, très apprécié par l'Occident.

- Au Djibouti, des élections ont également eu lieu en avril 2016. Le Président sortant, Ismaël Omar Guele détient les rênes du pouvoir depuis 1999. C'est à la faveur d'une modification de la Constitution, en 2010, qu'il a pu à nouveau se présenter pour d'autres échéances électorales dont les dernières sont celles du mois d'avril 2016. C'est aussi sur fond de lutte contre le terrorisme qu'il a fait voter un arsenal juridique qui lui a finalement permis de tenir l'opposition dans un éteignoir. Une fois encore, il doit son maintien au pouvoir aux différents services rendus à l'Occident. En effet, le pays se trouve à la corne de l'Afrique, ce qui lui donne une position stratégique pour lutter contre les djihadistes. D'où le nombre important de bases militaires des pays occidentaux.

- Au Gabon, la Constitution fut modifiée en 2003 pour permettre au Président Omar Bongo de se représenter autant de fois qu'il le désirait.

Il prit le pouvoir en 1967, il fut élu en 1973, puis réélu en 1979 et 1986. Un système multipartite fut instauré en 1991 ; il fut réélu en 1993, en 1998 et en novembre 2005. Il mourut en 2009 après 42 ans à la tête du Gabon. Son successeur et fils fut élu en août 2009 suite bien évidemment à des élections chahutées. Le même scénario se reproduira à l'échéance électorale d'août 2016 à l'issue de laquelle une forte crise a éclaté. En effet, face à son rival Jean Ping, Ali Bongo a été proclamé vainqueur du scrutin avec 49,08 % contre 48, 23 %. N'entendant pas les choses de cette oreille, Jean Ping s'est également proclamé vainqueur des élections.

En guise de réaction, son rival l'a fait séquestrer dans son siège en compagnie de certains autres opposants. Cependant, face à une forte pression tant nationale qu'internationale, Ali Bongo n'a pas souhaité procéder par un recomptage des voix. Celui-ci renvoi par contre à la saisine de la Cour constitutionnelle dont il est évident qu'elle est inféodée à son pouvoir. Après moult hésitations, Jean Ping finit par déposer un recours auprès de la Cour Constitutionnelle gabonaise qu'il a au préalable surnommé de « Tour de Pise[537] » d'autant plus que sa présidente se trouve être l'une des maîtresses d'Omar Bongo dont l'union a retenu quelques enfants. Sans surprise, ladite juridiction a donné gain de cause au clan Bongo, en refusant de procéder au recomptage des voix, essentiellement dans la région litigieuse de Haut-Ougoue.

- Au Burkina Faso, la Constitution de 1991 prévoyait deux mandats maximums de 7 ans puis fut amendée en 2000, limitant la fonction présidentielle à deux mandats de 5 ans. L'amendement était effectif lors des élections de 2005. Mais comme Blaise Compaoré était le Président en exercice en 2000, cette nouvelle règle ne s'est appliquée à lui qu'à la fin de son second mandat. Ce qui lui a permis de se représenter au scrutin de 2005, les compteurs ayant donc, à dessein, été remis à zéro.

Rappelons que Blaise Compaoré a pris le pouvoir à la faveur d'un coup d'État en 1987. Puis il a été élu en 1991, réélu en 1998, en 2005 ; pour être encore réélu en 2010. Soit déjà plus d'un quart de siècle au pouvoir. Cependant, il quitta brusquement son fauteuil après une énième tentative de révision de la Constitution, notamment son article 37, qui devait s'opérer le 30 octobre 2014. Un mouvement de contestation sans précédent vit le jour au point de le pousser vers la porte de sortie le lendemain, 31 octobre 2014.

- Au Niger, conformément à l'article 36 de la Constitution de 1999, le nombre de mandats présidentiels était limité à deux quinquennats consécutifs et ne pouvait faire l'objet d'aucune révision. Cependant, grâce à un référendum du 4 août 2009 portant sur la rédaction d'une nouvelle Constitution, le Président Mamadou Tandja put désormais prolonger son deuxième mandat de trois ans ; puis il put se représenter autant de fois qu'il le souhaitait. Pour arriver à ses fins,

[537] Monument touristique de la ville de Pise en Italie qui doit sa particularité et son succès au fait qu'il est penché d'un côté.

Mamadou Tandja dut dissoudre le Parlement et le Conseil constitutionnel qui s'opposaient à ses projets, puis s'est arrogé des "pouvoirs exceptionnels" pour gouverner par décrets.

Mamadou Tandja fut élu en 1999 puis réélu en 2004. Pendant qu'il s'apprêtait à se représenter pour la troisième fois tout en ayant pris soin de dissoudre l'assemblée, après un avis défavorable du Conseil constitutionnel, les élections ayant été retardées, malgré les résultats favorables du référendum pour la révision constitutionnelle, il fut victime d'un coup d'État, le 18 février 2010 fomenté par un groupe de mutins.

Plusieurs années après, en mars 2016, le Président sortant, Issoufou Mahamadou est réélu avec un score soviétique de 92,49 % contre 7,51 % pour son challenger, Hama Amadou, dont il sied de rappeler qu'il a été en détention dans une prison de la place pour vol de bébé. Le taux de participation était quant à lui relativement faible, il était estimé à 59,79 %. La pratique électorale demeure donc encore un exercice difficile dans ce pays.

- Au Cameroun, conformément à la Constitution de 1996, le Président ne peut cumuler que deux mandats. Cependant en 2008, l'Assemblée nationale a supprimé toute limitation du nombre de mandats, permettant ainsi à Paul Biya de se représenter en 2011.

Celui-ci devint Président en 1982 ; candidat unique, il fut réélu aux scrutins de 1984 et de 1988. Il remporte également la première élection qui se voulait démocratique en 1992, puis il fut réélu en 1997, en 2004 et enfin en 2011, soit plus de trente ans au pouvoir.

- En Ouganda, la Constitution de 1995 fut modifiée en 2005 afin de permettre au Président d'exercer plus de deux mandats.

Yoweri Museveni prit le pouvoir en 1986, il fut élu en 1996. Puis, réélu en 2001 et, grâce à la révision de la Constitution, il fut réélu en 2006, puis en 2011. En février 2016, il rempila pour un énième mandat présidentiel, après bien sûr des élections très chahutées.

- Au Nigeria, une tentative de Olusegun Obasanjo de modifier la Constitution fut stoppée par le Parlement au courant de l'année 2006. En principe, la révision devait porter sur la possibilité d'effectuer un troisième mandat, car au Nigeria, la Constitution prohibe le fait pour un Président d'exercer plus de deux mandats de quatre ans chacun.

À titre de rappel, Olusegun Obasanjo fut chef de l'État de 1976 à 1979, puis de 1999 à 2007. UmaruYar'Adua le succéda au courant de l'année 2007. En 2011, c'est Jonathan Goodluck qui fut élu, lequel vient à son tour de perdre les élections au mois de mars 2015 en faveur de Muhammadu Buhari qui l'emporta avec 53,9 % des voix et la passation de pouvoir s'est déroulée sans le moindre incident, à la grande satisfaction du continent africain. C'est cette note d'espoir qui a d'ailleurs fait dire à Jean Boole que l'alternance en Afrique est en train de quitter le monde des rêves. Avec ce qui vient de se passer au Nigeria, elle commence à s'inscrire dans les réalités politiques africaines (…) sur le tard, le géant africain vient à son tour de passer de l'autre côté du versant de la montagne. L'espoir de voir les autres prendre le même chemin est permis, même si ceux qui traînent encore les pieds sont nombreux.[538]Ce n'était malheureusement qu'une exception, car, presque qu'un mois plus tard, le Burundi et le Togo faisaient piètre figure en confirmant la règle, celle de la conservation à tout prix, du pouvoir.

- Au Burundi justement, Pierre Nkurunziza accéda au pouvoir à l'issue d'élections législatives organisées en 2005, dont le parlement réuni en congrès le désigna en août de la même année. En 2010 il fut réélu sur fond de fraude et d'intimidations politiques. Il fut ainsi le seul candidat, ce qui lui garantit plus de 90 % des suffrages. Cependant, alors que la Constitution burundaise, en son article 96, instaure explicitement une limite temporelle au mandat du Président qui ne peut, *de jure,* n'en exercer que deux ; le 25 avril 2015, soit deux mois avant les élections présidentielles, son mouvement politique, lors d'un forum, l'a désigné comme candidat aux présidentielles burundaises, estimant que le premier mandat n'était en aucun cas le fruit d'un scrutin direct. Par conséquent, il avait à nouveau droit de participer à un tel scrutin. Pour ce faire, sa formation politique a posé, fin avril-début mai 2015, la question à la Cour constitutionnelle. Sans aucune surprise, ladite Cour a déclaré valide la candidature de Nkuruziza pour un troisième mandat. Fait insolite, l'un des magistrats s'est soustrait à cette décision pour ne pas la cautionner. Il allègue, en effet, de fortes pressions politiques. Son attitude est lourde de symbole, de sorte qu'une solution contre de telles pressions doit

[538]J. Boole Ekumbaki, *l'exemple du géant*, Magazine Yambola n°8, Mai 2015, p.3.

impérativement être trouvée. Rebelote, comme au Burkina, à quelques différences près, la population avec l'aide de l'armée l'a éjecté du pouvoir pendant 48 heures, le 13 mai, alors qu'il participait à un sommet en Tanzanie. Certes, le putsch a pu être déjoué, néanmoins, la question des révisions intempestives des constitutions et du contrôle par les Cours constitutionnelles africaines, se pose avec acuité. Obstinément, des élections présidentielles très peu crédibles ont été tenues, le 20 juillet 2015 dont l'issue était évidente, car, trois jours après il a effectivement été proclamé vainqueur du scrutin.

- Au Togo, en 2002, la Constitution fut révisée dans le sens d'une suppression de la limitation des mandats, afin de permettre à Gnassingbé Eyadema d'effectuer un troisième mandat.

Celui-ci prit le pouvoir en 1967, puis fut élu en 1972, réélu en 1979 et en 1986. Il remporta également la première élection multipartite de 1993, ainsi que celles de 1998 et 2003. Après sa mort en février 2005, l'armée installa au pouvoir, son fils Faure Eyadema. Suite à de violentes contestations, il démissionna dans un premier temps, puis organisa des élections qu'il remporta ainsi que celles de 2010. En avril 2015, il a à nouveau remporté le scrutin sur fond de fraude électorale. En effet, l'opposition, en la personne de J.P. Fabre, conteste les résultats et se considère comme président de la République.

- En Tunisie, Zinc el-Abidine Ben Ali fut élu en 1987 comme Président de la Tunisie. L'année suivante, soit en 1988, la Constitution fut amendée pour limiter le nombre de mandats à deux. Cependant, en 1998, Ben Ali fit passer un nouvel amendement lui permettant d'effectuer trois mandats consécutifs. En 2002, la limitation des mandats fut abolie et l'âge limite pour postuler comme candidat à la présidence fut rallongé à 75 ans. En effet, Ben Ali devait avoir 73 ans en septembre.

Ben Ali accéda à la présidence en 1987, il fut élu en 1989 et réélu en 1994 en tant que candidat unique. Il remporta la première élection multipartite de 1999 avec 99,66 % des voix, puis celle de 2004, enfin celle d'octobre 2009. Un contrôle policier ayant mal tourné provoqua une révolte qualifiée de « printemps arabe ». Il fut éjecté du pouvoir avant que plusieurs autres pays du Maghreb n'emboîtent le pas à la Tunisie.

- En Zambie, Frederick Chiluba fut élu en 1991, puis réélu en 1996. En 2001, il tenta de réviser la Constitution pour pouvoir briguer un troisième mandat, en vain. Pour rappel, les mandats y sont limités à deux quinquennats.

Plusieurs années après, lors des échéances électorales de 2016, la Zambie s'est illustrée par des élections entachées de fraude et d'impartialité de la part de sa juridiction constitutionnelle. Celle-ci a en effet, rejeté lundi 5 septembre un recours contre la réélection, dès le premier tour, du Président sortant Edgar Lungu.

Pour la petite histoire, trois jours après lui avoir accordé un délai pour préparer son recours, la Cour s'est finalement ravisée en mettant un terme à la procédure diligentée par Hakainde Hichilema. Et pourtant, la présidente de la Cour avait au préalable décidé d'accorder un délai supplémentaire au requérant, car ses avocats avaient renoncé à le représenter pour dénoncer le temps insuffisant pour préparer leur dossier. La Cour a brusquement fait volte-face en décidant que le délai fut expiré. C'est dans ces conditions-là que la victoire d'Edgar Lungu fut confirmée avec un score de 50,35 % contre 47,63 %.

- En Mauritanie, après son coup d'État en 2008, il y eut des élections en juin 2014 à l'issue desquelles Abdelaziz se fit réélire avec plus de 80 % des voix. Très logiquement, l'opposition a largement boycotté ce scrutin.

- Au Sénégal voisin, après le règne sans partage d'Abdou Diouf, son principal opposant, Abdoulaye Wade lui succéda en 2001. Selon une promesse électorale, il fit passer le pays du septennat au quinquennat par le truchement de l'article 27 alinéa 1er[539] Cependant, ce n'était applicable que depuis sa réélection en 2007. Néanmoins, ayant pris goût au pouvoir, en mai 2008, il tenta de modifier la Constitution sénégalaise dans le sens inverse, en instaurant à nouveau un septennat. Pour ce faire, il voulut modifier l'article 27 alinéa 2 en évitant la voie référendaire. Heureusement, cette démarche créa de vives tensions au point où il se résolut d'abandonner ledit projet.

539 « La durée du mandat du Président de la République est de sept ans. Le mandat est renouvelable une seule fois.

Cette disposition ne peut être révisée que par une loi référendaire ».

- Au Rwanda, cela fait deux décennies que Kagame est au pouvoir, d'abord en tant que vice-Président, de juillet 1994 à avril 2000. En avril 2000, après la démission du Président Bizimungu, il est désigné président de la République par le Parlement. Dans ces entrefaites, une nouvelle Constitution vit le jour en mai 2003, après la tenue d'un référendum. La même année, en août 2003 il fut élu au suffrage universel direct avec 95 % des voix. Puis réélu en août 2010 après avoir été crédité de 93 % des voix. Conformément à l'article 101 de la Constitution rwandaise, il ne peut plus prétendre à un mandat supplémentaire. Néanmoins, ses opposants tiennent à lui rappeler les prescrits constitutionnels de l'article 101 alinéa.2 de la Constitution selon lequel « *En* aucun cas, nul ne peut exercer plus de deux mandats présidentiels ». Ce qui signifie, pour lui, que dans sa vie, aucun Rwandais ne peut exercer plus de deux mandats, qu'ils soient successifs ou pas. Ce qui exclut le scénario Poutine-Medvedev au Rwanda pour quelqu'un qui a déjà fait deux mandats[540].

Cependant, à l'instar de ses homologues africains dans la même situation, son état-major a réussi à déforcer ce prescrit constitutionnel. En effet, à l'approche des échéances électorales de 2017, les députés et sénateurs rwandais, en date du mardi 14 juillet 2015, viennent de réussir à faire passer un projet de révision dudit article leur permettant d'offrir un troisième mandat à Kagame, allant à l'encontre du prescrit et de l'esprit constitutionnel. Il sied de rappeler que cette révision a été déclenchée, non par une consultation populaire, encore moins par un référendum, mais bien par une simple pétition des partisans de Kagame. C'est à juste titre que François Laloupo d'Africa n° 1 a qualifié cette démarche de *coup d'État pétitionnel*[541].

Déboutant le parti démocratique vert, dans son recours contre ladite réforme constitutionnelle, la Cour suprême de justice rwandaise a balayé d'un revers de la main les arguments du requérant au motif que — l'article 101 de la Constitution qui dit que « nul ne peut exercer plus de deux mandats présidentiels » n'est en aucun cas intangible comme l'assure (...) Selon son président Rugege, « aller à l'encontre de la volonté

540 I. Twagiramungu, article *Rwanda/révision constitutionnelle en vue : Seul le recours à la force comme moyen d'alternance s'ouvre aux forces de changement*, The Rwandan, 25/03/2015.

541 Emission Afrique Presse, TV5/Monde du 17/10/2015.

du peuple (…) n'est pas démocratique, bien au contraire », a-t-il poursuivi. De fait, conclut-il, la requête déposée par le Parti démocratique vert « n'a aucune base légale et est donc rejetée »[542].

Cette supercherie constitutionnelle a vu son aboutissement dans un référendum constitutionnel organisé le 16 décembre 2015, qui a plébiscité la révision de la Constitution avec plus de 90 % des voix favorables.

- En République du Congo, après treize années de dictature, suite à la Perestroïka, Denis Sassou Nguesso céda le pouvoir à l'issue d'une conférence nationale organisée, laquelle marqua solennellement un terme à son pouvoir dictatorial. Une nouvelle Constitution fut logiquement rédigée en mars 1992, marquant la fin de l'ancien régime. Pascal Lissouba accéda au pouvoir de manière démocratique en août 1992. L'espoir était né ! Cependant après cinq ans d'exercice du pouvoir, celui-ci le quitta, manu militari, à l'issue d'un conflit armé entre les deux camps. En octobre 1997, Denis Sassou Nguesso reprit donc le pouvoir à la faveur de cette guerre et dirige depuis le Congo d'une main de fer. À cet effet, il promulgue un Acte fondamental de transition. Après avoir exercé un premier mandat de 1997 à 2002, il fit rédiger et adopté, par référendum, une nouvelle Constitution au courant de l'année 2002. À l'issue du scrutin de 2009, il fut élu sur fond de tripatouillage électoral. Cela étant, il devait définitivement quitter le pouvoir en 2016. En effet, non seulement la Constitution, en ses articles 57 et 68, prohibe l'exercice de deux mandats successifs, en sus, elle établit une limite d'âge, soit 70 ans. Cependant, à la veille des échéances électorales, comme de coutume, des débats sur la révision, voire carrément sur le changement de Constitution sont lancés. Finalement, sur fond de contestation et violences politiques, un référendum a été organisé le 25 octobre 2015 sur la question de changement de la Constitution congolaise de 2002. En dépit d'un taux de participation très faible, le "Oui" l'a emporté avec 92,6 %. Corollaire, le verrou de l'âge et de la limitation des mandats a sauté, de sorte que la voie royale s'est ouverte à Sassou Nguesso. Celui-ci a donc pu se présenter pour encore deux mandats de cinq ans renouvelables une fois, car le compteur a été remis à zéro par ce changement de constitution. Fort de ce succès, il s'est même permis d'avancer lesdites élections,

---

542*Rwanda : la Cour suprême donne son feu vert à une réforme constitutionnelle*, Afrique-RFI, article du 09/10/2015, p.1

surprenant ainsi l'opposition. Prévues initialement au mois de juin 2016, elles ont été anticipées au mois de mars de la même année. Sans surprise, le Président sortant a été proclamé vainqueur au premier tour avec 67 % des voix. Une fois encore, en dépit de nombreuses contestations, la Cour constitutionnelle congolaise n'a pas pris ses responsabilités, confirmant, par son arrêt du 4 avril 2016, les résultats pourtant très décriés.

- En RDC, comme relevé supra, la Constitution de février 2006 prévoit une limitation de mandats à deux quinquennats sans possibilité de révision. Après avoir été élu en 2006, Joseph Kabila fut réélu en novembre 2011. Cependant, ces élections furent entachées de très grandes fraudes, irrégularités et tricheries comme l'ont fait remarquer plusieurs rapports tant nationaux qu'internationaux (La ligue des électeurs, la fondation Carter, l'Église Catholique, etc.). Tout cela fut rendu possible grâce à une révision à la hussarde intervenue quelques mois plutôt. Les règles du jeu furent brusquement bouleversées. Pour des motifs financiers et identitaires, le second tour des élections fut supprimé.

En juin 2014, une fois encore, à l'approche des élections, le gouvernement de la RDC opta pour une déclaration de révision de la Constitution avant d'abandonner cette option pour une autre toute aussi subtile qu'est celle de la modification de la loi électorale. En effet, en janvier 2015, en vue de contourner la forte opposition à l'idée de réviser l'article 220, la majorité au pouvoir s'est résolue à tailler une loi électorale[543]sur mesure dans le but cynique de repousser les échéances électorales. Laquelle démarche a déclenché des émeutes dans le pays, principalement à Kinshasa. Finalement les élections législatives et présidentielles de novembre 2016 s'avèrent de plus en plus hypothétiques. En effet, au courant de l'année 2015, des problèmes logistiques et surtout de financement sont évoqués par le gouvernement en place. Le président de la CENI a fini par démissionner de son poste, les élections provinciales qui devaient être organisées en octobre de la même année ont été reportées sine die. Obstiné dans sa volonté de se maintenir au pouvoir au-delà du délai constitutionnel, le pouvoir en place s'est à nouveau illustré par une grande brutalité en septembre 2016, mois

543 En substance, cette loi électorale prévoyait de conditionner les élections à l'organisation d'un recensement. Or, au regard de la superficie de la RDC et du temps qui restait, l'opposition parlementaire y a vu des manœuvres dilatoires

auquel les élections présidentielles devaient être convoquées. Au même moment, le pouvoir et certains opposants en mal de positionnement organisaient un énième « Dialogue » pour permettre, en toute impunité le report des élections pour deux ans avec bien sûr le maintien de Joseph Kabila au-delà du 19 décembre 2016, date butoir de la fin de son second mandat. Cerise sur le gâteau, juste après, un sommet des chefs d'États africains s'est tenu à Luanda donnant, sans surprise, leur quitus à cette supercherie, en faisant un appel pathétique à l'opposition congolaise de s'y conformer. Or, lorsqu'on passe en revue le profil des chefs d'Étais présents, l'on constate aisément que ce sont des champions du tripatouillage constitutionnel et électoral.

**603.** Au regard du rapide panorama qui précède, il paraît évident que si les textes fondamentaux avaient été des personnes, elles auraient avalé de l'arsenic pour s'épargner des souffrances interminables, car, à peine nés sont-ils aussitôt bafoués, violés. Les ¾ des constitutions africaines présentent une face défigurée[544].

**604.** Fort de cette triste réalité, la présente partie est consacrée à la recherche des pistes de solutions. Ainsi, tel un médecin au chevet de son patient, nous allons, sous forme de recommandations, rédiger une ordonnance au patient, à cette "Afrique", malade de sa démocratie. Solutions qui, à notre humble avis, permettraient efficacement d'endiguer le phénomène des révisions et changement intempestifs de constitution, ainsi que les fraudes électorales.

Dans un premier chapitre, conformément à l'intitulé de l'ouvrage, il est proposé un mode selon lequel les procédures de révision devraient être aménagées dans les systèmes constitutionnels africains afin d'assumer à bien le rôle de cœur, de rempart contre les modifications intempestives, de garants de l'équilibre politique, régional et communautaire.

Dans un second chapitre, conscient qu'en politique, les tenants du pouvoir, même dans les pays dits démocratiques, ont la fâcheuse tendance à se maintenir par des moyens plus ou moins subtils, la création d'une juridiction supranationale africaine compétente en matière constitutionnelle et électorale est proposée.

---

544Bedel Baouna, *la Constitution, un mot vide de sens en Afrique*, article du 18/02/2010, Afrik.com.

**605.** La démocratie n'a jamais été acquise une fois pour toutes ; il faut constamment en contrôler l'exercice. Pour preuve, l'histoire nous enseigne que le continent européen n'a pas rechigné à créer toutes sortes de juridictions supranationales, permettant un contrôle de l'exercice des droits au-delà même des garanties nationales, pourtant efficaces et effectives, dans bon nombre de pays. Si bien qu'il existe même un *institut européen pour la démocratie et l'assistance électorale* (en sigle IDEA) créé en 1995, dont le siège se trouve en Suède. Il est actuellement présidé par le Belge Yves Le terme. Il s'agit d'une organisation intergouvernementale réunissant des États membres de tous les continents, ayant pour mission la promotion de la démocratie durable à travers le monde. Elle se donne ainsi pour objectif l'amélioration de la conception des institutions ainsi que des processus démocratiques clés. Seulement quatre pays africains y ont adhéré jusqu'à ce jour : l'Afrique du Sud, le Botswana, la Namibie ainsi que le Cap vert.

Le troisième chapitre quant à lui comprendra deux points : l'un est une exhortation aux Constituants africains, du moins pour ceux qui ne l'ont pas encore prévu, comme en R.D.C., de permettre la participation de leur diaspora au suffrage universel.

L'autre, pour des raisons évidentes de lutte contre les manipulations électorales et tentatives de prolongation des mandats, est une recommandation dans le sens de la limitation stricte des mandats publics dans le temps.

Pour clore cette dernière partie, des enseignements sont également tirés comme pour les parties précédentes.

# Chapitre I. PLAIDOYER POUR DES MÉCANISMES DE RÉVISION RIGIDES. DELEGE FERENDA !

## Section I. Approche critique

**606.** Il est indéniable qu'en matière de mécanisme de révision d'une constitution, tout Constituant originaire se trouve, lors du processus d'élaboration, devant un choix binaire : soit l'on instaure un mécanisme souple, soit un mécanisme rigide. Il n'y a donc pas de demi-mesure en la matière. L'efficacité de la norme fondamentale en dépend !

**607.** Or, à l'instar du mécanisme de révision de la Constitution congolaise de février 2006, consacré dans son article 218, les mécanismes de révision des constitutions africaines sont, de toute évidence, souples, voire fragiles. Ils n'assument clairement pas, de manière efficace, leur rôle de soupapes de sécurité contre les velléités des tenants du pouvoir, de rempart contre les révisions intempestives, de garant des équilibres politiques voulus par les constituants originaires, de pierre angulaire des lois fondamentales.

Le comble du paradoxe est que la quasi-majorité des Constituants africains n'ont pas manqué, comme pour se donner bonne conscience, sinon une certaine crédibilité dans l'opinion tant nationale qu'internationale, de faire appel à l'expertise extérieure et de préférence, occidentale. Cela n'est, a priori, pas une mauvaise chose.

**608.** Ainsi, faut-il le rappeler, très récemment, la Constitution tunisienne de janvier 2014 n'a pas dérogé à la règle. Des experts occidentaux, dont le professeur Delpérée, ont été appelés à la rescousse afin de garantir la rédaction d'une constitution digne de ce nom, prenant en compte la nouvelle donne politique (chute de la dictature, nouvelles aspirations, clivages politiques accrus, ...).

Commencés en novembre 2011 après l'élection de l'Assemblée constituante un mois avant, le 23 octobre 2011 ; les travaux de rédaction de la nouvelle Constitution tunisienne se sont achevés en janvier 2014. Son adoption ainsi que sa promulgation sont respectivement intervenues les 26 janvier et 10 février 2014. Il y a lieu de relever qu'après plusieurs blocages, il eut fallu organiser un dialogue national pour lever les incompréhensions, ce qui justifie le temps relativement long pour sa rédaction.

**609.** Plus récemment encore, ce fut le tour de la RCA qui, après une longue période de conflit civil, a très logiquement opté pour la rédaction d'une constitution devant marquer l'avènement d'une ère nouvelle. Une fois encore, cette démarche fut faite sous la houlette de la communauté internationale, laquelle a d'ailleurs pesé de tout son poids pour mettre un terme à ce cycle de coup d'État et violences ethnico-religieuses, grâce notamment à la MINUSCA[545].

Les travaux débutèrent le 5 avril 2014 pour déboucher sur l'organisation d'un référendum, organisé le 13 décembre 2015, lequel ne s'est pas déroulé sans heurts.

**610.** La R.D.C. semble être l'exemple parfait de l'assistanat en la matière comme d'ailleurs dans la plupart des domaines socio-économico-politico-militaires.

Cette culture de l'assistanat a atteint son comble avec la rédaction de la Constitution congolaise du 18 février 2006, norme dont on attribue la conception à des experts belges de l'université de Liège, précisément à la *cellule d'appui politologique Afrique – Caraïbes*, CAPAC en sigle. D'où le qualificatif de « Constitution de Liège », donné de manière ironique par certains observateurs et experts congolais.[546]

**611.** Sécurité juridique oblige, quoi de plus normal que de se faire assister par des nations plus expérimentées. À première vue, cette démarche peut paraître louable.

En effet, du point de vue de la forme et du fond, l'on peut éprouver une certaine satisfaction et conclure que les constitutions africaines sont semblables à leurs équivalentes Occidentales.

Néanmoins, en analysant de plus près ces constitutions, un juriste avisé se rend très vite compte que malgré tout, il y a à redire. La pratique, entre autres, démontre à suffisance que les procédures de révision africaines

[545]Mission des nations unies pour la stabilisation de la Centre Afrique
[546] Voy. A. Mampuya K.T., *op. cit.*, AMA.Ed-BNC, Nancy-Kinshasa 2005, p.30.

sont des plus fragiles. Elles ne comportent quasiment aucun mécanisme de temporisation. Et si elles en ont un, il lui est toujours conjoint un alinéa, un paragraphe, voire une autre disposition qui permet de le contourner. C'est le cas par exemple du dernier alinéa de l'article 218 de la Constitution congolaise ou du dernier alinéa de l'article 164 de la Constitution burkinabaise ou de l'article 224 de la Constitution tchadienne ou de l'article 103 alinéa 4 de la Constitution sénégalaise ou dans l'alinéa 3 de l'article 152 de la Constitution guinéenne ou encore de l'alinéa 3 de l'article 126 de la Constitution ivoirienne et j'en passe. Dans l'article 76 de la Constitution tunisienne, le référendum dépend carrément de la volonté du président de la République ; il en est de même de l'article 298 de la Constitution burundaise. Dans l'article 91 de la Constitution rwandaise, la consultation du peuple par voie référendaire n'est pas prévue. Les exemples sont légion !

**612.** Un constat s'impose, c'est que tant l'élaboration que les modifications des constitutions en Afrique sont empreintes de fraude. Cette notion de fraude à la Constitution semble être le leitmotiv des pouvoirs en Afrique pour s'y éterniser. Et cela, bien sûr, à la faveur des mécanismes de révisions plus que fragiles.

**613.** La fraude en droit constitutionnel peut ainsi prendre plusieurs variantes dont les plus en vogue sont les suivantes : soit le Constituant dérivé utilise son pouvoir de révision pour mettre en place une nouvelle constitution sous l'étiquette fallacieuse de "révision constitutionnelle"[547], soit lorsque certains évènements tels le coup d'État, le coup de force, le putsch, la révolution, ... peuvent fortement porter atteinte à la Constitution en la renversant. Les autorités établies profitent généralement pour instaurer un pouvoir constituant originaire pour constitutionnaliser des actes inconstitutionnels qu'elles avaient été amenées à prendre sous l'empire de l'ancienne Constitution[548], soit les autorités d'un pays s'arrangent pour rendre inapplicables des dispositions constitutionnelles prises dans le but de tromper l'opinion, notamment celles dont la mise en œuvre dépend des lois d'application. In facto, ces

---

547 A. KAMUKUNY MUKUNAY, *Contribution à l'étude de la fraude en droit constitutionnel congolais*, Harmattan-Academia, 2011, p.68.
548 *Ibid.* p.69.

autorités évitent d'adopter lesdites lois ou encore elles les rendent inadéquates et donc inapplicables en pratique[549].

**614.** De telles pratiques ne manquent pas de dénaturer considérablement le constitutionnalisme africain, au point où, l'on peut légitimement se demander s'il en existe encore ; tant la fraude fait partie intégrante des pouvoirs constituants – originaires et dérivés en Afrique. Les exemples récents du Congo-Brazza, du Rwanda, du Burundi, etc. en sont bien la preuve que ces pratiques tels que décrites ne choquent plus outre mesure ; bien au contraire, elles semblent encore avoir de beaux jours sur le continent africain.

**615.** Nourri malgré tout d'espoir et de confiance pour l'avenir de l'Afrique, le présent ouvrage plaide pour une adaptation des mécanismes de révision des constitutions africaines de façon à les rendre rigides, chronophages, temporisateurs mais également et surtout dissuasifs pour ses initiateurs.

**616.** Il serait judicieux d'opter pour la rigidité, la temporisation, la chronophagie, l'avis des minorités parlementaire ou encore l'avis du peuple, dans la mesure où il ne s'agit clairement pas d'une loi spéciale, encore moins d'une loi ordinaire. Dans la mesure également où l'une de ses particularités est justement d'avoir été obtenue par consensus afin d'être le garant de l'équilibre des différentes forces politiques d'une nation ; tant elle est censée être une ''norme-rempart'' contre les velléités politiques de toutes sortes. Cette volonté est souvent affirmée à temps et à contretemps dans les exposés des motifs, les préambules ainsi que les dispositions même. Cette option rendrait sans nul doute aux constitutions africaines leur inviolabilité voire leur invulnérabilité.

**617.** Au regard de la culture politique africaine, il paraît donc primordial, non seulement d'instaurer des quorums et majorités spéciales, ce qui est souvent le cas, mais aussi de permettre une minorité de blocage, avec avis de la juridiction constitutionnelle.

---

549 *Ibid.* pp. 69-70.

## Section II. Approche prospective

Concrètement, cette rigidité devrait clairement prendre les formes suivantes :

§1. Quorum de présence

**618.** Afin d'assurer la participation de tous les représentants du peuple, au moins 95 % des députés et sénateurs doivent être présents, et ce, dans chacune des Chambres lors de la séance d'adoption de la révision. Mais également lorsque les Chambres seront réunies en Congrès, pour les systèmes bicaméraux.

Un tel quorum de présence aurait pour but de favoriser une large présence de ceux qui ont choisi de représenter le peuple et d'ainsi susciter des débats en s'assurant que la diversité des points de vue sera respectée.

§2. Quorum de vote

**619.** Le vote devrait se faire au ¾ des 95 % des députés et sénateurs présents dans chacune des Chambres. Mais également au ¾ des membres présents au Congrès.

À titre d'illustration, pour une assemblée de 500 membres, 95 % des présents équivalent à 475 députés ; et le quorum de vote, soit ¾, ce qui équivaudrait à 356 votes émis.

§3. Minorité de blocage

**620.** Ceci s'inspire de la *sonnette d'alarme* consacrée par la Constitution belge en son article 54[550]. Il s'agit d'une procédure qui permet, en

550 « Sauf pour les budgets ainsi que pour les lois qui requièrent une majorité spéciale, une motion motivée, signée par les trois quarts au moins des membres d'un des groupes linguistiques et introduite après le dépôt du rapport et avant le vote final en séance publique, peut déclarer que les dispositions d'un projet ou d'une proposition de loi qu'elle désigne sont de nature à porter gravement atteinte aux relations entre les communautés. Dans ce cas, la procédure

substance, à un groupe linguistique, lorsqu'un projet ou une proposition de loi est de nature à porter gravement atteinte aux relations entre les communautés, de faire suspendre la procédure parlementaire.

Cette procédure interpelle dans la mesure où elle a été conçue pour de simples "lois". Cela souligne l'importance que le Constituant belge accorde, en conscience, à l'équilibre entre communautés.

**621.** Un tel mécanisme paraît approprié en Afrique où les majorités mécaniques ont cette fâcheuse tendance à prendre en otage les procédures de révision constitutionnelle grâce justement à leur nombre, confondant généralement très souvent « Loi » et « Constitution » en les mettant sur un pied d'égalité. Boostées par leur nombre, lesdites majorités se permettent sans vergogne de briser les équilibres de base.

**622.** La proposition s'inscrit dans la perspective de permettre à une minorité, le ¼ restant, nonobstant l'adoption de la révision dans les Chambres et en Congrès, de pouvoir déposer, - dans certaines matières qui porteraient gravement atteinte à l'équilibre voulu par le Constituant originaire, généralement exprimé tant dans l'exposé des motifs que dans le préambule -**, une motion motivée** qui suspendrait sans condition la procédure de révision, afin de permettre à la juridiction constitutionnelle nationale de se prononcer par un avis circonstancié, à donner endéans les 8 jours calendrier à compter du dépôt de ladite motion. La motion quant à elle doit être déposée dans les 3 jours ouvrables du vote du projet de révision.

Il ne s'agirait donc que d'un "avis" favorable ou défavorable qui ne lierait donc pas les parlementaires, mais qui pourrait, s'il est négatif, les ramener à la raison, au point où certains pourraient se rétracter.

**623.** Après l'émission d'un tel avis, la procédure de révision poursuivra donc son cours jusqu'à la dissolution des Chambres.

---

parlementaire est suspendue et la motion est déférée au Conseil des ministres qui, dans les trente jours, donne son avis motivé sur la motion et invite la Chambre saisie à se prononcer soit sur cet avis, soit sur le projet ou la proposition éventuellement amendés. Cette procédure ne peut être appliquée qu'une seule fois par les membres d'un groupe linguistique à l'égard d'un même projet ou d'une même proposition de loi ».

Une telle procédure contribuerait donc très certainement à donner un rôle non négligeable aux minorités parlementaires lors d'une révision constitutionnelle, mais permettrait également une temporisation, car l'avis de la juridiction constitutionnelle permettrait sans aucun doute une réflexion beaucoup plus éclairée qui pourrait se faire raviser certains députés et sénateurs.

Une telle motion rendrait bien évidemment la procédure beaucoup plus chronophage.

§4. Dissolution automatique des Chambres

**624.** Trois jours ouvrables après l'adoption de la révision, si aucune motion motivée n'est déposée par le ¼ restant, les Chambres sont immédiatement dissoutes. Dans les 45 jours, des élections sont organisées, permettant ainsi d'élire de nouveaux députés et sénateurs.

Ces Chambres autrement constituées auront ou non la tâche de réviser les articles soumis à révision. Cela insinue sans équivoque que ces nouvelles Chambres ne seront pas liées par la déclaration de révision faite par les anciennes.

Elles procéderaient ou non à la révision selon les mêmes quorums de présence et de vote, soit 95 % et ¾.

**625.** La procédure de la *sonnette d'alarme* ne serait à ce stade plus applicable car on ne peut l'utiliser qu'une seule fois, en amont.

L'intérêt certain d'une telle procédure est qu'elle permettrait d'éviter que les initiateurs de la révision soient à la fois juges et parties. Cela éviterait la désinvolture avec laquelle les constituants dérivés africains procèdent à des révisions intempestives sans aucune retenue souvent d'ailleurs en se faisant corrompre. En effet, en plus de l'argent de la corruption, ils sont assurés de garder leurs mandats. Ils sont donc dans tous les cas doublement gagnants : conservation du mandat en plus d'un enrichissement facile. Et tout va pour le mieux dans les Parlements en Afrique.

Après avoir été élus au prix d'énormes sacrifices (emprunts, aliénations de biens, dons, etc.), les Constituants dérivés, par ailleurs députés et sénateurs, n'accepteraient pas de perdre facilement leur mandat à cause d'une révision constitutionnelle. Entre quelques milliers de dollars et le risque de perdre leur titre tant désiré d'« honorable », de "Monsieur le Député", de "Monsieur le Sénateur", le choix semble suffisamment clair.

**626.** En outre, Il serait aussi intéressant de faire intervenir le souverain primaire dans cette procédure. Il faudrait donc que les initiateurs de la révision se sentent obligés d'aller consulter le peuple en tentant de le convaincre de les réélire afin d'achever l'œuvre révisionnelle. **Cela leur permettrait justement de se confronter à une opinion publique très imprévisible**.

**627.** Le défunt Président Mobutu l'a d'ailleurs appris à ses dépens alors qu'il n'organisa qu'une simple consultation populaire sans un enjeu semblable à celui d'une révision. Mabi Mulumba en témoigne, soulignant que c'est la mort dans l'âme que Mobutu, sous la pression populaire, a été obligé de se dédire, lui qui, lors de son discours « bilan et perspectives » prononcé à l'occasion de son serment constitutionnel du 5 décembre 1984, six ans à peine auparavant, déclarait « le Mouvement Populaire de la Révolution est la seule institution du pays, le monopartisme demeure pour nous le seul système de Gouvernement valable ». Ce qui devait n'être qu'une opération de défoulement contrôlé est devenu un mouvement de contestation radicale » écrivit Sennen Andriamirado dans Jeune Afrique n° 1528 du 16 avril 1990. Cette contestation peut se résumer par cette question posée par un étudiant à Lubumbashi sous cette forme : « je suis étudiant depuis 7 ans, inscrit en polytechnique. Je n'ai jamais réussi à franchir le cap de la première année ! Tout le monde, y compris le doyen, me conseille de changer de Faculté, mais je ne veux pas. Vous, que suggérez-vous, Président ? – « Vous, vous êtes entêté ! Quittez l'Université. Allez-vous reposer pendant un ou deux ans, » répond Mobutu. Et l'étudiant du tac au tac : - « voilà 25 ans que vous dirigez le Zaïre. Rien ne va. Pourquoi n'appliquez-vous pas votre solution à votre cas ? ». En réalité, cette consultation populaire fut pour Mobutu une pénible séance de reddition des comptes pour les 25 ans de son régime[551].

---

551 E. Mabi Mulumba, *op. cit.,* éd. Les éditions de l'Université de Liège 2011, p. 306-307.

**628.** Des élections organisées après une dissolution des assemblées permettraient donc d'avoir un avis circonstancié de l'électeur avec pour corollaire de raviser les députés et sénateurs les plus consciencieux.

Dans ce contexte, le peuple aura plus qu'un rôle consultatif. Il se prononcera également dans les urnes, en sanctionnant ou non les députés véreux, désinvoltes et inconscients. Une procédure aussi chronophage et rigide assurerait sans conteste un recours beaucoup plus rare à des révisions constitutionnelles. La stabilité des systèmes constitutionnels africains pourrait en être garantie et partant, la stabilité politique en Afrique. De cette façon, les constitutions africaines joueraient enfin, de manière efficiente, leur rôle de « norme rempart ».

**629.** À titre récapitulatif, le mécanisme de révision porterait donc sur quatre points cardinaux ci-après : le **quorum de présence 95 %** dans chacune des Chambres ainsi qu'au Congrès ; le **quorum de vote** ¾ des Chambres et du Congrès. Et pour certaines matières qui mettraient gravement en cause l'équilibre politique et constitutionnel, il y aurait la possibilité pour le quart restant de tirer **la sonnette d'alarme** en déposant une motion motivée dans les 3 jours ouvrables de l'adoption de la révision, s'en suivra un « avis consultatif » qui devrait être donné par la juridiction constitutionnelle endéans les 8 jours calendrier. La **dissolution automatique** des Chambres devrait intervenir. Tout cela avec comme corollaire, l'organisation des **élections organisées dans les 45 jours** ; période au cours de laquelle le peuple serait forcément consulté. Puis interviendrait le vote qui permettrait cette fois-ci au peuple, au-delà de la simple consultation, de sanctionner ou non les initiateurs de ladite révision.

**630**. Enfin, les **nouvelles Chambres procéderaient ou non à la révision**, car, elles ne seraient pas liées par la déclaration de révision formulée par les anciennes Chambres. Les **quorums de présence et de vote resteraient les mêmes**. Une telle procédure constituerait sans nul doute un véritable mécanisme de temporisation. En effet, entre la déclaration de révision et la révision même de la Constitution, le processus prendrait, au bas mot, 60 jours ; période au cours de laquelle il pourrait se passer tellement de choses.

§5. Aperçu schématique

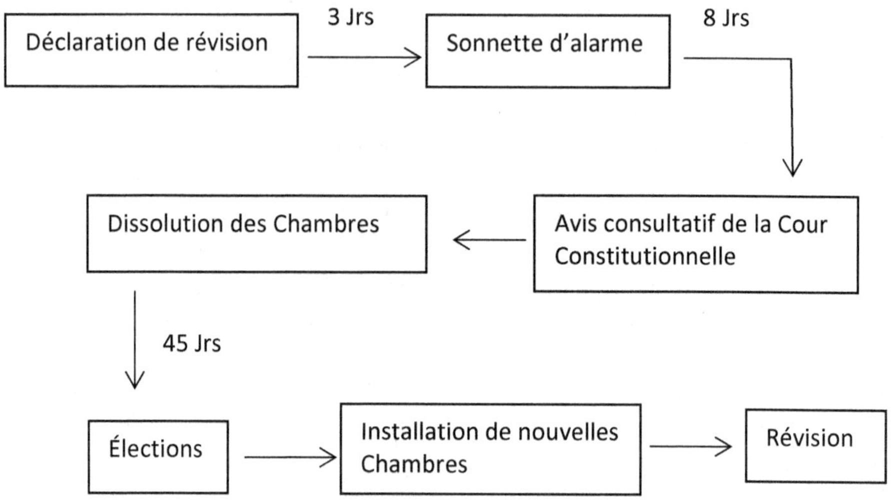

## Chapitre II. PLAIDOYER POUR LA CRÉATION D'UNE JURIDICTION SUPRANATIONALE AD HOC

### Section I. Base légale existante !

**631.** Le 30 janvier 2007, les chefs d'États et de gouvernements africains se sont réunis à Addis Abeba. À l'issue de cette session, il a été adopté une Charte africaine de la démocratie, des élections et de la gouvernance[552]. D'emblée, il convient de préciser que pour l'instant, ce texte n'a qu'un caractère précatif.

Son beau préambule[553], digne des plus grandes œuvres juridiques, est libellé comme suit :

*Nous, États membres de l'Union africaine (UA) ;*

***Inspirés** par les objectifs et principes énoncés dans l'Acte constitutif de l'Union africaine, en particulier, en ses articles 3 et 4 qui soulignent l'importance de la bonne gouvernance, de la participation populaire, de l'État de droit et des droits de l'homme ;*

***Reconnaissant** les contributions de l'Union africaine et des Communautés économiques régionales à la promotion, à la protection, au renforcement et à la consolidation de la démocratie et de la bonne gouvernance ;*

***Réaffirmant** notre volonté collective d'œuvrer sans relâche pour l'approfondissement et la consolidation de la démocratie, de l'État de droit, de la paix, de la sécurité et du développement dans nos pays ;*

***Guidés** par notre mission commune de renforcer et de consolider les institutions de bonne gouvernance, l'unité et la solidarité à l'échelle continentale ;*

***Résolus** à promouvoir les valeurs universelles et les principes de la démocratie, la bonne gouvernance, les droits de l'homme et le droit au développement ;*

***Conscients** des conditions historiques et culturelles en Afrique ;*

---

552 Annexe 3

553 Les mots soulignés, le sont par l'auteur du présent ouvrage.

***Soucieux*** *d'enraciner dans le continent une culture d'alternance politique fondée sur la tenue régulière d'élections transparentes, libres et justes, conduites par des organes électoraux nationaux, indépendants, compétents et impartiaux ;*

***Préoccupés*** *par les changements anticonstitutionnels de gouvernement qui constituent l'une des causes essentielles d'insécurité, d'instabilité, de crise et même de violents affrontements en Afrique ;*

***Résolus*** *à promouvoir et à renforcer la bonne gouvernance par l'institutionnalisation de la transparence, de l'obligation de rendre compte et de la démocratie participative ;*

***Convaincus*** *de la nécessité de renforcer les missions d'observation des élections dans le rôle qu'elles jouent, particulièrement en ce qu'elles concourent de manière notable à assurer la régularité, la transparence et la loyauté des élections ;*

***Désireux*** *de renforcer les principales déclarations et décisions de l'OUA/UA, notamment la Déclaration des chefs d'État et de gouvernement de l'OUA de 1990 sur la situation politique et socio-économique en Afrique et les changements fondamentaux intervenus dans le monde, l'Agenda du Caire de 1995 pour la relance économique et le développement social en Afrique, la Décision d'Alger de 1999 sur les changements anticonstitutionnels de gouvernement, la Déclaration de Lomé de 2000 sur une réaction de l'OUA face aux changements anticonstitutionnels de gouvernement, la Déclaration de l'OUA/UA sur les principes régissant les élections démocratiques en Afrique adoptée en 2002, le Protocole de 2003 portant création du Conseil de Paix et de Sécurité de l'Union africaine.*

***Résolus*** *à mettre en œuvre les décisions EX.CL/Dec.31 (III) et EX.CL/124 (V) respectivement adoptées à Maputo, Mozambique, en juillet 2003 et à Addis Abeba, Ethiopie, en mai 2004 par l'adoption d'une Charte africaine de la Démocratie, des Élections et de la Gouvernance.*

**632.** Cette Charte est sans conteste une réponse aux différents problèmes que rencontrent les États africains dans leur majorité. En effet, une bonne gouvernance ainsi qu'une participation populaire par la voie des élections sont une véritable garantie d'un État de droit. Ce texte salvateur est inspiré de plusieurs instruments, tant régionaux qu'internationaux, en vue de régler les énormes écueils de la démocratie africaine.

Tant sur la forme que sur le fond, ce texte est impeccable. Ses rédacteurs s'inspirèrent des objectifs et principes énoncés dans l'Acte constitutif de l'Union Africaine en ses articles 3 et 4, après avoir manifestement pris conscience des conditions historiques propres au continent. Soucieux d'enraciner les pays africains dans une culture d'alternance politique fondée sur la tenue régulière d'élections transparentes, libres et justes, ils réaffirmèrent leur volonté collective d'œuvrer pour l'approfondissement et la consolidation de la démocratie et du développement des pays africains. Ce texte juridique vaut, le moins que l'on puisse dire, tout son pesant d'or.

Que peut-on dès lors reprocher à un texte aussi savamment conçu ? A priori rien !

**633.** Force est de constater qu'il régit tous les aspects de la vie politique et apporte des solutions adéquates aux problèmes majeurs des pays africains. En le parcourant, l'on est en droit de se demander si son existence ne ferait pas de l'Afrique le continent le plus démocratique du monde. On y recense 30 fois le mot *démocratie et* 27 fois l'adverbe *démocratiquement.* Dans le même ordre d'idées, des termes tels qu'*« état de droit »*, *"bonne gouvernance"*, *"élections libres, justes et transparentes"* sont repris avec une certaine redondance. A priori, on peut soutenir sans atermoiement que tout est mis en œuvre pour assurer un développement ainsi qu'un avenir radieux de ce grand et beau continent.

**634.** Cependant, au-delà de ce texte magnifique et alambiqué, l'on ne peut que se rendre à l'évidence tant la réalité est toute autre, elle dépasse la fiction ! Le constat est pathétique. L'Afrique gît dans le ridicule, c'est le règne de l'instabilité démocratique et politique. Ce que l'on considère aujourd'hui comme le berceau de l'humanité est devenu le « berceau » des conflits armés, des guerres civiles, des démocraties-dictatoriales, des fraudes électorales, d'assassinats politiques, des putschs et coups d'État, des révisions et changements constitutionnels intempestifs, avec comme corollaire, des prolongations de mandats à n'en pas finir, des crises de légitimité sans précédent, etc.

**635.** En effet, ce texte d'une grande valeur juridique est réduit à sa simple expression, à une manœuvre cosmétique pour se donner bonne conscience. Bien que signé et ratifié par un grand nombre d'États, son applicabilité laisse à désirer. Pour dire les choses autrement, ce si beau texte, sans une véritable juridiction assurant son applicabilité, risque d'être réduit à un simple vœu pieux, un chapelet de bonnes intentions. Or, dans l'histoire des nations, toute Charte, Convention ou autre acte équivalent a toujours nécessité, en vue de son efficience, une juridiction qui assure sa matérialisation.

Ainsi trouve-t-on aux côtés de la Charte africaine des droits de l'homme et des peuples, une Cour de justice africaine, qui malheureusement, s'avère à son tour être inefficace, voire inexistante. Une Cour européenne des droits de l'homme à côté de la Convention européenne des droits de l'homme. Une Cour interaméricaine au niveau de l'Amérique et tant d'autres. Il s'agit donc de faire d'une pierre deux coups, en élaborant des principes conducteurs certes, mieux encore, en les rendant effectifs par la création d'une juridiction ad hoc.

**636.** Il est donc impératif qu'une telle Charte s'accompagne, en vue de son effectivité, d'une juridiction adéquate, que l'on nommerait *Cour d'arbitrage et constitutionnelle des États africains*, en sigle *CACEA*.

De tous les maux qui rongent l'Afrique, des révisions, voire des changements constitutionnels, avec pour corollaire les prolongements des mandats des chefs d'États au pouvoir, sont les principaux défis à relever pour redonner à ce continent ses lettres de noblesse.

La plupart de guerres, crises et tensions politiques liées à ces défis tirent leur origine du mode d'accession au pouvoir, de ces différents chefs d'État. Cela conduit malheureusement les vainqueurs à diriger par défi en s'imposant par la force. Et en politique, qui dit force, dit inéluctablement usage abusif et disproportionné des services de la police, de l'armée ainsi que des services de sécurité.

**637.** Il est cependant important de souligner qu'avec cette Charte, la fondation a été posée. Son adoption, sa signature ainsi que sa ratification constituent déjà une avancée certaine. Cela étant, la mise en place d'une Cour d'arbitrage et constitutionnelle des États africains, en vue de remédier aux inconstitutionnalités dans tous leurs aspects et permettre la tenue d'élections libres, justes et transparentes, selon les dispositions mêmes de ladite Charte, gage de la stabilité, devient impérieuse.

**638.** En effet, l'existence d'une telle juridiction, plus que la Charte elle-même, aura sans conteste, un effet dissuasif. Car, il est évident que le sentiment d'impunité et de maîtrise de tous les rouages conduit les hommes politiques africains à se comporter comme de véritables cow-boys. Pour preuve, il arrive que la présence des ONG et d'autres organisations internationales, au cours des élections, exerce une influence bénéfique sur ces cow-boys qui tentent cahin-caha de soigner les formes. Pourtant, il ne s'agit là que d'une simple observation, sans aucune mesure coercitive.

Un tel constat laisse une lueur d'espoir. L'on peut espérer, contre toute espérance, et croire que l'existence d'une juridiction supranationale ayant des attributions bien définies en matière électorale et constitutionnelle renforcerait le caractère dissuasif et pourrait ainsi contribuer à la paix sociale et politique en Afrique.

**639**. Au demeurant, les tenants du pouvoir, organisateurs officiels des élections, tenteront, en dépit de leur désir de se cramponner au pouvoir, d'organiser au mieux les choses pour éviter une possible sanction judiciaire aux conséquences politiques désastreuses.

Pour leur part, les vaincus, généralement les opposants, adopteront une attitude sereine. Ils seront en effet rassurés par l'existence d'une telle juridiction, susceptible de leur donner gain de cause, au cas où leurs recours seraient rejetés abusivement par la juridiction nationale compétente. Cet ultime recours serait un antidote contre la méfiance à l'endroit des institutions et juridictions nationales.

**640.** En décembre 2011, à l'issue des élections chahutées en RDC, cette méfiance a poussé, Etienne Tshisekedi — qui contestait pourtant les résultats —, à s'abstenir de saisir la Cour suprême de justice. Et ce, dans l'incompréhension générale. Qu'à cela ne tienne, le troisième dans l'ordre de la CENI, Vital Kamhere a quant à lui pris la décision courageuse d'aller au-delà de cette méfiance et d'introduire son recours auprès de la juridiction compétente. La parodie de procès qui s'est ensuivie a finalement conduit à comprendre le bien-fondé de la méfiance de Tshisekedi et confirma, par la même occasion, l'instrumentalisation des cours et tribunaux dans ce pays, à l'instar de la plupart des juridictions du continent Africain.

En effet, le recours de Kamhere a été déclaré, le 16 décembre 2011, recevable et non fondé, par la Cour suprême de justice, au motif qu'il n'apportait pas la preuve que des bulletins de vote étaient déjà en circulation avant et le jour du scrutin. Il n'apportait pas non plus la preuve que les témoins avaient été entravés dans leur mission dans les bureaux de vote et au moment du transport des bulletins vers les centres de compilation. Notons que Vital Kamhere avait aussi mis en doute le résultat d'une région du Katanga où Joseph Kabila avait réalisé 100 % des suffrages et où il n'y avait eu aucune voix pour un autre candidat. En réponse à sa requête, l'arrêt de la Cour suprême stipulait simplement « qu'il n'est pas interdit à un candidat de remporter la totalité des voix »[554].

**641.** Quelque temps auparavant, dans le camp de Tshisekedi, la méfiance a poussé son parti (UDPS) et ses alliés, durant la période préélectorale, à s'abstenir de signer le code de bonne conduite proposé par la CENI. Pourtant, cette pratique est vivement recommandée par la Charte susmentionnée en son article 17 point 4, lequel stipule que *les États parties réaffirment leur engagement à tenir régulièrement des élections transparentes, libres et justes conformément à la Déclaration de l'Union sur les Principes régissant les Élections démocratiques en Afrique.*

**642.** À ces fins, tout État partie doit : (...) 4. *Adopter* ***un code de bonne conduite*** *qui lie les partis politiques légalement reconnus, le gouvernement et les autres acteurs politiques avant, pendant et après les élections. Ce code contient un engagement des acteurs politiques à accepter les résultats des élections ou de les contester par des voies exclusivement légales.*

**643.** Il sied de rappeler que, s'agissant de Tshisekedi, il y avait déjà un précédent qui pourrait très bien justifier sa méfiance envers la haute Cour juridictionnelle congolaise. Pour rappel, dans son arrêt RA 320 de la CSJ du 21 août 1996[555] qui opposait l'USOR et Alliés, Etienne Tshisekdi wa Mulumba et consorts contre le président de la République du Zaïre. En l'espèce, les requérants, par leur requête du 26 janvier 1995, sollicitèrent l'annulation pour violation des dispositions, excès et détournement de pouvoir, et partant pour illégalité, des ordonnances présidentielles n° 94/039 du 16 juin 1994 et n° 94/042 du 6 juillet 1994 portant

554 Ligue des Electeurs., *op. cit.*, p.32.
555 A. KAMUKINY MUKINAY, *op. cit.*, pp.326-327.

respectivement investiture d'un Premier ministre en la personne de Kengo Wa Dodo et nomination des membres de son gouvernement, prises en application des actes, décisions et règlements illégaux du HCR/PT aile FPC et apparentés et de son bureau relatifs à la présentation et l'élection du Premier ministre de la transition et à l'investiture de son gouvernement. Appelés à statuer sur lesdites ordonnances, rappelons-le, prises au détriment du gouvernement Tshisekedi, élu à la CNS, les hauts magistrats de la CSJ durent se retrancher derrière "l'incompétence de connaître des actes de gouvernement " pour éviter de prendre position". Ce fut encore une fois un réflexe que l'on attribue généralement à l'autruche, des juges de la Haute Cour congolaise, qui refusèrent de s'assumer, sans doute par peur des représailles[556].

**644.** Les cas de Tshisekedi et de Kamhere sont loin d'être isolés. Pour rappel, en 2006, en RDC, Jean-Pierre Bemba, après avoir été déclaré perdant des élections, a également cru bon de saisir la Cour Suprême de Justice. Celle-ci a, sans surprise, confirmé les résultats de la CEI[557]de l'époque. Malgré lui, Bemba a fini par accepter les résultats. Dans un de ses discours postélectoraux, le congolais se souviendra de sa célèbre phrase : "j'ai accepté l'inacceptable". C'est-à-dire qu'il a dû, la mort dans l'âme, accepter son échec. C'est ainsi qu'il refusa de se débarrasser de sa garde rapprochée. Ainsi, au mois de mars 2007, en plein centre-ville de Kinshasa y eu-t-il un affrontement entre le camp du vainqueur proclamé, Joseph Kabila et du vaincu ayant accepté difficilement sa défaite. Cet affrontement provoquera plusieurs morts. Bemba finira par obtenir asile diplomatique dans une ambassade de la place, avant de s'exiler au Portugal.

Très récemment, en octobre 2016, la juridiction suprême congolaise, en dépit d'un changement d'appellation et de composition, a confirmé son inféodation au pouvoir en place en prononçant, le 17 octobre 2016, un arrêt qui lui a définitivement et irréversiblement fait perdre toute sa crédibilité. En effet, après une saisine de ladite juridiction par la CENI pour, en substance, avoir un avis constitutionnel sur le report des échéances électorales de novembre 2016. Ainsi, dans son arrêt du

556 Ibid. pp. 326-327.

557Commission électorale indépendante. Devenue plus tard CENI : Commission électorale nationale indépendante

17 octobre 2016, à la stupéfaction générale, la Cour est, comme à son habitude, allée dans le sens de la CENI qui est elle-même inféodée au régime en place.

Il sied de préciser, et cela est non négligeable, qu'après deux remises d'audience, elle a statué en enfreignant l'article 90 de la Loi organique n° 13/026 du 15 octobre 2013, portant organisation et fonctionnement de la Cour constitutionnelle. Et ce, dans la mesure où quatre[558] des nefs juges se sont sciemment soustraits car ne voulant pas cautionner la supercherie. Or, ladite disposition requiert, pour valablement statuer, la présence d'au moins 7 juges, ce qui ne fut très clairement pas le cas.

Les motifs invoqués étaient encore une fois fallacieux : « la loi de la nécessité ainsi que la volonté de ne pas bloquer le bon déroulement des institutions ».

**645.** Avec un tel comportement judiciaire, notre Haute Juridiction donne l'impression d'être enclavée dans une logique de complaisance avec les autorités politiques. Cela n'honore nullement la majesté des fonctions qu'elle exerce. À terme, l'autorité politique, à qui elle croit rendre service, finit par se méfier d'elle, à défaut de la malmener pour cette raison : la flatterie a parfois ses limites ! Cela est d'autant plus vrai qu'à plusieurs reprises, dans l'évolution politico-constitutionnelle du Congo, le législateur n'a cessé d'ôter sa confiance à la Cour suprême de justice en mettant en place d'autres structures judiciaires et extrajudiciaires de régulation de son activité juridictionnelle. Sinon comment interpréter la création du Département des droits et libertés du citoyen qui, en 1986, était appelée à censurer les arrêts de la Cour suprême de justice par voie d'arrêté ministériel ou la création projetée par la Conférence nationale sur les droits de l'homme et du Peuple chargée de se prononcer en dernier ressort sur les décisions de justice affectées d'une injustice persistante après épuisement de toutes les voies de recours ordinaires ?[559]

**646.** Face aux juridictions corrompues et instrumentalisées par les pouvoirs en place, une grande frustration gagne les perdants et conduit

---

558 F. Vuduawe Te Pemako, JL Essambo Kangashe, Banyaku Luape et Corneille Wasenda

559 J.P. Kilenda, *l'Affaire des 315 magistrats de Kinshasa. Une purge néo mobutiste*, éd. L'Harmattan 2004, p.146.

certains d'entre eux à se faire justice eux-mêmes. Ainsi recourent-ils aux replis armés, aux prestations de serments et formations de gouvernements parallèles, aux tentatives de putsch, de rébellions, etc. À ce point nommé, la thèse sur la création d'une juridiction supranationale, gage de la stabilité démocratique et politique de ce continent en proie à toutes les tares politiques et ses fâcheuses conséquences est plus que défendable.

**647**. Sur le continent africain, plusieurs exemples disent l'urgence qu'il y a à se doter d'une juridiction supranationale. Au Niger, le 11 mai 2009, la Cour constitutionnelle fut appelée à se prononcer sur une tentative de révision constitutionnelle portant sur le pouvoir du président de la République d'initier, par référendum, dans une matière qui en est, en principe exclue. Il s'agissait d'une action initiée par vingt-trois députés qui souhaitaient obtenir son interprétation sur la portée des articles 1$^{er}$, 5, 6, 36, 37, 39, 49 et 136 de la Constitution concernant le maintien du président de la République au-delà du terme de son mandat.

**648**. Après avoir donné un premier avis portant le numéro 02/CC du 25 mai 2009, la Cour constitutionnelle soutint que le *maintien en fonction du président de la République au-delà du terme de son mandat n'est pas conforme à la Constitution. Le président de la République ne saurait engager ou poursuivre le changement de la Constitution pour prolonger son mandat sans violer son serment constitutionnel.* Le lendemain, par arrêt du 12 juin 2009, la Cour annula le décret présidentiel convoquant le référendum[560].

N'entendant pas les choses de cette oreille, le Président Mamadou Tandja prit la décision inconstitutionnelle de dissoudre la Cour constitutionnelle et d'organiser, malgré tout, un référendum, le 4 août 2009 en vue d'obtenir la prolongation de son mandat, et ce en dehors de toute élection. Certes, il y est parvenu. Cependant, très vite, il fut rattrapé par un coup de force, le 18 février de l'année suivante, qui l'emporta.

**649.** À la même période, deux pays de l'Amérique latine, Le Honduras et la Colombie étaient également confrontés à des situations similaires. Les Cours constitutionnelles ont littéralement rejeté les tentatives de référendum en vue de prolonger les mandats des Présidents. Les arrêts

---

560 Voy. à ce sujet J.L. ESSAMBO, *op.cit.*, p….. ; Le Figaro.fr, *Coup d'Etat au Niger, le président Tandja « emmené »*, 18/02/2010.

desdites Cours y ont pourtant été respectés, à la différence des pays d'Afrique.

**650.** Citons aussi le cas éloquent de la Côte d'Ivoire où à l'issue des élections de 2010 qui opposèrent Laurent Gbagbo, le Président sortant, et Alassane Ouattara son challenger, à l'époque son Premier ministre. L'un et l'autre avaient chacun la mainmise sur les deux institutions les plus importantes en matière électorale. Gbagbo avait ses hommes de confiance à la juridiction constitutionnelle et Ouattara à la CEI (commission électorale indépendante). Ainsi, « Le 30 novembre 2010, devant les caméras du monde entier, l'un des membres de la CEI arracha les feuillets des mains du porte-parole de la commission, Yacouba Bamba, qui s'apprêtait à donner les résultats. (…) C'est ainsi qu'en désespoir de cause et sous la forte pression de la communauté internationale, le président de la CEI, Youssouf Bakayoko, se résout à annoncer, le 1er décembre, la victoire de Ouattara depuis l'hôtel du Golf, sous la protection des casques bleus. Il est ensuite immédiatement placé en lieu sûr (…) Le Conseil constitutionnel, présidé par un proche du chef de l'État, Paul Yao Ndré, et composé des membres acquis à sa cause. (…) Le 2 décembre, après avoir examiné 20 000 procès-verbaux à une vitesse supersonique, son président annonce avoir invalidé le vote de quelque 600 000 électeurs dans neuf départements, comme par hasard tous situés dans le nord du pays. Ce tour de passe-passe permet du même coup à Laurent Gbagbo de l'emporter de justesse (…) Deux heures plus tard, le représentant de l'ONUCI annonce que les résultats en sa possession correspondent à ceux donnés par la CEI. Conformément aux dispositions prévues par l'accord de Ouagadougou, il certifie ainsi la victoire d'Alassane Ouattara, contre l'avis du Conseil constitutionnel (…) Le lendemain, à la mi-journée, c'est un Laurent Gbagbo sonné qui entre dans la grande salle du palais présidentiel d'Abidjan, où il prête serment (…) Ce 3 décembre, quelques heures plus tard, une autre cérémonie d'investiture est organisée à Abidjan (…) dans une modeste salle de réception de l'hôtel du Golf. Plus tôt, Alassane Ouattara a fait parvenir par voie d'huissier sa lettre de prestation de serment manuscrite au Conseil constitutionnel. Ce soir-là, la Côte d'Ivoire s'endort avec deux présidents. Un cauchemar devenu réalité. ».[561]Le conflit se transforma en une lutte armée au cours de

---

561 T. HOFNUNG, *la crise ivoirienne, de Félix Houphoët-Boigny à la chute de Laurent Gbagbo*, éd. La découvertes, Paris 2011, pp.255-257.

laquelle L. Gbagbo fut renversé. Il se retrouve actuellement à la Cour pénale internationale. Cinq ans après cet épisode, il existe encore une grande fracture politique dans la société ivoirienne entre les deux camps, tel que l'a d'ailleurs révélé la réélection d'Ouattara en octobre 2015.

**651.** En mai 2014, l'Égypte a connu son deuxième scrutin présidentiel, en seulement 3 ans, après la chute de Hosni Moubarak. Le vainqueur désigné a été sans surprise le général Al SISI, chef de l'armée et tombeur de Morsi, élu démocratiquement en juin 2012. Ce coup de force du général, ex-apparatchik du régime Moubarak, a eu des incidences fâcheuses dans le camp des frères musulmans, notamment sur leur taux de participation aux élections qui était très faible. Ils ne se sont logiquement pas sentis concernés par ce scrutin. Il ne sera pas surprenant qu'ils s'organisent pour tenter de reprendre le pouvoir par tous les moyens. Cela pourrait à nouveau déstabiliser le pays et la région. L'avenir nous le dira !

**652.** Une illustration qui conforte la conviction de créer une juridiction au-dessus des Cours constitutionnelles, c'est le cas rwandais dont la modification de l'article 101 limitant les mandats du Président à deux, vient d'avoir lieu au départ d'une simple pétition d'une frange de la population. Après que le Sénat et la Chambre des députés se soient prononcés en faveur d'une telle réforme, l'un des partis d'opposition, à savoir le Parti démocratique vert, a logiquement décidé de saisir la Cour suprême rwandaise. Ce qui est effarant, c'est la réponse donnée par cette juridiction, gardienne de la Constitution rwandaise (Cf. introduction). Le plus pathétique dans ce cas d'espèce, face à cette désinvolture de ladite juridiction, c'est que les requérants, dépités, ont annoncé qu'ils allaient faire appel à cette décision auprès du président de la République, car selon la loi, il est le garant de la Constitution[562]. On l'a compris, se trouvant devant une impasse, ces opposants rwandais n'avaient pas d'autres choix que de se tourner vers celui-là même qui tire les ficelles de cette réforme, celui-là même à qui elle profite, espérant un hypothétique sursaut de conscience. C'est donc ce genre de frustration, qui mène les opposants africains à se tourner vers d'autres solutions (guerres civiles, rébellions, coup d'État, …)

---

562 *Rwanda : la Cour suprême donne son feu vert à une réforme constitutionnelle*, article, Afrique-RFI, 09/10/2015, p.1.

**653**. Dans ce contexte, disposer une juridiction supranationale est indispensable. Les juges de la juridiction nationale pourront, face aux interférences politiques et aux intimidations, s'en servir comme refuge pour statuer en toute objectivité, sachant de toutes les façons, qu'en la matière, les parties ont un double degré de juridiction.

Une telle préoccupation est présente dans la Charte susmentionnée en son article 2 point 5. Celui-ci précise que " *La présente Charte a pour objectifs de : ... 5. Promouvoir et protéger l'indépendance de la justice.*" Cela devrait également être transposé sur le plan de la juridiction supranationale.

Cette Cour, de par sa dénomination aura pour vocation d'arbitrer, non seulement les différends électoraux, mais également le contrôle de constitutionnalité de certains actes qui mettent en péril les intérêts de la nation, en créant, par exemple, un important déséquilibre entre les différentes forces politiques. Pour ce faire, elle sera saisie des questions relatives aux révisions constitutionnelles ; lesquelles dans la plupart des cas sont opérées dans le but de proroger les mandats des chefs d'États au-delà des prescrits constitutionnels ou de faciliter leur accession au pouvoir par des tripatouillages en changeant brusquement les règles du jeu, contrairement à l'esprit même de la Constitution et de la Charte africaine de la démocratie, des élections et de la gouvernance de janvier 2007.

**654.** Certains esprits critiques ne manqueront pas de soulever la question de la souveraineté des États, exercée au travers des Cours constitutionnelles nationales. En instituant une telle juridiction, hypothèque-t-on pour autant la souveraineté des États ?

Bien sûr que non ! À l'heure de la mondialisation, un État ne peut prétendre vivre en totale autarcie. Ne serait-ce que par son adhésion à des organisations telles l'ONU, l'UA, la CDEAO, l'UE, l'OSCDE, etc. ; il sacrifie déjà une part non négligeable de sa souveraineté. Sinon les États européens ne seraient plus à ce jour encore considérés comme des États souverains, dans la mesure où un nombre considérable de traités les lient.

**655.** À moins de ne pas prendre la mesure des actes que l'on pose, il paraît opportun de rappeler que dès lors que l'on participe et contribue à l'adoption d'un texte au point d'y apposer sa signature et/ou de le ratifier, selon le cas, l'on cède déjà une part importante de sa souveraineté. Le plus à craindre étant déjà fait en amont, il paraît donc logique de pouvoir accepter, en aval, la matérialisation de l'engagement pris.

La conviction en rapport avec la création d'une telle Cour s'appuie également sur certains passages de la Charte tels que l'article 2, points 2, 3 et 5 du chapitre II qui disposent ce qui suit : *2. Promouvoir et renforcer l'adhésion au principe de l'État de droit fondé sur le respect et* ***la suprématie de la Constitution et de l'ordre constitutionnel*** *dans l'organisation politique des États parties.*

*3. Promouvoir la tenue régulière d'élections transparentes, libres et justes afin d'institutionnaliser une autorité et un gouvernement légitime ainsi que les changements démocratiques de gouvernement.*

*4. Interdire, rejeter et condamner* ***tout changement anticonstitutionnel*** *de gouvernement (…).*

*5. Promouvoir et protéger* ***l'indépendance de la justice****.*

Pour sa part, l'article 10 de la même Charte dispose que : *1. Les États parties renforcent le* ***principe de la suprématie de la Constitution*** *dans leur organisation politique.*

*2. Les États parties doivent* ***s'assurer que le processus d'amendement ou de révision*** *de leur Constitution* ***repose sur un consensus national*** *comportant, le cas échéant, le recours au référendum.*

**656**. Au demeurant, à l'heure de la mondialisation, une telle démarche – entendez la création d'une juridiction supranationale ne peut être perçue, négativement, comme une perte de souveraineté. Bien au contraire, positivement, cela peut être considéré comme un renforcement de la position de l'État dans le concert des nations, après avoir largement expliqué la ratio legis d'une telle juridiction. In concreto, comment cela se mettrait-il en musique ? Comment donc cela s'orchestrerait-il ?

## Section II. De La Subsidiarité de l'intervention de la juridiction supranationale

**657.** Il paraît opportun de rappeler qu'une telle juridiction ne jouerait qu'un rôle subsidiaire. En effet, les juridictions nationales statueraient en premier ressort et pour sa part la juridiction supranationale le ferait en second ressort. De la sorte, il existerait un réel double degré de juridiction.

**658.** Dès lors qu'elles sont appelées à statuer en toute équité et objectivité, en disant le droit conformément aux prescrits de ladite Charte, point ne sera besoin pour les parties succombantes de saisir la juridiction supranationale. La CACEA ne serait donc appelée à intervenir que dans la mesure où les juridictions nationales se révéleraient défaillantes par exemple en cas d'attitude partiale, défaut de motivation, déni de justice, méconnaissance du droit de la défense, etc.

### §1. Des juges

**659.** En vue d'atteindre aisément les objectifs de ladite Charte, les juges appelés à siéger dans cette Cour devraient non seulement être issus de toutes les zones géographiques du continent, mais également de tous les systèmes juridiques. Et ce, dans le but d'assurer une certaine représentativité. Cela permettrait par ailleurs une grande légitimité de cette Cour ; mais plus encore, cela rendrait difficile, voire impossible la corruption.

Ainsi, l'on aurait des juges provenant du Maghreb, de l'Afrique australe, de l'Afrique centrale, de l'Afrique de l'Ouest et de l'Est. Et ce, à raison de 3 juges par zones géographiques ; soit une juridiction à 12 juges.

### §2. Des critères de recrutement

**660.** Dans le but d'assurer tant l'indépendance, l'efficacité que la légitimité de ladite juridiction, il paraît impérieux d'établir des critères de recrutement des juges qui échapperaient au contrôle des États membres, de telle sorte qu'ils ne se sentiraient en rien redevables de leurs États respectifs.

À ce propos, la Charte, en son article 2 point 5 stipule ce qui suit :"*la présente Charte a pour objectifs de : …5. Promouvoir et protéger l'indépendance de la justice*"

Pour ce faire, les juges en question ne devraient en aucun cas être désignés par leurs États respectifs, mais doivent être recrutés sur base d'un concours avec des contrôles drastiques. Ils siégeraient donc à la Cour à titre individuel.

Ils devraient jouir d'une très grande probité et honorabilité. Une fois retenus, ils devraient être nommés à vie et être inamovible. Néanmoins, leur mandat prendrait fin à l'âge de 70 ans.

Il leur serait interdit d'exercer, pendant la durée de leur mandat, une activité incompatible qui entraverait leur indépendance, impartialité et leur disponibilité.

**661.** Pour un choix crédible, une expérience d'au moins quinze ans dans le domaine juridique et judiciaire, en tant qu'avocat, magistrat et professeur de droit, doit être requise en vue de garantir un minimum de compétence. Avoir également fait au moins une publication éprouvée en droit.

À l'instar d'une demande d'emploi classique, le dépôt des candidatures serait accompagné d'un curriculum vitae circonstancié. Ensuite, deux épreuves seraient organisées : l'une écrite et l'autre orale.

§3. De la saisine

**662.** Subsidiairement, la Cour ne pourrait être saisie qu'en cas de contestation de la décision même de la juridiction nationale. Cela implique qu'il y ait préalablement eu saisine de cette dernière conformément à la législation nationale en vigueur.

Une telle saisine se ferait par dépôt au greffe, par fax, par poste ou encore par voie électronique. Sans délai, l'affaire sera mise au rôle par le greffe en communiquant aux parties le numéro de référence de la cause à rappeler dans toutes correspondances.

Afin de se prémunir contre des manœuvres dilatoires de la part des requérants, quels qu'ils soient, le délai pour une telle saisine doit, en tout état de cause, être relativement court.

**663.** L'éventualité d'une telle saisine ne doit certainement pas être une occasion pour les différents acteurs politiques de bloquer le processus par des recours de pure forme, en tentant par exemple de gagner du temps pour une raison ou pour une autre.

La Cour pourrait ainsi être saisie par :

1) le candidat proclamé perdant à l'issue des élections ou son parti politique. Mais seulement de commun accord avec le candidat malheureux, et ce, après que la juridiction nationale ait confirmé le résultat des élections.

2) le candidat proclamé vainqueur après que son adversaire ait obtenu gain de cause devant la juridiction nationale ou son parti politique, de commun accord avec celui-ci.

3) les mêmes droits seraient reconnus aux candidats députés (nationaux, fédéraux, provinciaux, régionaux, etc.) ou sénateurs qui prétendraient avoir été lésés dans leurs droits suite à une irrégularité ou une fraude.

4) les associations, partis politiques, ONG, pourraient faire des interventions volontaires ou être appelés à la cause de manière forcée, selon le cas, en vue de faire jaillir la vérité.

Rappelons tout de même, que la saisine peut se faire, soit en personne, soit par l'entremise de son avocat.

### §4. Des délais. « DIES A QUO et DIES A QUEM »

**664.** En liminaire, rappelons un principe de base, très élémentaire pour les juristes. Celui-ci établit que les délais courront toujours le lendemain de la notification ou de la signification, voire du jour du prononcé comme c'est souvent le cas en droit pénal.

Un délai de 7 jours ouvrables à compter du lendemain du prononcé du jugement de la juridiction nationale paraît raisonnable, dans la mesure où, non seulement le requérant aura déjà eu, en premier ressort, à constituer son dossier avec toutes les pièces probantes, mais également pour un gain de temps, dans la mesure où les parties sont présentes aux audiences. Ce qui éviterait de perdre du temps à devoir notifier l'arrêt. Un tel délai devrait être préfix ; c'est-à-dire qu'il ne peut être ni suspendu ni interrompu et par ailleurs prescrit à peine de forclusion.

**665.** Dans les 10 jours du dépôt de la requête, une chambre que l'on nommerait *« Petite Chambre »* se prononcerait sur la recevabilité de la requête et donnerait, par ordonnance, un premier *"avis circonstancié"* au requérant sur les chances d'aboutissement de la cause en même temps qu'une demande de poursuite de la procédure lui serait adressée dans le même acte lui laissant la latitude de poursuivre ou non la procédure. À cet effet, il disposerait d'un délai de 3 jours ouvrables pour formuler ses observations et par la même occasion, demander la poursuite de la procédure ou y renoncer.

Dans l'hypothèse où la cour déciderait de retenir l'affaire ou si le requérant sollicite malgré tout de la poursuivre, l'affaire serait renvoyée à la *« Grande Chambre »* qui statuerait sur le fond dans les 15 jours, soit de l'avis favorable de la petite chambre, sinon de la demande de poursuite formulée par le requérant.

**666.** Il paraît opportun de relever à ce stade que l'article 17 de la Charte en son point 2 exprime la même préoccupation en ces termes : « … *À ces fins, tout État partie doit : …2. Créer et renforcer les mécanismes nationaux pour régler, dans les meilleurs délais, le contentieux électoral* ».

Cette recommandation sur le plan national ne peut qu'être la même sur le plan supranational. En effet, autant les juridictions nationales sont appelées à statuer dans un délai raisonnable, cela devrait être valable, mutatis mutandis, pour la juridiction supranationale.

### §5. De l'effet suspensif du recours

**667.** En liminaire, rappelons la notion du caractère suspensif d'un recours. Cela paraît utile pour les non-juristes. En effet, un recours introduit devant une juridiction peut revêtir, soit un caractère suspensif, soit un caractère non suspensif.

L'effet suspensif d'un recours implique que la décision litigieuse ne ressorte pas encore ses effets en attendant que la juridiction saisie se prononce valablement. Ce n'est donc qu'après confirmation par le juge que la décision ainsi suspendue pourra ressortir ses effets. Au cas contraire, elle ne les ressortira jamais.

**668.** Afin d'être le plus clair possible sur cette notion, le lexique juridique définit l'effet suspensif comme la « caractéristique des voies de recours ordinaires (appel, opposition) dont le délai ou l'exercice fait obstacle à l'exécution du jugement rendu ».[563]

Concrètement, le recours ainsi introduit devant la CACEA aurait donc un effet suspensif, c'est-à-dire que la décision de la juridiction nationale serait provisoirement suspendue en attendant que le juge de la juridiction supranationale se prononce.

**669.** À ce propos, Il ne devrait normalement y avoir aucune crainte quant au caractère suspensif d'un tel recours dans la mesure où, non seulement, les délais sont relativement courts, mais qu'en sus, il n'y a aucune urgence à prêter serment parce que les institutions de la République sont appelées à fonctionner normalement.

À titre d'illustration, citons l'exemple de la Belgique au courant de l'année 2010 où la crise politique a laissé le pays sans gouvernement pendant plus de 500 jours, soit très exactement 541 jours, au point même de battre le record détenu à l'époque par l'Irak. Au cours de cette période, les institutions du Royaume n'ont pas cessé de fonctionner normalement.

**670.** Aux États-Unis par exemple, après chaque élection présidentielle au mois de novembre, le nouvel élu ou le président réélu ne prend ses fonctions qu'en janvier de l'année suivante ; soit plus d'un mois et demi après les élections. Pendant ce temps, les institutions fonctionnent normalement et le perdant, sinon le réélu, conduit les affaires courantes jusqu'à la prestation de serment.

**671.** Malheureusement, en Afrique, les élus sont passés maîtres dans les prestations de serment hâtives. Cela traduit un certain malaise ainsi qu'une volonté de mettre tout le monde devant le fait accompli. Pensons à la prestation de serment de Laurent Gbagbo en décembre 2010, à celle de Mugabe en juillet 2013 ainsi qu'à celle de Joseph Kabila en décembre 2011, faisant fi des contestations de l'opposition, des observateurs tant nationaux qu'internationaux, ainsi que des interpellations de la communauté internationale.

---

[563]Lexique des termes juridiques, 16e éd. Dalloz 2007, p.629.

Qu'en plus, il n'y a pas lieu de craindre un encombrement de ladite juridiction parce que les élections présidentielles et législatives ne respectent pas un principe d'annualité. Elles sont organisées en moyenne tous les 4 à 5 ans, voire plus. En sus, les différents États ne les organisent pas simultanément.

**672.** Point n'est donc besoin de clôturer hâtivement le processus électoral. Celui-ci est la clé de voûte de tout processus démocratique et surtout de la légitimité même des institutions. Et cela ressort d'ailleurs de l'article 2 de la Charte en son point 3 qui stipule que "*la présente Charte a pour objectifs de : … 3. Promouvoir la tenue régulière d'élections transparentes, libres et justes afin d'institutionnaliser une autorité et un gouvernement légitimes ainsi que les changements démocratiques de gouvernement*".

Si, comme l'indique ce beau texte, les États africains se préoccupaient de leur légitimité, ils devraient éviter toute précipitation, tout empressement. En matière électorale, légitimité et empressement ne font pas bon ménage. La légitimité n'ayant pas de prix, point n'est besoin de courir, il faut partir à point. Les pays africains n'ont pas besoin à tout prix d'autorités, même mal élues. Plutôt de légitimité, coûte que coûte.

Et cela ressort très clairement de la Charte, car les mots "légitimité" et "légitime" y sont repris plus d'une fois.

§6. De l'effet de l'arrêt

**673.** Dès que la Cour se prononce, son arrêt devrait être motivé et avoir un caractère *déclaratif* : il dirait en effet s'il y a eu ou non violation de la Charte ou d'un Protocole additionnel. Un tel arrêt serait donc définitif et s'imposerait logiquement aux parties, avec bien sûr *autorité de chose jugée*[564] et même *autorité de chose interprétée*.[565]Dès qu'il est rendu, l'arrêt devrait avoir pour effet de :

564 C'est en substance, le caractère d'un jugement définitif contre lequel il n'y aurait plus des voies des recours. Elle peut être relative – ne s'imposant qu'aux parties à la cause – ou absolue – s'imposant au-delà même des parties)

565De sorte que la solution rendue amènerait les juges nationaux à se conformer aux interprétations de la Cour.

1) débouter le requérant de son action en confirmant l'arrêt de la juridiction nationale en ce qu'elle confirme ou infirme les résultats des élections ;

2) faire droit au requérant en annulant l'arrêt de la juridiction nationale en ce qu'elle confirme ou infirme le scrutin, avec proclamation du vainqueur selon la Cour supranationale ;

3) Plus prudent encore, annuler la décision de la juridiction nationale et imposer l'organisation d'un tour supplémentaire afin de départager les deux premiers dans l'ordre d'arrivée, en cas d'irrégularité avérée. Cette solution a fait ses preuves en Ukraine au courant de l'année 2004. Deux candidats étaient en lice, Monsieur Ianoukovitch, Président sortant et Monsieur Iouchenko son challenger. Le premier soutenu par la Russie et le second par l'occident. Il y eut deux tours à l'issue desquels le Président sortant, par ailleurs candidat pro Russe, fut déclaré vainqueur du scrutin présidentiel. Une forte contestation s'en suivit. Elle fut baptisée *révolution orange* et menée par deux figures de proue de l'opposition, Viktor Iouchenko et Ioulia Tymochenko. La communauté internationale finit par s'en mêler. Le 3 décembre 2004, la Cour suprême ukrainienne annule le résultat de l'élection présidentielle du 21 novembre et ordonne la tenue d'un nouveau second tour. Ce scrutin se déroule le 26 décembre 2004, en présence d'environ douze mille observateurs internationaux. Viktor Iouchtchenko est proclamé vainqueur avec 51,90 % des voix et est investi président le 23 janvier 2005[566]. Ce fut en quelque sorte une forme de troisième tour nécessaire pour départager les deux candidats et surtout mettre fin à cette crise électorale qui paralysait le pays.

Le premier septembre 2017, la Cour suprême du Kenya a prit une décision toute aussi semblable qu'historique, en annulant le scrutin du 8 août de la même année qui fut également entaché d'irrégularités. Bien sûr, comme cela est de coutume sur le continent, des manifestations et des émeutes ont éclaté, avec bien sûr une forte répression des autorités en place. Dans son arrêt, ladite Cour a donné un délai de 60 jours pour organiser un nouveau scrutin entre les deux protagonistes qui ont pu se hisser au second tour.

---

566 C. GRACIEUX, *la « révolution orange » en Ukraine*, Ina.fr, source France2, collection le journal 20 heures, 25 décembre 2004.

Ce verdict est d'autant plus surprenant que c'est la même juridiction qui, en 2013 rejeta un recours du même requérant (Raila Odinga) contre le même adversaire (Uhuru Kenyatta), et ce pour les mêmes raisons.

**674.** À une échelle beaucoup moins importante, lors des élections législatives françaises en 1988, Bernard Tapie fut candidat député dans le Bouche du Rhône pour le compte du parti socialiste, et ce, après que François Mitterand fut réélu Président en 1988. Son adversaire fut Guy Tessier, candidat de droite. Un recours fut introduit au Conseil constitutionnel français. Celui-ci a non seulement constaté les irrégularités dans le comptage des votes, mais également annulé les élections. Elles furent réorganisées. Il y eut deux tours et Bernard Tapie remporta au second tour dans une circonscription ayant pourtant toujours voté à droite.

**675.** Un scénario similaire fut recensé quelques années plus tôt, en 1986 avec Lionel Jospin, ancien Premier ministre français. À l'occasion des élections législatives françaises, il fut à la tête d'une liste PS-MRG sur Paris. Il fut élu avec sept autres députés socialistes, soit autant que le RPR. Mais les élections furent également annulées par le Conseil constitutionnel français. Il sera finalement élu en septembre 1986 lors d'élections législatives partielles en Haute Garonne.

**676.** En mars 2015, la France a assisté à l'épilogue d'une affaire de fraude électorale, dite « Affaire Tiberi »,[567] du nom de cet ancien maire de Paris. Il lui fut reproché l'inscription sur des listes électorales d'électeurs fictifs lors des élections municipales françaises de 1997, en échange de quelques services, comme l'inscription à une crèche, etc. La particularité de cette affaire, c'est bien sa durée. En effet, commencée en 1997 par des dénonciations du célèbre journal satirique le "Canard enchaîné", le parquet de Paris s'en est saisi, puis a déféré le couple Tiberi devant les instances judiciaires. S'est ensuivie une série de procédures (Première instance, Cour d'appel, Cour de Cassation) qui a abouti à la condamnation en mars de 2015 de l'éternel Maire de Paris (1983), à 10 mois de prison avec sursis, 5 000 € d'amende et 3 ans d'inéligibilité pour le mari. L'épouse quant à elle a écopé de 9 mois de prison avec sursis, 5 000 € d'amende et deux ans d'interdiction de vote. Les calculs peuvent très vite être faits, 1997 à 2015, soit 18 ans de procédure. Certes, le

[567]Voy. à ce sujet Le Monde.fr du 03/03/2013 et Le Point.fr du 0303/2015.

Conseil constitutionnel français avait cette fois-ci validé l'élection litigieuse au motif que sur les 3 000 faux électeurs annoncés, seuls 800 ont été répertoriés, faisant d'ailleurs dire à l'un des avocats de la défense qu'il ne s'agissait que d'un petit tripatouillage. Cela ne suffisait cependant pas pour affecter le résultat final. En dépit de cette confirmation, la justice pénale n'a pas manqué de faire son travail comme indiqué ci-avant. C'est dire qu'en matière de fraude électorale, les autorités judiciaires françaises, comme d'ailleurs celles d'autres grandes démocraties sont, le moins que l'on puisse dire, intransigeantes ; et ce, quel que soit le niveau de l'élection, présidentielle, législative ou même municipale. Une telle intransigeance manque cruellement aux démocraties africaines.

**677.** Le 1er juillet 2016, la Cour constitutionnelle autrichienne n'a pas hésité à invalider le scrutin présidentiel du mois de mai de la même année qui avait donné le candidat écologiste vainqueur face au candidat de l'extrême droite. Celui-ci ayant perdu avec un écart très réduit, a décidé de saisir ladite Cour qui a, en effet, constaté des irrégularités, notamment dans le comptage des votes émis par correspondance (plus ou moins 30 000). Suite à cet arrêt, le Ministère autrichien de l'intérieur s'est plié en annonçant un prochain scrutin pour le mois d'octobre de la même année.

**678.** Sur un tout autre registre, il y a également lieu de se souvenir de l'épisode du célèbre cycliste américain Lance Amstrong, qui a pu réaliser l'exploit de remporter à sept reprises le mythique Tour de France. Plusieurs années après ces exploits, le monde découvrira avec stupéfaction qu'il a eu à recourir à des substances illicites pour les réaliser. Le verdict était sans appel. En effet, la fédération cycliste internationale l'a détrôné pour toutes les sept années. Un recours au sacro-saint principe de « la prescription » aurait pourtant dû lui épargner cette déchéance. En vain ! La fédération cycliste internationale a tenu à frapper un grand coup pour éviter que de pareils cas se reproduisent. Elle a donné un exemple et s'est montrée intransigeante en refusant de retenir la moindre circonstance atténuante.

**679.** Si des autorités sportives ont pu se montrer aussi fermes face à des irrégularités dans un domaine qui, bien que procurant une certaine image et des revenus au pays, ne pèse pas sur sa destinée ; à combien plus forte raison la communauté tant africaine qu'internationale ne devraient-elles pas se montrer d'une particulière intransigeance face aux différentes fraudes électorales relevées dans tout le continent africain ? Cela est d'autant plus important que les élections, par essence, contribuent à la légitimation des autorités appelées à la gestion de la chose publique. En effet, les élections contribuent à assurer l'alternance du pouvoir, la stabilité et l'équilibre politique de par la légitimité qui en résulte.

**680.** Comme on peut le constater, l'annulation des élections avec réorganisation du suffrage s'avère une sage solution. Elle finit par rassurer même le perdant et lui permet d'assumer sa défaite. Une telle solution paraît plus qu'appropriée pour le continent africain en proie à toutes sortes de fractures politico-tribalo-régionales à cause d'élections mal organisées, à dessein.

La possibilité d'annulation des élections par la juridiction supranationale serait sans conteste un facteur d'apaisement pour les perdants qui, au lieu de s'adonner aux conflits armés meurtriers, auraient plutôt la possibilité d'ester en justice avec suffisamment de chance d'avoir gain de cause.

Pour leur part, les pouvoirs en place, sachant qu'il existe une pareille juridiction, seraient considérablement freinés dans leur ardeur de tripatouiller les résultats. La juridiction supranationale jouerait le rôle de garde-fou ou les annulerait de toutes les façons.

4) assortir sa décision d'astreintes importantes en cas de non-respect. Mais également accorder des dommages et intérêts considérables en cas de recours ou action téméraire et vexatoire. Tant au requérant qu'aux éventuelles parties civiles.

En tout état de cause, l'arrêt à intervenir devrait avoir un effet *erga omnes*, c'est-à-dire opposable à tous les signataires de la Charte et non seulement à l'égard des parties au procès.

5) donner un avis circonstancié sur une *question préjudicielle*[568] posée par une juridiction constitutionnelle nationale. C'est notamment ici que l'autorité de la chose interprétée de l'arrêt, aurait tout son sens. Cette compétence serait, en effet, d'une importance capitale dans la mesure où des problèmes d'interprétation d'une ou de plusieurs dispositions d'une constitution peuvent être à l'origine de graves crises politiques. La crise récente au Burundi en est un exemple parfait. Tout le débat porta sur l'interprétation de l'article 75 de la Constitution burundaise[569]. Le fond du problème reposa sur le fait que Nkuruziza avait déjà brigué un premier mandat suite à une désignation par le Parlement burundais de l'époque. Puis, il se présenta pour les échéances électorales de 2010. Faillait-il dès lors considérer son premier mandat comme un mandat à part entière, entendez un mandat conforme à la Constitution ou non ? De cette question dépendait la possibilité pour lui de briguer ou non un mandat supplémentaire lors des échéances de 2014. La question était à ce point complexe qu'il fallut saisir la Cour constitutionnelle. Celle-ci était à ce point partagée que le pouvoir s'est mis à craindre de subir un revers. C'est ainsi que des pressions ont été exercées sur les juges, à tel point que l'un d'eux a fini par faire un déni de justice en prenant la poudre d'escampette, pour finir par s'exiler dans un pays voisin. C'est justement pour remédier à ce genre de situations que la juridiction supranationale serait d'un grand secours. Les juridictions nationales pouvant, en effet, se décharger sur elle par la technique de la question préjudicielle.

### §7. Du siège

**681.** Il nous paraît logique qu'une telle juridiction ait son siège dans un pays qui a fait ses preuves en matière de démocratie. En d'autres termes, pour abriter le siège d'une telle juridiction, il faut montrer patte blanche, ce qui permettrait d'effectuer déjà en amont un tri sélectif.

Le pays candidat doit en effet prouver que l'alternance du pouvoir est une effectivité sur son territoire et que tous les rapports tant nationaux qu'internationaux partagent cet avis.

---

568La question préjudicielle est celle qui oblige le tribunal à surseoir à statuer jusqu'à ce qu'elle ait été soumise à la juridiction compétente qui rendra à son sujet un acte de juridiction. Lexique juridique, 16e édition 2007, Dalloz, p.537.

569 Article 75 in fine "Le Président de la République est élu au suffrage universel direct pour un mandat de cinq ans renouvelable une fois.

**682.** Pour des raisons de praticabilité et d'efficacité, les audiences pourraient être mobiles ; et de préférence dans l'un des pays limitrophes du pays d'où le litige se déroule. Cela éviterait toute sorte de pesanteurs et interférences sur le bon déroulement des audiences et permettrait également aux parties en cause de se déplacer facilement. Des coûts exorbitants pouvant décourager la partie la moins lotie, qui s'avère généralement être la partie issue de l'opposition.

Si le cas y échoit, chaque pays signataire s'engagerait à mettre tout en œuvre afin de permettre à la juridiction de siéger en toute sécurité, mais également dans les meilleures conditions logistiques.

§8. De la langue

**683.** Afin d'assurer une plus grande légitimité ainsi qu'une plus grande représentativité, ladite juridiction devrait statuer dans les trois langues les plus représentatives du continent, à savoir, le français, l'anglais et l'arabe. À cette liste, on peut ajouter le portugais.

§9. De la compétence rationae materiae

**684.** Conformément à la Charte africaine de la démocratie, des élections et de la gouvernance, cette juridiction devrait avoir les attributions suivantes :

1) **les litiges en matière de révision constitutionnelle** contre les arrêts des juridictions constitutionnelles nationales

Cela semble être l'une des préoccupations de la Charte qui y a consacré tout un chapitre, à savoir, le chapitre VIII intitulé « *Des sanctions en cas de changement anticonstitutionnel de gouvernement* ».

À titre d'illustration, l'article 23 point 5 est éloquent en la matière. Il dispose en effet que « *les États parties conviennent que l'utilisation, entre autres, des moyens ci-après pour accéder ou se maintenir au pouvoir constitue un changement anticonstitutionnel de gouvernement et passible de sanctions appropriées de la part de l'union : … 5.* ***Tout amendement ou toute révision des constitutions ou des instruments juridiques qui porte atteinte aux principes de l'alternance démocratique*** ».

Le même article poursuit en envisageant des sanctions. Ce qui dénote d'une volonté manifeste de mettre un terme à des pratiques anticonstitutionnelles. C'est ainsi que l'on peut lire aux points 4, 5, 7, 8 et 9 les sanctions suivantes : « *4. Les auteurs de changement anticonstitutionnel de gouvernement* **ne doivent ni participer aux élections organisées pour la restitution de l'ordre démocratique, ni occuper des postes de responsabilité** *dans les institutions politiques de leurs États.*

*5. Les auteurs de changement anticonstitutionnel de gouvernement* **peuvent être traduits devant la juridiction compétente de l'Union.**

*7. La Conférence peut décider d'appliquer* **d'autres formes de sanctions** *à l'encontre des auteurs de changement anticonstitutionnel de gouvernement, y compris des sanctions économiques.*

*8. Les États parties* **ne doivent ni accueillir ni accorder l'asile** *aux auteurs de changement anticonstitutionnel de gouvernement.*

*9. Les États parties jugent les auteurs de changement anticonstitutionnel de gouvernement ou prennent les mesures qui s'imposent* **en vue de leur extradition effective** ».

2) **les litiges en matière de conflits électoraux**.

**685.** Cet aspect important de la vie politique d'un État semble également être une préoccupation majeure des États africains par le truchement de la Charte.

En effet, sans élections, il ne peut y avoir ni légitimité, ni alternance au pouvoir. Celles-ci sont le moteur d'un système démocratique. Tel un moteur dans un véhicule, les élections permettent au processus démocratique d'avancer, sinon de s'arrêter, voire de reculer s'il s'avère défectueux.

**686.** Dans ladite Charte, le chapitre VII est entièrement consacré à la tenue d'élections démocratiques. À titre d'illustration, l'article 17 dispose ce qui suit : *« les États parties réaffirment leur engagement* **à tenir régulièrement des élections transparentes, libres et justes** *conformément à la Déclaration de l'Union sur les Principes régissant les Élections démocratiques en Afrique.*

*À ces fins, tout État partie doit : …2. Créer et renforcer les mécanismes nationaux pour régler,* ***dans les meilleurs délais, le contentieux électoral*** … ».

Certes, cette disposition fait allusion aux mécanismes électoraux nationaux qui doivent être garantis par les États eux-mêmes. Cette obligation les engage et les met devant leur propre responsabilité.

Qu'advient-il alors lorsque cette obligation n'est pas respectée ? Comment s'assurer qu'elle ne reste pas un simple vœu pieux ? La piste la plus efficace serait d'en faire une attribution de la juridiction supranationale. Celle-ci pourrait statuer sur des recours introduits contre des décisions des juridictions nationales qui ne l'auraient pas fait à bon escient.

**687.** Une attribution porterait donc sur les litiges préélectoraux (fichier électoral, recensement, fausses cartes d'électeurs, irrégularités en phase d'enrôlement, …) et postélectoraux (contestation des résultats, bourrages des urnes, irrégularité dans le comptage, …).

Néanmoins, afin d'éviter des manœuvres dilatoires, surtout en matière de conflit préélectoral, dans le but de prolonger inutilement les échéances, le coupable de telles manœuvres pourrait voir son mandat invalidé.

À ce sujet, l'article 17 de la Charte stipule clairement que « *les États parties réaffirment leur engagement à* ***tenir régulièrement des élections transparentes, libres et justes*** *conformément à la Déclaration de l'Union sur les Principes régissant les Élections démocratiques en Afrique. À ces fins, tout État partie doit : …1.* ***Créer et renforcer les organes électoraux*** *nationaux indépendants et impartiaux, chargés de la gestion des élections.* »

L'article 22 dispose que « *les États parties* ***créent un environnement propice*** *à la mise en place des mécanismes nationaux indépendants et impartiaux de contrôle ou d'observation d'élections* ».

Ces deux dispositions suffisent à elles seules pour justifier la compétence en matière pré et postélectorale de la juridiction supranationale proposée.

**688.** Une telle Charte devrait être suivie de l'adoption d'un *protocole additionnel* créant et instituant une juridiction supranationale qui rendrait effectif le texte en question. Qu'un tel protocole soit adopté consécutivement au texte de base est d'une logique élémentaire en droit international. C'est ainsi, par exemple, qu'après avoir adopté à Rome, la Convention de sauvegarde des droits de l'homme et des libertés fondamentales, le 4 novembre 1950, — sous l'égide du Conseil de l'Europe, au lendemain même de la Seconde Guerre mondiale, directement inspirée de la Déclaration universelle des droits de l'homme, adoptée en 1948 par l'Assemblée générale des Nations unies, les États européens, pour la rendre effective, ont, le 21 janvier 1959 institué la Cour européenne des droits de l'homme. Puis, lui ont fait suivre le protocole n° 2 du 6 mai 1963 attribuant à la CEDH la compétence de donner des avis consultatifs, le protocole additionnel n° 11 du 11 mai 1994 portant restructuration des mécanismes de contrôle de la Convention et enfin le protocole n° 14 amendant le système de contrôle de la Convention.

**689.** Si la Convention est aujourd'hui une Charte vivante des droits et libertés, elle doit avant tout à l'œuvre prétorienne. Riche de plus d'un millier d'arrêts, la jurisprudence de la Cour de Strasbourg a enrichi et vivifié la Convention, donnant plein effet aux droits proclamés par celle-ci (...) Désormais, les autorités nationales – et principalement les juges – ne peuvent plus ignorer cette source du droit des libertés, qui irrigue aujourd'hui largement l'ordre juridique interne dans ses multiples branches, qu'elles relèvent traditionnellement du droit public ou du droit privé.[570]Cependant, s'agissant de la Charte, pour que sa saisine se fasse valablement, il faudrait que les États africains, prévoient expressément, en plus des compétences dont disposent déjà leurs juridictions nationales, les mêmes compétences que celles de la juridiction supranationale. Car, pour que la saisine de la juridiction supranationale se fasse valablement, il faut vider le litige dans l'ordre interne. Il serait donc antinomique que les deux ordres n'aient pas les mêmes compétences.

**690.** De toutes les façons, après l'adoption d'un protocole créant une telle juridiction, les États devraient automatiquement s'y conformer en révisant leurs constitutions. Comme il a été relevé au titre Ier, les États européens, notamment la Belgique, ont dû se conformer au droit communautaire européen en opérant un nombre important de révisions

---

570 F. SUDRE, J.P. MARGUENAUD, J. ANDRANTSIMBAZOVINA, A. GOUTTENOIRE, M. LEVINET, *les grands arrêts de la Cour européenne des Droits de l'homme*, 5e éd. Thémis Presses universitaires de France, janvier 2009, p.1.

des constitutions respectives, à cause de l'obligation qui incombe aux États de se conformer au droit européen. Suprématie internationale oblige !

§10. De l'auditorat

**691.** Pour une plus grande efficacité du fonctionnement de ladite juridiction, il serait impérieux de lui joindre les services d'un auditorat qui donnerait un avis circonstancié susceptible d'éclairer la lanterne des juges. Et ce, après avoir procédé à une instruction indépendante.

Cette juridiction comprendrait un auditeur général, trois auditeurs généraux adjoints ainsi que toute une équipe pour les tâches techniques et administratives.

Quelles missions lui seraient-elles conférées ?

**692.** L'auditorat de la juridiction supranationale n'aurait, dans la négative, aucune mission semblable aux Ministère publiques. Si bien qu'il ne représenterait ni ne défendrait les droits de la société. Il ne veillerait donc pas sur l'ordre public, et n'aurait, à cette fin, aucun droit d'initiative. En d'autres termes, cet organe n'aurait donc aucun droit de saisir la juridiction.

Sa mission essentielle serait, on l'a dit, de procéder à l'instruction des affaires dont est saisie la juridiction supranationale. Ses membres participeraient à l'instruction et pourraient être chargés de procéder aux enquêtes décidées par la juridiction.

Sa mission serait donc primordiale dans la mesure où, de manière préalable, l'auditorat pourrait procéder à l'examen des termes de la requête, aux échanges des mémoires et la constitution du dossier administratif ainsi que son dépôt au greffe.

**693.** À l'issue de ce travail préalable, ses membres rédigeraient un rapport circonstancié, après bien sûr, l'échange des mémoires – en réponse et en réplique — des différentes parties.

Ce rapport ne serait bien évidemment pas un projet d'arrêt, mais un document important qui constituerait la base même du travail des juges.

Ce document dans lequel l'auditorat donnerait son avis conclurait à l'accueil ou au rejet de la requête. L'arrêt à intervenir devrait donc mentionner de ce qu'elle a pris en compte, l'avis contraire ou conforme de l'auditorat.

Il sied de préciser qu'au terme des plaidoiries, les membres de l'auditorat ne prennent en aucun cas, part au délibéré de la juridiction. Cependant, son avis serait d'une grande influence dans les débats, tant son travail serait autonome et effectué en parallèle.

## §11. Aperçu schématique

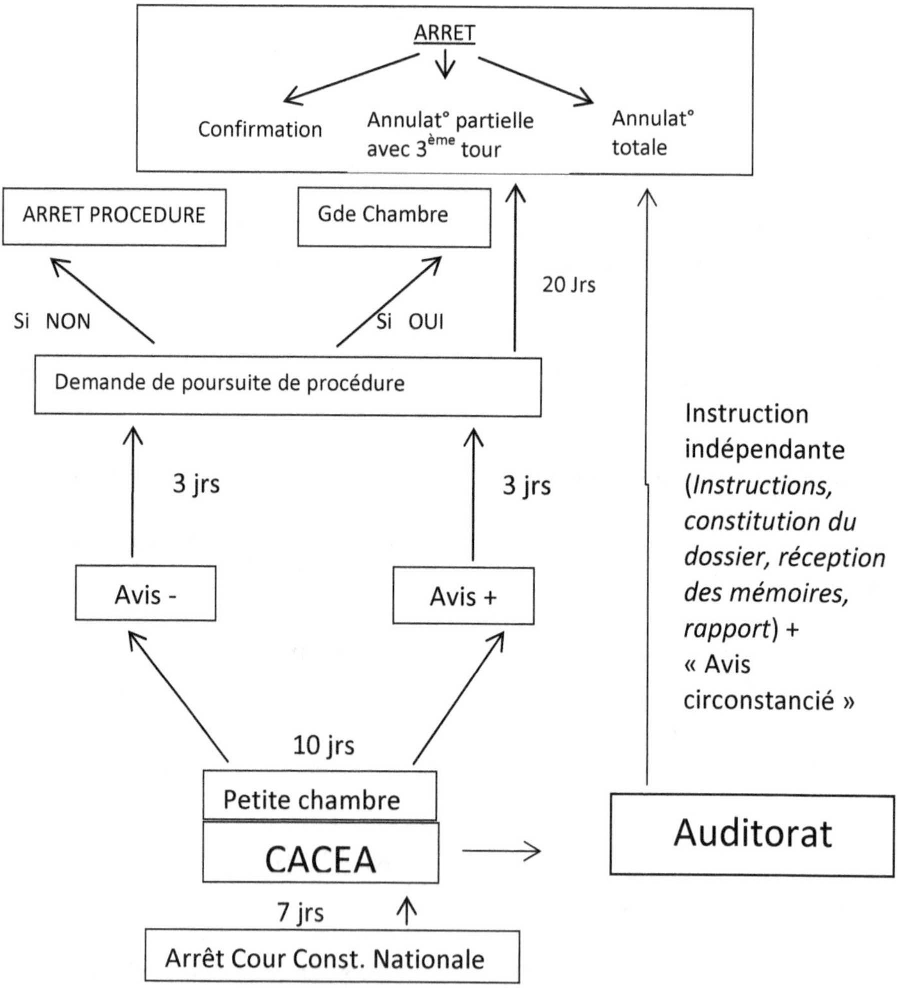

## Chapitre III. RECOMMANDATIONS SUBSIDIAIRES

### Section I. Plaidoyer pour une diaspora au secours de la légitimité

**694.** Il est un fait, une bonne partie de la diaspora africaine se retrouve en Occident, en Asie et ailleurs. Elle s'y retrouve pour des raisons diverses et diversifiées. Il y a entre autres, la quête de meilleures conditions de vie, d'études, de travail ainsi que d'une juste protection internationale.

À partir des pays d'accueil, la diaspora contribue énormément au timide essor économico-social des pays d'origines. Les transferts de fonds qu'elle opère atteignent des chiffres pour le moins faramineux.

**695.** À titre d'illustration, l'information, publiée le 11 novembre 2012 par lepotentielonline.com sur les « 9,3 milliards USD (soit 45 % du PIB du pays et 950 % de l'aide publique au développement) contre 2,3 milliards USD en 2009 envoyés en 2011 par la diaspora de la RDC aux « parents et proches restées au pays » contre 2,3 milliards USD en 2009, fait déjà des vagues.

« Ces ménages reçoivent plus ou moins et par an 2 000 euros qui leur permettent d'avoir un niveau de revenus supérieur à la moyenne nationale. Une partie de ces sommes provient de la France, des États-Unis, de l'Allemagne, de la Belgique, de la Suisse et de la Grande-Bretagne. L'argent ainsi reçu permet d'envoyer un enfant à l'école, de construire une maison ou d'acheter de quoi nourrir ceux qui sont restés au pays. Il contribue aussi à la construction de 60 % des infrastructures et à l'envoi de 4 enfants Congolais sur 10 à l'école », a rapporté lepotentielonline.com citant Afrique Renouveau.

**696**. Selon cet article, « la plus grande partie des sommes qu'envoient les émigrés congolais n'est pas comptabilisée et n'est donc pas prise en compte dans les statistiques de la Banque africaine de développement (BAD) et de la Banque mondiale. Car, il y a aussi les circuits parallèles pour envoyer les fonds. Soit l'argent est envoyé par le biais des amis qui vont en vacances au pays, soit les fonds passent par des Agences clandestines qui se prolifèrent dans les communautés des congolais de partout ».

« Avec l'argent de la diaspora, la RDC peut parfaitement se passer de l'aide internationale et devenir totalement indépendante. S'il n'y a aucune trace des transferts financiers de la diaspora congolaise dans les recettes exceptionnelles présentées au Parlement par le gouvernement, c'est très grave. Dans les pays organisés, les responsables devraient démissionner et être poursuivis en justice. Ce serait un énorme scandale. C'est comme si le gouvernement ne prenait pas en compte la TVA dans sa comptabilité. 9 milliards, c'est plus que le budget national et l'aide de la fameuse communauté internationale », a réagi dimanche 11 novembre Thierry Kisiasia Bundiku[571].

**697.** Cependant, en dépit de ce rôle socio-économique crucial, voire vital, certains pays comme la RDC n'ont jamais jugé bon de mettre à l'ordre du jour l'implication dans le processus électoral de leurs ressortissants se trouvant à l'étranger. Cette exclusion a fait des capitales européennes des bastions de l'opposition aux régimes en place. En 2005, quelques ressortissants Congolais, organisés sous la plate-forme COPEC[572]en sont même venus à simuler l'organisation de leurs propres élections en Belgique et plus précisément au quartier Matonge, au métro Porte de Namur, dans la ville de Bruxelles.

Ce fut à l'époque un message lancé à l'endroit des autorités congolaises évoquant souvent le manque de moyens financiers pour justifier la non-organisation des élections pour les congolais de l'extérieur. Ces ressortissants congolais - m'ont confié deux des organisateurs[573] - voulaient prouver qu'avec des moyens très modestes, il était possible d'accéder au souhait ardent de la diaspora, celui d'assumer son devoir citoyen en désignant les dirigeants.

À l'issue du dépouillement, Etienne Tshisekedi fut déclaré vainqueur.

**698.** La mauvaise gestion du Congo (RDC) et la non-implication des congolais de l'extérieur dans le processus électoral de leur pays ont, pour

---

571LePotentielOnline.com, 11 novembre 2012.

572Collectif pour les élections au Congo.

573Michel Kazadi le porte-parole et Me Gemi Mundere.

une large part, contribué à la naissance du phénomène dénommé "Combattants". Ce sont, en effet, des activistes congolais ne supportant plus les crises économico-socio-politico-militaires à répétition et les conséquences qu'elles induisent au niveau sociopolitique, économique, culturel et spirituel. Ces crises en font les vaches laitières de leurs familles. Ils sont, en permanence, obligés de leur venir en aide pour financer la scolarité, les soins de santé, les deuils, les mariages, etc.

En fait, ils ont le sentiment de n'être bons que pour transférer des fonds alors que leurs voix ne sont pas prises en compte du point de vue de l'organisation politique de leur pays d'origine.

**699.** Cela est d'autant plus vrai que la Constitution congolaise en son article 5[574]dispose que « la souveraineté nationale appartient au peuple. Tout pouvoir émane du peuple qui l'exerce directement par voie de référendum ou d'élections et indirectement par ses représentants. Aucune fraction du peuple ni aucun individu ne peuvent s'en attribuer l'exercice. La loi fixe les conditions d'organisation des élections et du référendum. Le suffrage est universel, égal et secret. Il est direct ou indirect. Sans préjudice des dispositions des articles 72, 102 et 106 de la présente Constitution, sont électeurs et éligibles, dans les conditions déterminées par la loi, tous les Congolais de deux sexes, âgés de dix-huit ans révolus et jouissant de leurs droits civils et politiques ».

**700.** Pour sa part, la loi électorale, complétant la Constitution, stipule en son article 5 également que « Nul n'est électeur s'il ne remplit les conditions suivantes : 1. Être de nationalité congolaise ; 2. être âgé de dix-huit ans révolus à la date de la clôture de l'ensemble des opérations d'identification et d'enrôlement ; 3. **se trouver sur le territoire de la République Démocratique du Congo le jour des élections** ; 4. ne pas se trouver dans l'un des cas d'exclusion prévus à l'article 7 de la présente loi »[575].

C'est notamment le point 3 de cette disposition qui exclut formellement les ressortissants congolais de la diaspora.

---

[574]JORDC, 52e année, Kinshasa 5 février 2011, p.9.
[575]JORDC, 17 février 2015, 56e année, n° spécial, p.4.

**701**. Au moment de la rédaction de ces lignes, en juillet 2014, des congolais de la diaspora, principalement en Belgique, sont occupés à créer une *CENI (Commission électorale indépendante) de la diaspora*. Ceci est révélateur du sentiment d'avoir volontairement été exclu du processus présidant à l'alternance politique dans leur propre pays. Cela malgré leur grand désir de prendre part au scrutin.

La diaspora se sent ainsi exclue tout en sachant qu'elle représente un nombre non négligeable de congolais et d'Africains vivants à l'extérieur. Les millions d'Africains constituant la diaspora peuvent, sans conteste, faire basculer les scrutins, dans certains pays, du côté du pouvoir en place ou de son opposition. Cela donnerait un peu plus de crédibilité à la légitimité tant décriée des élus locaux.

**702.** Au courant de l'année 2014, une autre illustration du poids de la diaspora a été révélée au grand jour. En effet, le 16 octobre 2014 le peuple roumain a été appelé à élire son président de la République. Le Premier ministre sortant, Victor Ponta conscient du poids de la diaspora (15 %), a de toute évidence manœuvré pour rendre son vote laborieux, dans la mesure où dans les grandes capitales européennes (Bruxelles, Paris, Rome, Londres, …) la logistique était défaillante à telle enseigne qu'il y eut de très longues files pour les décourager. Ce spectacle a été relayé par les grandes chaînes nationales européennes. Ce qu'il craignait s'est finalement réalisé, la diaspora dans sa grande majorité a voté pour son adversaire, Klaus Johanis.

## Section II. Plaidoyer pour des mandats fixes

**703.** L'un des talons d'Achille du système constitutionnel congolais en particulier et africain en général est, à notre avis, l'instauration des mandats flottants.

Par mandats flottants, l'on entend des mandats extensibles à souhait au gré d'incidents politiques fomentés de toutes pièces : retard dans le recensement, retard dans l'organisation d'élections, manque de moyens financiers, etc. Bref, toutes sortes de subterfuges et manœuvres politiciennes permettant de prolonger le mandat au-delà même du délai prévu initialement. La Constitution ouvre des brèches rendant ces manœuvres possibles, grâce au vide juridique sur la question qui permet aux plus rusés d'étendre leurs mandats.

**704.** Ainsi, un mandat flottant permet-il le maintien des autorités en place jusqu'à l'hypothétique installation des nouvelles. Ce qui, du reste, est légitime et logique, voire naturel. Néanmoins, dans le contexte africain, vu le manque d'éthique dans la culture politique, ce type de mandat a fini par donner un argument de taille aux tenants du pouvoir pour s'y maintenir à souhait.

**705.** Du point de vue de la culture politique en Afrique et en RDC en particulier, Monseigneur Monsengwo, s'indignant des hommes politiques congolais, disait qu'à titre illustratif, le comportement alimentaire d'une bonne partie de la classe politique congolaise s'est encore vérifié le 16 septembre 2003, lorsque les députés menacèrent d'entrer en grève pour obtenir un accroissement de leur traitement mensuel, alors que le personnel de l'Assemblée nationale n'était pas payé[576].

Un tel constat fut fait à l'époque où justement le projet de l'actuelle Constitution congolaise était en gestation. C'est donc cette classe politique, sans éthique, qui a dû le préparer.

**706.** Eu égard à ce qui précède, il nous paraît urgent d'instaurer des mandats fixes. Ils aideraient la RDC à sortir de la situation aberrante dans laquelle elle se retrouve. En effet, depuis les élections chahutées de novembre 2011, un nouveau Parlement a, à l'issue d'un cafouillage le plus total, été installé au courant de l'année 2012.

Le comble du paradoxe est qu'au terme de l'année 2015, aucune élection sénatoriale et provinciale n'a été organisée. Actuellement, soit quatre ans après les élections présidentielles et législatives, ce pays fonctionne avec une nouvelle Chambre basse aux côtés d'une ancienne Chambre haute et d'anciens Parlements provinciaux.

**707.** À l'approche des échéances de 2016 en RDC, de nouvelles manœuvres sont concoctées dans le but manifeste d'aller au-delà des délais impartis par la Constitution pour la tenue des élections. La question de l'organisation du recensement, posée par plusieurs formations politiques et balayée d'un revers de la main par le pouvoir en place avant les élections de 2006 et de 2011, revient sur le devant de la scène politique. À la veille des échéances électorales de 2016, le même

576 M. F. Croo et F. Messier, *op.cit.*, éd. Complexe 2006, p.93.

pouvoir, comme par enchantement, se pose en défenseur du recensement en créant un organisme nommé ONIP (l'Office national d'identification de la population), créée par Ordonnance présidentielle n° 14/066 du 15 octobre 2014. Il feint de ne pas savoir que tant la superficie du pays que le manque d'infrastructures ne permettront pas d'effectuer cette tâche dans des délais raisonnables. C'est justement ce genre de situations que l'instauration de mandats fixes permettrait d'éviter.

À la faveur des mandats flottants, à l'approche des élections présidentielles congolaise de novembre 2016, le pouvoir en place n'a pas manqué de multiplier les manœuvres, se réfugiant derrière une certaine légalité, pour justement demeurer au pouvoir au-delà du délai légalement prévu par le Constituant originaire.

En effet, au mois mai de 2016, la Cour constitutionnelle a été saisie par 250 députés de la majorité au pouvoir pour justement, en substance, savoir ce qui adviendrait si des élections étaient impossibles à organiser par la CENI. C'était en fait une requête en interprétation de l'article 70 de la Constitution qui stipule que « *Le président de la République est élu au suffrage universel direct pour un mandat de cinq ans renouvelable une seule fois. À la fin de son mandat, le président de la République* ***reste en fonction jusqu'à l'installation effective du nouveau Président élu.*** ».

Selon cet arrêt rendu mercredi 11 mai de la même année, la Haute juridiction congolaise a soutenu que « Suivant le principe de la continuité de l'État et pour éviter le vide à la tête de l'État, le président actuel reste en fonction jusqu'à l'installation du nouveau président élu ».

Les débats au prétoire comme en dehors de celui-ci, portaient directement sur l'article 70 et incidemment sur une autre disposition toute aussi importante, à savoir l'article 75 laquelle stipule qu'« *en cas de vacance pour cause de décès, de démission ou pour toute autre cause d'empêchement définitif, les fonctions de président de la République, à l'exception de celles mentionnées aux articles 78, 81 et 82 sont provisoirement exercées par le Président du Sénat* ». La Cour était en réalité, appelée à statuer sur la primauté de l'une des deux dispositions précitées sur l'autre. Et vraisemblablement, elle a privilégié la première, en l'occurrence, l'article 70. Dans l'opinion, cela a été perçu comme un blanc-seing accordé à Joseph Kabila pour se maintenir au pouvoir.

Pire encore, quelques mois plus tard, après une saisine de la même Cour par la CENI pour, en substance, avoir un avis constitutionnel sur le report des échéances électorales de novembre 2016. Dans son arrêt du 17 octobre 2016, à la stupéfaction générale, la Cour est, comme à son habitude, allée dans le sens de la CENI qui est elle-même inféodée au régime en place.

Cependant, il sied de préciser, – et cela est non négligeable —, qu'après deux remises d'audience, elle a statué en enfreignant l'article 90 de la Loi organique n° 13/026 du 15 octobre 2013, portant organisation et fonctionnement de la Cour constitutionnelle. Et ce, dans la mesure où quatre[577] des neuf juges se sont sciemment soustraits car ne voulant pas cautionner la supercherie. Or, ladite disposition requiert, pour valablement statuer, la présence d'au moins 7 juges, ce qui ne fut très clairement pas le cas.

Les motifs invoqués étaient encore une fois fallacieux : « la loi de la nécessité ainsi que la volonté de ne pas bloquer le bon déroulement des institutions ».

**708.** Il s'agit encore une fois d'une pratique efficace, qui a fait ses preuves dans certaines grandes démocraties comme cela est relevé supra. Cependant, il reste étonnant de constater qu'en dépit de la grande présence d'experts occidentaux aux côtés des Constituants africains, cette pratique reste très peu prisée par les rédacteurs des constitutions africaines.

**709.** Aux États-Unis, le vingtième amendement dispose que les mandats du Président et du vice-Président prendront fin à midi, le vingtième jour de janvier. Ceux des sénateurs et des représentants, à midi, le troisième jour de janvier des années au cours desquelles ils auraient expiré si le présent article n'avait pas été ratifié : ainsi les mandats de leurs successeurs commenceraient à partir de ce moment[578].

---

[577] F. Vuduawe Te Pemako, JL Essambo Kangashe, Banyaku Luape et Corneille Wasenda

[578] XXe amendement (ratifié en 1933) : Les mandats du Président et du vice-président prendront fin à midi, le 20e jour du mois de janvier, et ceux des Sénateurs et des Représentants à midi, le 3e jour de janvier, des années au cours desquelles ces mandats auraient pris fin si le présent article n'avait pas été

Le choix pour des mandats fixes, avec des précisions sur les jours et heures de fin semble avoir été une option appropriée à une époque où ce pays n'était pas encore la grande démocratie que l'on connaît aujourd'hui. À l'époque, certains Constituants originaires occidentaux ont pensé des mécanismes ingénieux qui font encore leurs preuves aujourd'hui, alors que les Constituants africains continuent à cacher leur irresponsabilité en usant et en abusant de la notion de "jeune démocratie" pour désigner les pays où la juste organisation politique peine à s'imposer.

**710.** Au courant de l'année 2016, l'Haïti vient d'expérimenter l'efficacité d'une telle pratique, alors que le Président Michel Martely pouvait se prévaloir du retard dans l'organisation du second tour des élections, il a fait le choix de respecter le prescrit de l'article 134.1 de la Constitution haïtienne du 29 mars 1987, lequel stipule que « La durée du mandat présidentiel est de cinq (5) ans. Cette période commence et se terminera le 7 février suivant la date des élections. »

Ce point 1 doit bien sûr être lu à l'aune du paragraphe qui le précède qui constitue l'article 134, lequel dispose que « Le président de la République est élu au suffrage universel direct à la majorité absolue des votants. Si celle-ci n'est pas obtenue au premier tour, il est procédé à un second tour.

Seuls peuvent s'y présenter les deux (2) candidats qui, le cas échéant, après retrait de candidats plus favorisés, se trouvent avoir recueilli le plus grand nombre de voix au premier tour. »

Pour plus de précision, il n'est pas superflu d'évoquer le point 2 du même article qui ne manque pas de renforcer l'idée d'un mandat fixe dans ce sens que « Les élections présidentielles ont lieu le dernier dimanche de novembre de la cinquième année du mandat présidentiel. » (Art.134.2)

Certes, il y a eu la décision personnelle d'un homme de s'y conformer. Cependant, il faut souligner le mérite du Constituant originaire haïtien d'avoir pensé instaurer une telle disposition qui constitue une balise

---

ratifié ; et les mandats de leurs successeurs commenceront alors. (D. COLAS, op. cit., p.190) importante pour l'homme politique haïtien. Qu'aurait été son attitude si une telle disposition n'existait pas ? Il n'aurait pas eu d'autres choix que de se maintenir au pouvoir en attendant que les choses se résorbent. C'est donc bien l'existence de l'article 134.1 qui lui a permis de prêcher par l'exemple. Ceci pour dire que les acteurs politiques ont indubitablement besoin de garde-fous, du moins pour ceux qui ont un minimum de bon sens.

**711.** Comment expliquer qu'en dépit de l'existence de ces systèmes démocratiques privilégiant les mandats fixes, ayant fait leurs preuves et étant connus des Constituants africains originaires et dérivés, ils n'ont pu, eux et leurs experts occidentaux, s'en inspirer ?

Comme preuve de cette désinvolture, l'article 70 de la Constitution congolaise dispose que *Le président de la République est élu au suffrage universel direct pour un mandat de cinq ans renouvelable une seule fois. À la fin de son mandat, le président de la République reste en fonction jusqu'à l'installation du nouveau Président élu.*

Pour leur part, les alinéas 2 des articles 103 et 105 de la même Constitution disposent respectivement que (...) *Le mandat de député national commence à la validation des pouvoirs par l'Assemblée nationale et expire à l'installation de la nouvelle Assemblée.*

*(...) Le mandat de sénateur commence à la validation des pouvoirs par le Sénat et expire à l'installation du nouveau Sénat.*

**712.** Contre toute attente, en total décalage avec la culture politique congolaise, le Constituant originaire congolais et ses nombreux experts occidentaux ont clairement opté pour des mandats flottants et non fixes. Rien d'étonnant à ce que ce pays patauge encore aujourd'hui dans des situations ridicules où une nouvelle Chambre basse cohabite avec une ancienne Chambre haute qui siège sans inquiétude aucune, avec en son sein des sommités dans le domaine scientifique qui ne s'en émeuvent pas outre mesure.

**713.** Cheik Fita le décrit avec une certaine indignation en relatant que le mandat des sénateurs actuels avait commencé en 2007. Cinq ans après, ce mandat avait expiré (...) De la même façon que la validité des médicaments et des aliments expire. Le même article (105) poursuit, dans une sorte de contradiction, que ce mandat expire avec l'installation du nouveau Sénat. Raison pour laquelle Kengo[579]et ses sénateurs siègent encore (...) en attendant l'installation du nouveau Sénat. Si la lettre de cet article a apparemment été respectée, son esprit a été violé. Pourquoi ? En attendant l'installation du nouveau Sénat ne veut pas dire, en attendant le jour où la CENI voudra bien organiser les élections. Cela veut dire que la CENI, sachant que son rôle est d'organiser un cycle d'élection, son obligation première est de respecter les délais. Si l'article 211 de la Constitution donne le pouvoir à la CENI d'organiser les élections, c'est de les organiser régulièrement d'une façon cyclique, régulière[580].

**714.** Il paraît donc impérieux d'instaurer dans les constitutions africaines des mandats fixes avec dates et heures comme aux États-Unis. Celui qui n'aura pas su organier les élections dans les temps, devra céder, de plein droit, sa place à une autorité ou instance constitutionnellement désignée, qui aura pour seule mission d'organiser les élections dans les plus brefs délais.

Par ailleurs, une clause pénale devrait également être prévue dans les constitutions africaines en cas de défaut ou d'organisation tardive d'élections en prévoyant des amendes considérables ainsi que des peines de prison. Pour ce faire, les Parquets doivent se voir confier le pouvoir de se saisir d'office sinon sur dénonciation, du « déni d'élections ».

C'est exactement ce que la RDC a vécu au courant des mois d'août et de septembre 2016, à quelques mois des échéances électorales. En effet, les autorités congolaises se sont plutôt contentées d'organiser ce que l'on a nommé un « dialogue » avec toutes les forces vives de la nation, au lieu de s'évertuer à se conformer aux prescrits constitutionnels en organisant des élections. Tout ceci à la faveur des dispositions laxistes en matière de fin de mandat. Le dépassement de mandat en RDC et en Afrique en général ne comporte en effet aucun risque pour leurs auteurs.

**715.** Concomitamment à cette pratique, le présent ouvrage plaide également pour l'instauration d'un système de démission pour le

---

579Actuel président du Sénat congolais.

580Cheik Fita, *RD Congo. Impossibilité de réviser ou de changer de Constitution avant 2016. Voici pourquoi, article Cheik Fita news, 24 septembre 2014.*

Président sortant, s'il tient à se déclarer candidat, et ce, deux ou trois mois avant la tenue des élections.

En effet, le retrait obligatoire de la gestion de la chose publique permettrait d'atténuer, sinon d'éviter, les pesanteurs politiques du candidat président sortant.

Le fait qu'il perde, tant soit peu, la main sur les rênes du pouvoir pourrait considérablement réduire ses influences néfastes sur le déroulement même du scrutin.

Cette pratique existe dans certains pays d'Afrique comme le Madagascar dont la Constitution en son article 46 dispose que *le président de la République en exercice, qui désire se porter candidat, doit démissionner la veille de l'ouverture de la campagne électorale.*

## Section III. Enseignements

**716**. *En Afrique comme ailleurs, une Constitution ne peut être viable que si elle repose sur un large consensus, 'cette volonté de vivre et de travailler ensemble', dont Renan, à la fin du XIXe siècle, avait fait le critère même de la nation. On veut espérer qu'à l'aube du XXIe siècle, il n'est pas naïf de penser que les institutions démocratiques ne sont pas le pire des moyens pour y contribuer. Certes, il ne peut y avoir de démocratie sans démocrates, mais sans l'apprentissage des mécanismes élémentaires de la démocratie, on voit mal comment pourrait naître une culture démocratique*[581].

**717.** En effet, comme souligné précédemment, les différentes révisions en Afrique portent essentiellement sur le nombre de mandats présidentiels ou sur le changement des règles électorales et ce, souvent, dans le but cynique de conserver le pouvoir. Chaque fois qu'une révision est diligentée dans ce sens, elle aboutit dans la quasi-majorité des cas.

---

[581] G. Congac, "*Succès e crises du constitutionnalisme africain*", *in les Constitutions africaines publiées en langue française*-dir. J. Du Bois De Gaudusson, G. Cognac et Desouches -, t.II, Paris/Bruxelles, la Documentation française/Bruylant, 1998, p. 19.

Les mécanismes de révisions sont donc clairement des plus fragiles dans ce continent. Ce qui empêche les constitutions africaines de jouer leur rôle de norme de référence, de rempart contre toutes les tentatives de déstabilisation des équilibres voulus à l'origine et généralement très fièrement arborés dans des exposés des motifs et des préambules rédigés dans les beaux styles littéraires.

**718.** Hormis la fragilité légendaire des mécanismes de révision africains, l'on déplore également l'instrumentalisation à outrance des juridictions constitutionnelles censées être les gardiennes des textes fondamentaux. Ces juges sont généralement nommés par le chef de l'État en place, sans prendre parfois en compte la compétence comme critère de nomination. Ce qui compte avant tout, c'est l'allégeance au pouvoir, l'appartenance politique partisane ou tribale, le clientélisme, etc.

**719.** En juillet 2014, la RDC désigne à peine les neuf membres qui composeront la Cour constitutionnelle tant attendue. Ce n'est qu'en novembre de la même année que le Procureur général ainsi que les procureurs généraux près la cour constitutionnelle, seront nommés par ordonnance présidentielle. Le compte peut vite être fait : huit ans seulement après sa consécration par la Constitution de 2006, cette juridiction aussi importante dans l'organigramme judiciaire, mais également et surtout dans le fonctionnement du système démocratique, a fini par être créée, mais à contretemps. Stratégie politique oblige !

**720.** D'après plusieurs analystes politiques, lorsque l'on considère les différents profils des juges désignés, il y a une certitude : tous sont de près ou de loin, redevables au pouvoir en place. L'objectif est donc clair : s'assurer une mainmise sur cet organe afin de se maintenir au pouvoir par des entourloupes juridico-légales.

Il est une évidence, la réalité politico-judiciaire et administrative de notre pays, tout comme celle de la plupart des pays africains, est autre ; ces principes ne sont qu'une *rule of paper*. Le label démocratique dont s'affuble le pays ne l'est que pour les besoins de la publicité extérieure. L'idéal démocratique n'est vécu ni de l'intérieur ni de l'extérieur. Ces principes qui gisent dans nos textes constitutionnels ne sont que décoratifs, ornementaux. La raison en est une : une mentalité politique réfractaire aux lois, un manque de la culture du texte. La conséquence est un état de stagnation politique qui grippe tous les rouages institutionnels de l'État. Alors que les acteurs institutionnels de l'État jurent respect aux droits de l'homme, leur agir quotidien ne suit pas la parole. La philosophie qui se cache derrière toute formule serment elle qui tend à voir l'assermenté incarner dans les faits la promesse qu'il a faite est vidée de sa substance. Il y a comme une espèce de résurgence contemporaine de l'arbitraire du droit ancien[582].

Avec un pareil tableau, il n'est dès lors pas étonnant que l'Afrique assume le rôle de parent pauvre de la démocratie (élections systématiquement truquées, constitutions foulées aux pieds, juridictions constitutionnelles partisanes, ...)

**721.** Dans ce contexte, la confiance non seulement des acteurs politiques, mais également du souverain primaire envers les institutions étatiques s'effrite. Cette situation a creusé un fossé entre les différentes forces politiques jusqu'à causer un sentiment de révolte et de rejet de la politique.

L'illustration parfaite d'un tel sentiment a été donnée au courant de l'année 2013. Il a suffi qu'un cacique du pouvoir de Kinshasa évoque, dans un ouvrage, la nécessité de réviser la Constitution, pour que les réactions fusent de toutes parts. Elles furent toutes aussi virulentes que pertinentes. Provenant tant des politiques que de l'Église, des ONG, des associations de tout genre que de l'extérieur du pays, voire du milieu musical. Un célèbre musicien de la place a fustigé les révisions constitutionnelles faites à dessein dans un chant intitulé "CONGO". Dans la diaspora congolaise de Belgique, des T-Shirts portant l'inscription « *touche pas à mon 220* » ont été vendus comme des petits pains.

**722.** Au milieu de l'année 2014, des réactions similaires se sont fait entendre après l'annonce au courant du mois de juin, par le gouvernement congolais, de la révision de certains articles de la Constitution. Une fois encore, elles furent virulentes et pertinentes. Ces réactions ont pu, de près ou de loin, éveiller l'attention des puissances occidentales. Elles ont dû dépêcher à Kinshasa des envoyés spéciaux pour exiger le respect strict des échéances électorales et de la Constitution, en l'occurrence son article 220.

---

582 J. P. Kilenda, *op. cit.*, p.235

**723.** Un peu plus tôt, John Kerry, secrétaire d'État américain au Foreign office, n'a pas manqué de rappeler les autorités congolaises au respect de la Constitution en des termes on ne peut plus clairs. Dans une conférence de presse tenue le 4 mai 2014 à Kinshasa, il mentionna le fait que "*Monsieur Kabila a clairement en tête le fait que les États-Unis d'Amérique sont intimement convaincus que le processus constitutionnel doit être respecté…*"[583]

Pour sa part, Russel Feingold, envoyé spécial américain pour la région des Grands Lacs, a été encore plus explicite sur cette question. "*Nous ne voulons pas que M. Kabila change la Constitution ou fasse un troisième mandat*, avait-il renchéri en répondant à une question de la presse[584].

Il continua en faisant un aveu sous forme d'amende honorable en reconnaissant qu'à propos de la présidentielle et des législatives de 2011, la *communauté internationale ne s'était pas engagée suffisamment tôt comme elle aurait dû et qu'il ne fallait pas répéter cette erreur en vue de 2016".*[585]

**724.** De telles réactions, trois ans après la révision éclair de la Constitution, en janvier 2011, ont révélé combien un mécanisme fragile comme celui de la RDC peut causer une fracture dans la société et conduire les victimes à opter pour des solutions violentes et illégales pourtant légitimes.

Le manque des mécanismes fermes et rigides de révision constitutionnelle plonge plusieurs pays d'Afrique dans des violences politiques de tout genre. Tunisie, Lybie, Mali, Centre Afrique, RDC, Côte d'Ivoire, Rwanda, Burundi, Congo…, tant de pays où de vives tensions ont été recensées et se ressentent encore aujourd'hui (rebellions, assassinats politiques, attentats, arrestations politiques, …).

Toutes ces réactions sont la résultante d'un sentiment partagé : la méfiance face à la grande fragilité des systèmes constitutionnels symbolisés par des mécanismes de révisions des plus fragiles mais également par des juridictions constitutionnelles des plus corrompues.

---

583 *Le secrétaire d'Etat américain John Kerry et Joseph Kabila*, 4 mai 2014, article presse Reuters/Saul Loeb/Pool.

584 *Ibidem*

585 *Ibidem*

**725.** Il est donc impérieux de se pencher sur les mécanismes de révision des constitutions, cœur du système constitutionnel. Ces mécanismes devraient être multifactoriels, prenant ainsi compte des facteurs temps, difficulté, risque de perte des mandats. Et ce, afin de les rendre plus rigides, temporisateurs et plus dissuasifs. Au cas contraire, l'Afrique continuera à patauger dans l'instabilité constitutionnelle avec toutes les conséquences néfastes que l'on connaît encore aujourd'hui.

**726.** Les recommandations du présent ouvrage à propos des mécanismes de révision ne sont bien évidemment pas la panacée. En effet, *les expériences des États étrangers nous montrent qu'une procédure de révision constitutionnelle n'a jamais été, n'est et ne sera jamais que ce que ses acteurs en font. En clair, la légitimité et l'efficacité des révisions constitutionnelles sont largement tributaires de l'état d'esprit de celles et de ceux qui sont chargés de les mettre en œuvre*[586]. Néanmoins, si, comme il a été vu précédemment, la majorité des États occidentaux ont pu donner à leurs mécanismes de révision leurs lettres de noblesse, en les rendant effectives, il est permis de croire que la même chose peut se produire dans le continent africain.

**727.** Les autorités politiques africaines ont donc tout intérêt à s'y pencher, car tout est une question de choix responsable et courageux. C'est d'ailleurs avec une certaine fierté et admiration que P. Errera, parlant de la procédure de révision de la Constitution belge, disait à juste titre que *des différents modes de révision, notre Congrès national a choisi celui qui, depuis lors, a été accepté par un grand nombre d'autres nations et que la science politique approuve généralement. Il n'a pas voulu d'une convention, mais il a tenu à ce qu'une consultation populaire donnât à l'opinion publique l'occasion de se prononcer en l'occurrence. C'est donc le pouvoir législatif ordinaire qui, chez nous, fait la révision ; mais il la fait dans des formes* ***ad hoc****, entraînant une dissolution des deux Chambres, c'est-à-dire un appel au corps électoral et exigeant des majorités exceptionnelles, destinées à garantir le pays contre les coups de partis*[587].

Force est malheureusement de constater qu'en dépit de ses belles constitutions, l'adverbe « *anticonstitutionnellement* », trouve et trouvera encore son terrain de prédilection dans le constitutionnalisme africain.

---

586M. VERDUSEN, *La procédure de révision de la Constitution : données comparatives*, in F. DELPEREE, *op. cit.*, Bruylant-Bruxelles 2003, p.110.
587P. ERRERA, *Traité de droit public belge*, Paris, Giard et Brière, 1909, p.20.

**728.** Pour contourner cette dérive, faut-il le rappeler, il est nécessaire de se pencher sur la création d'une juridiction supranationale compétente en matière constitutionnelle et électorale. Cette juridiction est nécessaire pour conjurer la défaillance des juridictions nationales, lesquelles, comme on l'a vu, sont quasi toutes à la solde des pouvoirs en place. D'où leur inefficacité et leur incapacité à jouer le rôle de gardiennes des textes fondamentaux et des résultats électoraux.

Lors de la même conférence en mai 2014 à Kinshasa, John Kerry a d'ailleurs, à juste titre, rappelé que *l'Afrique n'a pas besoin d'hommes forts, mais d'institutions fortes*[588].

**729.** En matière électorale, en particulier, son pouvoir d'annulation avec injonction de réorganiser un tour supplémentaire, serait d'une grande contribution dans l'apaisement des conflits en Afrique. Très souvent, ces conflits sont postérieurs et partant, les conséquences d'élections désorganisées.

Hormis ces deux recommandations principales, l'instauration des mandats fixes, de la démission obligatoire du candidat Président sortant ainsi que la participation obligatoire de la diaspora au suffrage serait d'un grand secours à la démocratie africaine.

Toutes ces propositions cumulées ne sont bien évidemment pas une panacée. En plus, elles ne pourront faire leur preuve que chez les gouvernants ayant fait l'expérience de leurs limites tout en essayant de chercher à comprendre la notion même de Constitution ainsi que son rôle exact. Autrement, il faudrait trouver d'autres systèmes politiques adaptés aux mentalités africaines pour ce continent.

**730.** En définitive, ces pistes de solutions ne sont proposées qu'à des dirigeants africains patriotes, ayant un sens aigu de la gestion de la cité, consciencieux et épris de valeurs démocratiques. Mais aussi à des dirigeants respectueux des textes et sachant que l'exercice du pouvoir est un sacrifice pour améliorer le quotidien de la population qui les a mandatés.

---

588 *Le secrétaire d'Etat américain John Kerry et Joseph Kabila*, 4 mai 2014, article presse Reuters/Saul Loeb/Pool.

En effet, *la Constitution est comme une serrure. Elle est inutile s'il ne passe dans la rue que des gens parfaitement honnêtes. Elle ne sert pas à grand-chose contre un voleur bien décidé et armé d'outils efficaces. Elle n'est utile qu'à décourager les gens ordinaires qui d'habitude suivraient le droit chemin mais que pourrait tenter une porte ouverte ou sans verrou. Nulle Constitution ne protège du coup d'État. Mais quel régime, même de souche révolutionnaire, ne cherche à se prémunir des crises qui pourraient affecter son existence en se mettant à l'abri d'une Constitution ?*[589]

**731.** L'Afrique a adopté et transposé chez elle toutes sortes d'inventions et pratiques occidentales sur le plan économique, technologique, militaire, industriel, scientifique, administratif, judiciaire, voire morale et vestimentaire, sans s'en plaindre. Paradoxalement, quand il s'agit de la démocratie, de l'État de droit et de tout ce qui s'ensuit, les arguments fusent dans le sens du rejet à cause de leur inadéquation d'avec la culture locale.

589 P. Bastid, in F. Delpérée, *Le droit constitutionnel de la Belgique*, Bruylant Bxls, LGDJ Paris, 2000, p.34.

# *CONCLUSION*

La démocratie, avec tous ses contours, semble fatalement être un exercice des plus périlleux en Afrique. En témoigne l'existence du très louable prix *Mo Ibrahim* qui est, entre autres, décerné aux quelques rares chefs d'États africains ayant passé le flambeau de manière pacifique. C'est le Président Mozambicain Joaquim Alberto Chissano qui fut le premier à recevoir ce prix en 2007, pour avoir en effet, transféré démocratiquement le pouvoir à son successeur en février 2005.

Depuis l'époque coloniale jusqu'à ce jour, l'Afrique n'a malheureusement plus jamais été maître de son propre destin. Si bien que son cœur bat au rythme du diktat occidental et asiatique, de l'assistanat dans presque tous les domaines, même les plus inimaginables.

Au courant de l'année 2014, le Nigeria, l'un des pays le plus riche du continent africain, comptant par ailleurs la deuxième armée dudit continent, a étalé à la face du monde son impuissance à lutter contre une secte religieuse qui sévit au Nord de son territoire du nom de Boko Haram, au point de faire un appel pathétique à l'expertise occidentale, israélienne et asiatique.

Peu avant cela, ce fut le tour du grand Mali et de la Centre Afrique face à des mouvements de rébellions. Mais également du Libéria et de la Guinée, qui ont simultanément été confrontés à la maladie Ebola. Les exemples sont légion ! Face à la moindre difficulté sur le plan médical, électoral, militaire, climatique et j'en passe, des experts occidentaux sont ipso facto dépêchés pour apporter la solution.

Cela va sans dire qu'il existe une certaine mentalité, voire une véritable culture d'assistanat, qui a fait perdre à ce continent la maîtrise de son destin. Ne dit-on pas que celui qui paie commande ! Comme il a été rappelé précédemment, après la colonisation, les mouvements des indépendances ont été suivis par une nouvelle ère non glorieuse, celle des dictatures dont les ficelles étaient à nouveau tirées par l'Occident qui parrainait et déboulonnait les dictateurs en fonction de ses intérêts. Pour ainsi dire, ce fut donc une autre variante de l'assistanat qui vit le jour.

Guerre froide oblige, ces dictateurs africains furent soit des membres de la CIA, soit des membres du KGB ou autres services spéciaux, ayant donc des comptes à rendre.

Au terme de ladite guerre, le destin de l'Afrique prit également une autre tournure. Autrement dit, cette guerre n'aurait pas pris fin, les choses seraient demeurées intactes.

Le discours de la Baule, prononcé par François Mitterrand, alors président de la République française, en dit long. Son message fut sans ménagement adressé aux chefs d'États Africains de l'époque, comme un patron à ses subalternes.

La décision de passer à l'ère démocratique fut, dans une certaine mesure, encore une fois dictée de et par l'extérieur. Même si de l'intérieur un travail non négligeable fut abattu par des hommes d'un grand charisme, qui n'ont pas hésité à affronter et ainsi affaiblir ces dictatures.

L'espoir fut, malgré tout, permis. L'Afrique entra dans une nouvelle ère, celle de la démocratisation marquée par des conférences nationales, des gouvernements de transition, voire des élections. Changement de cap oblige, de nouvelles constitutions furent *de jure*, élaborées.

Une nouvelle forme d'assistanat vit le jour, celle d'experts en rédaction de constitutions et en matière d'organisation d'élections. Sans oublier le nombre impressionnant d'observateurs internationaux lors des périodes électorales dont l'intervention ne sert finalement qu'à se donner bonne conscience, car la tricherie reste la règle en Afrique tant ces observateurs n'impressionnent plus personne. Bien au contraire, ces rendez-vous électoraux leur donnent une occupation avec en contrepartie des subsides faramineux.

Loin de nous l'idée de cracher sur la démocratie et l'État de droit à l'Occidental. Très récemment, deux anciens présidents français, Chirac[590]et Sarkozy[591]se sont fait interpeller par la justice française pour

590 Voy. notamment Le Monde.fr, *Jacques Chirac condamné à deux ans de prison avec sursis*, 15/12/2011. Pour rappel, en décembre 2011, Jacques Chirac a été condamné à deux ans de prison avec sursis par le tribunal correctionnel de Paris, pour "détournement de fonds publics", "abus de confiance" et "prise

des faits commis lorsqu'ils exerçaient le pouvoir. Ce fut également le cas, plusieurs années auparavant, du Chancelier allemand Helmut Khol[592]. À cette occasion, les juges reconstituèrent le financement occulte de la CDU[593], le parti de l'ex-chancelier et tant d'autres. En Belgique, le Roi Albert II a été traîné en justice par une de ses filles naturelle[594].

---

illégale d'intérêt", pour une vingtaine d'emplois litigieux, alors même qu'à l'audience, le parquet avait requis la relaxe de l'ancien président et de ses neuf coprévenus pour une affaire d'emplois de complaisance à la ville de Paris qui remonte au début des années 1990, quand il était maire de la capitale. Protégé pendant son séjour à l'Elysée par une généreuse immunité de fonction, Jacques Chirac, 79 ans, a donc été jugé plus de quinze ans après les faits. Il est le premier ancien président de la République condamné en correctionnelle

591 Voy. notamment Le Monde.fr, *Trafic d'influence : La justice valide la procédure de mise en examen de Nicolas Sarkozy*, 07/05/2015. En substance, l'Ex-président Sarkozy a été mis en examen notamment pour corruption active, trafic d'influence et recel de violation du secret professionnel. Les enquêteurs cherchaient à établir s'il a essayé, au courant de l'année 2014, de solliciter d'un haut magistrat, Gilbert Azibert, par l'intermédiaire de son avocat Me Thierry Herzog pour tenter d'influer sur une décision de la Cour de cassation le concernant dans l'affaire Bettencourt. En échange, l'ancien président aurait promis d'intervenir pour que le magistrat obtienne un poste de prestige à Monaco.

592 Voy. notamment, L'Express.fr, *le dossier noir de Khol*, 06/01/2000. A titre de rappel, il s'agissait d'une affaire dénommée « affaire Elf », portant sur des commissions clandestines, revente de chars, etc. Certes, Le 3 mars 2001, le tribunal régional de Bonn prononça l'abandon des poursuites contre Kohl. Cependant, celui-ci dut payer une amende de 300 000 Deutsch Mark. Les juges fondèrent leur décision sur le flou juridique de l'affaire, sur son degré d'amendement, en versant volontairement une somme importante pour rétablir les finances du parti, sur le défaut d'intérêt des victimes pour la poursuite de la cause. Mais également sur son engagement politique, ses mérites, sur le défaut d'enrichissement personnel ainsi que de la grande publicité de l'affaire dans les medias qui était perçue comme une sanction.

593 Parti politique allemand encore au pouvoir aujourd'hui avec la Chancelière Angela Merkel,

594 Voy. notamment Le Soir.be, *Affaire Boël contre Albert II, le Procureur du Roi rendra son avis le 2 octobre*, 23/09/2014 et 7 sur 7.be, *L'Affaire de Delphine Boël contre Albert II en sursis*, 28/11/2014. En guise de rappel, en 2013, Delphine Boël avait introduit, devant la 12e Chambre du tribunal de première instance de Bruxelles, une procédure en contestation de paternité à l'encontre de Jacques Boël, son père légal, et en reconnaissance de paternité à l'encontre du Roi Albert II, son père naturel. Elle avait ainsi cité en justice, Albert II, qui n'est plus protégé par son

Comment donc ne pas aspirer à un tel système où en définitive personne n'est au-dessus des lois, Présidents, Rois, premiers Ministres, etc. ? Cela dit, on comprend la noblesse du combat du préfacier de cet ouvrage qui se résume en l'instauration d'un « État de droit ».

L'histoire enseigne donc explicitement que ce sont des facteurs exogènes qui déterminent le sort de l'Afrique.

On l'a vu, le symbole d'un État de droit est l'existence d'un texte rempart, de référence communément appelé Constitution. C'est le sens même de l'article 16 de la Déclaration des droits de l'homme et du citoyen de 1789 qui fixe un principe clair et non équivoque à savoir que « *Toute société dans laquelle la garantie des droits n'est pas assurée ni la séparation des pouvoirs déterminée, n'a point de Constitution.* »

En d'autres termes, une Constitution doit être effective dans la pratique et non seulement être une œuvre cosmétique pour faire bonne figure. Ce qui rappelle à s'y méprendre encore une fois le principe d'un livre saint qui enseigne clairement qu'un arbre est reconnu à ses fruits.

Cette disposition, doit à notre humble avis, être comprise au sens propre comme au sens figuré. Il est donc évident qu'à l'aune de cet article, bon nombre d'États africains, en dépit des textes formels rédigés par des pouvoirs constituants, n'ont en réalité pas de véritables Constitutions. Eu égard à cette disposition, c'est la pratique quotidienne qui est déterminante, à savoir l'effectivité des droits garantis ainsi que l'effectivité de la séparation des pouvoirs. Ce qui malheureusement fait cruellement défaut en Afrique.

Les textes qui font office de Constitutions sont constamment foulés aux pieds par les dirigeants africains, en toute impunité. Dès lors, peut-on encore les appeler Constitutions ? Selon l'esprit de cette disposition,

---

immunité royale après avoir abdiqué en juillet 2013, pour qu'il se soumette à un test ADN. Le tribunal quant à lui, a jugé que l'action intentée par Jacques Boël était prescrite et donc, non recevable. En ce qui concerne la première action introduite par Delphine Boël, le tribunal a posé deux questions préjudicielles à la cour constitutionnelle, laquelle dispose d'un monopole pour contrôler la conformité de normes légales à la Constitution. Les affaires sont donc toujours pendantes devant les deux juridictions.

non ! Elles n'ont, en effet, qu'une valeur scripturale, sans plus. Ce sont des textes sans vie, car leur esprit n'est que rarement respecté.

Une constitution en Afrique est semblable à une femme constamment battue et brimée par son époux. Celle que l'on a épousée pour avoir un nouveau statut sur le plan social, voire une certaine crédibilité sociale. Sur papier, elle a le statut d'épouse, certes, mais dans les faits, elle a plutôt le statut d'esclave, de punching-ball. Ainsi en est-il des Constitutions africaines constamment foulées aux pieds, violées voire carrément remplacées au gré des humeurs des pouvoirs en place, alors même qu'on les a ardemment souhaités pour exister sur la scène internationale, pour avoir un certain statut.

Moralité, la quasi-majorité des États africains n'ont en réalité point de Constitutions.

Pour ceux qui en ont une, on l'a vu, au travers de l'image de l'arbre et de ses phénomènes naturels, que la révision est bien sûr possible et d'ailleurs recommandée quand certaines circonstances l'exigent. Cependant, en gardant toujours l'image de l'arbre avec la sève qui circule, la floraison et d'autres phénomènes y afférents, il est aisé de constater qu'une révision ne peut en aucun cas avoir pour effet de déstabiliser l'État de droit, créant toute sorte de déséquilibre entre les différentes forces. Car, on l'a vu, étymologiquement, *le mot Constitution tire sa racine de deux mots latins : « cum »* préfixe qui signifie *« ensemble »* et *« statuere »* suffixe qui signifie « *le fait d'établir* ». Littéralement la Constitution c'est donc *le fait de fixer ou d'établir ensemble*. De cette définition découle son objectif premier, celui de maintenir la cohésion de la Nation autour d'un projet commun.

Ce qui nous rappelle évidemment les notions de fondation ou de racine comme exprimées dans la première partie au travers des infographies.

Nous l'avons également relevé dans la deuxième partie, nombre de pays africains, à l'instar de la RDC, disposent, contrairement à ce que l'on peut penser, d'un réel parcours sur le plan constitutionnel, car à leur actif, l'on compte plusieurs textes fondamentaux alors que la Belgique, les États-Unis et tant d'autres grandes démocraties n'en dénombrent qu'un seul, voire deux textes fondamentaux depuis leurs créations. Cela étant, in casu, ces pays africains peuvent-ils être encore considérés comme de jeunes démocraties au point de requérir systématiquement l'assistance des experts occidentaux ? A priori non !

Comme expliqué précédemment, à l'occasion de la rédaction de la Constitution congolaise de février 2006, les nombreuses critiques émises par des intellectuels congolais de tous bords ont résonné comme des prophéties qui se sont très tôt réalisées au courant de l'année 2011, avec une révision record qui a créé une crise de légitimité sans précédent dont les effets se font ressentir encore aujourd'hui en RDC.

Ce qui est d'autant plus étonnant dans cet assistanat constitutionnel, c'est qu'aucun accent n'est mis sur les mécanismes de révision qui sont pourtant considérés comme la serrure d'une constitution ayant pour vocation de freiner, temporiser, surtout mettre en échec toutes tentatives de révisions intempestives susceptibles de déstabiliser l'État de droit ainsi que la démocratie. On l'a vu, le professeur Delpérée a, à juste titre, qualifié de tels mécanismes de *cœur d'une Constitution.*

Il ressort de la troisième partie qu'il est une évidence flagrante en Afrique : les mécanismes de révision des constitutions africaines sont des plus fragiles. D'où le nombre impressionnant de révisions déstabilisatrices des équilibres voulus à l'origine. La voie référendaire semble être privilégiée, alors que son efficacité ne convainc guère, dans la mesure où elle est aisément contournable et difficilement praticable pour diverses raisons.

Les mécanismes de révision des constitutions en Afrique constituent donc de toute évidence le talon d'Achille du constitutionnalisme africain. Conscient de cette réalité, le présent ouvrage ne se limite pas à mettre en exergue ses failles. Mieux encore, il fait des propositions constructives. C'est ainsi que dans la quatrième partie, elles sont formulées dans le sens de la rigidité des mécanismes de révision comme ce fut le cas du Constituant originaire belge et bien d'autres, à l'aube de leur marche pour la démocratie. En effet, l'histoire constitutionnelle africaine enseigne qu'aucun pays n'a déjà expérimenté des mécanismes de révision avec dissolution des Chambres. Les seuls freins aux révisions constitutionnelles sont, on l'a vu, réduits à la seule menace de l'Occident. C'est ainsi qu'en 2014 lors de la 69 session des nations unies à New-York et de la XVe session de OIF[595] tenue du 29 au 30 novembre 2014 à Dakar au Sénégal, les chefs d'États africains se sont fait remonter les bretelles par leurs maîtres occidentaux, de sorte à ce que les débats ont essentiellement gravité autour de la question des révisions constitutionnelles en Afrique ; épisodes qui n'ont manqué de rappeler le célèbre discours de la Baule de François Mitterrand.

En effet, la condition sine qua non pour qu'une constitution assume effectivement son rôle de norme rempart est, on l'a vu à temps et à contretemps, non pas son bel exposé des motifs, ni son beau préambule, ni même son noble contenu, encore moins son grand style littéraire. La condition nécessaire et suffisante pour qu'une constitution assure efficacement un tel rôle est sans conteste son mécanisme de révision par lequel elle consent à être modifiée, mécanisme dont la rigidité est indubitablement un gage de sécurité et, par conséquent, de stabilité.

Dans ce contexte, nous estimons indispensable la création d'une juridiction supranationale ad hoc qui statuerait sur les litiges électoraux et constitutionnels. Cette proposition radicale est guidée par le triste constat que les juridictions constitutionnelles nationales en Afrique sont systématiquement instrumentalisées par les tenants du pouvoir. La justice offre malheureusement une piètre image qu'il faille changer. La création d'une telle juridiction ne se fera pas ex nihilo. Bien au contraire, elle se basera sur la Charte africaine de la démocratie, des élections et de la gouvernance du 30 janvier 2007. En effet, à ce stade, ce texte n'a qu'un caractère précatif, tant il est dépourvu d'un véritable caractère contraignant.

Il y a donc, un intérêt immédiat - pour l'écrasante majorité des pays - et médiats – pour une infime minorité ; d'adopter des solutions aussi radicales afin de (re) donner au constitutionnalisme africain ses lettres de noblesse.

Hormis ces deux propositions principales, qui relèvent du bon sens, nous plaidons également pour une participation de la grande diaspora africaine aux élections, du moins pour des pays comme la RDC qui ne l'ont pas encore adopté.

---

595Organisation internationale de la Francophonie.

Enfin, il nous a aussi paru opportun de plaider, non seulement pour l'instauration des mandats fixes, en lieu et place des mandats flottants, comme c'est le cas actuellement ; car, les dirigeants africains ont pris la fâcheuse habitude de fomenter des crises de toutes pièces afin de s'éterniser au pouvoir. Dans le même ordre d'idées, le présent ouvrage plaide enfin pour la démission *de jure*, quelques mois avant les élections, du Président sortant qui se déclare candidat au scrutin. Ceci, afin d'éviter la main mise sur l'appareil de l'État pendant le déroulement des élections.

Nous l'avons affirmé, en matière de contrôle et verrous constitutionnels, l'Afrique fait piètre figure. L'on ne peut donc se permettre de faire l'économie des débats autour de ces sujets, qui du reste, constituent le talon d'Achille du constitutionnalisme africain.

Ainsi, toutes ces propositions, qui par ailleurs relèvent du bon sens, dans la mesure où ils promeuvent l'alternance en Afrique ainsi que le renforcement de l'État de droit, sont notre modeste contribution aux différentes crises qui gangrènent la vie politique sur le continent. Nous pensons sincèrement que, tant que les dirigeants et les intellectuels africains ainsi que tous autres activistes épris de changement ne prendront pas les taureaux par les cornes en optant pour des solutions aussi radicales que celles proposées dans le cadre du présent ouvrage, l'on continuera inéluctablement à se diriger, vers davantage de changements et/ou de révisions constitutionnels avec pour corollaire l'inanition de la démocratie et de l'État de droit en Afrique.

# BIBLIOGRAPHIE

## Ouvrages, précis et Syllabus

DELPEREE Francis, *La Constitution de 1830 à nos jours*, éd. Racines 2006.

DELPEREE Francis, *Le Droit constitutionnel de la Belgique*, Bruylant Bruxelles, L.G.D.J Paris, 2000.

Van Overstraeten Marc, Sources, principes et méthodes de droit, notes de cours, Université Catholique de Louvain-la-Neuve, faculté de droit et de criminologie, 2010-2011.

DUMONT Hugues, *Droit constitutionnel I*, Université St-Louis, année 2014-2015.

VELU Jacques, *Droit public*, T. 1, Bruylant-Bruxelles, 1986.

D. Rousseau, v° Constitution, in Dictionnaire constitutionnel – dir. O. Duhamel et Y. Meny, Paris, P.U.F., 1992.

Andreas Auer, Giorgio Malinverni et Michel Hottelier, *Droit constitutionnel Suisse*, vol.1, L'État, éd. Staempfi 2000.

D. Rousseau, V° Constitution, in Dictionnaire constitutionnel – dir. O. Duhamel et Y. MENY, Paris, PUF, 1992.

KELSEN Hans, *Théorie pure du droit*, 2e éd. Baconnière-Neuchâtel (Suisse), 1953 et 1988.

SCHWARTZ Bernard, *le droit aux États-Unis, une création permanente*, éd. economia 1979.

UTTENDAELE Marc, *trente leçons de droit constitutionnel*, Bruylant-Anthemis éd. 2014.

GILCART S., *Douze constitutions pour une Europe…*, Kluwer 1994, p.P-3.

Pierre WIGNY, *Droit constitutionnel. Principes et droits positifs*, Bruylant-Bruxelles 1952, T.1.

Isabelle Hachez, Antoine Bailleux, Sébastien Van Drooghenbroeck, *Sources et principes du droit*, Université Saint Louis, année 2014-2015.

TUNC André et TUNC Suzanne, *le Droit des États-Unis d'Amérique. Sources et techniques*, Dalloz 1955.

VITTONE René, *Bâtir, manuel de la construction*, 2e éd., Presses polytechniques et universitaires romandes 2010.

VERHOVEN Joe, *Droit international public*, Bruxelles-Larcier, 2000.

YABILI Marcel, *État de droit : les contrôles de constitutionnalité par la Cour Constitutionnelle, les Cours et les Tribunaux*, éd. Presses universitaires de Lubumbashi, 2012.

YABILI Marcel, *les juridictions judiciaires en RDC en 2013, Organisation-fonctionnement-compétences*, éd. Médiaspaul.

NIMY Mayidika Ngimbi José Patrick, *Je ne renie rien, je raconte…*, l'Harmattan 2006.

LAWALLE Paul, *contentieux administratif*, Larcier 2e édition, Bruxelles 2002.

MAST A., *« Propos sur l'esprit et la méthode d'une révision constitutionnelle »*, Ann. Dr. SC. Pol., 1953.

GLIOZZO Thomas, *l'état fédéré américain*, Ant. N. Sakkoulas/Bruylant 2004.

EMOND André ; *La Constitution du Royaume-Uni, Des origines à nos jours*, Wilson & Lafleur, 2009.

VERDUSEN Marc, *La procédure de révision de la Constitution : données comparatives*, in DELPEREE Francis, *La procédure de révision de la Constitution*, Bruylant-Bruxelles 2003, p. 105

PACTET Pierreet MELIN-SOUCRAMANIEN Ferdinand, *Droit constitutionnel*, Sirey 2010.

BUSSELEN Tom, *Une histoire populaire du Congo*, éd. Aden, Bruxelles, juin 2010.

MUTINGA Modeste, *Chronique d'une paix négociée en RDC*, éditions espace Afrique 2005.

Bakandeja Wa Mpungu, G., Institutions de l'État de droit et de la démocratie en Afrique : l'expérience congolaise, in Bula Bula, S., (dir), Pour l'épanouissement de la pensée juridique congolaise. Liber Amicorum Marcel Antoine Lihau, Bruxelles, Bruylant, Presses universitaires de Kinshasa, Kinshasa, 2006, pp., 51-83, spécialement à la page 53.

VUNDUAWE Te PEMAKO Félix, Traité de droit administratif, Afrique éditions-Larcier, 2007.

ESAMBO Kangashe Jean-Louis, *la Constitution congolaise du 18 février 2006 à l'épreuve du constitutionnalisme. Contraintes et perspectives*, académia-Bruylant 2010.

MAKENGO NKUTU Alphonse, *les institutions politiques de la RDC. De l'État indépendant du Congo à la République du Zaïre (1885-1990)*, l'Harmattan, 2010.

ILUNGA Mpunga Dieudonné, *Etienne Tshisekedi. Le sens d'un combat*, édition l'Harmattan, Paris 2007.

WETSH'OKONDA K. S. Marcel, *les textes constitutionnels congolais annotés*, éd. CDHC-ASBL.

MABI Mulumba Évariste, *Congo-Zaïre : les coulisses du pouvoir sous Mobutu. Témoignage d'un ancien Premier ministre*, édition de l'université de Liège 2011.

Marie France CROS et François MISSER, *Géopolitique du Congo (RDC)*, éd. Complexe, Bruxelles 2006.

MAMPUYA K. T. Auguste, Espoirs *et déception de la quête constitutionnelle congolaise. Clés pour comprendre le processus constitutionnel du Congo-Kinshasa*, AMA.Ed-BNC, Nancy-Kinshasa 2005.

SCMITT Carl, *Théorie de la constitution*, Paris, Léviathan-P.U.F., 1993.

Eboussi Boulaga, *La Démocratie en transit au Cameroun*, Paris, L'Harmattan, 1997.

MUKADI Bonyi, *Projet de Constitution de la République démocratique du Congo, Plaidoyer pour une relecture*, CRDS-Kinshasa 2005.

ONANA Charles, *Europe, crimes et censure au Congo. Les documents qui accusent*, éditions Dubois 2012.

CARCASSONNE Guy, *La Constitution*, éd. Du Sueil, coll. « Points », 2004.

CHEIK Fita, RD Congo : *La démocratie assassinée ?* éd. info en ligne des congolais de Belgique 2012.

WONDO Jean-Jacques, *les armées du Congo-Kinshasa, Radioscopie de la force publique aux FARDC*, éd. Monde nouveau / Afrique nouvelle 2e trimestre 2013.

J. BILLET, J. Dujardin, H. DUMONT, M. ELCHARDUS, J.C SCHOLSEM, L. VENY et. M. VERDUSSEN : *Le renouveau politique. Démocratie directe – Référendum, consultation populaire, initiative populaire et droit de pétition* — chambre —, 3e session de la 50e législature, 20 mars 2001.

Revue Montesquieu n° 8, UMR-CNRS n° 5037, 2005-2006.

VAN REY BROUCK David, *Congo, une histoire*, éd. Actes Sud 2012.

KAMUKUNY MUKUNAY Ambroise, *Contribution à l'étude de la fraude en droit constitutionnel congolais*, Harmattan-Academia, 2011.

KILENDA K.B. Jean-Pierre, *l'Affaire des 315 magistrats de Kinshasa. Une purge néo mobutiste*, éd. L'Harmattan 2004.

HOFNUNG Thomas, *la crise ivoirienne, de Félix Houphoët-Boigny à la chute de Laurent Gbagbo*, éd. Les découvertes, Paris 2011.

Frédéric SUDRE, Jean-Pierre MARGUENAUD, Joël ANDRANTSIMBAZOVINA, Adeline GOUTTENOIRE, Michel LEVINET, les grands arrêts de la Cour européenne des Droits de l'homme, 5e éd. Thémis Presses universitaires de France, janvier 2009.

ERRERA P., *Traité de droit public belge*, Paris, Giard et Brière, 1909.

ESAMBO Kangashe Jean-Louis, *Le texte constitutionnel de transition du 4 avril 2003 de la RDC à l'épreuve de l'identité constitutionnelle*, in Revue de Droit Africain, n° 27/03.

ESAMBO Kangashe Jean-Louis, *La protection du projet de constitution de la RDC*, in Congo-Afrique, CEPAS : journées sociales 5 au 8 juin 2005, septembre 2005, pp. 9-16.

N'DJOLI Eseng'ekeli Jacques, *Problématique de l'identité du projet constitutionnel*, in Congo-Afrique CEPAS : journées sociales 5 au 8 juin 2005, n° 397, septembre 2005, p. 17-27.

BALANDA Mukuin Leliel, *l'organisation des pouvoirs et de leur équilibre dans le projet de Constitution*, in Congo-Afrique, Cepas : journées sociales 5 au 8 juin 2005, n° 397, septembre 2005, pp. 28-46.

KALALA Marie-Madeleine, *Projet de Constitution et droits humains*, Congo-Afrique, CEPAS : journées sociales 5 au 8 juin 2005, n° 397, septembre 2005, pp. 47-56.

AKELE Adau Pierre, *Projet de Constitution en RDC : dimension pénale et lutte contre l'impunité*, Congo-Afrique, CEPAS : journées sociales 5 au 8 juin 2005, n° 397, septembre 2005, pp. 95-140.

Mwembwa Kalala Jean-Pierre, *Projet de Constitution de la RDC, Dimension politique*, in Congo-Afrique, CEPAS : journées sociales 5 au 8 juin 2005, n° 397, septembre 2005, pp. 67-74.

Léon de Saint Moulin s.j., *Projet de Constitution de la RDC, dimension sociale*, Congo-Afrique, CEPAS : journées sociales du 5 au 8 juin 2005, septembre 2005, pp. 84-94.

ZEGBE Zegs, *La répartition « équitable et équilibrée » des responsabilités au regard de la Constitution de la transition et des instruments juridiques internationaux en matière des droits de l'homme en RDC*, in Congo-Afrique, mars 2005, n° 393, pp.135-149.

*Document Parlementaire*, Sénat, session Ordinaire 2011-2012, n° 5-1 532/3 et *Document Parlementaire Chambre* des représentants, session Ordinaire 2011-2012, n° 53-2064/001 et n° 53-2064/003.

AJAMI SM, le système constitutionnel de la République Démocratique du Congo, in Revue internationale de droit comparé, vol. 22 N° 2, avril-juin 1970.

COLAS Dominique, Textes constitutionnels français et étrangers, Larousse 1994.

## Magazines

Magazine *Jeune Afrique* numéro 2758 du 17 au 23 novembre 2013.

Magazine Jeune Afrique numéro 2763-2 764 du 22 décembre 2013 au 4 janvier 2014.

Ligue des. Électeurs, élections tronquées en RDC. Rapport final sur l'observation des élections présidentielles et législatives du 28 novembre 2011, mars 2012.

BOOLE Ekumbaki Jean, *l'exemple du géant*, Magazine Yambola n° 8, mai 2015, p. 3.

Xavier Zeebroek, Marc Memier, Pamphile Sebahara, *la mission des nations unies en RD Congo. Bilan d'une décennie de maintien de la paix et perspectives*, GRIP 2011.

## Thèses doctorales et articles scientifiques

GÖZLER Kermal, *le pouvoir de révision constitutionnelle*, villeneuve d'Ascq, Presses universitaires du Septentrion, 1997.

Kazadi Mpiana Joseph, *La révision constitutionnelle congolaise du 20 janvier 2011 : considérations critiques d'un citoyen (juriste).*

HOLZINGER Gerhart, La Cour constitutionnelle autrichienne, Nouveaux Cahiers du Conseil constitutionnel n° 36 - juin 2012.

**Articles de presse**

Robert Dossou, in Thierry Perret, *Les constitutions en Afrique : réviser, pourquoi, comment ?* Article MFI Hebdo du 28 juin 2004.

Conférence de presse du 31 janvier 1964, dans Discours et messages, Charles de Gaule, éd. Plon, 1970, T.5 Pour l'effort (août 1962-décembre 1965).

Félix Bakounda, article : Congo-Brazzaville, Une septième Constitution pour quoi faire ? Magazine Politique africain, n° 81, mars 2001.

Baudouin Amba Wetshi, Denis Sassou Nguesso et « Joseph Kabila » : même combat ? 4 juillet 2014.

Le Potentiel du 15 mars 2006 ; Le Potentiel, n° 3436-3437-3438 des 30, 31 mai et 1er juin 2005 ; Le Phare n° 2665 du 31 août 2005, p. 3 et 6 ; Le Potentiel n° 3514 du 31 août 2005, p. 17 ;

MAMPUYA K. T. Auguste, *on ne les croyait pas capable d'aller jusque-là, de franchir la ligne rouge…* Article Le Phare du 6 janvier 2011.

Robert Dossou, in Thierry Perret, *Les Constitutions en Afrique : réviser, pourquoi, comment ?* Article MFI Hebdo : Politique, diplomatie, 28 juin 2004.

Bob Kabamba, *Révision de l'article 220 : Bob Kabamba fixe l'opinion*, article Le Potentiel online, 7 juillet 2013.

André Mbata B. Mangu, Politique *du ventre, trahison d'un clerc, servilisme et déconfiture intellectuelle ?* Le Potentiel online, 3 juillet 2013.

Monseigneur Laurent Monsegwo, article : *Mosengwo rejette les concertations nationales*, Direct.cd, 5 novembre 2013.

Abbé Félicien Mwanama, secrétaire général adjoint de la Cenco, *RDC : vers un troisième mandat pour Joseph Kabila en 2016 ?* Jeune afrique.com, 3 juillet 2013.

Professeur Mbadu, rapporteur de l'Apukin, *RDC : des professeurs de l'université de Kinshasa s'opposent à la révision constitutionnelle*, radio Okapi, 6 juillet 2013.

Vital Kamhere, par Alain Diasso, *la révision de la Constitution : l'opposition fait bloc autour de l'article 220*, article Africatime.com, mardi 9/07/2013.

Bob Kabamba, *Révision de l'article 220 : Bob Kabamba fixe l'opinion*, Le potentiel du 7 juillet 2013.

Jean Dubois de Gaudusson, in Thierry Perret, *Les Constitutions en Afrique ; réviser, pourquoi, comment ?* MFI Hebdo, article du 28 juin 2004.

Youtube.com/results? search-query=andré+flahaut+kinshasa+2012.

Innocent Twagiramungu, article *Rwanda/ révision constitutionnelle en vue : Seul le recours à la force comme moyen d'alternance s'ouvre aux forces de changement*, The Rwandan, 25 mars 2015.

Émission Afrique Presse, TV5/Monde du 17 octobre 2015.

*Rwanda : la Cour suprême donne son feu vert à une réforme constitutionnelle*, Afrique-RFI, article du 9 octobre 2015.

Bedel Baouna, *la Constitution, un mot vide de sens en Afrique*, article du 18 février 2010, Afrik.com.

ParisMatch.com, *De Gaule s'en va*, 27 avril 2009.

Vie-publique.fr, *les référendums de la Ve République et leurs résultats*, 12 octobre 2015.

*Rwanda : la Cour suprême donne son feu vert à une réforme constitutionnelle*, article, Afrique-RFI, 9 octobre 2015, p. 1

Christophe GRACIEUX, *la « révolution orange » en Ukraine*, Ina.fr, source France 2, collection le journal 20 heures, 25 décembre 2004.

Le Monde.fr du 3 mars 2013 et Le Point.fr du 0303/2015.

LePotentielOnline.com, novembre 2013.

Cheik Fita, *RD Congo. Impossibilité de réviser ou de changer de Constitution avant 2016. Voici pourquoi*, article Cheik Fita news, 24 septembre 2014.

*Le secrétaire d'État américain John Kerry et Joseph Kabila*, 4 mai 2014, article presse Reuters/Saul Loeb/Pool.

Le Monde.fr, *Jacques Chirac condamné à deux ans de prison avec suris*, 15 décembre 2011.

Le Monde.fr, *Trafic d'influence : La justice valide la procédure de mise en examen de Nicolas Sarkozy*, 7 mai 2015.

L'Express.fr, *le dossier noir de Khol*, 6 janvier 2000.

Le Soir.be, *Affaire Boël contre Albert II, le Procureur du Roi rendra son avis le 2 octobre*, 23 septembre 2014.

7 sur 7.be, *L'Affaire de Delphine Boël contre Albert II en sursis*, 28 novembre 2014.

Le Potentiel, n° 3438 du 1er juillet 2005, p. 17.

Le Phare n° 2653 du 15 août 2005, p. 6.

Le Phare n° 2654 du 16 août 2005, p. 13.

Quotidien Le Phare, article du 31 décembre 2010.

**Dictionnaires**

Larousse Maxi poche 2009.

http://www.linternaute.com/dictionnaire/fr/definition/seve/.

Lexique des termes juridiques, Dalloz 16e édition 2007.

Dictionnaire Hachette encyclopédique, éd. 2000.

**Recueils de textes**

Journal Officiel de la République du Zaïre, 35e année, numéro spécial, avril 1994, p. 63.

Journal Officiel de la République Démocratique du Congo, 52e année, numéro spécial, Kinshasa 5 février 2011.

Journal Officiel de la République Démocratique du Congo, 17 février 2015, 56e année, n° spécial.

Moniteur Congolais, numéro spécial, 1er août 1964.

Moniteur Congolais, numéro 14, 15 juillet 1967.

## Table des matières

# Questions juridiques aux éditions L'Harmattan

## *Dernières parutions*

**QU'EST-CE QUE LE DROIT ?**
**Théorie syncrétique et échelle de juridicité**
*Barraud Boris*
La définition du droit ici est d'abord lexicographique et scientifique. La théorie syncrétique réunit toutes les définitions du droit en vigueur, loin d'être concurrentes elles s'associent. Ne s'opposant plus, elles se complètent. La seconde partie interroge les dimensions du droit en mesurant le niveau de force juridique par l'application des critères de juridicité. Cette nouvelle forme de rationalité de la pensée juridique permet au juriste de s'ouvrir à tout type de normes sociales tout en sauvegardant l'autonomie conceptuelle du droit.
*(Coll. Le Droit aujourd'hui, 25.50 euros, 242 p.)*
*ISBN : 978-2-343-13423-9, ISBN EBOOK : 978-2-14-005340-5*

**LA RECHERCHE DE L'ÉQUILIBRE CONTRACTUEL DANS LE CAUTIONNEMENT**
**Regards croisés entre le droit français et le droit OHADA**
*Dibangue Guy - Préface de Pascal Rubellin*
Le cautionnement est actuellement la sûreté qu'exigent de préférence les banques des emprunteurs. Si le législateur français semble surprotéger la caution par rapport au créancier, c'est l'inverse qui a été retenu par le législateur OHADA. Dans les deux cas, c'est le déséquilibre entre la protection raisonnable de la caution et la préservation des intérêts des créanciers. Suivant les récentes évolutions législatives en France et en droit OHADA, cette thèse vise l'équilibre contractuel du cautionnement dans une démarche de modernisation et de rationalisation de cette sûreté.
*(Coll. Droit aujourd'hui, 42.00 euros, 456 p.)*
*ISBN : 978-2-343-13159-7, ISBN EBOOK : 978-2-14-005369-6*

**LE DROIT ANIMAL**
*Morales Frénoy Cathy*
Plus qu'un droit protecteur, le droit animal réglemente les différentes utilisations de l'animal par l'Homme. Il est un corpus juridique transversal, issu du droit international, européen et national, qui régit les rapports entre l'homme et l'animal sans toujours offrir une protection juridique souvent souhaitée. Ce guide juridique offre à tout lecteur une étude complète de cette nouvelle discipline.
*(Coll. Bibliothèques de droit, 45.00 euros, 470 p.)*
*ISBN : 978-2-343-12873-3, ISBN EBOOK : 978-2-14-005223-1*

**QUESTIONS D'ACTUALITÉ EN ÉTHIQUE ANIMALE**
*Pelé Marie, Sueur Cédric*
L'éthique animale qui désigne l'étude de notre responsabilité morale à l'égard des animaux, n'est pas une prise de position mais un questionnement en perpétuelle évolution avec notre culture et notre temps. Cet ouvrage présente plusieurs éléments de réponses aux récentes questions posées par la société sur notre rapport aux animaux. Experts et étudiants abordent onze questions d'actualité en éthique animale. Leurs échanges sont retranscrits.
*(Coll. Le Droit aujourd'hui, 24.00 euros, 236 p.)*
*ISBN : 978-2-343-13489-5, ISBN EBOOK : 978-2-14-005382-5*

**JE PARLE AUX ANIMAUX**

*Peter Friedman*

Samantha Khury écoute les animaux et leur parle. Grâce à ce dialogue, elle parvient à comprendre leur comportement et à trouver les mots qui les guérissent. Non seulement Samantha Khury comprend le langage de nos fidèles compagnons, mais, en plus, ceux-ci lui confient leurs malheurs. Des propriétaires d'animaux domestiques, des gardiens de zoo et des entraîneurs de chevaux qui l'ont consultée en sont convaincus. Nous la voyons au travail, à l'écoute d'un chat dépressif, d'un perroquet déplumé en manque d'amour ou d'une jument qui a besoin de liberté... « Dans cette Théma Arte sur les rapports entre les hommes et les animaux, *Je parle aux animaux* est le plus intéressant. Sans doute parce qu'il pose la question de la communication avec nos compagnons à quatre pattes. Peter Friedman livre des séquences étonnantes. » (*TéléObs*). « Ce documentaire étonnant parvient à nous convaincre que la frontière entre les espèces est bien mince. Quand on dit que l'homme n'est qu'un animal ! » (*Le Figaro*)

*(20 euros)*

*ISBN : 978-2-336-31591-1*

**TRAITÉ DE DROIT CONSTITUTIONNEL CONGOLAIS**

*Esambo Kangashe Jean-Louis*

*Préface de El hadj Mbodji - Postface de Dodzi Kokoroko*

Dans sa conception, son évolution et sa pratique, le droit constitutionnel a toujours eu du mal à s'affranchir de crises politiques. Droit de crises ou de gestion de crise, le droit constitutionnel est avant tout au service des normes, dont le respect par tous contribue au fonctionnement régulier des institutions. Placés dans le contexte congolais, les trois versants du droit constitutionnel, à savoir le droit normatif, celui institutionnel et la branche consacrée aux libertés n'ont pas toujours été en cohérence avec le constitutionnalisme.

*(Coll. Études africaines, 39.00 euros, 410 p.)*

*ISBN : 978-2-343-12352-3, ISBN EBOOK : 978-2-14-005341-2*

**SUR LE CHEMIN DES SAISIES**

**L'huissier de justice d'hier à demain**

*Berthé Ibrahim*

Qu'est-ce qu'un huissier de justice ? D'où vient-il ? À quoi sert-il ? Cet ouvrage tente de répondre à ces interrogations et, à travers l'histoire, de peindre les différentes facettes de ce personnage spécifique du rouage de l'appareil judiciaire dans le temps et dans l'espace, des rives de la Seine en France jusqu'au bord du fleuve Djoliba au Mali.

*(25.00 euros, 270 p.)*

*ISBN : 978-2-343-13501-4, ISBN EBOOK : 978-2-14-005261-3*

**LES TECHNIQUES D'ENQUÊTE CRIMINELLE**

**Typologie des crimes et constatations médico-légales**

*Moutassi Jean-Pierre*

L'adoption de la loi de Juillet 2005 portant sur la procédure pénale démontre la volonté du gouvernement camerounais à promouvoir un état de droit. Voici un outil fondamental pour les praticiens du droit criminel : un outil de formation pour les jeunes fonctionnaires, ainsi que pour leurs aînés qui n'auraient pas eu l'occasion de vivre l'expérience des enquêtes judiciaires.

*(Harmattan Cameroun, 45.00 euros, 498 p.)*

*ISBN : 978-2-343-13126-9, ISBN EBOOK : 978-2-14-005224-8*

**LES CLÉS DES ENJEUX FINANCIERS DU DIVORCE**

*Rond Patrice - Préface de Laurent Hincker*

L'amour s'est consumé, l'argent part en fumée ! À une époque où toujours plus de couples se séparent, la finance du divorce inquiète. Comprendre ses arcanes financières, c'est pouvoir anticiper en cas de conflit au sein du couple. Comment rétablir un budget ou encore évaluer une prestation compensatoire ? À l'aide d'exemples chiffrés, l'auteur indique comment recenser et évaluer les revenus et patrimoines, et présente des méthodologies pratiques pour établir les droits

respectifs des époux. L'ouvrage rend compréhensibles les procédures financières qui ont lieu dans le divorce.
*(17.00 euros, 156 p.)*
*ISBN : 978-2-343-11633-4, ISBN EBOOK : 978-2-14-004942-2*

**LUTTER EFFICACEMENT CONTRE LA FRAUDE**
**Enjeux stratégiques et opérationnels**
*Sous la direction de Catherine Véret Jost et Nicolas Dufour*
Lutter efficacement contre la fraude pour recycler 50 à 100 milliards d'euros par an dans la croissance économique en France, voici l'enjeu de cet ouvrage qui explicite les leviers d'actions pour y parvenir, avec des retours d'expériences de professionnels et d'académiques. Il s'adresse à tous ceux qui ont la volonté de relever ce défi.
*(Coll. Perspectives organisationnelles, 38.50 euros, 392 p.)*
*ISBN : 978-2-343-13167-2, ISBN EBOOK : 978-2-14-005143-2*

**L'ENFANT EN PRISON**
*Sous la direction de Catherine Ménabé et Mathieu Martinelle*
Depuis 1946, les femmes détenues ont la possibilité de garder à leurs côtés, en prison, leur enfant jusqu'à ses 18 mois, voire 2 ans. Si la situation est peu étudiée, et souvent méconnue, elle mérite de profondes réflexions. Quelles sont les conditions de vie de ces jeunes enfants au sein du milieu pénitentiaire ? Comment est assuré leur développement psychomoteur et affectif malgré les contraintes carcérales ? Comment l'univers carcéral s'adapte à la présence d'enfants, non écroués mais, de fait, privés de liberté ?
*(Coll. Bibliothèques de droit, 27.00 euros, 274 p.)*
*ISBN : 978-2-343-13051-4, ISBN EBOOK : 978-2-14-005015-2*

**LES TRENTE ANS DE LA LOI LITTORAL**
*Sous la direction de Jean-Luc Pissaloux et Anne Rainaud*
La loi Littoral a maintenant plus de trente ans. Loi d'avant-garde, elle vise à concilier la protection du littoral avec le développement économique. Souvent contestée comme trop protectrice, empêchant l'urbanisation, elle est aussi considérée comme un « laisser-construire » dans les zones saturées. Ses concepts sont difficiles à interpréter et appliquer. Les défis climatiques auxquels est confronté le littoral ont impliqué la participation de géographes. La protection des cordons littoraux s'avère aujourd'hui une nécessité.
*(Coll. Grale, 39.00 euros, 418 p.)*
*ISBN : 978-2-343-13140-5, ISBN EBOOK : 978-2-14-004988-0*

**CICÉRON, PÈRE DE LA CODIFICATION DU DROIT CIVIL**
*Gilardeau Eric*
Confronté à la crise subie par la République, Cicéron cherchait une réponse au chaos des lois et aux contradictions du droit civil. Il en élabora une véritable codification. Du «De oratore» au «De officiis», il critiqua la science du droit et la soumit à la loi naturelle, avant d'instituer une méthode de codification protectrice des droits civils, dont se rapprocheront les codes civils français et autrichien. Il faut attendre les réformes du Code civil allemand de 2001 et du Code civil français de 2016 pour rejoindre Cicéron sur le rôle de la bonne foi et de l'imprévision en matière contractuelle.
*(Coll. Logiques Juridiques, 26.00 euros, 248 p.)*
*ISBN : 978-2-343-13327-0, ISBN EBOOK : 978-2-14-004994-1*

**DROIT DES SOCIÉTÉS COMMERCIALES OHADA**
*Akam Akam André, Voudwe Bakreo*
Ce livre vise à exposer, expliquer, systématiser et critiquer les règles qui régissent la constitution, le fonctionnement et la disparition des sociétés commerciales. Il montre que le droit des sociétés commerciales OHADA vise la promotion, la protection et la société judiciaire des investissements, autant qu'il tend à protéger les intérêts particuliers. En outre, il met en exergue la richesse, la

variété et la modernité du droit des sociétés de l'OHADA, ainsi que l'abondance et la qualité des travaux de recherche des auteurs africains et d'ailleurs qui s'intéressent au droit OHADA.
*(Coll. Dynamiques du droit OHADA, 55.00 euros, 752 p.)*
*ISBN : 978-2-343-12819-1, ISBN EBOOK : 978-2-14-005077-0*

**LA PROTECTION CONTRE LES ATTEINTES AUX DROITS SUR LES SIGNES DISTINCTIFS DANS L'ESPACE OAPI**
*Badou Charles*
Les signes distinctifs confèrent à leur propriétaire un droit exclusif d'exploitation. Celui-ci bénéficie de règles dérogatoires au droit commun, qui ont pour vocation première d'assurer aux signes distinctifs une protection contre les atteintes dont ils peuvent être l'objet. Mais l'efficacité de la protection est toute relative. La protection contre les atteintes aux signes distinctifs exige donc de nouvelles solutions qui, prenant en compte la particularité du droit de la propriété industrielle, protègeront efficacement les signes distinctifs contre les violations des droits exclusifs de leur propriétaire.
*(Coll. Études africaines, 42.00 euros, 468 p.)*
*ISBN : 978-2-343-11816-1, ISBN EBOOK : 978-2-14-005019-0*

**DROIT DU TRAVAIL SÉNÉGALAIS**
*Tagum Fombeno Henri-Joël - Préface de Isaac Yankhoba Ndiaye*
L'auteur questionne le droit du travail sénégalais, analyse les textes récents et leurs apports au droit du travail, met en lumière les imperfections de la législation et les difficultés d'interprétation qu'elles suscitent dans la pratique. La compréhension de la matière est rendue aisée avec les illustrations et exemples pratiques, souvent utilisés par l'auteur et issus de son expérience professionnelle.
*(Harmattan Sénégal, 48.00 euros, 506 p.)*
*ISBN : 978-2-343-13272-3, ISBN EBOOK : 978-2-14-004933-0*

**LA FUSION DES SOCIÉTÉS COMMERCIALES EN DROIT INTERNE ET INTERNATIONAL**
**Contribution à la notion de «contrat-organisation»**
*Kalaani Adrian*
La fusion est l'opération par laquelle une ou plusieurs sociétés transfèrent, par la suite de leur dissolution sans liquidation, leur patrimoine à une société établie ou nouvelle. Ce transfert est possible par la distribution de parts sociales aux associés de la société dissoute. Cette définition française et européenne souligne les effets principaux de la fusion en restant silencieuse sur sa nature juridique. Donc la fusion est un contrat-organisation qui entraîne une mise en commun du patrimoine et des membres de chacune des sociétés fusionnantes au sein d'une seule société préexistante ou nouvelle.
*(Coll. Logiques Juridiques, 55.00 euros, 638 p.)*
*ISBN : 978-2-343-10971-8, ISBN EBOOK : 978-2-14-004827-2*

**LE PRAGMATISME JURIDIQUE**
*Barraud Boris*
Le pragmatisme invite à se concentrer sur le mode de production des connaissances et sur les actions plutôt que sur les pensées. Le pragmatisme juridique, attaché à l'effectivité des normes, permettrait d'accepter et expliquer les modes de régulation originaux du XXIe siècle. L'enjeu est de permettre au droit scientifique d'accompagner l'évolution du droit pratique. Sont surtout concernées la gouvernance du cyberespace, la protection de l'environnement et la responsabilité sociale des entreprises. Affinant le visage du pragmatisme juridique, voici un outil ouvrant des pistes pour l'avenir de la recherche en droit.
*(Coll. Bibliothèques de droit, 33.00 euros, 334 p.)*
*ISBN : 978-2-343-13206-8, ISBN EBOOK : 978-2-14-004920-0*

## Structures éditoriales du groupe L'Harmattan

**L'Harmattan Italie**
Via degli Artisti, 15
10124 Torino
harmattan.italia@gmail.com

**L'Harmattan Hongrie**
Kossuth l. u. 14-16.
1053 Budapest
harmattan@harmattan.hu

---

**L'Harmattan Sénégal**
10 VDN en face Mermoz
BP 45034 Dakar-Fann
senharmattan@gmail.com

**L'Harmattan Cameroun**
TSINGA/FECAFOOT
BP 11486 Yaoundé
inkoukam@gmail.com

**L'Harmattan Burkina Faso**
Achille Somé – tengnule@hotmail.fr

**L'Harmattan Guinée**
Almamya, rue KA 028 OKB Agency
BP 3470 Conakry
harmattanguinee@yahoo.fr

**L'Harmattan RDC**
185, avenue Nyangwe
Commune de Lingwala – Kinshasa
matangilamusadila@yahoo.fr

**L'Harmattan Congo**
67, boulevard Denis-Sassou-N'Guesso
BP 2874 Brazzaville
harmattan.congo@yahoo.fr

**L'Harmattan Mali**
Sirakoro-Meguetana V31
Bamako
syllaka@yahoo.fr

**L'Harmattan Togo**
Djidjole – Lomé
Maison Amela
face EPP BATOME
ddamela@aol.com

**L'Harmattan Côte d'Ivoire**
Résidence Karl – Cité des Arts
Abidjan-Cocody
03 BP 1588 Abidjan
espace_harmattan.ci@hotmail.fr

**L'Harmattan Algérie**
22, rue Moulay-Mohamed
31000 Oran
info2@harmattan-algerie.com

**L'Harmattan Maroc**
5, rue Ferrane-Kouicha, Talaâ-Elkbira
Chrableyine, Fès-Médine
30000 Fès
harmattan.maroc@gmail.com

---

## Nos librairies en France

**Librairie internationale**
16, rue des Écoles – 75005 Paris
librairie.internationale@harmattan.fr
01 40 46 79 11
www.librairieharmattan.com

**Lib. sciences humaines & histoire**
21, rue des Écoles – 75005 Paris
librairie.sh@harmattan.fr
01 46 34 13 71
www.librairieharmattansh.com

**Librairie l'Espace Harmattan**
21 bis, rue des Écoles – 75005 Paris
librairie.espace@harmattan.fr
01 43 29 49 42

**Lib. Méditerranée & Moyen-Orient**
7, rue des Carmes – 75005 Paris
librairie.mediterranee@harmattan.fr
01 43 29 71 15

**Librairie Le Lucernaire**
53, rue Notre-Dame-des-Champs – 75006 Paris
librairie@lucernaire.fr
01 42 22 67 13

www.ingramcontent.com/pod-product-compliance
Lightning Source LLC
LaVergne TN
LVHW021144061026
849535LV00002B/347
* 9 7 8 2 3 4 3 1 1 1 8 7 2 *